INTELLECTUAL CAPITAL
for
COMMUNITIES: NATIONS, REGIONS, and CITIES

经济学前沿译丛

国家、地区和城市的知识资本

阿莫德·波尔弗（Ahmed Bounfour）
利夫·埃德文森（Leif Edvinsson） 主编

于鸿君　石杰　译校

ATIONS, REGIONS, AND CITIES

北京大学出版社
PEKING UNIVERSITY PRESS

北京市版权局著作权合同登记　图字:01-2006-0447号
图书在版编目(CIP)数据

国家、地区和城市的知识资本/波尔弗等主编;于鸿君,石杰译校.—北京:北京大学出版社,2007.3
(经济学前沿译丛)
ISBN 978-7-301-11672-2

Ⅰ.国…　Ⅱ.①波…②于…③石…　Ⅲ.知识经济-文集　Ⅳ.F062.3-53

中国版本图书馆CIP数据核字(2007)第029878号

Intellectual Capital for Communities: Nations, Regions, and Cities
Ahmed Bounfour and Leif Edvinsson
ISBN: 978-0750677738
Copyright © 2005 by Elsevier. All rights reserved.

978-981-259-454-9
Copyright © 2007 by Elsevier (Singapore) Pte Ltd. All rights reserved.

Printed and published in China by Peking University Press under special arrangement with Elsevier (Singapore) Pte Ltd. This edition is authorized for sale in China only, excluding Hong Kong SAR and Taiwan. Unauthorized export of this edition is a violation of the Copyright Act. Violation of this Law is subject to Civil and Criminal Penalties.

本书简体中文版由Elsevier (Singapore) Pte Ltd.授权北京大学出版社在中国境内出版及发行。本版仅限在中国境内(不包括香港特别行政区以及台湾地区)出版及标价销售。未经许可之出口,视为违反著作权法,将受法律之制裁。

书　　　名:	国家、地区和城市的知识资本
著作责任者:	阿莫德·波尔弗　利夫·埃德文森　主编　于鸿君　石杰　译校
责任编辑:	朱启兵
标准书号:	ISBN 978-7-301-11672-2/F·1568
出版发行:	北京大学出版社
地　　　址:	北京市海淀区成府路205号　100871
网　　　址:	http://www.pup.cn
电　　　话:	邮购部 62752015　发行部 62750672　编辑部 62752926　出版部 62754962
电子邮箱:	em@pup.pku.edu.cn
印　刷　者:	北京宏伟双华印刷有限公司
经　销　者:	新华书店
	730毫米×980毫米　16开本　25.5印张　405千字
	2007年3月第1版　2007年3月第1次印刷
印　　　数:	0001—4000册
定　　　价:	48.00元

未经许可,不得以任何方式复制或抄袭本书之部分或全部内容。
版权所有,侵权必究
举报电话:010-62752024　电子邮箱:fd@pup.pku.edu.cn

"……最新的、快速发展中的知识资本前沿问题的总结,非常及时并受欢迎。每一章……讨论的内容都非常新颖、主题鲜明。这本书真的值得一读!"

——卡尔·埃里克·斯威比(Karl-Erik Sveiby)
芬兰赫尔辛基瑞典经济和工商管理学院教授

"对知识资本的研究刚刚处于起步阶段,波尔弗和埃德文森将这一领域的文献拓展到地区和国家,不仅是及时的,而且是非常有价值的。"

——巴鲁克·列夫(Baruch Lev)
纽约大学会计学和金融学教授

"在20世纪,工业社会通过'集成电路'(即遍及产业每一个角落的'IC')的普及取得了令人瞩目的发展。本书指出,在21世纪,知识社会将通过另一种IC的传播而变得更富强,那便是,遍及社会每一个角落的'知识资本'。"

——村上辉康(Teruyasu Murakami)
野村综合研究所理事长

"……本书产生了许多非常有价值的全新观点"

——多米尼克·葛勒克(Dominique Guellec)
欧洲专利局首席经济学家

"……这本书提供了一个及时而综合的视角,它在各个层次上(上至国家下到局部地区——主要利用知识来取得增长和发展的区域)讨论了如何创造和利用知识资本"

——卡尔·J. 达尔曼(Carl J. Dahlman)
世界银行研究所知识发展研究项目经理

"这本书拓展了知识资本的相关分析,并且在各个层面上强调了知识资本在我们的经济中的关键性,凸显了我们应该积极去克服的来自信息和度量方面的挑战。"

——格雷厄姆·维克里(Graham Vickery)
经济合作与发展组织信息经济组组长

前　言

——阿莫德·波尔弗(Ahmed Bourfour)，利夫·埃德文森(Leif Edvinsson)

现在，无形资源(即知识资本，或 IC)很大程度上被学者和业界人士认为是组织竞争优势的最主要来源。从公司的层面来看，对无形资源的投资(研发、创新、知识创造和培育、营销和广告投入)被一致认为是影响公司业绩的最重要因素。在过去的 8 年内，人们设计并提出了一些模式和方法来管理和报告这些无形资源。从管理的层面来看，这些模式主要用于投入(对研发、软件、知识创造、人力资本开发等方面的投资)的测量，在会计层面上也是如此。还有一些注重于如何协调会计准则，尤其是在国际间的协调(比如国际会计准则委员会【IASB】和美国财务会计准则委员会【FASB】之间准则的协调)。

但是，尽管有了这些发展，我们在报告这些无形资源之前，仍然需要一个完整的方法来对它们"问题化"。这有可能通过引用"知识经济"的概念和重新探讨它的基本假设来实现。事实上，如果隐性的、显性的和混合形式的知识被认为是组织(不管是公司、公共部门还是社团)运作的最主要资源的话，那么，我们需要探索观察世界的新手段，并挑战现存模式。当以长远的视野来分析审视这一问题的时候，支持它的一个主要观点是：生产和转移"产出"和价值的形式从实物型向服务(知识或无形资产)型转变。这些产出也许会以不同的形态出现：产品、服务、信息以及信号。它们并不一定是最终产品，可能是中间产品，甚至也可能只是转移过程中出现的用来作为投入品的产出(一个典型的例子是，一个用于生产过程的公司专利)。知识经济的基本特征是：生产过程的非线性、资源利用的混合性以及价值的深度不确定性。后两个特征对于从财务角度来考虑什么时候估计生产活动和公司的价值是很重要的。我们如何用欧元、美元或其他任何货币来给生产活动分配价值，而这些生产活动的动态过程要经受每天不同的挑战？当注意到这个问题的时候，我们不难想象出金融分析家们为上市公司计算未来现金流时的那种焦虑。

知识经济中的一个比较强的内在假设是,我们正在从大型层级结构的组织向平面的网络化组织转变。这个假设对我们观察和评估生产活动和市场结构(包括市场竞争)的方式有很大的影响。从社会经济学的视角来看,知识经济的概念也涉及"嵌入式"的概念(基于 Granovetter 的工作开发的概念)。知识并不是在缺乏社会联系的真空中被创造、培育和传播的,而在本质上与特殊的、适当的社会资本相联系。它必须与新组织形式的出现相联系。

在知识经济中,公司、组织和个人的价值与他们的知识和知识资本直接关联。但是,如果我们的视野再开阔一点的话,我们就会开始了解其真实的可能性,把我们的思考范围从商业领域的传统企业拓展到整个国家和公共事业部门。如果无形资源和知识资本对于私营企业组织很重要的话,它们对于公共事业部门和国家的生产力和竞争力也很重要。那么,我们如何去寻求理解知识无形资产在国家范围内的作用呢?

只有知识能够为增加国家财富提供机会。因此,我们需要从现有知识体系发展出一幅新的地区性的关于知识资产和知识资本的蓝图,并用来代替地区规划办公室中经常出现的旧的农业和工业计划。这一蓝图的关键应该着眼于满足寻找出给定的地区或国家中能够创造出财富的地点的需求。这一过程能否揭示出一个巨大的知识储备,而这一储备在公共部门的集体财富创造过程中具有重要的潜在作用?换句话说,知识资产和知识资本可以被看成是国家潜在的财富。作为一个领导方面存在的欠缺,知识资产和知识资本也可以被看作是一种正在出现的对于国家财富而言的公共服务的贫困陷阱。

从宏观经济的层面来看,新增长理论已经证明了知识在国家绩效中的重要性,因此,也使得所谓残差项的内容更加明确。网络化属于那些被认为对于增长最具重要性的因素之一。换句话讲,一个网络社会或网络组织中的联系、关系以及相互作用越多,将要出现的潜在价值就越高。在软件和知识资产开发的案例中,这种现象是很明显的。更多的是,与有形硬件相反,知识资产的价值在使用过程中得到了提高。例如,一台个人手提电脑在使用的过程中价值快速下降。另一方面,一项专利可以最终产生出无限的价值。

在知识经济中,价值增值不可避免地与社会假设前提和商业模式的重大改变相联系。最后,资本主义可能会因为合作中竞争的困扰而无法创造价值。社会价值必须从价值创造潜力的角度重新考虑。不应该依据成本考量来决定分配给教育、卫生、社会服务和社区公共基础设施的资源，而是应该依据通过知识创造价值的潜力。如果私人产业中的雇员在整体的社会潜在"脑力价值"中仅仅占25%的话，对剩余部分的利用则主要依赖于知识资本和社会的创业精神。

围绕国家及其他社区的知识资本，一个新的政治领导议程正在出现，并且把焦点集中在：

（1）如何显现化国家的知识资本；

（2）如何在各簇知识资本之间开发出知识流；

（3）如何培植区域知识资本的效率和更新；

（4）如何根据国家的集体财富，通过新的社会改革系统来把知识资本转化为资本。

发展强有力的无形资源对公司来说是一个核心问题，它对于公共组织来说也是至关重要的，这不仅仅因为它对增长和就业的影响。和公司一样，公共组织必须开发出改革性的途径，尤其是在明确的横向行动领域，如：研究项目、教育系统、财政政策、竞争政策等。

就像在其他地方强调过的，通过公共权力在企业环境和商业政策制定中的强有力作用可以使从政策角度来考虑无形资产显得更为合理。20世纪90年代末期在法国出现的关于Minitel系统（它的存在被认为是对法国因特网的发展制造了一个障碍）的前景的争论，很好地勾画出一个同时具有企业性（由一个商业运作者：法国电话公司与一些编辑器和服务公司一道来管理的项目）和集体性（它涉及整个法国社会）的问题。通过检查这个项目取得的成果，我们能够容易得出结论：Minitel系统为一套值得关注的知识和流程开辟了道路，这些知识和流程为法国带来了受到一致认可的优势。但是，如果没有进行创新的话，这个优势有可能转化为一个障碍物，从那时的最佳实践（因特网）来看，这个障碍物将很可能使法国无法继续保持竞争力。

财富显现化

在过去的五年内，研究知识资本的学者们对之前提到的一些问题中的某些方面作了考虑，并且，一些令人感兴趣的项目在国家（瑞典、丹麦、北欧计划、以色列)和地区(通过联合国的支持在阿拉伯地区,通过世界银行的支持在太平洋岛屿,或者是欧盟有关知识经济的项目)的层面上得到了实施。一些数据库也可以用来进行国家甚至城市在利用知识方面的基准比较,如:世界银行和联合国开发项目(UNDP)数据库、经济合作和发展组织(OECD)数据库(用于城市)。这些工具可被视为是国家、地区、城市及其他"社区"向理解进而提升国家、地区、城市及其他"社区"的知识能力的方向迈出的第一步。

在这本书中,将有一批这一领域领先的专家和学者与您共同分享关于这一主题的一些视角和知识。同时这也是世界范围内的第一次尝试。

本书分为四个部分。

第一部分导入了社会团体知识资本的问题。本部分包括两章,由本书两位主编撰写。第一章由阿莫德·波尔弗撰写,他将社区问题作为一个崭新的视角来理解价值创造和社会链条构建。第二章由利夫·埃德文森撰写,对国家、地区和城市层面上的"潜在的知识资本"问题提出了整体的观点,并且,为了从这一资本中获取最好的社会价值,他提出了定义新的领导关系的问题。

第二部分探讨了国家知识资本。在这里,关于知识资本的不同主题得到了详尽的阐述。首先,在国家层面上讨论了知识资本的测量、数据的可获得性以及国内生产总值(GDP)测量方法的影响。上述问题是莫萨德·肯(Mosahid Khan)所撰写的第三章和伦纳德·纳卡莫拉(Leonard Nakamura)所撰写的第五章的核心问题。这两位学者就两个令人困惑的问题提出了令人鼓舞且互为补充的观点,这两个问题包括:怎样测量知识经济?财富(例如 GDP)测量中包含了无形资产后的影响是什么?其次,讨论了国家在知识资本方面的绩效的问题,包括专门的绩效测评工具的定义。由让·埃里克·奥伯特(Jean-Eric Aubert)撰写的第四章,从全球化的视角讨论了知识,并介绍了如何使用世界银行知识数据库。由阿莫德·波尔弗撰写的第七章,提出了一个比较欧洲国家创新系统的方法论框架,并显示了北欧国家在国家创新系统方面所取得的独特成效。由尼克·邦第斯(Nick Bontis)撰写的第八章,介绍了度量国家知识资本状况的一套方法,这套方法已经被用于阿拉伯国家。再次,一些章节呈现了不同国家对于知识资本报告的不同视角。舛山诚一(Seiichi Masuyama)撰写的第十一章,向我们展示了知识经济的亚洲视角,着重强调了日本如何对待这一问题,并且强调指出了日本公司在网络尤其是围绕信息和通信技术方面存在的很多不足。由埃德娜·帕沙尔（Edna Pasher）和西加尔·沙查尔（Sigal Shachar）撰写的第九章，展示了以色列在知识资本报告方面的有趣经验及影响，包括在国际层面上的影响。最后，由伯恩哈德·冯·穆狄斯（Bernhard Von Mutius）撰写的第十章，向我们提供了德国在知识资本上的视角，并强调德国"建立领先地位和向其他国家学习"的重要性。从欧洲的角度来看，这一重要的问题也涉及其他一些"表现平平"的大国，这些大国包括：法国、意大利，甚至一定程度上包括英国。欧洲大国在多大程度上拥有适用于知识经济的政策工具和社会经济系统？为了发展，它们在多大程度上做好了发展更多"柔性（feminine）"和更少层级化（根据Geert Hofstede的文化参数）的组织模式的准备？这些问题必须得到清楚的阐释，因为这也许可以解释北欧国家成功的原因。①

由让·雅克·默滕斯（Jean-Jacques Mertens）和雅克·冯·德·米尔（Jacques Van der Meer）撰写的第六章，探讨了怎样从长远视角来考虑无形资产这一问题：从欧洲投资银行（EIB）的角度。这一问题不管从宏观还是微观的层面来看，都是很重要的。无形资产在知识经济中的主导地位以及它们的内在特征，从时间上向我们提出了一些非常重要的分析性问题：如何对那些具有内在易波动特性的项目的未来现金流作出预测？从宏观的角度来看，怎样计算那些组合项目的投资回报（ROI）？这一章介绍了欧洲投资银行的经验，并提出了一些有关将来研究的观点。

从更为全球性和地缘战略性的视角来看，第八章和第九章堪称双胞胎，探讨了当前疑问最大的一些研究问题之一：在什么样的条件下，阿拉伯国家的知识资本可以与以色列的知识资本相互取长补短？这从本质上触及到世界这部分地区存在动荡局面的悲剧性问题。但是，即使是在当前的条件下，悲剧也不是一个确定的后果。作为学者，更重要的是，作为地球的公民，我们相信，知识资本可以也应该是解决当前以色列-巴勒斯坦冲突的令人鼓舞的视角。不管是从它们自身利益出发，还是为了世界上其他国家，用和平的手段并根据国际法来解决冲突，对于利用这一地区内的知识资本来说是很必要的。

---

① 在此，这仍然只是一个假设。

第三部分着重于区域知识资本。安蒂·普利克(Ante Pulic)所撰写的第十二章,介绍了从国家和地区的双重层面报告知识资本的有价值的方法。它向我们展现了从不同利益相关方面学到的经验和教训,这些利益相关方面包括:克罗地亚及其他欧洲国家(如斯洛文尼亚、匈牙利、捷克及波兰)的投资者、雇主、合作者以及供应商。

季米特里·库帕葛斯(Dimitri Corpakis)撰写的第十三章,描述了怎样把地区因素集成在欧洲项目内,尤其是从里斯本计划(Lisbon Agenda)(为使欧洲到2010年成为最有竞争力的知识经济)的角度来看。

第十四章,基于安斯·斯莫得兰德(Anssi Smedlund)和爱诺·波依霍南(Aino Pöyhönen)的博士论文研究成果,向我们展示了有关地区知识资本的一种集成方法——作者把它定义为"知识系统方法"。这种方法综合了许多不同的理论和方法(包括知识资本、能力以及网络)。位于芬兰东部一个小的产业集群的案例在这里得到了详细的分析。在这里提出的主要观点之一强调:一个产业集群要想成功,必须能够同时做到(1)利用现存知识;(2)公司专有的知识高效地沿水平方向转移;(3)创造新知识。

克劳斯·诺斯(Klaus North)和斯蒂芬妮·卡尔斯(Stefanie Kares)撰写的第十五章,提出了一个通过一套标准来测量地区无知程度的方法论框架,这套标准包括:封闭或开放、盲目或具有远景意识、合作或排外等。这些参数中的一部分值得政策制定者们在决策过程中考虑。由汉斯·约奇姆·荷斯勒(Hans-Johachim Heusler)和汉斯·谢德勒(Hans Schedl)撰写的第十六章,讨论了从德国巴伐利亚(Bavaria)的一次失败经历中得到的一些教训,这次经历涉及的是巴伐利亚虚拟市场项目。即使项目结果依赖一些具体的因素(contingent factors),但失败的教训还是为我们提供了一个鼓舞人心的新视角。

最后,由拉斯·卡尔森(Lars Karlsson)和保罗·马丁尼斯(Paolo Martinez)撰写的第十七章,基于在三个地区进行的一个欧洲项目得来的经验,提出了地区之间相互学习的观点。这三个地区包括:瑞典的布莱金厄(Blekinge)、斯洛文尼亚的科门(Komen)以及意大利的佛罗伦萨。

第四部分展示了一些关于社区知识资本的有吸引力观点。艾伯特·A.安格恩(Albert A. Angehrn)撰写的第十八章,报告了一个项目的结果,这个项目是关于法国巴黎南部的一个小镇的协作性工作的变化的。该项目的要点是,借助于"玩"中"学"的哲学思维,从几个不同角度出发看人们的行为习惯怎样改变。基于同样的方式,从不同的角度出发,约斯·马瑞尔·维德玛·马蒂(José María Viedma Marti)所撰写的第十九章向我们展示了一个涉及邻近西班牙巴塞罗那市的一个小城镇——马塔罗市(Mataró)的知识资本报告和管理的项目结果。在这个项目中,运用了一个采用基准比较视角的特殊方法。

最后,本书以阿莫德·波尔弗撰写的第二十章作为本书结尾,并为将来的研究工作和政策决策提出了一些意见。

我们希望这本书能够唤起读者们对这一尚未定型的重要课题的热情!

目录

第一部分 团体知识资本的背景介绍和建模

第一章 无形资产建模：
交易模式和社团模式 /3

第二章 地区潜在智力资本：
战略智力资本需求 /22

第二部分 国家知识资本

第三章 OECD 国家对知识的投资
水平的估计 /45

第四章 全球化视角下的知识经济 /73

第五章 无形资产投资：
GDP 是否少算了一万亿？ /85

第六章 欧洲投资银行项目评估中的无形资本
与知识资本 /104

第七章 从知识资本指数的角度评估欧洲创新
体系的表现 /116

第八章 国家知识资本指数：
阿拉伯国家标杆 /134

第九章 以色列的知识资本 /164

目录

第十章 对知识社会中领导能力的再思考：
他山之石——如何整合知识资本与社会资本以及建立有形财富和无形财富的新均衡？ /177

第十一章 知识型经济中的日本和其他东亚经济 /194

第三部分 区域知识资本

第十二章 国家和区域层面的价值创造效率：案例分析——克罗地亚和欧盟 /229

第十三章 面对知识经济：欧洲的挑战与机遇 /247

第十四章 区域的知识资本创造：知识系统方法 /262

第十五章 如何度量无知：无知的尺度 /292

第十六章 政府能够刺激区域网络的创造吗？——来自于巴伐利亚虚拟市场的经验 /307

目录

第十七章　区域的能力与人力资本：
从欧洲三个区域在能力测绘和
知识资本管理方面的协作中
得出的教训　/317

第四部分　城市和地方社区的知识资本

第十八章　寓学于玩：填补"知行间隙"
——为城市社区知行间隙搭桥　/345

第十九章　城市知识资本基准系统：
一个度量和管理城市知识资本的
方法和框架——在马塔罗城的一次
实际应用　/367

第二十章　社区知识资本：
研究和政策议程　/390

第一部分　团体知识资本的背景介绍和建模

第一章 无形资产建模：
交易模式和社团模式

——阿莫德·波尔弗,法国马恩-拉瓦雷(Marne La Vallee)大学

引言

作为学者,当讨论无形资产这个话题时,我们通常不考虑它所基于的社会经济体制这一大问题,我们也不会充分地考虑知识经济这一概念的真正内涵,更不会去挑战无形资产的组织维度。本章将主要通过区分两种组织形式来讨论其中的一些问题:(1) 交易组织形式,自从工业革命以来,我们就生活在这种组织形式下;(2) 社团组织形式,尽管我们不能具体地定义它,但这一组织形式却正在兴起。人们认为每一种组织形式都有其各自适合的维度,同时也因对无形资产的报告而产生了各自的内涵。

如今,"知识经济"一词被一致看作是一个完全的相关的概念,这一概念用来描述一种新的或者说是正在兴起的经济现象,其中的行为个体和团体应该按照一定的标准行事。有些机构和一些学者曾经花了很大的精力来认识"知识经济"并将其模型化。新经济增长理论针对知识与技术的结合提出了强有力的观点,以解释经济增长的动态。这些理论认为研发

(R&D)、教育和培训是促进经济增长的关键因素。例如,1996年,经济合作与发展组织(OECD)就提出以下三个独特的维度是经济增长的关键因素:(1)知识传播,特别是网络和学习所扮演的角色;(2)雇佣制度,这主要源于对高技能工人的需求的增长;(3)科研体系,特别是依靠公共研究机构在知识的创造与传播领域扮演的角色。另一方面,信息技术的作用已被充分地加以讨论,特别是有关信息技术的投资对生产力的影响(即所谓的索洛悖论,Solow paradox)。这里的讨论提出了一个关键问题:甄选并且测量组织因素。

然而,除了经济维度的考虑外,我们还需要从更深层次上来考虑这个问题,因而对专家学者以及政策制定者们的挑战也就更大。从全球的角度来审视这个问题,我们很容易发现并认同一个事实:在我们生活中占支配地位的体制现在正在经历一次深刻的变革。也就是说,资本主义作为一种社会经济体制正在不断地朝着一系列新的组织形式发生改变,而对于这些新的形式,目前我们还不能够很清楚地知道它们的真实面目。然而,它们的主要驱动因素是信息技术、文化以及占支配地位的制度("交易组织形式"与"社团组织形式")。信息技术是主要的驱动因素,因为它改变了人们的行为方式,进而改变了时空的限制。许多学者对这一改变从网络的角度进行了深入广泛的分析研究(Castells,1998)。文化的影响自然是重要的。文化这一概念很难掌握,特别是在全球背景下。在这里,"文化"将与Castells所说的"身份"有着相近的意义。实际上,我们可以预见不同类型的群体和"团体",他们的行为方式有所不同,主要是根据他们对新体制的规则的接受程度以及他们被新体制整合的程度。正如罗马俱乐部(The Club of Rome)的评论:"在接下来20到30年中兴起的网络知识社会是从19世纪20世纪的工业模式转型而来。这既可以为我们目前面对的问题提供部分解决方法,也可以成为我们面对的问题的一部分。寄希望于在全球化的市场背景下,信息通讯技术的发展带来的驱动力就可以增加总体财富和减少贫困的想法是过于简单化的"(The Club of Rome,2002:9)。为了寻求进一步的发展,罗马俱乐部建议道:"要在多元文化的世界中避免灾难性的'文明冲突',文化的同一性和多样性二者本身都必须是被接受的合理目标,同时要尊重基本的人权,并认同一系列的人类普遍价值观"(同前:10)。

支配性规则的性质是知识资本主义的一个重要维度。我所提到的"交易组织形式"已经受到它特有的管理实践的严重挑战。例如,外包至少使得组织内部和组织之间的社会性联系更加脆弱,因此也就给绩效的实现和测量提出了难题。在过渡期,几个针对不同层面的项目被设计出来:局部的、地区的和国家的,主要目的是在行动和财富方面建立一种团体意识。这些项目试图表明:在知识经济里,如果条件允许的话,行动的集体意识可能是有力的。这试图表明集体行动可能建立在知识的基础之上。实际上,正是出于对这些远景的考虑,使得我相信知识的潜力,从而也就是无形资源的潜力是应该予以好好考虑的,至少应该像考虑"全球化问题"一样。

一、知识经济:主要特点

从狭义的角度考虑,知识经济可以从两个方面来加以刻画:(1)包含的范围;(2)具体的生产机制。考虑第一个维度,知识经济的特点就由以下三个主要的因素来体现(Foray,2000:3):(1)研究和教育;(2)增长的关联性;(3)学习和能力。我们还可以衍生出第四个因素:变化的重要性,即"扁平化"结构以及社会资本的主导地位的重要性。从稍微广一点的角度考虑,知识经济整合了纯粹的信息维度。不管从哪个角度考虑,所有的这些因素在性质上都是无形的,所以也就经常容易混淆无形经济和知识经济。考虑第二个维度,知识经济的特点体现在生产的强外部性(externalities)、推行知识产权(intellectual property rights,IPRs)的困难、它的二重性(通常是投入与产出)、它的累积性质和边际成本的无效性(这就是为什么有些观点主张将知识视为公共品)。

根据以上特征,我们可以得出:知识经济从根本上讲是一个由有着不稳定边界和身份(identity)的扁平化组织所构成的不稳定的网络。从交易的角度看,知识经济应该由一个不那么严格的知识产权制度来支配,并且在某种程度上应该由团体内外人才机制(gift mechanisms)的发展来支配。这一点引起了有些经济学家对"认知资本主义"(cognitive capitalism)的讨论,例如"累积体制中,累积主要由知识组成,而知识又是价值的主要源泉和价值评估的主要方法"(Moulier Boutang,2002:6)。这自然会强烈地影响我们看待生产和规则体系的方法(即范式)。泰勒修正过的亚当·斯密的模型已经不能解释很多方面了,特别是规模经济、标准化经济以及隐性维度和网络在新的绩效背景下作为关键因素的重要性。从这个角度来看,组织是一个"空匣子",它主要负责管理和实施知识产权(同前:11)。

二、理论模型:"我"、"你"和"我们"的问题

如果承认我们正在向一个新的体制转型,在这一体制中知识是最主要的资源,那我们就需要对现存的理论和模型进行讨论并提出挑战。只要考虑到无形资产这一主题,我们不是缺少理论,而是处于一种各种理论交杂的状态(见表1)。这就表示,无形资产作为一个问题,它的新鲜之处主要在于其横截面的性质。更准确地从宏观经济的角度考虑,已经有一些成型的理论来解释国家经济增长中的无形维度。人力资本解释了教育投资的重要性,而技术变革和创新理论却强调了创新作为一个不断积累的或增量过程的重要性。具体谈到研发,计量经济学的研究试图解释这一增长的剩余因素,这些研究继承了 Moe Abramovitz(1956)的经典工作,始于 Robert Solow(1957)的正式增长理论。此理论总结到,在20世纪的前半个世纪,技术变革对美国经济的增长贡献率将近50%。新增长理论显示了知识作为增长的主要源泉的重要性,并且考虑了其他几个因素,诸如人力和组织资本。演化方法更加强调组织的学习维度以及例程(routine)的重要性。此外还有几种其他的方法,即智力投资方法和分析方法,分析方法主要集中于无形资产投资的重要性和它对国内生产总值的影响(Nakamura[①],2001;OECD,1992;其他几个国家的统计局,特别是欧洲的,如位于法国的 Eurostat, INSEE, 1995;荷兰的 CBS 也是其中之一)。

[①] 参见第五章。

表1 无形资产的相关理论方法

无形资产理论	主要创立者或提出者	主要观点
宏观经济视角		
人力资本理论(human capital theory)	Becker,1975;Kendrick,1976;Schultz,1969,1971;Bartel,1991,1992	认为人力资本是对实物资本投资的一个强有力的补充。个体被认为是投资者,特别是对于长期的教育投入。人力因素对于生产力的提高和通过知识传播的创新有着重要的贡献。
技术变革与创新理论(technical change and innovation theory)	Pasinetti,1981;Bernstein,1989;Solow,1957;Arrow,1962;Mansfield,1968;Mansfield et al;1977;Griliches,1957;Sherer,1980;Soete and Patel,1985;Mohnen and Lepine,1991	技术的变革是一个不断积累的过程。最近的研究强调了创新的渐增性质,以及不同部门之间巨大差距的存在。此外,还清楚地显示出了创新对生产力的影响。
智力投资(intellectual investment)	Caspar and Afriat,1988;Buigues et al,2000;Dosi,1984;Freeman and Perez,1988;Machlup,1962	公司的效率主要取决于对无形资源(智力投资)的有效运用。这还包括创造一个良好的环境来激发创新。
新增长理论(new growth theories)	Romer,1986,1990;Lucas,1988;Grossman and Helpman,1991;Barro and Sala-i-Martin,1995	知识的积累是增长最基本的源泉。知识包括几个方面:人力资本、组织资本、部分实物资本以及技术变革。
演化理论(evolutionary theories)	Nelson and Winter,1982;Dosi,1988;Amendola and Gaffard,1988;Carlsson and Taymaz,1991;Carlsson and Eliasson,1990	例程是企业行为的核心。企业是靠学习过程来治理的,而不是靠最优化的方法。创新是一个不断积累的(增量)过程。
分析方法(the analytical approach)	Nakamura,2001;OECD,1992;INSEE,1992;CBS,1995;其他的欧洲统计局	无形资产的投资可以通过以下几个聚合因素来分析:研发、技术投入、软件、市场研究、分销费用和职业培训等。在过去的20年,无形资产对国内生产总值作出了重要的贡献,超过了对无形资产的投资。对无形资产的低估经常导致对国内生产总值的低估。

(续表)

无形资产理论	主要创立者或提出者	主要观点
微观经济视角		
核心能力理论（competence view）	Hamel and Prahalad, 1990	市场预期是波动的。因此，公司基于自己核心能力的战略将比以市场为导向的战略更有效。
基于资源的理论（resource-based view）	Barney, 1991; Penrose, 1959; Wenerfelt, 1984, 1989; Dierickx and Cool, 1989; Grant, 1991, 1996; Peteraf, 1993; Nonaka, 1994;	行业内业绩的差别比所观察到的行业间的差别更重要。这些差别主要归因于资源组合的方式——无形资产——这具体到每一个企业都是必需的。
动态能力（dynamic capabilities）	Teece, Pisano, Shuen, 1997; Teece, 2000	竞争力优势在长期中会慢慢消失。所以，企业必须开发动态能力，即，"灵活地组织不可复制的无形资产的能力"（Teece,2000）。
无形资产/智力资本理论（intangibles/intellectual capital views）	Brooking, 1997; Mouritsen et al., 2003; Bounfour, 1998; Edvinsson, Malone, 1997; Itami, 1987; Lev, 2001; Sveiby, 1997; Stewart, 1997; Mouritsen, 2003; Buck, 2003; Paulic, 1998; Bounfour, 2000, 2003a, b, c; Itami, 1989	无形资产在知识经济中的重要性及其特性，使得这些工作成为必要：发展和实现必要的分析框架，包括对相关绩效的测量。
知识创造理论（knowledge creation view）	Nonaka, 1994; Nonaka and Takeuchi, 1995; Nonaka and Konno, 1998	知识的创造主要是一个组织的问题。所以，建立和发展不同的转化和传播模式很重要，尤其是隐性和显性知识之间的转化与传播。

注：有关前四种理论的主要参考文献参见 Ducharme(1998)。有关演化方法的参考文献参见 Clement, Hammerer, and Schwarz(1998)。

（一）社会经济体制与占支配地位的潜在规则

在详细阐述社团组织形式下如何报告和管理无形资产之前，我们必须以历史的观点来综合地考虑在给定的社会经济体系中占据支配地位的规则。至于规则——这里指组织规则——我指的是社会联系的类型以及默认的规

第一章 无形资产建模

范(norms),这些规范在组织内外,或者更一般地来讲在给定的社会经济体系中,已经被有效地实施。考虑到本书的主题,我认为这一问题对于在任何组织形式下,即使在仍然占据支配地位的组织形式(如"以经济交易为基础的组织形式")下,深入研究无形资产这一课题具有很重要的意义。

图表可用来帮助思考这一问题,我们可以分辨出在过去的三百年里,至少有三种类型的秩序(orders)(见图1):

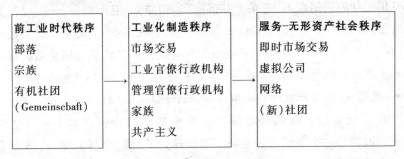

图1 组织秩序的历史演进过程

- **前工业时代秩序**(the pre-industrial orders),即在工业革命和产业层级出现之前占据支配地位的社会秩序。这里将具体介绍这一时期的三种秩序:(1)部落(tribes):在部落中,个人和集体行为遵从特定的内部规则和级别(例如根据成员被赋予的资源、名声及荣誉划分的团体)。部落的兴衰,或者更普遍的来讲文明的兴衰,都可以用"流动性"(mobilization)来解释,即 AL-Asabiyya 概念(例如:团体关系的动态,这一概念由阿拉伯社会学思想家 Ibn Khaldun 提出(1332—1395)(1967))。这一概念帮助我们理解团体和组织的财富如何进化,及文明("Al Umraniya")如何兴盛和衰亡。(2)宗族(clans)是与部落最接近的一个概念,它们的区别显然在于它们的范围大小。宗族从数量来讲没有部落重要,即使后来宗族这一概念被用于日本的一些族群(Wilkins and Ouchi,1983)。(3)此处采用的社团组织形式来自于德国社会学家 F. Tonnies(1887),他曾将社团(Gemeinscbaft)概念和社会(Gesellscbaft)概念区别开来。Gemeinscbaft 用来指一个完全的单位,其成员拥有无差异的以及紧凑的相互关系。成员的良知水准相当高以至于没有人可以单独行动而不用理会其他成员(Durkheim,1889:4)。社团的完美形式即是家庭,但也可以是一个村庄或一个的小城镇。而 Gesellscbaft 则与此相反,它指的是一群个体,这些人在和平共处的同时,根本上来讲是分散的。在这种组织形式下,以个人为中心,而在社团组织形式下,社团作为社会生活的枢纽是中心。就像杜克海姆(Durkheim)所说的,社会概念基本上指的就是像卡尔·马克思和拉塞尔(Lassal)等作家描绘的工业社会。

- **工业化制造秩序**(industrial manufacturing orders)指的是在工业革命后产生和发展的组织形式。一般来讲,当大的层级结构——不管是私人机构(如20世纪初的通用汽车)还是公共部门(如国防部、卫生部)——出现和发展的同时,其他的组织和组织形式也被尝试和实现:在东欧、中国及世界其他地方实行的共产主义,在日本实行的家族组织和遍及世界各地的市场交易。每一种组织形式都有其特色,但从全球来讲,官僚行政制度比市场形式更为重要。

- **服务-无形资产秩序**(the service-intangibles orders)与当前的(知识)资本主义状况相对应。我们现在拥有一个全球的社会经济体系——交易系统——这迫使每一个组织改进业绩。因此导致了即时交易的增长(典型是金融市场交易)、虚拟公司的出现和网络的发展,就像Castells强调的那样,与时俱进的空间(流动空间)优越性。也因此,社团组织形式作为实施业务和实现增长的补充形式出现。在某些特定的条件下,它也是实施业务和实现增长的替代形式。像Linux①社团即是这种组织形式的典型代表。

(二) 交易组织形式与社团组织形式

若从系统的角度来考虑问题,有两种并行而又存在潜在冲突的观点:

- **经济交易的观点**:这仍然是资本主义具有支配性的本质特点。公司和集体系统主要受效率要求驱动,因此,任何个人和集体行为都应以效率作为评估标准。换言之,任何决策和行为都必须用资源投入和收益来评估。股东的价值就是这种思维的典型。

- **社团的观点**:由于那些如前文所概括的特点,(认知的)知识经济是最为接近人才经济学(economy of gift)的。其组织的扁平结构、网络化的本质、高额的交易成本以及更一般地来讲,组织维度的重要本质,建议人才与反人才模型是一种在此背景下研究事物的好方法。法国人才学派(Mauss,1924;

---

① 一种可免费使用的UNIX操作系统,运行于一般的PC机上,是一种开放源代码的开放型操作系统,不受特定的知识产权法保护。——译注

Caillé,2000；Hénaff,2002；以及近期法国杂志上的文章——Revenue du Mauss,2000；参见如 Camerer,1988 的社会学者)提出的人类学观点显然是研究反射与行动的起点。我想说的是,若在这一观点之外使用社团概念(如在知识管理实践中)是对语言的滥用。

更深入一步,我认为有三种社团秩序(图2)：

- **受限制的社团**：例如以下社团,个人之所以成为社团成员基本上是因为在以经济交易为基础的组织形式下交易成本太高。典型来讲,这样的组织形式能够用于,或者说已经是完美地应用于专家网络或知识领袖的网络中。这些人将会通过交流联系信息、相互推荐、网站链接及声誉来增加他们的市场力量。他们这样做是因为他们没有选择,也没有资源和时间来签订合同。
- **准有机社团**：在以经济交易为基础的组织形式下,此类社团形成了与 Tönnies 已定义的某些社团一致的规范与行为。IT 领域的 Linux 社团即是代表性的例子,但也包括其他的一些交换知识的社团。同时,这也适用于一些地方社区,如城区、城市或村庄。
- **有机社团**：此类社团有待于进一步的发展。在有机社团中,个人概念和集团概念之间存在极大的模糊性。

(新)社团种类 { 受限制的社团："自我"和"我们"的维度存在某种程度的一致性(如知识员工的网络)
准有机社团："自我"和"我们"的维度存在完全的一致性(如 Linux 社团)
有机社团："自我"、"我们"以及"你们"的维度存在完全的一致性(有待实现) }

图2　社团组织形式结构图

(三) 无形资源、知识产权以及占据支配地位的组织形式

图3详细展示了每一种组织形式的组成部分、占据支配地位的资源以及相应的占据支配地位的工作的种类。特定的组织形式的重点特征可由对正在出现的知识经济的实践的考察中获知：

- **交易组织形式**(the transaction regime)仍然由层级组织所主导,该类组织承受着网络化和"灵捷化"的压力。的确,这些组织更多被当作是网络形式而更少被当作层级形式(Granovetter,1973；Jarillo,1988)。对于此类层级组

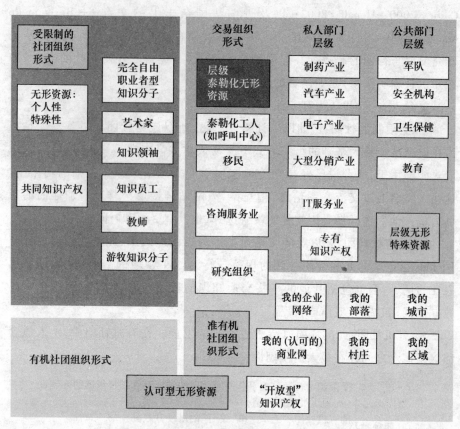

图3 组织形式、无形资源及知识产权的种类

织来讲,有两种不同的无形资源:(1)特殊无形资源(intangible idiosyncratic resources),如特定的方法、合作者的隐性知识、专利、品牌。(2)泰勒化的无形资源(Taylorized intangibles resources),例如在诸如呼叫中心或制造产品的工厂这样的生产单位中所使用的特定的方法。了解最新的无形资源非常重要。经常在追寻知识经济的狂热中被忘记的一个重要现象是:在以经济交易为基础的组织形式下,泰勒仍然在指导行动中占据重要地位。此时,专有知识产权是占据支配地位的无形资源。

• **受限制的社团组织形式**(the constrained communities regime):在此,主要的无形资源是个人性的和特殊性的。因为高水平的交易成本,共同知识产权组织形式占据支配地位("我是A领域的专家,你是B领域的专家,那么联合两人之力创建共同的机会")。

- **准有机社团组织形式**(the quasi-organic communities regime):在此,主要的无形资源是我所定义的认可资源。区别认可资源非常重要,它是从人才理论(the theory of gift)中得出的。在准有机社团中,认可原则往往是行为和"表现"中起决定性作用的因素。归属某一社团的基础即是认可原则。所以开放型知识产权在这一组织形式中占据支配地位,但有些知识产权的交换可以发展成为另外的社团形式。

- 最后,在**有机社团组织形式**下,主要的资源完全是那些被认可的资源,而且在此类组织形式下没有任何知识产权可以应用,因为从定义上来看,知识产权意味着专有权利。

(四)"自我"、"我们"和"你"的问题

我认为,这两种并行且存在根本不同的观点在知识经济这一背景下必须重新加以评估。我的建议是它们需主要从本体论的维度加以考虑,即"自我"、"你"和"我们"的维度。我的目的是通过考察这三种维度来澄清一些有关所谓知识经济的模糊假设,同时显示此类澄清对于报告无形资产的潜在意义。

在"自我"这一维度内,重新考虑个人在组织内外的地位非常重要。网络化活动以及像外包等管理实践的普遍化对于个人来讲是重要的问题。但是,"自我"这一维度应该在所建议的两种组织形式下加以考虑并需要区别对待。按照经济交易的观点,如果网络化变成组织的主要形式,那么真正的无形资产是那些属于个人的无形资产。从一个中期的视角来看待这一问题,我们无法排除全球范围内由强大 IT 基础设施所支持的知识交易的即时市场的出现。在这种情况下,个人就像自由职业者那样倾向于强调在增加他们所特有的无形资产上所作的努力。此种情形下,通过刺激的方式,我们可能会帮助企业,但那些采用极其"灵捷化"形式的企业除外。

按照社团的观点,"自我"的维度被自然地区分了。个人是相对稳定的社团中的成员,大多数人是自愿行动的。集体行动主要由天赋行为所驱动,天赋行为也有其规范和准则,即知识、想法、概念以及知识产品的天赋与反天赋。这并不意味着,如同 Bourdieu 所强调的那样,行为没有任何经济理性,但此时经济上的考虑不像在经济交易模式中那样被强调。

"我们"的维度指的是在组织内外存在的集体行动。综上所述,可以很容易地看到,在交易模式下,"我们"的维度受到了极大的挑战:越来越少的人相信他们公司的战略和政治家的承诺和能力。而在社团组织形式下,可以清楚地看到,"我们"这一维度尤其相关:个人相信他们的社团,因此,他们把自己的行为调整到与社团的目标一致。

"你们"的维度指的是评价其他人行为和表现的方式。例如财务分析即是这种情况,即评价其他人的业绩。我们从数个方面的研究中获知,在财务分析中,特别是涉及无形资产的业绩和测量时存在着严重的信息不对称。更加普遍地讲,这里所指的是公司和组织应如何受到外部利益相关者的评价。在经济交易组织形式下,"你们"的维度主要由生产系统的竞争(合作)法则所驱动。学习过程同时也应该被考虑,特别是在标杆学习(bench-learning)过程。但这样的过程在竞争法则占据主导地位的背景中不可能深入发展。而在社团组织背景中,组织行为最终主要由学习以及天赋与反天赋的法则所驱动。

(五)垂直与水平语言:"语言运用能力"(grammar)还是图景(photography)①

在后安然时代,或者更一般地讲,如果我们考虑仍在持续的业绩评价危机,主要的问题之一涉及"我们"与"你们"层面之间可能安排的对话的类型。在经济交易组织形式下,若我们遵循实际上占据支配地位的一些范式,也就是基于企业资源的观点(resource-based view, RBV),那么每一个"我们"就和每一个"你"一样都是单数称谓。因此,垂直象征性维度就有其优势。(Bounfour,2003a)。此时任何对于组织的判断的焦点应该是剖析每一个组织的独特的运用语言的能力。目的和行为处于动态的相互作用之中,这使外部的分析变得困难起来。"语言运用能力"比图景(也就是水平维度)更加重要。

水平维度指的是用于比较组织业绩可标准化的语言。典型来讲,一个术语(如营业额)或者是一个术语的集合(如资产负债表)都属于水平语言。此类语言没有提供组织的语言运用能力,它只是提供表面图景。因此,它确定了不可能通过幼稚的基准系统(Lundvall and Tomlinson,2002)来管理组织。如果不将以上提及的社会经济体系——经济交易组织形式或者社团组织形

---

① 我对这一概念的应用不同于Pentland(1995)。

式——考虑在内,水平维度没有什么意义。除此之外,水平语言主要构建在以往的规范和例程之上。它无法解释正在发生的以及更为重要的未来将要出现的进程,而这些进程仍待构建、确认和外部化(externalized)。

(六)"自我"、"我们"、"你们"以及组织边界问题

无论在何种组织形式下考虑集体行动,"自我"、"我们"、"你们"的维度很自然地与组织边界这一问题以及相应的和组织的身份联系了起来。就像数位组织科学学者强调的那样,个人和集体行为需要放在某种已经建立的(认同的)范围中加以考虑。在此,我们必须承认这一重要要求受到严峻的挑战,挑战来自于经理层每天的决策以及个人和组织之间越来越弱的联系。这样,当我们讨论组织业绩时,我们将处于自我矛盾的境地。而在实践中,特别是在以经济交易为基础的组织形式下,组织的存在性,至少是以传统的模式的存在,受到了严峻的挑战。因此,社团为基础的组织形式必须先行,特别是在我所命名的"自由职业者"在集体行动中占支配地位的情况下。

(七)社团和交易组织形式:可能的联系是什么?

事实上,这两种形式之间的边界还有待于建立和明晰。有多种选择可作考虑,至少可以区分三种不同的境况:

- **"自由职业者"境况**(如受限制的社团组织形式):在这种情况下,大多数人属于自我雇佣,组织主要负责管理成员间的矛盾以及从其法定财产(知识产权等)中获得特许收入。在这种境况下,我们可能有助于实现"工资形式"的终结,并以此作为规范经济的一种方式。即使我们仍然在以经济交易为基础的组织形式下,但必须发现一种新的潜规则。在此,由于不得不面对高额的交易成本,以社团为基础的组织形式对个人而言成为必不可少的。如果我们仔细地观察在包括像西欧那样高福利的经济中组织内外所发生的情况,会发现所谓的自由职业者境况并非是不现实的。
- **混合境况**(如交易组织形式+受限制的社团组织形式+准有机社团组织形式)的特点是以经济交易为基础的组织形式与以社团为基础的组织形式共存。从某种程度来讲,这种境况将构成在不同地方都能观察到的现象的延伸。
- **完全以社团为基础的境况**(有机社团组织形式):如果此种境况发生的话,将宣告资本主义作为一种社会经济体系的终结。

考虑以此类观点来报告和管理无形资产是非常重要的。这一观点并不像初看之下那样中性。但我们介绍未来社会经济体系时,"人力资本"和"结构资本"之间的(辩证)关系可以从不同的角度来考虑。

三、对无形资产报告的涵义

我认为"自由职业者"境况在这三种提及的境况中更有可能处于支配地位。这将我们带回到组织潜规则的危机问题。潜规则指的是:被大多数人认可的行为准则以及他们在大多数情况下不受任何限制、无需解释而尊重的价值观念。在某种程度上,按照理论的观点,这一问题可以联系到像 Orléan 那样的一些法国经济学家提出的有关习惯的理论(the theory of conventions)。

的确,当前组织管理的危机把我们应如何考虑以及如何报告社会内部联系的方法推向了最前沿。像外包和网络化等管理实践活动的普遍化往往说明组织应被当作是"临时契约的集合"(根据代理理论的基本原则)。如果真是这样,那么知识如何被创造和定价将需要从一个不同的视角进行考察,即个人视角。这很自然地对开发和应用于无形资产报告的分类法有一定的影响。

通过考虑占据支配地位的社会经济组织形式,如何报告无形资产的问题可以从一个不同的角度进行考察:占据支配地位的组织类型以及如何评判其业绩等级的问题(表2)。在此,我们可以看到两个主要的问题:一个是社会经济问题,关系到个人与组织所建立关系的类型;另一个是更加"技术化的问题",关系到在知识经济中水平比较组织绩效的可能性。

表2 在两种组织形式下报告无形资产的关键问题

	以经济交易为基础的组织形式	以社团为基础的组织形式
"自我"的维度	个人知识资产特别重要。	"自我"的存在需放在"我们的"概念中加以考虑。
"我们"的维度	"我们"的意义正在减弱,更多地关注于"结构资本"这一维度。	"我们"对于评价个人知识资产非常必要。报告的方法尚未被定义。
"你们"的维度	信息不对称,"组合功能"的特殊性质,运用语言的能力比图景更有意义,学习比基准比较更有意义。	"你们"的语言有待定义。

(一)个人与组织的关系:对分类的影响

从先前的观点可以清晰地看出分析无形资产最为重要的标准是其依赖的程度(也就是对组织内部成员和外部利益相关者的依赖性),存在两种不同的无形资源(见图4)。

- "自治型"无形资源,包括两个分支:有二级市场的,诸如品牌、专利或标准软件;以及无二级市场的,例如声誉和专有方法。
- "依赖型"无形资源,包括四个分支:创新资源(也就是创新投资和能力)、信息和组织资源(流程、结构、例程)、市场与分销资源(客户关系管理(CRM)资源、品牌对于客户的良好声誉、客户联系)和关系资源。

(二)无形资产报告中的水平和垂直维度

我们怎样在知识经济中报告无形资产?要回答这个问题,对在语言能力和图景之间进行重要的权衡折中很有必要。也就是说,在用于报告的水平的和垂直语言之间作出权衡折中。从以前的讨论可知,垂直维度似乎要比水平维度更重要。从战略的观点看,对于任何一个组织,信息披露是一项有倾向性的做法。它减少了信息使用者的信息不对称,但也传递了信息提供者的意图和想法(根据数学家 Rene Thom 的概念)。根据这种双重的观点——信息提供和意图传递——我建议信息披露策略应该根据这两个方面来组织和协调。有关这方面的细节在 IC-dVAL® 的方法中有详细的论述(Bounfour,2003a,第11章)。

信息提供(水平)维度(signifying/horizontal dimension)需要很好的协调,以通过强化信息的可靠性和可比性来强化信息传达的真实意思。因此,目前的会计工具——损益表和资产负债表——可能需要修改,以便从信息披露的角度出发来引入不同的无形资产项目。报告中标准化的部分意在满足信息提供的这一维度。考虑到自由职业者境况出现的可能性,这一维度将主要关注"独立的资源",即所谓的结构资本(专利、商标等)。主要从生产这些资源的能力方面来对公司和组织进行评判。因此,就信息提供这一方面而言,资产负债表将主要包括那些独立资源的项目。

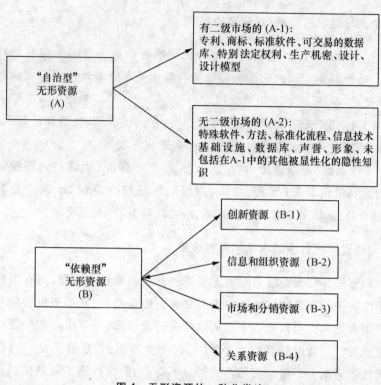

图4 无形资源的一种分类法

意图传递维度(intentionality dimension)涉及公司战略和绩效方面必要的一些具体特性(contingent nature)。也就是说,意图传递阐释了对于现在和将来的公司的产品、服务、文化、游戏规则等的集体信条(collective beliefs),包括对所有实践的创新的说明。意图传递这一维度可以形象地比喻为向读者提供一张白纸,每个人在这张白纸上可以得出他们自己的结论。从这个角度看,协调就最好不用了。这一开放的、非标准化的一面使得意图传递有了意义。但意图传递对于组织的身份和边界的稳定性有预先的假设。正如我们所知,至少当我们考虑到目前的组织流程时,这一假设的要求仍然存在问题。在社团组织形式下,意图传递当然会更有意义。

四、结论

为无形资产建模以及报告无形资产是一个很重大的社会经济问题,而不能看作是一个可有可无的工作。通过认真地考虑基本的社会经济制度和规则,我们的研究必须将正在进行的资本主义的深刻变革集成进来。这一章试图列出了这些问题中的一些,以及它们对于无形资产报告的涵义。这些假说将会通过作者将来的研究进一步完善。

参考文献

Abramovitz, M. (1956). Resource and output trends in the United States since 1870. *American Economic Association Papers*, 46, 2, pp. 5–23.
Bounfour, A. (2000). Competitiveness and intangible resources: towards a dynamic view of corporate performance. In Buigues, P., Jacquemin, A., Marchipont, J.-F., editors. *Competitiveness and the Value of Intangibles*. London: Edward Elgar Publishing Ltd. Preface by Romano Prodi.
Bounfour, A. (2003a). *The Management of Intangibles: The Organization's Most Valuable Assets*. London & New York: Routledge.
Bounfour, A. (2003b). The IC-dVAL® approach. *Journal of Intellectual Capital*, 4, 3, pp. 396–412.
Bounfour, A. (2003c). Intangibles and benchmarking performance of innovation systems in Europe. *The IPTS Report*. May, pp. 32–37.
Buigues, P., Jacquemin, A., Marchipont, J.-F. (2000). *Competitiveness and the Value of Intangible Assets*. Cheltenham, UK: Edward Elgar. Preface by Romano Prodi.
Caillé, A. (2000). *Anthropologie du don*. Paris: Desclée de Brouwer.
Camerer, C. (1988). Gifts as economic signals and economic symbols. *American Journal of Sociology*, 94, Supplement, pp. 180–214.
Castells, M. (1998). *The Rise of the Networked Society. The Information Age: Economy, Society and Culture*. Cambridge, MA, Oxford, UK: Blackwell, Vol. 1.
Clement, W., Hammerer, G., Schwarz, K. (1998). *Measuring Intangible Investment, Intangible Investment from an Evolutionary Perspective*. OECD.
Ducharme, L. M. (1998). *Measuring Intangible Investments, Introduction, Main Theories and Concepts*. OECD.
Durkheim, E. (1889). Communauté et Société selon Tönnies, *La Revue philosophique*, 27, 1889. Reprint in: Emile Durkhein. Textes/1. Eléments d'une théorie sociale. pp. 383–390. Collection Le Sens Commun. Paris: Editions de Minuit, 1975.
Edvinsson, L., Malone, M. S. (1997). *Intellectual Capital: Realizing Your Company's True Value by Finding its Hidden Brainpower*. New York: Harper Business.
Foray, D. (1990). L'économie de la connaissance. Paris: La découverte.
Granovetter M. (1973). The strengths of weak ties. *American Journal of Sociology*. 78, 6, pp. 1630–1380.
Grant, R. M. (1991). The Resource-based Theory of Competitive Advantage: Implications for Strategy Formulation. *California Management Review*, Spring, pp. 114–135.

Grant, R. M. (1996). Toward a knowledge-based theory of the firm. *Strategic Management Journal*, Vol. 17 (Winter Special Issue), pp. 109–122.

Hall, R. (1993), 'A Framework Linking Intangible Resources and Capabilities to Sustainable Competitive Advantage', *Strategic Management Journal*, Vol. 14, pp. 607–618.

Hénaff, M. (2002). *Le prix de la vérité, le don, l'argent, la philosophie.* Le Seuil.

Ibn Khaldun (1967). *The Mydaddimah, an Introduction to History,* tr. By Frantz Rosenthal, 3 vols. 2nd ed., Published for the Bollingen Foundation by Princeton University Press.

Itami, H. (1989). Mobilizing invisible assets: the key for successful corporate strategy, in Sweeny, E., editor. *Information Research and Corporate Growth.* London: Pinter, pp. 36–46.

Jarillo, J. C. (1988). On Strategic Networks. *Strategic Management Journal.* Vol 9, pp. 31–41.

Lev, B. (2001). *Intangibles: Management, Reporting, Measurement.* Washington, DC: Brookings Institution.

Lundvall, B.-Å., Tomlinson, M. (2001). Learning-by-comparing: Reflections on the use and abuse of international benchmarking. In Sweeny, G., editor. *Innovation, Economic Progress, and the Quality of Life.* Cheltenham: Edward Elgar, pp. 120–136.

Mauss, M. (1924). Essai sur l'économie du don. In: Sociologie et Anthropologie, Presses Universitaires de France. Paris: 1950. Introduction by Claude Lévi-Strauss.

Moulier Boutang, Y. (2002). Nouvelles frontières de l'économie politique du capitalisme cognitif. Revue Ecarts, n3, http://www.ecarts.org.

Nelson, R. R., Winter, S. G. (1982). *An Evolutionary Theory of Economic Change.* Belknap Press and Harvard University Press.

Nonaka, I. (1994). A Dynamic Theory of Organizational Knowledge Creation. *Organization Science,* 5, 1, February.

Nonaka, I., Konno, N. (1998). The concept of "BA", building a foundation for knowledge creation. *California Management Review,* 40, 3, pp. 40–54.

Nonaka, I., Takeuchi, H. (1995). *The Knowledge-Creating Company.* Oxford University Press.

OECD (1996). The Knowledge Based Economy, Paris.

Pentland, B. (1995). Grammatical Models of Organizational Processes. *Organization Science,* 6, 5, September–October.

Peteraf, M. A. (1993). The cornerstones of competitive advantage: a resource based view. *Strategic Management Journal,* 14, 3, pp. 179–192.

Revue du Mauss, n23, 1st semestre. *De la reconnaissance, Don, identité et estime de soi.* Paris: La découverte.

Romer, P. (1991). *Increasing Returns and New Developments in the Theory of Growth.*

Solow, R. M. (1957). Technical progress and aggregate production function. *Review of Economic and Statistics,* 39, pp. 312–20.

Teece, D. J. (2000). *Managing Intellectual Capital.* Oxford and New York. Oxford University Press.

Teece, D. J., Pisano, G., Shuen, A. (1997). Dynamic capabilities and Strategic Management. *Strategic Management Journal,* 18, 7, pp. 509–533.

The Club of Rome (2002). *Statement of the Club of Rome to the World Summit on Sustainable Development.*

Tönnies, F. (1977). Communauté et société: catégories fondamentales de la sociologie pure. Paris: RETZ-CEPL.

Wenerfelt, B. (1984). A resource-based view of the firm. *Strategic Management Journal,* 5, pp. 171–180.

Wenerfelt, B. (1989). From critical resources to corporate strategy. *Journal of General Management,* 14, 3, pp. 4–12.

Wilkins, A. L., Ouchi, W. G. (1983). Efficient cultures: Exploring the relationship between culture

and organizational performance. *Administrative Science Quarterly.* 28.
Winter, S. (1987). Knowledge and competence as strategic assets. In Teese, D., editor. *The Competitive Challenge.*

第二章 地区潜在智力资本：战略智力资本需求

——利夫·埃德文森，瑞典隆德（Lund）大学

一、加剧的失衡

今天，相对于无知与愚昧而言，知识与智慧之间的平衡点是什么？以下测试一下你的思维：

在你的国家、地区或城市里，价值在哪里被创造出来？是否有另一种价值流在形成，从而需要另一类知识、活跃的智慧以及智力资本企业家精神？是否存在一个生态系统为国家新财富、社会智力系统和把未来变成资产塑造价值平台？你的国家将未来变成资产的知识创造形式是什么样的？国家的知识和智力资本地图是什么样子？智力社区或城市在哪里？哪里可以看到过去五年中社会的主要创新？基于社会企业家精神、智力文化和社会创新基础，社区对国家财富新的智力交易的增长需求将怎样？何种社会资本滋养着社会企业家精神的智力方面？

我们今天所知道的是，有一股以指数速度增长的新见解、知识和研究通过互联网络迅速地传播，遍及全球。对数字和与信息技术相关的知识包的投资从

来没有如此巨大和迅速增长过;根据一些测算,该项投资每年超过10亿美元。这使 L. Nakamura(参见第五章)提出了这个问题:美国的 GDP 中是否失去了10 000亿美元? 因此,我们已经感觉到一个不断增长的、与这些为了战略可持续性的无形资本相关的战略知识混乱或者挑战。

二、无形资本地图和容量

根据 M. Khan 的报告,2000 年经济合作和发展组织(OECD)18 个国家的无形资本投资占 GDP 的比例由2%到7%不等,其中瑞典和美国居于首位。这一数字是基于狭义概念的研发、教育和软件投资的支出。如果采用广义概念,这一数字在知识密集型经济体中会超过 GDP 的10%。此外,在这些国家中,对于无形资产的投资看起来超过总投资的60%。对制造和服务业创新的投资占 GDP 的比例由1.7%到7.5%不等。

20 世纪 90 年代的后期,美国成立了经济分析局,其目的是评估无形资本投资以获取更精确的观点。据 L. Nakamura(费城联邦储备银行)的估计,2000 年美国国内公司无形资本投资在7 000亿美元至15 000亿美元之间。从相对角度来说,这大概是美国没有包括在国家财富规划中的 GDP 的10%。这很可能仅是无形资本价值的投入维度的一部分。美国经济中加总的无形资本价值更大,尤其是按照产出价值计算。他的研究中另一个令人感兴趣的地方是:这些无形投资主要集中在软件、信息通讯技术(ICT)、研发以及广告、娱乐,它们大约占80%。此外,信息通讯技术的主要部分和无形资本的投资似乎已经进入到无形金融服务发展和信息娱乐中。美国研发投资在 GDP 中所占比例接近3%,大约是2 650亿美元。这将进一步挑战对知识经济财富的描述和统计。

在欧洲,这已经形成将被称为"里斯本议程"的竞争性投资转化为无形资本的要求(来自2002年葡萄牙里斯本欧盟最高层首脑会议议程)。

其战略目标是要把欧盟12个国家的研发投资提升到占 GDP 水平的3%。

据估计,2000 年 OECD 国家的研发总支出达到了5 630亿美元。主要地区的分布情况为:美国占47%,欧盟31%,日本17%。根据报道,瑞士投资了 GDP 的3.9%,芬兰则是3.4%。OECD 国家的平均水平达到2.4%。如果把教育贡献归入到这部分投资额中,其比例将上升到5%以上。软件方面的投资最近也在增长,但仍大约占OECD国家GDP的1.4%。

这些都凸显出无形资本投资的巨大及其转向,以及缺乏对基于这些支出的价值创造的系统化估计和描绘。这些价值是否等于投入,是否更接近于产出,或者其影响在比会计周期长的时间内才可见?

《经济学家》杂志最近发起Latte咖啡指数。它与著名的汉堡指数类似。像之前的汉堡价格一样,它在购买力平价基础上比较了世界范围内咖啡的价格,也就是将本地货币价格除以美元价格。接下来将有可能出现石油指数、能源指数等。这些指数可以显示出某种货币是被高估还是低估了。它显示了物品的应用价值。与之相似的,知识或者地区、城市或者国家智力资本的指数会如何呢?在本书中,我们概括出一些模型,以进行进一步的细化和研究。

三、透过地区IC看全球IC

如今瑞典在OECD国家中的竞争力分数方面名列前茅。但是它的财政福利创造比较低。

在该项之后就是对研发、信息通讯技术以及教育的投资。在全球背景下,大量的战略知识创新带来了对能力和知识的日益激烈的竞争。

- 芬兰现在被认为是研发增长最快的国家。有时也被称为全球信息通讯技术领域的科威特。
- 在瑞典,Skandia公司是在世界上第一家根据20世纪90年代初期的智力报告将知识智力原型化的公司;它现在被众多的公司、研究者和政府计划效仿。另外,在www.intellectualcapital.se上可以看到1997年瑞典最早发起了第一种智力资本基准和评级,现在许可给许多国家使用。1996年Skandia公司成立了"原动力模型(prime mover model)未来中心"。
- 一些年前,丹麦发起了一个全国性竞争委员会,旨在整合私人与公共组织的合作,以在知识经济中获得领先地位。这导致了知识报告的原动力状态,而且政府有一个智力资本报告的网站(www.vtu.dk/icaccounts)。2001年,他们成立了由经济部管理的第一个公共未来研究中心(www.mind-lab.

org)。2003 年,又发起了一个相似的创新机构,以推动丹麦成为创新的前沿国家。2004 年 6 月,另外一个半公共智力实验室成立(www.momenturm-nord.dk)。

- 在**挪威**,一些有趣的计划已经进入成型阶段。一个是 Larvik Kommune 智力资本评级(www.larvik.kommune.no)。另一个是挪威石油高原的智力资本评级;还有一个是未来研究中心的典型化,以培育社会企业家精神(www.finansanalytiker.no 发起了智力资本报告指南)。

- **意大利**也是无形资产测算的先锋。2004 年金融界作出了指导方针。意大利财经分析师协会已经为意大利公司详细阐述了无形资产的指导方针和沟通模型。2005 年初,意大利财经分析师们将根据公司无形资产的披露水平对其进行分类。

- **荷兰**也较早就知识经济作出了国家规划。如今在 2004 年,他们借由 Nyenrode 大学智力资本研究中心和海牙公共创新研究中心增强对知识经济的渴望。

- 除了亨利管理学院的 KM 论坛,**英国**还是电子政务(e-government)的重要推动者。近来又发展了成型的公私营伙伴关系(Public-Private-Partnership,PPP)以充分调用社会闲置知识资本和社会企业家能力。2002 年,英国成立了特殊的社会企业组(Social Enterprise Unit)。

- 据彼得·德鲁克(Peter Drucker)预测,**中国**将成为世界各个层次知识的最大购买者和进口者。

- 2003 年 9 月,**迪拜**(Dubai)在与新加坡的激烈竞争中树立了自身作为领先知识城市的地位。人力资本被集中于增强学习环境,即所谓的整合高科技结构资本(high-tech structural capital)的校园。

- 2002 年 12 月,**美国**明尼阿波利斯-圣保罗(Minneapolis-St. Paul)地区在全球竞争力指数中排名第一,超过了硅谷、奥斯汀和得克萨斯州这些知识地区。

- 在**中国台湾地区**,"经济部技术处"建立了台湾智能资本研究中心(TICRC)来为智能资本创建国际权威性知识库,并推动台湾在智能资本上的发展。

- **奥地利** 2002 年修改了一项法律,要求所有的大学和学院在 Wissenbilanz

中报告其最新的知识资本，包括单独的机构知识目标、知识发展进程和知识指标。最初的成型报告出自 Kremz 大学（www.donau-uni.ac.at/wissensibilanz）。

- **德国**工业部现在正执行类似 2004 年中小企业的成型报告计划（www.wissenskapital.info）。
- 所谓的知识型城市或区域正在崛起，一个显著的例子是**巴塞罗那**和它叫做 22@ 的用于开创未来的特殊战略设施。其核心是要塑造知识经济和其知识工人的城市化设计。
- 2004 年 1 月，**温哥华**被誉为在生活和工作上最具吸引力的城市。

四、纵向观点

越来越多的未知领域要求在社会、企业以及个人层次上有更多的战略性知识和知识导航能力。其核心是感知能力和与周围环境相连的能力，否则会出现更多的愚昧、紧张和竞争失败。我们需要提高自身对新的战略知识导航观点的感知和描绘。

这或许可以称之为纵向观，或者 3-D 的管理战略模式，超越资产负债表视角中的时间和成本两要素。它是关于可持续性、生态和创造意义的。这就在纯粹的金融经济之外需要另一个生态系统。纵向观是基于无形资本的第三维视角的，即强调作为机会空间的潜在成本并凸现出价值创造的文化背景，也可以将其表述为可持续的潜在财富，解决企业社会责任的问题。要了解更多的内容可参照 Edvinsson 2002 年在 www.corporatelongitude.com 上的书。

新的企业纵向观关注的是侧向维度和未来的时间。智力资本的核心特点就在于其未来盈利能力，也就是说不是历史成本，而是未来的，即向前思考。它需要有别于传统管理模式的新的领导角色。在 2003 年欧盟的一项叫 PRISM 的研究基础上，我发展了一些企业价值链模型作为新的企业理论。该模型凸现价值、企业的创新领域和领导力所关注的焦点领域。

模型的中心是"价值创造空间"，智力资本在那里面临着利用纵向资源和创造经济附加价值的挑战。这是知识型企业家精神的辩证的或者动力的空间。它可能导致资产负债表上资本的增长，也可能造成资产负债表上资本的损耗。在后一种状况中，价值破坏就会出现。这里一个关键性问题将出现：

今天的知识导航和领导能力能做什么来避免破坏及利用闲置的潜在的智力资本？我们又如何从报表中知道这一点？

对一个国家或地区而言，要应对日益激烈的对全球竞争力和才能培养的战略竞争，就有必要发展增长的才智、规范系统和塑造个人、企业和社会各个层面上的新的竞争力。复杂性/混沌、才智、数字化竞争力和文明化将共同塑造未来的知识区域。

五、拉古萨：一个智力型城市

拉古萨（Ragusa）是一个有趣而值得作为标杆学习的智力财富城市的例子。拉古萨是地中海沿岸，准确地说是亚得里亚海沿岸的一个城市和共和国。它保持了至少500年的最高标准生活水平。它还保持了5个世纪的独立地位。在《1301—1806年拉古萨的知识和安全：21世纪发展模式？》这篇文章中，被誉为"社会智力之父"的Stevan Dedijer教授详细阐述了拉古萨成功的主要因素。我将其改写为知识型地区的持续能力因素。

根据R. Harris（2003），拉古萨有传奇的外交才能、超凡的政治耐力，它在整个奥斯曼帝国（Ottoman Empire）中拥有巨大的商业贸易，并享有其他西方国家没有的特权。政治上娴熟并擅长商业化运作的统治阶级利用一切机会最大化拉古萨共和国的财富。

15世纪末，拉古萨在亚得里亚海拥有最强大的商业舰队。到18世纪下半叶，它在绝大多数地中海沿岸的主要城市建立了60个大使馆或情报机构。从1358年到1806年，在拉古萨的旗帜上写着"自由"。随后拉古萨在历史上第一次被拿破仑的军事力量所占领，到1808年拉古萨灭亡。今天，这个城市被称作杜勃罗文克（Dubronik），属于克罗地亚。

我的一个研究生，D. Radovanovic，于2004年在Lund大学从事的一项研究中提炼出拉古萨的可持续能力，这可以概括为以下几点：

- 有组织的战略性知识和安全（根据Dedijer的研究，欧洲最早的知识与安全职能1301年出现在拉古萨）
- 政治耐力和外交手腕
- 城市精神和内聚力

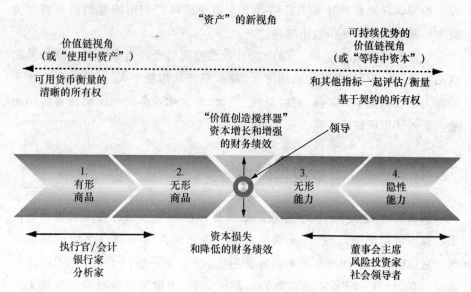

图 1 IC 创业家的价值领域

资料来源：www/euintagibles.net and Leif Edvinsson。

- 多样的、集中性寻求公共财富的移民
- 丰富的文化生活，三种语言的多语种环境
- 科学氛围和孕育知识的传统
- 便于交通和交流的地理位置和基础设施

可以学习的最吸引人的方面是为了未来持续能力而发展内部和外部的"耳目"的能力。拉古萨所以被称为知识型城市，因为其政府能够利用其国际联系从周围环境中发现信号，并迅速地学习和接收。此外，它培养专门的年轻翻译来担当知识导航者或者更正式的大使角色。

为获得可持续能力，一个知识型地区或城市必须关注社会创新；因为那需要智力。按照 Dedijer 教授的观点，社会知识就是一个社会或企业向其周边环境、情况和自身学习来预测未来的能力。这种能力不仅仅是被告知收集的信息，更重要的是要能理解收集的信息，并利用这些信息为可持续能力服务。这可能正是未来生态系统的中心部分。与之相反的是 K. North 教授在第十五章中描述的无知。

六、智力型城市——知识型城市

关于智力型城市的定义还在发展中,某个智力型城市的绝大多数特性出现在 IT 方面。

国际电讯港协会有一个关于智力社区的特殊兴趣小组,他们会颁奖给最智力化的城市。根据他们的观点,以下是形成一个智力城市的关键成功因素:宽泛的基础设施、智力劳动者、创新和数字民主。在 www.intelligentcommunity.org 上可以获得一个名单,包括有新加坡、迪拜和大阪。

N. Komninos(2002)给出了智力城市的另外一个特点。他将智力城市定义为这样的岛屿和社区,创新过程在那里满足了数字世界和信息社会应用的需要。智力城市的功能与研发、技术转移、创新和人际网络化等知识制造相关。这些功能作用在人们交流的真实空间和通过 ICT 交流的虚拟空间里。他突出了智力城市的三个基本构成:

- 创新的岛屿,例如工业和服务业的聚集地
- 虚拟的创新系统,包括知识工具(也就是科技园和远程信息工具)
- 一体化,也就是真实和虚拟创新系统间的连接

G. Bugliarello,纽约布鲁克林工艺大学的高级官员,说明了连接智力城市概念和 IC 范例的特性。他认为智力城市就是具有成功地对威胁进行自我调整、改变和修复能力的城市。这和 S. Dedijer 教授对拉古萨社会智力详细阐述的维度相当接近。Bugliarello 还指出智力城市必须能有效地利用资源,并突出强调教育作为文明核心要素的重要性。这非常接近于 A. Pulic 关于 IC 效率的维度和 N. Bontis 对地区 IC 多样性的研究,该研究强调研发作为第一因素和教育作为第二因素的重要性。

作为一种知识诀窍(K-recipe),智力城市具有以下特征:

- 对知识劳动者和创新阶层的吸引力
- 良好的地缘位置
- 移动的城市,有不同群体的网络和与重要人物见面的地点
- 有良好物流的流通城市
- 通过各种交换创造高价值的合作型城市

- 健康、新鲜、人道,提供良好的生活质量
- 活跃地接触未知领域的有好奇心的公民
- 具有文化资本和价值一致性的高尚的社会
- 行动丰富的城市,有大量活跃的交往
- 财富创造
- 安全与和平

根据对拉古萨的研究,可以归结出三个主要的可持续能力因素,以作进一步的详细阐述:

- 智力,被很好地被组织起来以与外部结构性资本和人力资本相联系
- 政府领导能力,以提供结构性资本作为财富创造的前提
- 社会精神或价值,把人力资本和不同的结构性机构资本联结起来以实现城市更大的共同利益

越来越多的城市称它们自己是知识城市,为了公共福祉,它们的政治议程都正在发展环境和结构性资本以促进人力资本增长。以下是一些正出现的重要城市案例:

- 新加坡
- 巴塞罗那
- 曼彻斯特
- 哥本哈根/玛尔摩
- 迪拜
- 墨尔本
- 上海
- 圣保罗

根据这个概念的外延,也可能出现另一种城市设计——城邦(En2Polis),未来的智力城市,主要的特征包括:世界知识入口、知识银行、知识交换、知识奥林匹克和知识旅行等,更多的内容还可以参照 www.entovation.com。

七、会计与度量

为什么度量如此重要?简单说来,是由于知识与可供交流信息的缺乏,

既会影响信任也会影响未来资源的有效供给与分配。在一个日益复杂的社会中,我们需要一个明晰的支持系统来启迪我们的思维,从而考虑最优的选择。换句话说,我们需要相应的规划系统来确保我们从纵向导航的角度来研究将来,如 Andriessen 教授所陈述的那样,理解 IC 的意义。

什么度量系统能支持这种方向上的改变?当然来自其贡献被排除在传统会计体系之外的必要的无形资本,诸如信任、脑力效率、健康合作等要素。关系的价值与来自知识诀窍的贡献都是需要被度量的。

从度量的角度来说,传统的报告模型主要代表有形的货物部分,并且基于国际会计准则(IAS)委员会及它的准则 IAS-38 的要求,已经开始触及到无形经济的部分。此外,IAS 准则 1 在 1999 年被修改,以使其能够处理金融冲击引发的更多的问题。但是,这还不能代表建立在 IC 基础上的 21 世纪网络化的无形资本商业模式的全部潜能。在很大程度上它受限于所有权的概念,被限于报告它在一个公司法律界限内能定义的要素。这在知识经济中是不够的。我们所需要的是对公司纵向无形资本项目的横向会计视角。

图 2 是一幅公司纵向示意图,在这幅图中,内部无形资产作为一个横向维度,外部是传统公司的垂直资产负债表。我们需要的是一个面向这些外部价值创造空间的一个知识视角窗。这部分空间由灰色标出。

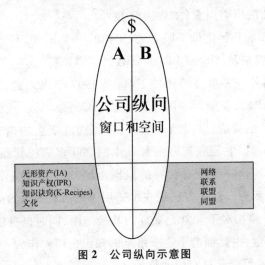

图 2　公司纵向示意图

由于新经济价值是在纵向角度上,也就是侧向维度而不是垂直维度。我们必须发展更多的横向会计基准来度量无形资产潜在的价值创造。我们必须承认这些新的无形资本指标,指导会计师审查这些指标和年报,在年报中显示这种 IC 的透明度,以便引领这些新的组织性的价值创造。根据我在 Skandia 提出的成型的 IC 报告的经验,Alexander Welzl 于 2002 年提出最近的最为精彩的 IC 报告之一,然后是 Seibersdorf 研究中心,还有其在奥地利研究 IC 的先锋伙伴,其中有 Manfred Bornemann 博士(参见 www.wissensmanagement.TUGraz.at)。此外,2003 年在奥地利,一项法律被启用。这项法律要求所有的大学和学院出版年度知识资本报告,展示知识目标、知识进展及知识指标。最早的模型由奥地利的 Kremz 大学完成(参见 www.donau-uni.ac.at/wissensbilanz)。

在瑞典,类似的用于研发机构的最早的模型由 Karolinska 的分子医药中心于 2003 年启用(参见 www.cmm.ki.se),这个模型关注三个层次(即产出、成果及影响)。

与这种长期无形医学研究的度量相对应,检验产出价值与产出成本也变得重要起来。这里的关键可能在于探求产值以及把这些产值分为三类:

- 短期视角的产出,有形的与无形的(如科学类文章的数量)
- 中期视角的成果因素(如专利权或知识诀窍的数量)
- 长期视角的影响因素(如健康改善)

用于区域 IC 的几种度量手段方法已经由 Nick Bontis 博士、Ante Pulic 教授、José Viedma 教授及 Ahmed Bounfour 教授在别处提出。

IC 评级是另外一种重要的评估工具,是 1997 年以来的标准普尔(Standard and Poors,S&P)对金融资本评级的补充。IC 评级以效率、更新与风险的视角为基准来看 IC 的构成,以得到未来的盈利潜力(更多的内容参见 www.intellectualcapital.se)。它现在被欧洲和日本的 200 多家机构所使用。IC 评级在对如学校和医院这一类没有公共的股票市场的公共组织作为评级参考指标时显得特别有意思。这一方法现在也适用于城市和地区的区域性 IC 评级。IC 评级提供了一幅相对于课堂上最好的基准地图,同时也提供了一个评估将来盈利能力的平台,由此创造了一个将来的知识信用。作为一个城市 IC 评级的例子,图 3、图 4 可能是具有说明性的。

挪威：市政发展

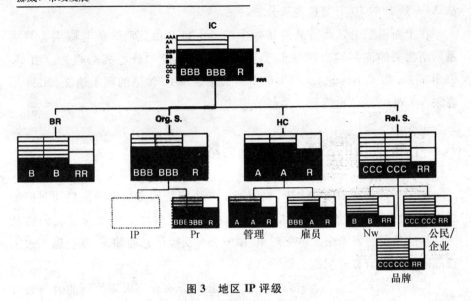

图 3 地区 IP 评级

挪威：市政发展

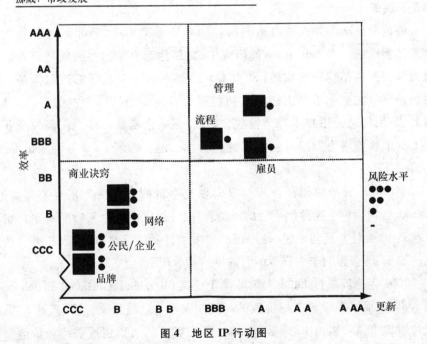

图 4 地区 IP 行动图

它强调了构成要素的同时也强调了效率、更新、风险,而这些又通过一个从 AAA 到 D 的 10 点制量表来分级。

在上面模型中显而易见的是效率的低下以及由此而来的与吸引力及关系网络相关的高风险。这些似乎是区域生态系统的核心战略指标。由 H. Chritianson 和 K. Rosengren 撰写的一篇关于区域 IC 评估的硕士论文(2004 年春来自 Lund 大学)也强调了类似的形式。

八、不断增长的战略 IC:IC 乘数

在一个日益复杂的社会中,我们需要一个清楚的支持系统来启迪我们的思维,从而得到最优的选择。换句话说,我们需要规划系统来保证我们能从纵向导航角度研究未来。缺乏对 IC 绩效和可交换信息的知识,既会影响未来资源的有效供给和分配也会影响到信任。

IC 的概念可定义为,与战略结构资本相结合来获得未来盈利能力乘数效应的人力资本。对于企业、地区和个人来说,利用战略乘数效应的乘数作用都是必要的。

创造辩证法的知识将由新的潜在相互联系来塑造,而非那种旧的重复性最佳实践法。在 Edvinsson 的研究中,它被称为 IC 乘数,例如把人力资本潜力和周围的结构资本相乘($SC/HC > 1$)。它的一个很好的近似值是人均附加价值。它显示了员工使用由利益相关者提供的结构资本的好坏程度。因此,采用信息通讯技术作为挑战,这也将是一个衡量领导力在释放企业内外人群的脑能潜力方面有趣而关键的指标。也可参看 www.intellectualcapital.se。

交流无形资产的相互作用对吸引创造财富的合适资源是至关重要的。Nonaka 教授强调了这种创造性的模型程序,并把它命名为 KATA,该名称也可以代表 IC 会计。换句话说,是保证产生可信性。缺乏对 IC 绩效和可交换信息的知识,既会影响未来资源的有效供给和分配,也会影响到信任。

2002 年一篇来自 Lund 大学的硕士论文(Berglund,Groenvall 和 Johnson)显示出 IC 乘数和股票市场价值的高度相关性。这篇论文说明,高达 84% 的人均附加价值可以由 IC 乘数预测到,高达 62% 的可以由股票市场价值预测

到。2003年另外一篇来自Lund大学的硕士论文(S. Arvidsson)显示,系统化沟通在研究和合作发展方面对持续收入有大约2%的股市影响,但仅持续20天左右。

九、培养领导能力和丰富战略IC

而且,在知识时代,分析的新单位将会是创新和理解,可能也涉及知识经济生态学。它是关于源泉结合内容的,是关于为将要或正进行的结合培育空间以释放脑能潜力,是关于无形资产创造者通过纵向领导进行的知识交换和知识交互作用。传统的办公室可能不是解决办法,而知识咖啡馆作为新思想的交流和领导也许才是答案。

在一个日益复杂的社会中,我们需要一个清楚的支持系统来启迪我们的思维,从而得到最优的选择。换句话说,我们不仅需要规划系统来保证我们能从纵向角度研究未来,而且需要"文化"作为第三种维度。知识的价值看来是隐藏于人们之间以及组织之间的。

价值或者IC是在人们(人力资本)和组织结构资本之间的交互作用中产生的,比如研发过程。Nonaka(1994)将此称为知识创造辩证法或者动力学。他也将其称为"Ba",它在日语的字面意思是"可供欣赏的空间"。在Skandia的案例中,它们被称为"未来中心"。Skandia未来中心创建于1996年,关注经验性知识探索的价值创造。它成为了这样一个舞台,员工通过它进入未来,然后带着新见解回到现在。

2002年2月,丹麦的经济部发起了头脑实验室,它和Skandia的原型概念或者日语Ba的概念相似。然而,头脑实验室是一个公共部门中旨在丰富知识管理的中心。一个相似的创新平台是2003年和2004年由荷兰政府在Hauge发起的,目的是为了由财政部、交通部和农业部发起的联合的知识培养。

2004年,丹麦为了其North Zealand的地区发展,建立了一个此种知识概念实验室,叫做动力(Momentum)(更多见www.Momentum-nord.dk)。

组织资本看起来像无形资产的一种维度,如K-E. Sveiby 1997年在公司水平上的概括。之后,2004年时组织资本被包括D. Ulrich和N. Smallwood的众多人在《哈佛商业评论》上详细阐述。然而，几乎没有人把它应用到社会发展和城市设计上。公司以及城市的社会建构正作为关键的组织资本而出现。

十、建筑和空间设计

1996年Skandia未来中心关注由经验知识探索所获得的价值创造。它成为了这样一个舞台，员工通过它进入未来，然后带着新见解回到现在。

此外，哥特大学的研究显示了社会心理维度的高度重要性。建筑和内容设计表现了大概20%的健康影响因素。最近，Lund大学的P. Grahhn在园艺对健康的影响的研究最为典型。

因此，为了培养领导能力而建立的新生态系统需要一些结合价值和创造价值空间的新会计指标。在瑞典，目前我们正为无形资产建立的模型既包括了文化会计、健康管理，也包括了知识空间设计（参看www.bottomline.se）。

看起来对这些新空间很重要的有：
- 创造性的环境
- 网络空间
- 生活质量和内心的满足

G. Tornqvist教授已通过三种环境确定了创造性环境，分别是地理上的、制度上的和网络的。R. FloridaI. 和 I. Tinali最近(2004)一篇报道的题目是《创造时代的欧洲》，它回顾了基于天分、技术和促进创造性阶层成长的容忍/价值的领域。

人力资本的联系和相互作用似乎是基本精神维度之一。在网络经济中，必须设计有吸引力的连接空间。要记住，城市曾经是降低货物和服务贸易交易成本的知识工具。

在2004年的获奖论文中，来自芬兰技术大学的毕业生Pöyhömen和Smedlund详细阐述了关于这类网络的三种主要类型：
- 通过现有知识的有效执行来产生IC的产品网络，例如，通过内外部专家的合作以达到最佳实践
- 丰富角色与变化的环境（如标杆学习团体）之间知识交换的发展网络
- 为最佳选择创造出发散性思考和知识的创新网络

他们认为一个成功的地区应该建立这三个方面的网络。

那些地方的核心点是对知识工人的关系影响或者文化影响。必须认识到,主要的挑战不是技术的或数字的,而是要知道我们的感觉对电子工作(e-work)通常只有40%的影响。在虚拟电子工作中,我们通常只用我们的两种感觉。因此,为了正确决策,对领导能力的挑战是作为栽培者为脑力工人提供培育性的环境。瑞典斯德哥尔摩 Karolinska 学院的 R. Embdad 详细描述了此过程中的一个概念:心理满足。这正导致了对有吸引力的城市的需要:知识工人的游乐胜地。知识旅游以及知识港湾都是将要出现的概念。R. Jensen 也将其描述为"梦想世界"(1999)。

(一) 作为超级大脑的知识型区域

城市的设计变成了吸引和留住人才的持续性因素。在现在的21世纪,为了城市居民更多维度的合作和生活质量的提高,基于创新的知识区域正在出现。根据 Debra Amidon(2003),知识型区域是这样的地理区域、区段或实践社区,其中,知识从源泉处流向需求处或者机遇。她看到了从20世纪80年代以来各种学术的、工业的和政府的技术园的基于培训的首创精神。在20世纪90年代,这被更多学习型科学园所替代,可以在 www.entovation.com 上找到这种知识区域(K-zones)的专门知识诀窍。

显而易见的是一群群人才聚集到这些特殊的地方以使得知识专业化。日益增长的创造性 e 阶层将会移居到全球范围内的知识中心。这正是金融资本和 IC 将集聚的地方。效率社会被塑造为能吸引、留住和培养人才的地方。

组织起来的知识资本进化也可以从正在出现的神经系统科学观点来看。在最近的十年中,越来越多的研究已经显示了大脑是怎样不断进化到现在的大小和能力水平的。数十亿的连接和神经元正在为 IC 塑造进化的生物基础。社会是一个有组织的合作思维的过程。G. A. Karlsson 教授描述了文化竞争过程和人才向超级大脑的转化。2002年,R. Lynn 和 T. Vatanen 出版了一项名为《IQ 和国家财富》的定量研究成果,他们试图将人才相关的财富和民族的差异形象化。

(二) 战略城市的管理和公共政策

显而易见,无形资产渐趋复杂时,我们需要突出 IC 乘数的透明度,或者换句话说，寻找能为组织和地区利用人力资本的战略结构资本。2003年，Ante Pulic博士指出欧洲的GDP增长快于其IC效率水平。也就是说，有一个增长着的知识膨胀需要处理。通货膨胀通常是在中央银行的议程中的。IC效率和知识膨胀要在谁的桌子上呢？

强大无形资源的发展对公司来说是至关重要的问题。但它可能对社会和公共组织更为重要。因为无形资产发展是公司的事情，而公共组织必须开发创新的战略社会方法，尤其在无形资产的功能领域：R&D项目、教育系统、财政政策和公共采购政策以及技术组织。这将促进地区IC的增长，或者在最坏的情况下，若没有做好则可能侵蚀它。所以战略管理甚至更多地被用来描述正确的社会环境和城市设计，以及创造价值的联系或动力学。

这使对战略更新和公共组织未来的需求形象化了。正如Dee W. Hock教授所述，我们处在一个制度失败的时代。用管理实践支持新战略组织和技术设施构成了一个思考的重要标准。另一个标准在于探索衡量这种战略公共行为的新方法。

关于在知识时代财富是怎样创造出来的研究中，Nick Bontis博士指出了集中于以下顺序的领导能力或管理议程：
- R&D计划
- 教育计划
- 网络和贸易的发展
- 工业效率

十一、关键信息

IC无形资产战略的浪潮在增长。它在大学、会计准则组织、政治和商业团体中得到推进。所以这些给我们带来的信息就是，我们需要更深层的智力去理解它，并通过以下几点去追随知识经济浪潮：
- 知识可持续性的生态系统
- 吸引知识工人和为知识工人打造生活质量的空间
- 持续更新的关系空间

因此，不抓住机遇投资会造成国家福利的损失。另一个可供选择的状况是强制减少工业经济生命周期,这是一种不强调潜力或潜在 IC 的领导义务。

我们现在所需要的是复杂社会的智力地图和一个关于如何利用知识基础杠杆作用的强大战略创新。新型的社会企业家能力可能有助于丰富这种纵向价值,也被称为第四部门。我们在哪里和如何发展培育这种领导能力的营地呢?

参考文献

Amidon, D. (2003). *The Innovation Superhighway: Harnessing Intellectual Capital for Collaborative Advantage*. Butterworth-Heinemann.
Andriessen, D. (2004). *Making Sense of Intellectual Capital*. Oxford: Elsevier Butterworth-Heinemann.
Arvidsson, S. (2003). *Demand and Supply of Information on Intangibles*. Institute of Economic Research, Lund University.
Berglund, R., Goeurall, T., Johnson, M. (2002). *IC Leverage on Market Value*. Master thesis. School of Economic and Management. Lund University.
Bontis, N. (2002). *National Intellectual Capital Index: Intellectual Capital Development in the Arab Region*. New York: United Nations.
Bounfour, A. (2000). Competitiveness and intangible resources: towards a dynamic view of corporate Performance. In: Buigues, P., Jacquemin, A., Marchipont, J.-F., et al., editors. *Competitiveness and the Value of Intangible*. London: Edward Elgar. Preface by Romano Prodi.
Bounfour, A. (2003a). *The Management of Intangibles: The Organization's Most Valuable Assets*. London & New York: Routledge.
Bounfour, A. (2003b). The IC-dVAL® approach. *Journal of Intellectual Capital*, 4, 3, pp. 396–412.
Bounfour, A. (2003c). Intangibles and benchmarking performance of innovation systems in Europe. *The IPTS Report*. May, pp. 32–37.
Christiansson, H. Rosengren, K. (2004). *Effort to Map the Intellectual Capital in Skane*. Master thesis, Lund University.
Danish Ministry of Industry (2001). *Guidelines for Knowledge Accounts*. Copenhagen, Denmark.
Dedijer, S. (2002). Ragusa: intelligence and security, 1301–1806. *International Journal of Intelligence and Counter Intelligence*, XV; No 1, Spring.
Dedijer, S. (2003). *Development & Intelligence 2003–2053*, Working Paper 2003/10, Research Policy Institute, Lund University.
Edvinsson, L., Malone, M. (1997). *Intellectual Capital*. New York: Harper Business.
Edvinsson, L., Stenfelt, C. (1999). IC of nations for future wealth creation. *Journal of Human Resource Costing and Accounting*, 4; 1 Spring, Stockholm University.
Edvinsson, L. (2002). *Corporate Longitude*, Bookhouse/Pearson.
Emdad, R. (2002). *The Theory of General and Job-Related EPOS*. Karoliaska Institute, Stockholm, Sweden.
Florida, R., Tinagli, I. (2004). *Europe in the Creative Age*. London: Demos.
Itami, H. Roehl, W. (1987). *Mobilizing Invisible Assets*. Harvard University Press.
Jensen, R. (1999). *The Dream Society*. New York: McGraw-Hill.
Karlsson, G. A. (1997). *The Competitiveness of Superbrains*. Stockholm, Sweden: Fischert.
Leadbeater, C. (1997). *The Rise of the Social Entrepreneur*. London: Demos.

Lynn, R., Vatanen, T. (2002). *IQ and Wealth of Nations*. Praeger.
Komninos, N. (2002). *Intelligent Cities*. London: Spon Press.
Mouritsen, J. (2001). *IC and the Capable Firm*. Copenhagen Business School. Copenhagen, Denmark.
Nonaka, I. (1994). A dynamic theory of organizational knowledge creation. *Organization Science*. 5; 1 February.
Nonaka, I. (2002). Paper presented at Global Knowledge Forum, Tokyo, October 24–25.
Nonaka, I., Takeuchi, H. (1995). *The Knowledge-Creating Company*. Oxford University Press.
Palmaas, K. (2003). *The Merciful Entrepreneur*. Stockholm: Agora.
Pasher, E., et al. (1998). *IC of Israel*. Prototyping report.
Pulic, A. (2003). *Efficiency on National and Company Level*. Croatian Chamber of Commerce, Zagreb, Croatia.
Radovanovic, D. (2004). *Intelligence & Lund*. Master thesis, School of Economics and Management, Lund University.
RCS Conseil (1998). *Intangible Investments*. The Single Market Review Services, Office for Publications of the European Communities, Kogan Page.
Romer, P. (1991), *Increasing Returns and New Developments in the Theory of Growth*. Stanford University.
Stan, D. (2001). *Lessons from the Future*. England: Capstone Publishing.
Sveiby, K.-E. (1997). *The New Organizational Wealth*. Berett Kochler.
Viedma, J. M. (1999). *ICBS Intellectual Capital Benchmarking System*. Paper from McMaster University, Canada, as well as 2001 *Journal of Intellectual Capital*, 2; 2.

进一步阅读的一些链接

www.corporatelongitude.com
www.intellectualcapital.se
www.wissenskapital.info
www.iccommunity.com
www.oecd.org/publications
www.entovation.com
www.kmcluster.com
www.isa.se
www.bontis.com
www.minez.nl
www.blev.stern.ny
www.ll-a.fr/intangibles/
www.vaic-on.net
www.videnskapsministeriet.dk/videnregnskaper
www.vtu.dk/icaccounts
www.monday.dk
www.kompetenceraadet.dk/arkiv
www.wissensmanagement.TUGraz.at
www.arcs.ac.at
www.bottomline.se
www.larvikkommune.no

www.nordicinnovation.net
www.finansanalytiker.no
www.skandiafuturecenter.com
www.capriinstitute.org
www.mind-lab.org
www.momentum-nord.dk
www.cmm.ki.se
www.euintangibles.net

第二部分　国家知识资本

第三章 OECD国家对知识的投资水平的估计

——莫萨德·肯,法国巴黎,OECD科学、技术与产业部经济分析和统计分部

引言

研发、教育和软件方面的支出可以被视为对知识的投资,这是决定经济增长、工作岗位创造和提高生活水平的关键因素。在研发、高等教育和软件上的支出都有创造新知识,把知识转化为技术、人力资本或者计算机程序的能力。本章概括出一种方法以度量国家对知识的投资水平,并就18个OECD国家(OECD和EU地区国家的总和)从1992年到2000年对知识的投资作出可以进行国际性比较的估计。[①]估计对知识的投资存在许多问题,原因是:缺乏国际一致的定义,有关分类之间重叠的信息不足,以及创新支出、设计、工作相关培训支出、职业培训等领域的数据覆盖面的局限。

---

① 本章使用了M. M. Croes(荷兰CBS统计局)2000年12月为荷兰经济事务部和OECD所写的报告《部分OECD国家的无形资产数据》。但本章在以下方面有所创新:定义的改善、包含了私人部门的教育支出、包含了新的软件数据(建立在官方估计之上)以及对知识投资的三个组成部分之间的重叠的各种确认与排除。本章是Khan 2001年发表在 *OECD STI Review*, *No. 27* 上的文章的修订版。

尽管在度量方面存在许多困难,就像本章所说明的那样,对知识总投资作出可以进行国际间比较的估计是可能的,至少在 OECD 国家是这样的。最新获得的数据显示知识总投资(基于一个狭义的定义:在研发、软件和高等教育上的支出)约占 OECD 总体 GDP 的 5.1%①,而且这个份额随时间增长。如果将所有层次的教育的支出都计入,知识总投资约占 OECD 总体 GDP 的 9.2%(基于一个广义的定义:在研发、软件和所有层次的教育上的支出)。在主要的经济区(美国、欧盟②和日本)中,美国是知识密集度最高的经济,知识总投资占 GDP 的 7.0%,与日本的 4.7%、欧盟的 3.4% 形成鲜明对照。比起欧盟和日本,美国正以更快的速度向知识经济迈进。

OECD 对知识的总计投资掩盖了不同国家之间的差别。在 2000 年,OECD 对知识的投资占 GDP 的比例分布在从 2.1%—7.0% 之间,其中比例最低的是希腊、意大利和葡萄牙,比例小于 GDP 的 2.3%;最高的是美国、瑞典,大约占到了 GDP 的 7%。国内研发毛支出(GERD)是知识投资中比重最大的一块,特别是在法国、德国和日本。在这些国家,研发支出部分占到了对知识总投资额的 60% 甚至更高。除此之外,主要由企业出资进行研发的国家往往对知识投资更多。

知识投资中的软件部分所占的比重在 20 世纪 90 年代增长很快,1992—2000 年,大约以每年 13% 的速率递增。在 2000 年,软件部分占到了 OECD 的 GDP 的 1.4%(不包括研发和软件的交叉部分)。

与软件部分一样,知识投资中对高等教育的投资比例也很高。在 2000 年,高等教育部分占到了 OECD 的 GDP 的 1.4%(不包括研发和高等教育的交叉部分)。美国在高等教育方面的投入也在不断增长,而欧洲主要国家(法国、德国和英国)对高等教育的投资一般在其 GDP 的 0.6%—0.7% 之间。

数据显示投资于知识的资金总数在 20 世纪 90 年代有着相当可观的增长,比实物投资(毛固定资本构成,gross fixed capital formation,GFCF)方面要多。而且,数据还显示在大多数国家,对知识的投资的增长速率要大于在固定资产方面的投资速率,在丹麦、芬兰、希腊和瑞典这一点尤其明显。

---

① 本章 OECD 一般指 18 个国家(除去比利时,因为该国早期的教育开支数据丢失了)。
② 本文中的欧盟一般指 14 个国家(除去比利时,因为该国早期的教育开支数据丢失了)。

第三章 OECD国家对知识的投资水平的估计

这一领域先前的研究结果被刊登在《OECD 科学技术产业评论》第 27 期（Khan,2001）《对知识的投资》一文中。在这篇 2001 年的文章中,由于难以获得官方的软件投资数据(国家统计机构在国民账户系统框架内公布的估计值),私人来源的数据(国际数据公司/世界信息技术和服务联盟(IDC/WITSA))被用于估计知识投资的软件部分,然而存在着一些对软件部分高估的担忧。IDC/WITSA 数据和国家账户估计值(有 7 个国家的)之间的比较显示了基于 IDC/WITSA 数据的估计高估了软件投资数额。在某些情况下,甚至高出一倍。最近几年,对于大多数 OECD 国家来说,软件投资数据已经逐渐可以从官方渠道获得。在本文中,来自于 OECD 资本服务数据库的软件投资数据被用于知识投资量的估计。在软件投资数据的可信度和国际间可比较性方面比 2001 年的那篇文章都有了提高。不过,应该注意到软件上的支出仅仅在最近才被视为国民账户中的资本支出,而且统计方法因国家的不同而不同(Ahmad,2003)。基于更早的方法的知识投资统计数据(Khan,2001)已经公布在各种各样的 OECD 出版物中(OECD,2001;2002a;2003)。不过,因为软件部分的新数据,这里给出的数据和以前的数据不一样。

这一领域的工作(定义和度量知识投资)相对较新,并且正在不断地被发展。为估算知识总投资,并且在国际之间可以进行比较,在概念层次和数据收集层次都存在许多问题。在概念层次,缺乏一致认可的定义阻碍了对知识投资的度量,数据可得性也是一个问题,还需要进一步努力。例如目前有关于企业在岗位培训项目上的支出和创新支出方面的数据极其稀缺。因此,在计算知识总投资中,它们被排除掉了。因为这些原因,本章给出的数字应该被视为给出了对知识总投资的部分的和临时的描绘。

一、如何定义知识投资

尽管(实物)投资的定义被广泛接受(国家账户系统,1993(SNA93)),[①]但

[①] 代表毛固定资本构成的全部投资数据在 SNA93 中定义如下:"某一机构或部门的毛固定资产构成主要由其已获得资产的价值减去现有被处置资产的价值。处置不包括固定资产的消耗。固定资产包括在生产过程中形成的、可以在其他生产过程中重复或连续使用超过一年以上的时间的有形及无形资产"(段落 10.26)。

是在定义知识投资方面缺乏国际共识。因此,对于跨时间和跨国界的知识投资程度知之甚少。知识投资指标的开发非常重要,因为这些指标与知识经济密切相关,并可以提供发生在 OECD 经济中的结构转变和向知识经济转变程度的一个描绘。

知识投资在本文中被定义为"目的在于改善现存知识、获取新知识或者传播知识的活动上的支出"。这些支出的结果是"知识的创造或传播",但是这些投入可以是有形的。研发、教育和软件支出可以被认为是指向现存知识的数量改变,扩展、传播或者获取全新的知识的支出。与研发、教育、软件花费一样,培训、创新以及工业设计支出应该被认为是总知识投资的另外的一部分[1]。

鉴于本章的目的,对知识投资的狭义的定义包括如下几部分:在软件、研发和高等教育(私立的和公立的)上的支出。由于这三部分之间的重叠(研发与软件、研发与教育、软件与教育),简单相加这三部分会导致对知识投资的高估。因此,在计算对知识的总投资之前,需要进行转换以便得到满足定义要求的数据。

- 估计了和研发支出重叠的高等教育中的研发支出,并将其从高等教育总支出中扣除。
- 用来自于国家研究的信息估计与研发支出相重叠的研发中的软件支出,并将其从软件支出中扣除。
- 由于信息缺乏,无法剥离教育支出和软件支出之间的重叠。但是从可得的信息看,这种重叠很小。

对知识投资更加完整的描绘也应当包括其他部分。但由于数据缺乏,不可能包括这些部分:

- 从对创新的调查(每四年进行一次)中收集的有关于新产品设计的支

---

[1] 智力资本、知识投资和无形资产投资指同一概念。然而,它们的定义却不一致(即定义中所包含的构成部分不一致)。文献中,作者们对同一概念使用不同的定义,并根据自己的需要决定选择哪个定义。例如:经理人员所定义的无形资产就与统计学者所定义的无形资产有所不同。从统计的目的上,Croes(2000)将无形资产定义为"为一国所有导向新目标的行为或一国所使用的非物质工具的支出。这些行为和非物质工具的目标在于现有知识的数量变化或扩展、现有产品的获取与改善或全新的知识的获得。"Nakamura(2001)将无形资产投资定义为"私人在无形的、创造获销售新的或改进的产品与流程所必要的资产上的投资"。他用三种不同的方法(支出法、劳动投入法和公司营运毛利法)估计了美国的无形资产投资。支出法包括研发支出、软件投资和广告媒体支出。Webster(1999)将无形资产投资定义为"企业所有的在物质上无形的资本投资,包括员工培训和专业发展、创新、营销、管理专家和工作关系方面的支出"。

出数据仅能在欧洲国家和少数几个其他 OECD 国家取得。
- 有关企业对岗位训练方面的支出的数据极其稀少。
- 目前,对其他部分的估计,例如对组织的投资的估计更加困难。

就像本章所说明的那样,基于对知识投资的狭义或广义定义,对 OECD 国家的知识投资水平作出估计是可能的。广义的定义包括所有层次的教育的支出(以及研发和软件支出),而狭义的定义仅包括高等教育支出(以及研发和软件支出)。仅仅包括高等教育的支出而不包括所有层次教育的支出,这是因为预先假定了高等教育支出导致复杂精密或称之为先进知识的创造和传播,这类似于研发和软件。因此基于狭义的定义对知识投资进行估计更可取。

二、数据的筛选

知识投资方面的数据可以从供给方面的数据也可以从需求方面数据进行汇编。需求方面的支出包括购买软件的支出或者企业部门在研发上的支出。相反,供给方面的数据是像计算机服务行业的销售额和销售量等数据。从理论上看,对于估计知识总投资,需求方面的数据比供给方面的数据更可取,因为它具有将经济体结构性差别考虑进来的可能性。如果数据被正确地度量了(定义和覆盖范围等),它们就提高了知识投资的国际可比性。使用需求方面数据的另外一个理由是,在正常情况下,它们包括内部生产;而供给方面的数据则排除了内部生产,因此使用供给方面的数据可能导致对投资水平的低估。

就像以前所说明的那样,知识投资有三个组成部分:在研发和创新上的支出、教育和培训的支出以及软件支出。所有这三部分都使用需求方面的数据。

(一)研发和创新

研究和试验性的开发被定义为:为了增加包括人类知识、文化知识和社会知识在内的知识存量的系统性的创造性工作,以及使用这些知识来设计新的应用(OECD,2002b)。研发可以被分成三种活动:(1)基础研究;(2)应用研究;(3)实验性的开发。技术性的产品和工艺(TPP)创新被定义为:被实现的新技术性的产品和工艺以及产品和工艺方面的重大的技术改进(OECD and

Eurostat,1997)。技术性的产品和工艺的创新活动、与创新过程直接相关的新产品或者改进产品的营销和培训都被认为是创新。部分创新支出,例如培训或工业设计,应该被认为是对知识的投资,但是受限于数据的可得性,知识投资的创新部分并没有被包括在知识总投资的计算中(只有研发部分被包括进来了)。

需求方面的研发数据(GERD)取自于OECD的"主要科学技术指标"(MSTI)数据库。样本期间内数据的覆盖面是综合性的。但是,在一些国家,存在一些缺失的观察值,这必须被估计,例如研发支出调查在瑞士每四年进行一次,瑞典和挪威每两年进行一次。缺失的观察必须用研发密度序列的线性趋势回归或者两年移动平均法进行估计(例如用1993和1995年的平均值来估计1994年缺失的观察值)。

尽管在度量知识总投资时(包括有限数量的国家、一致的时间序列等等),创新数据没有被考虑进去,但是来自于对被选国家的社区创新调查(community innovation survey,CIS)的一些创新支出数据将在下文中列出以便考察投资量级。

(二) 教育和培训

教育和培训包括三个主要的类别:(1)正式教育上的公共支出;(2)私立教育上的支出;(3)企业在岗位培训项目上的支出。为了正确地度量知识投资总量,在估计知识总投资时,所有这三类都应该被包括进去。然而,数据的缺乏意味着企业在岗位培训项目上的支出被从知识总投资的计算中排除了出去。职业培训的数据仅在参加了职业培训调查(vocational training survey)的欧盟国家可以获得,但是由于定义、覆盖面和涉及的时期方面的差别,这些数据不完全具有可比性(OECD,1998a)。

教育支出可以根据教育水平进行分离(初等的、中等的、高等的),尽管所有层次的教育支出都可以获得,但是只有高等教育支出(教育的国际标准分类(ISCED-5 and-6))被包括在知识投资的计算中,因为预设了:只有高等教育支出导致"复杂知识"的创造,因此高等教育支出对于研发和软件支出更具有可比性。尽管未将所有层次的教育支出都考虑进去,我们还将会在下文中给出这些支出,以提供对单个国家对于教育优先性的某些认识。

教育支出数据取自于OECD的教育数据库,这里使用的数据涉及在公有和私有教育机构上的直接的和间接的支出。

(三)软件

软件被SNA93定义为"企业期望在生产中使用超过一年的计算机软件被当作无形的固定资产,这种软件可以在市场上购买或开发自用。获得这些软件因此被视为毛固定资本构成。市场上购买的软件以购买的价格计值;自己开发的软件以它的基本估计价格计值,如果不能够估计它的基本价格,则以其生产成本计值"(段落10.92)。对此的一个共识是软件可以定义如下:(1)商品软件;(2)自己开发的不是用来最终销售的软件;(3)定制的软件(Ahmad,2003)。

并非所有的软件支出都能被认为是知识投资,需要将那些不能被认为是知识投资的软件支出挑出来,并将其从总支出中排除出去,例如有关于软件升级、小补丁、维护和支持软件等的投资不该被认为是知识投资,因此应被排除出去。在软件的获取满足传统的资本定义的条件下,SNA 93建议将软件支出资本化。在最近几年,软件投资的官方估计能够广泛获取,至少对于大部分OECD国家是这样的。但是,用于估计软件投资的方法随着国家的不同而不同。为了说明关于度量软件投资和提高国际间可比性的特定问题,一个由OECD和欧盟联合的"特别工作组"在2001年末成立。实施"特别工作组"的推荐意见将提高软件数据的国际可比性。有关这一问题的最近的研究已经强调了软件度量问题和协调软件度量方法对于各国投资的估计的影响。

(四)重叠问题

正如前文提到的那样,在知识投资的三部分中,存在三个主要的重叠区域:(1)研发和软件;(2)研发和教育;(3)教育和软件。

软件不仅是包括在总的研发支出中的一个工具,它也许也是研发的一个主题(软件研发),在弗拉斯卡蒂手册(Frascati Manual,OECD,2002b)中已经认识到了这一点,并建议如果软件开发项目导致了科学或技术的进步,以及如果这个项目的目的是一个科学或技术不确定性问题的系统性解决方案。

那么,该项目就应该被归入研发类(135段)。弗拉斯卡蒂手册进一步地建议"以软件为最终产品的研发也应该被认为是研发"(136段)。

而且,在软件研发方面的支出可能非常高,所以当估算知识总投资中的软件投资部分时应将其排除。很不幸,在研发调查中并没有将软件研发分离出来加以度量,这使得分离研发和软件之间的重叠很困难。但是,为得到总知识投资的一个更加"精确的"估计值,研发和软件之间的重叠必须被排除。可以得到的计算机服务行业的研发数据表明:软件研发占 GERD 的 1%—9%。其他国家的研究(包括所有行业),显示这一百分比可能更高:在 25%—40% 之间。

在以前的研究工作中(Khan,2001),基于可获得的国家研究的信息,研发和软件之间的重叠被假定为 25%。不过,同时也申明:"研发和软件之间 25% 的重叠的假设偏高了,因而这里提供的总的知识投资估计值是保守的。"而且曾有一些关于软件数据在以前研究工作中被高估的担忧,为"抵消"这种高估,使用一个较高的研发和软件重叠比率就更可取了。最近从国家统计出版物得到的信息显示:研发和软件之间的重叠(25%)低于前面的假定。另外,基于私人资料来源的(IDC/WISTA)对软件的估计(高估的)已经被官方估计的软件投资数据替代。基于这些原因,在本章,假定研发和软件的重叠率为 15%。对这个假定的主要的批评是:重叠率由于国家的不同而不同。尽管认识到了这一点,在缺乏进行国与国比较基础的情况下,使用这个假定去排除重叠比起包括这个重叠部分仍然是可取的,因为它代表了知识总投资的更"精确的"估计值(而不会高估)。

另外一个重要的重叠是在教育支出和研发支出之间的。教育支出包括一部分已经被包括在 GERD 中的研发支出,即高等教育部门的研发支出(HERD)。原则上来说,估计教育和研发之间的重叠相对简单,原因是可以从包括高等教育部门研发支出(研发数据库)和高等教育部门其他总支出的 OECD 数据库获得数据。但是,为使结果有效,必须满足两个条件:每个国家教育数据库和研发数据库的覆盖面必须相同。目前这一覆盖面并不完全相同。

一项早期的 OECD 的研究(1998b)表明瑞典和德国的教育数据库和研发数据库是一致的,但是对于法国、荷兰和英国这些国家而言,从总的教育开支中减去 HERD 导致对公共教育支出严重低估。近期在这个领域的工作表明澳大利亚、丹麦和美国的数据库也是一致的,但是对于加拿大而言,两者之间存在着轻微的不一致。对于芬兰而言,研发数据库采集的覆盖面和教育数据库不同。遗憾的是,对于这些数据库覆盖面存在不同的国家也无法作出修正。尽管直接减去 HERD 可能导致对某些国家教育投资的低估,本文仍采用了这种方法以消除重叠。原因是排除重叠的估计比包括重叠的估计更"精确"。

最后,有关商品软件的数据包括教育机构购买的部分,所以,在教育和软件之间产生了重叠。关于这个重叠的数据很难获得,但是已获得的数据说明这种重叠是微乎其微的。因此,在估计知识总投资时没必要针对这个重叠作出修正。而且,当考虑了职业培训时,例如,针对新软件引入带来的培训的支出,可能会导致教育支出的高估。因为职业培训支出没有被考虑进来,所以不必要对数据进行修正。

三、对知识投资的估计

(一) 知识投资的研发部分

知识投资的研发部分应该包括研发支出和创新支出,然而在本章,基于前文所罗列的一些原因,仅将毛国内研发支出(GERD),包括货币的和资本的研发支出,包括在知识投资的估计中。

在 2000 年,样本国家的总研发支出(以下称 OECD 的总支出)是 5 630 亿美元(基于当前购买力平价(PPP)的计算)。美国的研发支出大约占 OECD 总支出的 47%,接近于欧盟(31%)和日本(17.5%)的总和。样本国家的研发支出占 GDP 的份额从 0.7% 到 3.9% 不等,而 OECD 的平均值为 2.4%(图 1)。对于主要的 OECD 区域,研发支出与 GDP 的比值在 20 世纪 90 年代早期趋向于下降。自 20 世纪 90 年代中期始,美国和日本的研发强度持续增加。对于日本而言,这一增加与其说是由于研发支出的重大增长,不如说是由于自 1997 年始 GDP 增长停滞不前。在美国,这一增长主要是由于研发支出的增长,因为它的 GDP 增长很快。到目前为止,用于研发的 GDP 份额最高的是瑞典(3.9%),紧随其后的是芬兰(3.4%)以及日本(3.0%),大大高于 OECD 的平均值(2.4%)。1991—1998 年间,相对于 GDP 而言,瑞典和芬兰都大量增加了向研发的资源配置。这与大的欧洲国家(法国、意大利和英国)形

国家、地区和城市的知识资本

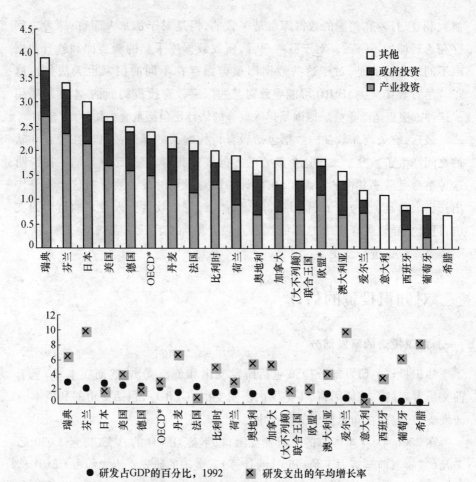

图1 知识投资的研发部分、研发支出作为 GDP 的百分比以及研发资金的来源，1992 和 2000，* 不包括比利时

资料来源：OECD MSTI 数据库 2004 年 4 月。

成鲜明对照。在这些国家，研发支出占 GDP 的比率在这段时期内是下降的。大部分的研发支出由产业提供的国家倾向于有较高的研发强度，这是个一般的趋势。但爱尔兰是个例外，尽管它由产业提供的研发份额相当高，其研发强度却相对较低。

（二）知识投资的创新部分

由于以前提到的一些原因，一部分被认为是知识投资的创新支出并没有被考虑进来。表1显示了从CIS-2和CIS-3获得的数据，这些数据反映了创新支出的数量情况。创新包括一系列活动，其中包括研发。当把制造和服务都考虑进来时，CIS-2数据显示GDP的1.7%—7.5%被用来创新（适用于所有NACE[①]分支）。CIS-3数据显示了创新支出占GDP的1.2%—4.4%之间。[②] 与希腊、挪威、西班牙相比，葡萄牙、德国和比利时的创新支出占GDP的比率比较高（大约4%）。在培训、市场引入和其他准备方面的创新支出小于GDP的1%（除葡萄牙之外），同时，在其他外部知识方面的支出小于GDP的0.3%。

表1 创新支出占GDP的百分比，1996年和2000年

	2000年创新总支出	培训、市场引入	其他外部知识支出	机器费用	1996年创新总支出
奥地利	—	—	—	—	2.3
比利时	4.0	0.8	0.2	1.2	1.7
丹麦	0.5	0.2	0.0	0.0	3.0
芬兰	3.8	0.2	0.3	0.6	3.4
法国	2.2	0.2	0.0	0.0	2.1
德国	4.1	0.6	0.2	1.1	6.9
希腊	1.2	0.1	—	0.5	—
意大利	2.2	0.3	0.1	1.0	—
荷兰	2.2	0.2	0.2	0.5	2.5
挪威	1.5	0.1	0.2	0.2	1.7
葡萄牙	4.4	1.1	0.2	1.9	1.9
西班牙	1.5	0.2	0.1	0.6	—
瑞典	—	—	—	—	7.5
英国	—	—	—	—	3.1

[①] 欧共体中经济活动的统计分类。
[②] 注意CIS-2和CIS-3中创新支出的数据不可比，因为方法不同，因此CIS-2和CIS-3中创新支出占GDP的比率不具有可比性。

(三)知识投资的教育和培训部分

教育数据由OECD的教育理事会(EDU)收集。为计算知识投资的教育部分,公共和私人的支出都必须考虑。总的教育支出被定义为用于教育机构的直接的公共支出(包括支付给私人机构而不是对学生或者家庭的转移支付,以及用于家庭支付教育机构的学生助学金)以及净的私人支出。

公共教育支出数据通常指对整个教育部门的支付,它既包括在教育和教学方面的投资,也包括不能被视为是知识投资的其他项目的支出,这方面的一个很好的例子是一些支持服务和维护。但是,由于信息的缺乏,目前我们还不能将这类支出从总教育支出中排除出去。

有关教育支出的数据针对不同教育层次:初等、中等和高等教育。为计算总的知识投资,仅将高等教育开支考虑进来。不过,有关各层次的教育支出的数据将在下文中给出,以便于了解各层次教育资源配置。

这里提供的教育支出数据是剔除研发和教育之间重叠的净值(也就是说总教育支出减去用于研发的高等教育支出),因此本章提供的数据将低于其他OECD出版物(如《教育一瞥》)提供的教育支出,因此不应将其进行比较。

用于所有层次的教育支出在OECD国家非常大。在2000年,大部分国家将大约5%或以上的GDP份额用于教育(见图2)。美国(6.5%)和丹麦(6.3%)是仅有的教育支出超过GDP 6%的国家,远远高于希腊、爱尔兰、日本和荷兰。芬兰和加拿大教育支出占GDP的比率从1992年到2000年下降严重。相反,澳大利亚、希腊和葡萄牙的教育支出占GDP的比率在同期内是上升的。爱尔兰的年平均教育支出增长率最高,但其GDP的增长率超过了教育支出的增长率,因此教育支出占GDP的比率在1992到2000年间是下降的。尽管教育支出占GDP的比率是教育投资水平的一个指标,但它并不代表全部。或低或高的比率可能反映了不同国家教育体制和社会经济因素的差别。

尽管对于所有国家而言,大部分的教育支出来自于公共部门,但仍有相当比例是由私人部门提供的。在美国(32%)、日本(25%)和澳大利亚(24%)私人支出占总教育支出的相当大的比例。

类似于所有层次的教育支出,高等教育支出(占GDP的百分比)也随着国家的不同而变化(见图3)。美国是唯一一个高等教育支出超过GDP 2%的国

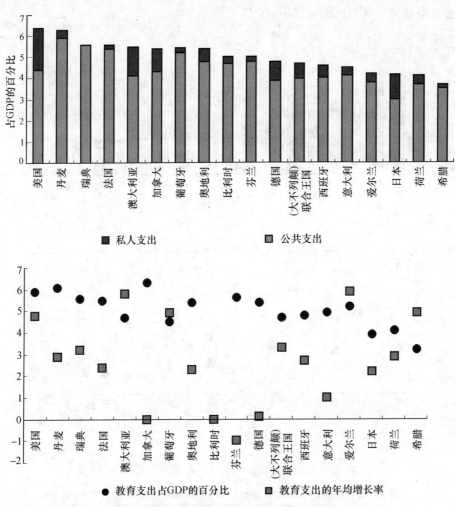

图2 知识投资的教育部分(所有层次)。1992年与2000年在教育机构上的支出占GDP的百分比以及资金来源

资料来源:OECD数据库(教育数据)和MSTI数据库(高等教育研发支出数据),2004年4月。

家(高于希腊和意大利的比率的四倍)。加拿大已经提高了高等教育支出占GDP的比率。因为图3提供的数据包括中学后教育和非高等教育支出(ISCED-4),加拿大、丹麦、美国、日本高等教育数据的可比性应该予以慎重对待。目前,不可能将ISCED-4支出分离开来并从总高等教育中剔除。不过,已有信息显示这个比例相当小。

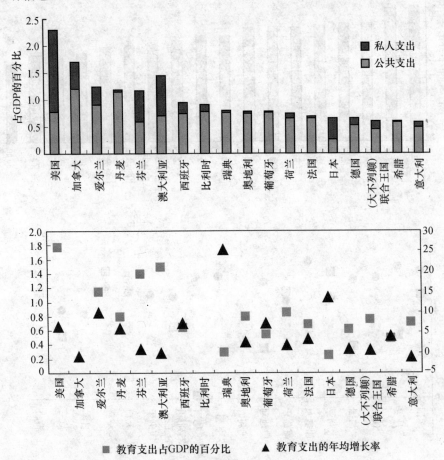

图3 知识投资的高等教育部分（ISCED-5 和-6），1992 年与 2000 年高等教育机构的支出占 GDP 的百分比以及资金来源

资料来源：OECD 教育数据库（教育数据）和 MSTI 数据库（高等教育研发支出数据），2004 年 4 月。

比较高等教育支出排名和教育总支出排名可以看出国家的差别。例如当把所有层次的教育都计算进来的时候，法国排在第四位，而基于高等教育支出时，它的排名降到了第十三位；相反，当且仅将高等教育支出考虑进去时，爱尔兰从第十五位（所有层次）提高到第三位。

私人来源的高等教育支出份额是私人来源的所有层次教育支出份额的

两倍。在日本(59%)和美国(53%),私人来源的高等教育支出占总高等教育支出的份额最高。在澳大利亚,私人来源支出约占总高等教育支出的1/3,西班牙和英国大约是1/4。

对于大多数国家而言,私人来源的高等教育份额相对于总支出(公共的加私人的)很小。日本、美国和澳大利亚是例外。在这些国家,私人来源的高等教育支出占总支出的相当大的比例,在2000年,美国的私人来源的高等教育支出占高等教育总支出的2/3,日本和澳大利亚大约一半。相反,在丹麦、芬兰、德国、希腊和葡萄牙,私人来源的支出小于高等教育总支出的10%。

(四)教育和培训上的其他支出

就像我们已经表明的那样,教育上的公共支出很高,但是对教育和培训的投资依然被低估了,因为它们也应该包括公司进行的培训(职业培训)。公司配置于职业培训的资源和私人对于教育机构的支付处于相当水平。很不幸,有关公司培训的数据非常稀缺,不过根据可获得数据显示,公司在职业培训上的花费约占总劳动成本的1.5%。欧洲在企业中进行的第二次继续职业培训(continuing vocational training,CVT)普查显示,直接的课程成本占劳动总成本的比例从比利时和西班牙的大约0.5%到丹麦和荷兰的1.7%之间不等(Eurostat,2002)。相对于GDP,CVT的直接成本从0.1%(希腊和葡萄牙)到大约1%(英国)之间(见表2)。

表2 部分OECD国家的培训支出

	继续职业培训课程费用占GDP的百分比(%)
奥地利	0.22
比利时	0.17
丹麦	0.87
芬兰	0.34
法国	0.27
德国	0.26
希腊	0.05
爱尔兰	0.24
意大利	0.21

(续表)

	继续职业培训课程费用占 GDP 的百分比(%)
荷兰	0.51
葡萄牙	0.14
西班牙	0.15
瑞典	0.45
英国*	1.04

1999 年继续职业培训课程费用占 GDP 的百分比。* 数据与其他国家不可比。
继续职业培训课程的直接费用包括：(1) 支付给提供培训课程机构的费用；(2) 差旅费用和日常开支；(3) 内部培训人员的劳动成本；(4) 房屋、设备和其他物资的费用。

资料来源：Eurostat, the second survey of CVT in Enterprises。

（五）知识投资的软件部分

就像前面提到的那样，从国家统计机构获取的软件投资数据在某种程度上是有限的。不过最近几年来国家统计部门已经开始在国民账户框架内编辑并出版关于软件支出的数据。这里提供的软件投资来自于 OECD 的资本服务数据库，它在大多数情况下包括国家统计部门提供的软件投资数据。然而在某些情况下，数据是 OECD 估算出来的。对软件投资数据的分析已经显示，目前将软件支出视为资本支出的方法在国家间有所差别，这在某种程度上限制了国际间的可比性（Ahmad, 2003）。

图 4 给出的软件投资数据排除了研发和软件之间的重叠部分（假定为 15%），因此，这里的数据只代表知识投资的净软件投资部分，而不代表总的软件投资。瑞典、美国和丹麦软件投资占 GDP 的比率高，而爱尔兰、葡萄牙的比率低。1992—2000 年之间，软件投资占 GDP 的比率在所有提到的国家中都增长了，但增长率各国不尽相同。美国、丹麦和瑞典软件投资占 GDP 的比率增长幅度最大，分别是 0.8%、0.8% 和 1.4%。这与爱尔兰、葡萄牙和西班牙的趋势相反。这些国家软件投资占 GDP 的比率的增长小于 0.25%。

第三章 OECD 国家对知识的投资水平的估计

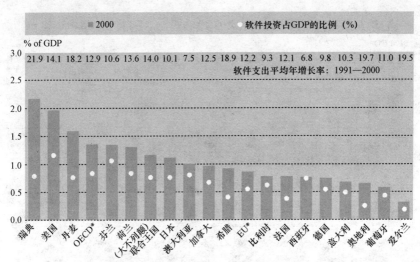

图 4　知识投资的软件部分，1992 年到 2000 年软件投资占 GDP 的
百分比。＊不包括比利时

资料来源：OECD 资本服务数据库，2004 年 4 月。

（六）转向知识经济了吗？

OECD 国家究竟在何种程度上变成"知识"经济了呢？为了得到对这种程度的说明，我们对 18 个 OECD 国家 1992—2000 年的知识总投资进行了估算。在对知识投资进行估算过程中，调整数据以排除重叠，然后把知识投资的三部分（研发支出、软件支出和高等教育支出）相加。并且，知识投资的教育部分仅包括高等教育支出（ISCED-5 和-6）。

在图 5 中，分别使用广义和狭义的知识投资的定义给出了 2000 年 18 个 OECD 国家知识总投资占 GDP 的百分比。如果使用知识投资的广义定义（包括所有层次的教育支出、研发支出和软件支出），18 个 OECD 国家的知识总投资占 GDP 的 9.2%。瑞典、美国和丹麦的知识投资占 GDP 的比率超过 10%，几乎是爱尔兰和希腊的两倍。

国家、地区和城市的知识资本

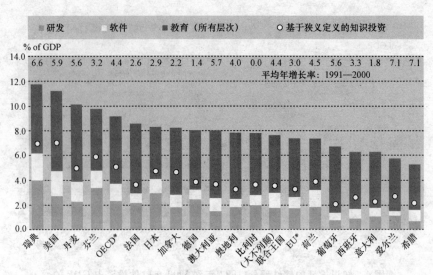

图5 基于广义定义的(包括所有层次的教育)知识投资占GDP的
百分比,2000年。 * 不包括比利时

资料来源:OECD资本服务、教育数据库和MSTI数据库,2004年4月。

不过,由于前面提到的一些原因,知识投资的狭义定义更可取。它包括研发、软件和高等教育支出。图6显示了使用狭义定义下分成三个不同部分的知识总投资。2000年,18个OECD国家的知识总投资约占GDP的5.1%,在主要的经济区域内,美国知识经济程度最高:知识投资占GDP的7.0%,而日本和欧洲分别为4.7%和3.4%。与美国一样,瑞典和芬兰的这一比率也高,而一些南欧国家的比例是最低的。

通过各个部分来分析知识总投资给出被研究国家的投资结构的其他细节。法国、德国和日本的研发支出是知识总投资的主要部分,超过知识总投资的60%。希腊的知识总投资主要在软件方面,大约占知识总投资的一半。相反,爱尔兰的知识总支出主要在高等教育和研发方面,两部分大约分别占知识总投资的45%。

在20世纪90年代,三个北欧国家(芬兰、瑞典和丹麦)和美国的知识投资占GDP的比率都有显著增长,而澳大利亚和加拿大则有所下降。不过应当注意到,这种下降是由于GDP的更高的增长而不是知识总投资的下降(1992—2000年,澳大利亚和加拿大知识总投资的年增长率分别是3.4%和3.8%。)

第三章 OECD国家对知识的投资水平的估计

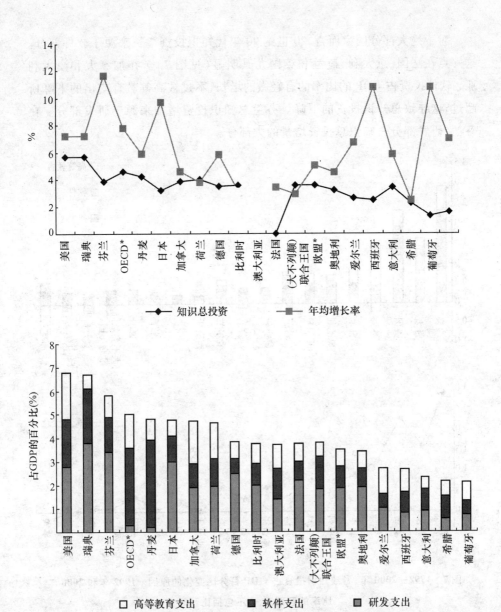

图6 基于狭义定义(只包括高等教育)的知识投资占GDP的百分比,1992—2000。* 不包括比利时

资料来源:OECD资本服务、教育数据库和MSTI数据库,2004年4月。

对于绝大部分国家而言,20世纪90年代知识投资增长来源于软件部分。这一点在法国、意大利、荷兰和英国尤其明显(见图7)。在加拿大和澳大利亚,软件投资占GDP的比率的有轻微的增长,不过被高等教育支出的下降所超过,这导致总知识投资的下降。芬兰总知识投资增加来源于研发部分。在芬兰,研发部分占知识总投资增量的大部分。

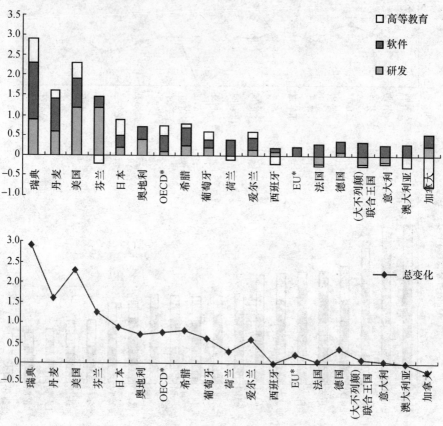

图7 1992—2000年,导致知识投资占GDP百分比变化的原因。1992年和2000年比率的区别。＊ 不包括比利时

资料来源:OECD资本服务,教育和MSIT数据库,2004年4。

对比1992—2000年对毛固定资本构成投资的演变和知识投资的演变显示大部分OECD国家正在向知识经济迈进。对于大部分样本国家而言,对知识投资的年平均增长率高于对固定资本投资的年平均增长率。但是澳大利

第三章　OECD国家对知识的投资水平的估计

亚、加拿大、爱尔兰和美国的毛固定资本构成增长率高于知识投资增长率。一般趋势是：知识投资占 GDP 比率高的国家毛固定资本构成占 GDP 的比率低，反之亦成立（日本和意大利是仅有的两个例外）。例如，葡萄牙和西班牙的毛固定资本构成占 GDP 的比率高（参见图8），同时知识投资占 GDP 的比率低。

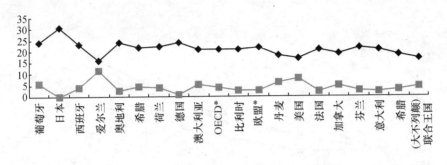

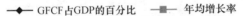

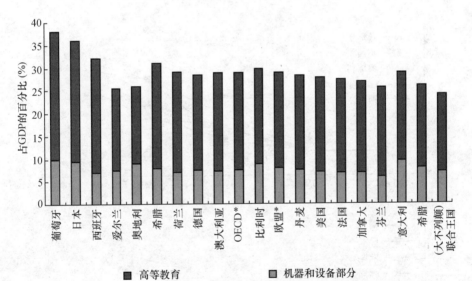

图 8　毛固定资本构成占 GDP 的百分比，
从 1992 年到 2000 年。* 不包括比利时。
资料来源：每年的 OECD 成员国的国家账户和 OECD 经济概况，2003 年。

在较小的 OECD 国家（丹麦、芬兰、希腊、爱尔兰和瑞典）知识投资的演变极其动态，而大的欧洲国家（法国、德国、意大利）的演变是静态的。对于所有国家而言，在20世纪90年代后半期知识投资增长率高于20世纪90年代前半期（见图9）。在20世纪90年代，对于大多数国家而言，知识投资指数的增长率高于毛固定资本构成的增长率。澳大利亚、加拿大和美国是这个一般

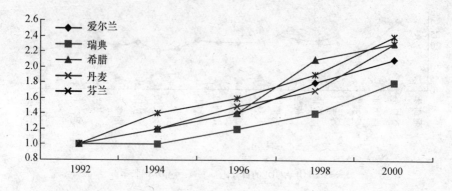

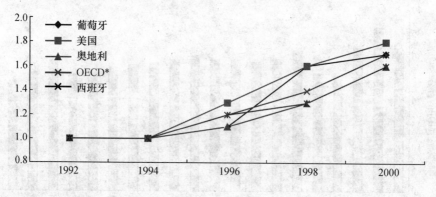

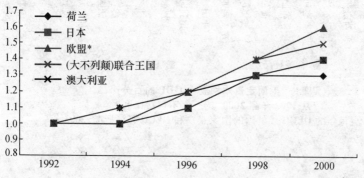

第三章 OECD 国家对知识的投资水平的估计

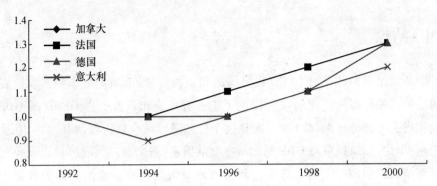

图9 从1992年到2000年间知识投资的演变（狭义定义）。＊ 不包括比利时。

数据来源：OECD 资本服务、教育数据库和 MMTI 数据库。

趋势的显著例外（见表3）。

表3 知识投资的演变（狭义的定义）和毛固定资本构成

	知识总投资,1992＝1				毛固定资本构成,1992＝1				两者之间的差异			
	1994	1996	1998	2000	1994	1996	1998	2000	1994	1996	1998	2000
澳大利亚	1.1	1.2	1.3	1.3	1.2	1.3	1.5	1.5	－0.1	－0.1	－0.3	－0.2
奥地利	1.0	1.1	1.6	1.7	1.0	1.1	1.1	1.2	0.0	0.0	0.4	0.5
加拿大	1.0	1.0	1.1	1.3	1.1	1.1	1.3	1.5	－0.1	－0.1	－0.2	－0.1
丹麦	1.2	1.4	1.8	2.1	1.0	1.2	1.5	1.6	0.2	0.2	0.4	0.5
芬兰	1.0	1.2	1.4	1.8	0.8	1.0	1.2	1.3	0.2	0.2	0.3	0.6
法国	1.0	1.1	1.2	1.3	1.0	1.0	1.0	1.2	0.1	0.1	0.1	0.1
德国	1.0	1.0	1.1	1.3	1.0	1.0	1.0	1.1	0.0	0.1	0.1	0.2
希腊	1.2	1.4	2.1	2.3	0.9	1.0	1.2	1.4	0.3	0.4	0.9	0.8
爱尔兰	1.2	1.5	1.7	2.3	1.1	1.4	1.9	2.4	0.1	0.1	－0.2	－0.1
意大利	0.9	1.0	1.1	1.2	0.9	1.0	1.0	1.2	0.0	0.0	0.0	0.0
日本	1.0	1.1	1.3	1.4	1.0	1.0	1.0	1.0	0.1	0.1	0.3	0.4
芬兰	1.0	1.2	1.4	1.6	1.0	1.1	1.2	1.5	0.1	0.1	0.1	0.1
葡萄牙	1.0	1.3	1.6	1.8	1.0	1.1	1.4	1.5	0.1	0.2	0.2	0.3
西班牙	1.0	1.1	1.3	1.6	1.0	1.0	1.2	1.4	0.1	0.1	0.1	0.2
瑞典	1.4	1.6	1.9	2.4	0.9	1.0	1.1	1.3	0.4	0.5	0.8	1.1
英国	1.1	1.2	1.4	1.5	1.0	1.1	1.4	1.5	0.1	0.1	0.0	0.1
美国	1.0	1.2	1.4	1.7	1.2	1.3	1.6	1.8	－0.1	－0.1	－0.2	－0.1
欧盟＊	1.0	1.1	1.3	1.4	1.0	1.0	1.1	1.2	0.1	0.1	0.1	0.2
OECD＊	1.0	1.2	1.3	1.6	1.0	1.1	1.3	1.4	0.0	0.0	0.1	0.2

＊ 不包含比利时。资料来源：OECD 资本服务、教育与 MSTI 数据库，以及 OECD 国家年度国民账户和经济预测。

四、结论

本章给出的数据对OECD成员国的知识投资量、毛固定资本和知识投资的结构以及随时间变化的动因提供了一些看法。知识投资占OECD的GDP的相当大一部分比例(5.1%),而且这个份额随时间推移正在增长。在20世纪90年代,知识投资对GDP的比率在北欧国家(丹麦、芬兰和瑞典)以及美国显著增长。美国和欧洲及日本之间存在着显著的差距。美国的知识投资水平占GDP的百分比超过欧盟的两倍,而且这个差距正随着时间的推移而拉大。这反映在美国相对于欧盟的更高的年均增长率:在20世纪90年代,美国知识投资年均增长7.2%,欧盟为4.5%。大的欧洲国家(法国、德国、意大利和英国)的知识投资低于美国和日本的。结果,欧盟的知识投资占GDP的比率就低了。相反,北欧国家的知识投资占GDP的比率接近于美国的水平。

为了缩小和美国的差距,欧洲国家必须大量增加它们在研发、软件和高等教育上的支出。考察知识投资三部分的排序给出了有关欧洲国家表现的另外信息。法国和德国的研发排名较高(相对于GDP的比率),但是,软件和高等教育排名较低(相对于GDP的比率)。英国的软件投资排名较高(相对于GDP的比率),研发和高等教育支出排名较低(相对于GDP的比率)。意大利的三部分排名都低。欧盟已经定下目标将自己变为全球最具竞争力的知识经济体,为取得这一地位而树立的一个目标是将研发和创新的支出提高到GDP的3%(EC,2002)。为了实现从当前的1.9%到2010年的3%的预定目标(研发与GDP的比率),欧盟国家必须显著提高研发支出。根据Sheehan和Wyckoff(2003)的估计,到2010年,欧盟国家必须再增加研发支出1 640亿美元,这大约是2000年的两倍。

在2000年,OECD成员国的知识投资达到12 060亿美元(基于当前购买力平价(PPP)计算),它正在以年6%的速度增长(1992—2000年之间)。美国的知识投资达6 810亿美元,而欧洲和日本分别是3 100亿和1 560亿美元。在计算GDP数据的过程中,将知识投资部分包括进来会增加所有国家的GDP。但是,GDP的这种增长将小于这里提供的知识投资的估计值(整个OECD的GDP的5.1%)。这是因为知识投资的软件部分已经被包括在GDP

的估算之中了(在 SNA93 中建议将软件支出资本化)。研发和教育部分(整个 OECD 的 GDP 的 3.8%)没有被包括在 GDP 估算之中。但是,由堪培拉 Ⅱ (CanberraⅡ)小组承担的 OECD 关于度量非金融资产的工作正在探索在国民账户中资本化研发支出的可能性。根据澳大利亚统计局(2004)的估计,研发支出的资本化将会使澳大利亚的 GDP 上升 1.1%—1.2%。

就像提到的那样,关于计算总知识投资指标的各种问题需要进一步的探讨,以便根据这里采用的定义得到估计值。公司进行培训的支出数据依然很难获得,已有的信息显示该方面的支出相当大。因此,应该努力将其包括在总知识投资的计算之中。可获得的创新数据也是极其有限的,在某些情况下甚至根本得不到(例如日本和美国)。虽然欧盟国家可以获得创新数据,不过缺乏时间序列数据。本章给出的估计显示了总知识投资的一个部分图景。一旦可以获得其他部分(例如企业在岗位培训项目上的支出、部分创新支出等)数据,就应该将其包括进来以便完整地描绘 OECD 成员国的知识投资水平。因此,有必要常规性地去收集具有国际可比性的创新支出和企业的培训支出数据。其他部分(例如营销支出、组织流程等)并没有被考虑进来,因为本章采用的定义局限在一定意义上,它仅集中关注直接用于"复杂"知识创造的支出。

修正高等教育和研发之间的重叠是通过从高等教育支出中减去高等教育研发支出。不过在该领域的研究已经显示:由于教育和研发数据库覆盖面不同,这种方法可能导致对一些国家的教育支出低估。在这个领域,要进一步做的工作是使数据库兼容。

而且,有关于教育和软件之间重叠的数据需要从总知识投资的计算中剔除。不过由于信息的缺乏,目前还无法将这部分重叠剔除。希望这在将来能得到弥补。

研发和软件之间的重叠被估算了,并在获得的有限的信息基础上将其剔除。这方面还需要进一步的工作,特别是在收集有关于这两部分之间重叠量的信息方面需要进一步努力。

在最近几年,主要的进步表现在软件投资数据的获取方面。许多 OECD 成员国正在国民账户的框架内进行软件投资数据收集。但是还要进一步努力以提高这些数据的国际间可比性。

附录:数据获取和估计方法

(一) 研发数据

从 20 世纪 60 年代早期起,OECD 就在常规的基础上收集其成员国的研发数据。这个数据库包括 20 世纪 60 年代以来 OECD 对于研发支出和相关人才状况调查的所有结果。MSTI 数据库提供有关 OECD 成员国和 8 个非成员国的科技表现的最经常使用的年度数据精选。本章报告的研发变量是 GERD,它涵盖了在所涉及年度整个国家范围内完成的所有研发项目。若需要更多的信息,参见 www.oecd.org/sti/measuring-scitech。

从提及国家所获得的研发数据(1992—2000 年)是相当全面的。不过对于少数国家而言,由于研发调查每两年进行一次(例如瑞典),一些数据点缺失了。缺失的数据通过研发强度序列的线性回归法或者二项移动平均法估算出。由于没有特定的研发平滑系数,GDP 平滑系数被用来计算固定价格下的研发支出。

(二) 教育数据

OECD 教育数据库提供了具有国际间可比性的有关教育系统关键方面的数据。OECD 成员国在收集信息、开发并应用共同的定义和标准于数据质量控制、检验数据、提供必要的信息来解读提交的数据这些方面进行合作。要想了解进一步的信息,参见 www.oecd.org/edu。

公共支出是以对教育机构的直接公共支出、对私人教育机构而不是学生和家庭的支付和转移支付的资金以及帮助家庭支付教育机构的学生助学金的总和计算。私人支出是私人支出减去对私人教育机构而不是学生和家庭的支付和转付资金、再减去帮助家庭支付教育机构的学生助学金所得到的结果。

所获的样本国家在 1992—2000 年之间对于教育机构的直接公共支出是非常全面的。少数数据点缺失了,缺失的数据通过线性回归法或者二项移动平均法估算出。

大部分样本国的有关于私人支出、对私立教育机构而不是学生和家庭支付和转付资金以及帮助家庭支付教育机构的学生助学资金的数据从 1993 年开始都可获得。缺失的数据点通过可获得的信息或者线性趋势外推法估算出。GDP 平滑系数被用来计算固定价格下的教育支出。

（三）软件投资数据

包括在本章的软件投资数据取自于 OECD 的资本服务数据库。在这个数据库中可得到的软件投资数据，包括国家统计机构提供的官方数据或者 OECD 的估计值。通过资本服务数据库，所有提到国家的软件数据都可以获得。软件投资特有的平滑系数被用于计算固定价格下的软件投资。要得到有关于资料和方法的进一步信息，参见 www.oecd.org/statistics/productivity。

参考文献

Ahmad, N. (2003). Measuring Investment in Software. *STI Working Papers*. 2003/6, OECD, Paris.
Australian Bureau of Statistics (2004). *Capitalizing Research and Development*. Paper presented at the 4th meeting of the Canberra II Group on the measurement of non-financial assets, Washington, DC.
CBS/Statistics Netherlands (2000). R&D en software-onderzoek bij bedrijven in Nederland. Voorburg, March.
Croes, M. M. (2000). *Data for Intangibles in Selected OECD Countries*. Report prepared for the OECD and the Dutch Ministry of Economic Affairs, CBS, Statistics Netherlands.
European Commission (2002). Presidency Conclusions: Barcelona European Council, 15 and 16 March 2002. SN 100/02, Brussels.
Eurostat (2002). Costs and funding of continuing vocational training in enterprises in Europe. *Statistics in Focus*, Theme–8/2002, Eurostat, Luxembourg.
Khan, M. (2001). Investment in knowledge. *STI Review*. No. 27: special issue on new science and technology indicators, OECD, Paris.
Nakamura, L. (2001). What is the gross investment in intangibles? (At least) one trillion dollars a year! Federal Reserve Bank of Philadelphia Working Paper 01–15 (2001).
OECD/Eurostat (1997). Proposed Guidelines for Collecting and Interpeting Technological Innovation Data, Oslo Manual, Paris.
OECD (1998a). *Human Capital Investment*, Centre for Educational Research and Innovation, OECD, Paris.
OECD (1998b). *Separating Teaching and Research Expenditure in Higher Education*. internal OECD working document, OECD, Paris.
OECD (2001). OECD Science, Technology, and Industry Scoreboard–2001: towards a knowledge-based economies. OECD, Paris.
OECD (2002a). OECD Science, Technology, and Industry Outlook–2002. OECD, Paris.
OECD (2002b). Proposed Standard Practice for Surveys of Research and Experimental Development–Frascati Manual. OECD, Paris.
OECD (2003). OECD Science, Technology, and Industry Scoreboard–2003. OECD, Paris.
Sheehan, J., Wyckoff, A. (2003). Targeting R&D: Economic and Policy Implications of Increasing

R&D Spending. *STI Working Paper*. 2003/8, OECD, Paris.
Webster, E. (1999). *The Growth of Enterprise Intangible Investment*. Melbourne Institute Working Paper No. 9/99.

第四章 全球化视角下的知识经济

——让·埃里克·奥伯特,世界银行巴黎办公室,世界银行研究所

一、从工业革命到知识革命

为了理解和讨论现在世界范围内因为持续的"知识革命"和相关的全球化过程而带来的经济转型的含义,采用一种长期视角,并返回到许多国家对待工业化过程所基于的条件下是十分有益的。

基于市场经济模式,工业化过程开始于西欧,然后蔓延到美洲。与此同时,苏联的体系选择了一条集体主义的道路来进行工业化。第二次世界大战之后,从东亚国家日本开始,韩国和中国台湾地区尾随其后,开始通过大批量的生产进入世界范围内的竞争。这种大批量的生产开始是低技术含量的,而后逐渐提升了质量和复杂性。它们的经济模式明显地很大程度上借鉴了西方市场经济的原理。但是,也有很大的社会差异,最为显著的是政府更为直接地参与到经济中来和金融市场的组织机构的透明性比较差。与此同时,由于地理位置的闭塞和历史的原因,比如殖民化等原因而造成的教育投资和教育机构设置的不合理,从而造成了形形色色的第三世界国家的发展受阻

(见 Diamond, J. Guns, Germs, and Steel, 1998)。

发展能力的差异和国家或地区之间的专业化区别有着很深的社会文化根源(Aubert, 2002)。实际上，以科学为导向的西方世界及其制度基础可以追溯到耶稣基督之前 5000 年。他们把科学的实践当作理论的反射的过程，把契约的制定作为人们之间关系的基础。这些特征都是西方文明发展过程的基础。相对而言，东亚社会已经采用了一种沉浸在现实中的态度，这使他们更以技术为导向，更多地用注重实效的方法。并且，这也解释了他们建立在社会政治和经济体系基础上的非正式的关系，其社会政治和经济体系的特征是经济人物与政治权力的紧密结合。

这些差异的结果体现在世界范围内的全球化劳动分工，同时也体现在它随着时间演变的过程。西方世界已经生产了工业化过程的科学和技术基础。东亚经济已经成为采纳西方先进技术的主要工业力量，他们充分利用了相对低廉的劳动力成本以及有着良好教育和专业素质的人力。中国采用这个策略已经成为继日本和韩国之后的领先的世界工厂。与此同时，苏联模式由于其内在的低效率而被抛弃。

我们正在进入一个新的后工业化时期。微电子的快速发展导致了自动化的普及。制造活动在经济中正在逐渐减少，而服务性的活动却在增加。科学的进步正在剧烈地改变着生命、物质和能源的利用条件。支撑全球化进程的电信技术的快速发展创造了真正世界范围内的竞争。

国家、企业和个人的成功比以往任何时候都更依赖于脑力的利用。在教育、研究和软件方面的无形投资正变得比传统投资更重要。这些投资远比在资本和其他实物资产上的投资上重要(Easterly and Levine, 2001)。[1] 这也解释了关于"知识时代"的讨论。"知识时代"这个词经常被过度使用。人类一直以来就在利用知识上不断进步，然而，用知识去透视发展过程并讨论世界经济的当前趋势是有益的。

我们应该问的问题包括：通过世界范围内信息和通信技术的发展以及全

---

[1] 用经济学术语来表述，知识给经济发展带来的无形的增长是用全要素生产率(total factor productivity, TFP)来度量的。它确实解释了生产函数中与生产要素(劳动与资本)的积累不直接相关的那部分增长。在过去数十年中，国家间增长的差异在很大程度上可以由 TFP 的差异来解释，这一特点清晰地展示了知识在经济发展中的作用并不是新生的。有关数十年来 TFP 在世界经济增长中的相对重要性的统计证据，请参见 Easterly W., Levine R. (2001). *World Bank Economic Review*, number 15。

球化进程而使所有人易于获得信息,从而带来了多大程度上的世界范围内竞争条件的变化?一些在目前发展中领先的国家或地区在多大程度上显示出了它们的进步?知识时代在多大程度上给那些失去工业革命机会的国家带来新的机遇?这些已经影响了许多国家发展的社会因素在多大程度上会持续地影响这些国家?

二、国家和地区的基准比较

为了理解国家怎样在以知识为基础的竞争中行动,我们需要一种方法框架。世界银行提出的框架(见世界银行网站)[①]包括四个主要部分。这四个主要部分衡量了一个国家准备进入知识经济所必须同时具备的一些条件,它们是:

- 受过教育的和具有创造性的人口;
- 一个不断改进的信息和通讯基础设施;
- 一个可以使科学技术与商业世界交互作用的有效的创新体系;
- 一个可以支持新经济所要求的调整,并且为对其他三个方面投资有利可图提供条件的经济和政治模式。

一些指标已经被采纳来评估一个国家在这四个方面的表现并把基准国家和其他国家进行比较(世界银行网站)。很多变量被用来评估一个国家在每个方面的成就。研究者们从现存的数据库中选取了大约80个变量,同时对每个方面选取了三个指标来构成基本记分卡。

- 经济和政治模式:贸易的开放度(关税与非关税壁垒)、法律规则和监管框架的质量;
- 教育方面:受教育的比率、中等教育的入学率和高等教育的入学率;
- 信息和通讯基础设施方面:电话(包括移动电话和固定电话)普及的水

[①] 这一方法论框架是由 Carl Dahlman 领导的世界银行研究所的"发展的知识"项目(Knowledge for Development)精心设计的。该项目衍生于题为"知识与发展"(Using Knowledge for Development)的1998/1999 年《世界发展报告》,现已成为世界银行关于知识经济的国家研究、跨国会议等工作的前沿。该项目的工作通过世界银行的地区部门进行的特定研究以及世界银行特别项目(贷款)的形式传播到各地。该项目的行动和结果可以在以下网址查看:http://www.worldbank.org/wbi/knowledgefordevelopment/,该网址还给出了有关数据库和前述基准方法论的链接。

平、电脑普及率和因特网使用率；
- 创新系统方面：每100万人中的科研人数、人均科学出版物和人均在美国专利局注册的专利数。

这12个变量组合起来就可以计算一个"知识经济指数"。按照这个指数,我们给120个国家进行了排名。有意思的是,图1显示出这个指数和用人均GDP衡量的国家发达程度存在某种相关性。但是,相关并不意味着因果关系。一个国家越发达,就越有能力在诸如教育、信息技术等知识相关的基础方面上进行投资,正像其有能力在高速公路以及医院病床的数量等方面进行投资一样。

三、一个全球化的视角

图2显示了一些国家和世界主要地区1995—2002年间随时间的相对变化。在45度对角线之上的国家和地区提高了他们在数据库所包含的120个国家中的相对排名地位。

一些重要的特征值得注意：
- 可以清晰地看出有四个集团：第一集团由发达国家和地区组成的,第二集团由东亚的发展中国家(中国除外)和东欧的一些转型国家构成,第三集团包括拉美、中东和北非的国家,第四集团由南亚和非洲的国家构成。
- 在很大程度上,这些排名是工业化时期的产物。但是,存在明显的追赶过程,很多欠发达国家和地区正在努力提高它们的位置。一个明显的例子就是非洲,尽管它们还有很长的一段路要走,但是,它们正在以一种与传统的悲观态度相反的态度积极进步。
- 在每个地区内,都出现重要的离散倾向,这在中东和北非地区以及欧洲与中亚地区(根据世界银行分类的前苏联地区)尤其突出。

美国看起来正在最大限度地利用这些发展的新机遇,并且正在拉开它与欧洲的距离。这具体体现在生产力提升和人均GDP的差异上。[1] 造成这种现象的原因似乎主要在于一个更有弹性的经济和更少约束的劳动力市场,也与

---

[1] 1980年,欧共体的人均GDP为9 000美元,美国的人均GDP为13 000美元。2000年,这一数据分别为24 000美元和35 000美元。

第四章 全球化视角下的知识经济

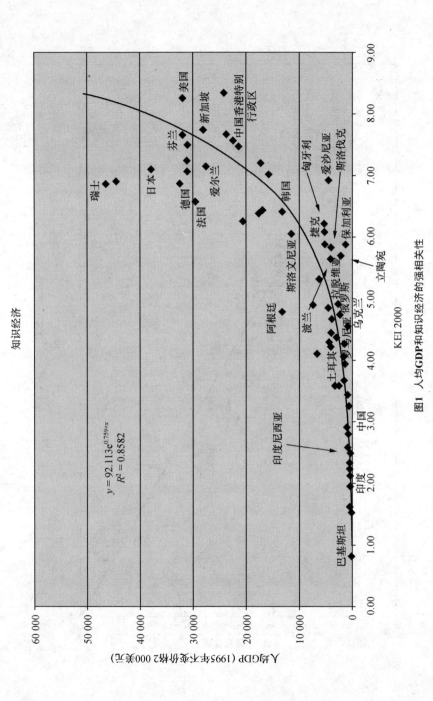

图1 人均GDP和知识经济的强相关性

国家、地区和城市的知识资本

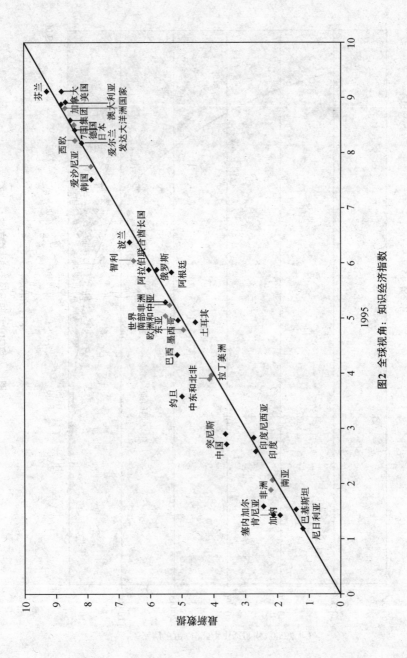

图2 全球视角:知识经济指数

美国能够源源不断吸引受过良好教育的移民有关。这些移民构成了这个国家的根本。而美国的大学是当今世界上最好和最具活力的大学,能够给移民提供就业和创新的机会。由于美国联邦政府在国防、太空和卫生方面投下巨资,以及由生机勃勃的风险资本市场支持的非常活跃的创业活动,使得美国的创新体系具有善于利用全新技术和尚待开发的工业的敏捷特点。早在1992年,美国政府就通过支持信息高速公路建设来为信息技术和互联网革命创造最好的条件。请注意,这一创新发展也加剧了美国社会的不平等,这可能会影响到长期发展过程的可持续性。

西欧的发展得益于欧共体和而后欧盟的形成。欧共体和欧盟积极促进贸易一体化,并通过诸如"结构基金"的机制为欧洲欠发达地区提供支持。该基金现在已经资助了欧洲欠发达地区大约50%的研究基础设施。欧洲的领导人提出通过知识经济的概念驱使欧洲到2010年成为最具竞争力的世界领头羊(里斯本宣言,2000)。

但是,欧洲呈现了多样化的图景。北欧国家、爱尔兰和英国是最活跃的国家和地区。在最不活跃的国家中包括法国和德国。这两个国家难于调整以适应新的世界竞争条件,明显的是它们在对教育和工业体系作出必要改革方面遇到困难。欧洲的多样化在东欧国家加入欧盟后有所加剧。这些东欧国家在适应能力和表现上存在重要差异,爱沙尼亚、匈牙利和斯洛文尼亚明显地处于领先地位。摆在欧洲面前的问题有两面:怎样利用使欧洲非同一般的文化和传统多样性?另一方面在于该怎样对付政治传统和福利系统带来的僵化问题?

俄罗斯曾经拥有很重要的科技能力以及受过很好教育的人口,但却未能善加利用。其原因主要是由于官僚政治、低效率的司法系统以及腐败等带来的经济和政治体制上的不匹配。其经济增长来源于开采自然资源和高居不下的石油价格。在很大的程度上,其他的独联体国家有着和俄罗斯同样的问题。

日本尽管遭遇了旷日持久的金融危机和很强的去本土化(de-localization)进程,但是它依然保持了科技的投入和潜能,并且维持了世界知识强国的地位。韩国也追随着日本的发展模式,依靠出口质量和复杂性不断提高的大宗工业品。20世纪末的金融危机使韩国坚定地决定转向以知识为基础的发展过程,并且在这个方向上作出了很多重要的改革和投资。(OECD/世界银行,2000)。

在中国,随着在沿海经济特区的外商直接投资的开展,现代化进程逐渐向其他地区扩散,同时,政府的一些相关的政策也促使了在信息通讯技术、高等教育以及私营企业对研发的重要投资(Dahlman and Aubert,2001)。相对于其他工业化国家而言,中国的低劳动力成本仍然有一定的优势。

在其他显示出强劲活力的亚洲国家或地区里,需要注意到的一点是:中国台湾从聚焦电子产业的战略和在处理与美籍华人的关系所采取的灵活策略中获得了巨大的好处,马来西亚则建立了雄厚的制造基地以吸引国外企业,而越南最近则获得了高速发展。

印度取得了很大的进步,部分归功于开始于20世纪90年代的改革。通过对高水平的高等教育(特别是在工程学和科学方面)的投资,印度获得了很大的好处。在班加罗尔(Bangalore)这样的经济特区,富有竞争力的领域快速发展,IT服务业的发展尤为显著。凭借这个成就,印度政府宣布了其成为"知识超级强国"的目标,并计划大力投资IT基础设施和与此相关的教育行业。但事实上,正如图2的数据所显示的,印度在知识经济指数(knowledge economy index)上仍远落后于其他主要国家,比如明显落后于中国。

在拉丁美洲,智利处于前列,远比该地区的其他国家发达。巴西似乎也取得了重要的发展。这主要源于在教育上所作出的巨大努力。而在另一方面,阿根廷的境况则由于遭遇金融危机而恶化。而我们注意到有趣的一点是,虽然墨西哥20世纪90年代加入了北美自由贸易区协定(NAFTA),但其相对地位并没有太大的改善。

在中东和北非(Aubert and Reiffers,2003),阿拉伯联合酋长国表现最好,远在其他国家之上,这主要得益于迪拜从零开始创建一个处于世界领先水平的互联网和媒体城市。在那些取得显著发展的国家里,值得一提的是,约旦和突尼斯都作出了富有勇气的经济改革,对教育投入巨资,并且积极地发展他们的信息与通讯技术和/或电子产业。

在非洲,南非从非洲大陆其他国家中脱颖而出,处于知识经济指数图的中心位置。离南非不远的是毛里求斯,该国并未出现在知识经济指数图中。

由于对其钻石财富的有秩序开采而享受高水平收入的博茨瓦那(Bostwana)也没有出现在图中。在低收入国家中,乌干达、塞内加尔和毛里塔尼亚也取得有意义的发展——后者被世界银行的版图中被归入非洲国家。

四、成功的故事

从这个快速的调研中,很明显有些国家比其他国家更能从目前的变革中获益,或者加快它们的进步,或者更快地赶上其他国家。中国、印度、韩国、芬兰、爱尔兰、爱沙尼亚、匈牙利、斯洛文尼亚、智利、越南、约旦、突尼斯、毛里求斯和毛里塔尼亚这些国家有什么相同点呢?

首先最重要的是,这些国家中,有一个开明的领导班子能够清晰地表达一个基于知识/信息社会的未来远景,由此有能力在整个国家范围内整合能源和资源。因而,它们有能力打破阻力以及那些维护现状、反对结构改革的既得利益集团。有时这种状况由于对深刻危机的认识而得到加快,正如亚洲金融危机中的韩国、在20世纪90年代初失去苏联市场的芬兰或者20世纪80年代末面临严重财政危机和巨大失业问题的爱尔兰。

成功国家的另一个特征是在其独特的社会文化基础上建设国家的能力。虽然所有的成功经济体都运用市场经济模式的一般原则,但它们仍旧找到了将这些一般性的原则与它们的独特的民族精神和治理传统结合在一起的途径。在西方经济体中,每一种文化下的经济模型都与其他文化有很大区别。北欧模式的成功很大程度建立在雄厚的社会资本和强烈的社区互助传统之上。东亚模式的成功很大程度源自于在专制和家长制传统下适应现代管理方法的能力。类似的,有令人信服的证明显示博茨瓦纳的成功(显然是非洲国家的一个例外)主要归功于将现代的民主原则嫁接到在殖民化破坏性影响中保存下来的传统统治结构之上。

成功的国家还特别有能力从它们独特的资源中获益。用两个欧洲国家的例子来说明这个道理。比如,芬兰通过投巨资进行设计、营销和技术方面上的研究,最大限度地开发了木材相关行业(家具、纸浆和造纸行业)。爱尔兰利用其处在欧洲最西部的特殊地理位置以及拥有低成本的以英语为母语的劳动力,建立起竞争优势,这种优势通过在教育上的明智投资(主要在20

世纪70到80年代积极发展起来的技术学院和大学)而逐渐增长。

所有的国家都必须找到一个途径积极参与到全球知识和技术中。或者通过吸引外国直接投资——这对小经济体有很大的影响,或者像韩国通过积极的许可政策获得国外技术,或者像印度利用人际联系来发展其软件行业。

然而,问题在于这些政策的可持续性。实际上,所有前面提到的国家都有这个问题。在发达国家中,芬兰必须超越诺基亚的成功,进一步地将它的创新基础多元化;把增长建立在吸引外国投资的爱尔兰,现在应该发展本土创新能力,它也正在大力投资于科研基础设施来发展本土创新能力;韩国在保持它在占统治地位的大宗高新技术产品(微芯片、存储器)的竞争力的同时必须多元化它的创新能力;智利在一些初级产业部门,如葡萄酒业和渔业,取得成功后,正在试图拓展它的创新能力;马来西亚正在积极投资于信息技术和基础设施(超级媒体走廊),以便多元化一个正在被迅速被侵蚀的产业基础。而对于欠发达国家来说,如约旦、突尼斯和毛里塔尼亚等,问题在于如何从对信息与通讯技术及相关行业的巨额投资中获取财富和就业的利益。

最后的例子是中国和印度。对于中国来说,发展前景是极好的。但是,中国的增长和竞争力的长期可持续性令人怀疑。它取决于对两个问题的回答。第一,在没有进一步的经济和政治体制改革,当前仍然存在着很多缺乏效率的国有企业和严重负债的银行系统的情况下,在多大程度上,中国经济能以继续快速发展?在当前所取得的结果并不令人信服的情况下,在多大的程度上中国可以发展起来真正强大的本土创新能力?事实上,这两个因素都和我们在本章已开始所提到的人类学因素有关。因为相关的行为植根于社会和思维方式中,因而它们很可能不容易发生变革。同时,它提供给一个国家敏捷性和反应性使其有利于融入到世界经济中。

印度呢?印度似乎没有遭遇相同类型的人类学问题。印度在发展本土创新能力方面的能力似乎相当不错。印度拥有强大的研究和高等教育基础设施,并且在和产业良性互动,至少是在某些领域。在制度框架、贸易开放、简化监管等方面的改进逐渐扩散到整个经济中。到最后,它的问题可能主要是发展的不平衡以及富裕地区和贫穷地区日益扩大的不平等和差距。解决的关键将在于教育政策。印度人口有很大部分仍旧是文盲。

世界其他欠发达地区的变化呢?变化的一个重要因素是那些扮演先驱

者的国家创造的模仿过程。它们证明了进步的可能性,信息革命伴随全球化提供了独一无二的机会,通过适当的投资和改革能够抓住这些机会。这很重要,必须通过一切途径鼓励发展有关地区的既有质量又有创新性的文化,以利于采纳并维持相关的经济模式。同样非常重要的是认识到成功依赖于将现代特征合理地嫁接到传统结构之上,正如前面所探讨的,以促进这些结构恢复活力。

五、结论

建立知识经济主要依赖于投资和变革,即在前面所提到的四个方面的投资和变革:制度和经济框架、教育和培训、信息和通讯基础设施以及创新系统。虽然有人会争论道,四个方面有着优先级的差别和次序的可能性,但有必要采取系统性的方法。

然而,很明显,每一种文明、国家甚至是一个国家中的地区,都有其特征和它所应遵循的发展过程。没有放之四海而皆准的模式。因而,我们应当努力去更好地理解一个国家的特殊性以及具体的优劣势。这同样意味着我们在理解"政治经济变革"上取得有意义的进步。它也有利于改进指标和监控手段,以获得更精确的、关于在知识的开发过程中取得的、与就业和财富创造相关的成就的信息。设计新的调查方式也是很有必要的。[①]

虽然有关于数字或知识鸿沟令人担忧的论述,但没有明显的证据表明目前世界范围的趋势使得欠发达国家的境况变得更糟了。事实上,在一个更加开放的、具有许多新的投资领域的世界中,"知识革命"提供了很多新的机遇。另一方面,它使所有国家面临更激烈的竞争。这同样给世界发达地区带来了挑战,比如,我们已经看到一些欧洲国家事实上正面临强大的变革压力。

长远地看,全球增长进程的主要挑战可能是来自于生态问题,比如全球变暖问题。而且,不管是东西南北的国家,人口问题都对它们的适应和创新能力都构成了实质性和深刻的挑战。它们将被迫重新挖掘已经被遗忘很久的某些知识:生存的知识。

---

① 比如 OECD 和 EU 委员会开发的创新调查。

参考文献

Aubert, J.-E. (2002). L'Innovation et le statut de la connaissance—problematique des civilizations. Les nouvelles raisons du savior, Editions de l'Aube, Paris.

Aubert, J.-E., Reiffers, J.-L. (2003). Knowledge economies in the Middle East and North Africa—Towards new development strategies. *World Bank*.

Dahlman, C., Aubert, J.-E. (2001). China and the knowledge economy: seizing the 21st century. *World Bank*.

Diamond, J. (1998). Guns, Germs, and Steel. *The Fate of Human Societies*. New York, NY: Oxford University Press.

Easterly, Williams, and Levine, R. (2001). What have we learned from a decade of empirical research on growth? It's not factor accumulation: Stylized facts and growth models. *World Bank Economic Review*. 15, 177.

Lisbon Declaration (2000).

OECD/World Bank publication (2000). Korea and the knowledge-based economy.

World Bank Institute. Using knowledge for development. Available at: http://worldbank.org/wbi/knowledgefordevelopment/.

第五章 无形资产投资：
GDP是否少算了一万亿[①]？

——伦纳德·纳卡莫拉,宾夕法尼亚州,费城联邦储备银行

引言

1849年在创作《大卫·科波菲尔》时,查理·狄更斯让无能的麦克白先生说出了下面这段令人沮丧的话："如果每月收入20镑,花掉19镑19先令6便士,那么快乐就会来临;但要是每月收入20镑,而支出20镑6便士,那么生活就会变得很悲惨。"[②] 狄更斯很清楚,不能节省导致贫穷,正如他父亲的债务给他们家庭带来的悲惨。而根据美国政府的官方统计,20世纪90年代,美国人的储蓄也越来越少。然而,远非困苦,美国人却以惊人的速率变得越来越富有。

到底是什么原因造成了美国社会中低储蓄率和财富快速增长并存的悖论呢?答案很简单:资本收益。具体而言,储蓄和财富收入出现不对称增长状况是因为美国国民收入账户的一个核算惯例造成的。

[①] 最初发表于 *Federal Reserve Bank of Philadelphia Business Review*,4th Quarter 2001,经允许重印。

[②] 麦克白的货币单位是镑、先令和便士,20先令等于1镑,12便士等于1先令。

由于资本收入是如此易变，所以国民收入账户仅仅包括投资收益的一部分：红利和利息支付。① 虽然资本收益被排除在外，但是美国人从股市上得到的资本收入却占了过去20年中美国家庭收入净增长的大约一半比重。② 资本收益增加的主要原因在于企业会以红利或资本增值的方式回报股东，与此同时，美国企业以无形资本投资的方式留存了更多的收入，而未将这些收入用于发放红利(Fama and French, 2001)。

美国家庭储蓄量的指标，即个人储蓄率的官方数字看起来全都只像是经济统计量——理论上的理想目标和已有数据的实际局限之间的折中③。从理想化的角度，我们希望关键统计量，如储蓄率、真实GDP增长、消费者价格通货膨胀等，能尽可能清晰地传递重要信息。而在理想的环境中，非常低的储蓄率和稳定实际的财富创造是根本无法共存的。

再来看看麦克白先生的例子。如果他一年有稳定的收入20镑而且没有属于资本项目的资产，那么认定他的收入很简单：20镑。正常收入，比如薪水，是我们的数据收集和统计分析过程中通常要包括的项目。但是如果麦克白先生手中持有一些股票，情况又会怎样呢？倘若情况真是如此，那么计算他的收入就不再简单了。如果他手中持有的股票价值从10镑上升到11镑，那麦克白先生的收入是应算作20镑还是21镑呢？而当麦克白先生的账面利润消失并出现账面亏损时，他应该如何申报收入呢？麦克白先生的预算问题中的关键点是，由于股票价格的波动性，有多少收益是牢靠的？他所能用来花费的又是多少？

如果我们把资本收入包括在个人储蓄中，那么美国的储蓄率经过恰当计

---

① 参见 Peach 和 Steindel(2000) 的文章，在这篇文章中他们对这一问题作了有趣的讨论，解释了已实现资本收益(投资者通过卖出投资产品所得到的资本收益，因而可用于消费)的重要性。

② 国内企业资产额的市场价值按照1996年的美元价值核算，从1979年底的2万亿美元上升到了2000年底的14万亿美元，提高了12万亿美元。在这段时间之内，美国家庭的总净财富从15万亿美元增长到了38万亿美元，提高了23万亿美元。与此同时，美国家庭的房地产业资产上升了大约6万亿美元。

③ 关于储蓄的报道通常集中在家庭储蓄，即个人储蓄上。个人储蓄被定义为税后个人收入减去个人支出(个人消费支出再加上国外转移收入)。个人收入包括红利和从企业得到的净利息支付，但不包括资本收益。它还包括工资和薪水、雇员福利如健康保险、非企业收入如个体经营收入和租金收入、从政府处得到的净转移支付。

第五章 无形资产投资

算,总体上是上升而非下降。① 但改进我们的统计方法绝非简单直接。为什么? 经济活动和新产品的创造之间联系越来越密切,这对经济的良好表现是幸运的、有益的,而对统计数字的可信度却是不利的。这种类型的经济活动在我们的测算中很难被准确捕捉到。事实上,在现行计算美国个人储蓄率的方法下,财富量的实际加速增长可能伴随着低的、甚至负的储蓄率。

本章的目标是为了就不断减少的储蓄和不断增长的财富之间存在的悖论作一些解释和说明,并探讨这种悖论为何难以消除。

一、揭开悖论

财富为什么会加速增长? 是我们幸运吗? 或者事实上我们储蓄了更多,但是漏算了储蓄量? 如果储蓄是被低估到了当前这种程度,那么我们就可以期待财富增长可以在未来持续下去。但倘若这些收入全部都只是因为好运气,而我们又想实现财富的长期增长,那么我们就应该根据自身收入相应地减少消费。

我们储蓄的财富可以看作是整个社会为未来所投入的资源——为新的投资贡献劳动力和资本,而不是马上消耗它们。但是投资常常是有风险的:一项投资有时会创造多倍回报,但有时也会有很大损失。在估算 GDP 时,我们可以通过衡量投资量或者投资的产出量,即净财富创造,来计算投资。

事实上,最近的网络泡沫现象为投入的资源和创造的财富之间的差别提供了一个典型的反面教材,许多在网络方面的巨额投资最后没有任何结果。不幸的是,这一结果在我们试图创造新产品时非常典型。投资新产品的内在风险意味着投资花费与投资产出很有可能不一致。

无形资产的概念最早来源于企业创造新产品或新服务时被赋予的财产权。如果我们把经济行为和烹饪来做一个类比:把它分为新菜品的创新(创造食谱)和为晚餐准备食物(按菜谱做菜),那么无形资产投资就是创造菜谱,创造出的无形资产——菜谱——就是专利、版权、商业贸易机密、商标名称等可以保证创造者排他性再生产的权力或使用菜谱的权力。当一个私人企业

---

① 笔者将在即将发表的论文《美国无形资产投资有多少?(至少)每年一万亿美元》中对这一问题进行研究。

利用这种权力来出售新物品时,它可以向消费者索要垄断价格,这样一来,当商品紧俏时,企业就会获得很高的利润。进一步来讲,一旦私人投资者意识到了创新产品的价值,企业的股票市场价值就会上升,进而使得企业股东的财富增加。

即使我们将最近股市走低的影响纳入考虑,在过去的 20 年中,美国家庭的财富也有显著的增加,而增加的主要部分是因成功投资于无形资产而获得的股市资本回报。

考虑无形资产投资的问题变得越来越紧迫,因为这方面的投资已经成为美国经济中越来越大的一部分。在过去,大多数商业投资采取的是有形的方式:如卡车、电脑、打字机等设备,办公楼、购物中心、家居等建筑物。但是在过去的 20 年中,无形资产投资不断加速,这类投资导致了如伟哥(Viagra)、Celebrex 等专利发明,以及诸如 Windows 2000、奔腾系列芯片、哈利·波特系列小说等版权受保护产品的面世。加速的无形资产投资不断地推动美国企业的发展,提高它们的经济价值。然而,无形资产投资比有形资产投资风险要大得多,而考虑、衡量并计算这种风险并不容易。

我们可采用两种方法来处理这类问题:测量产出或者测量更加无形的投资。这两种方法将带来不同的答案。

如果我们采取衡量产出的方法,那么我们就需要将股市资本收益看作收入的一部分。这为我们提供了一种跟踪财富的有用方法。然而,将资本收益包括在净收入的定义中将使得收入比起经济活动的其他衡量指标,如就业率等有更大的波动性。[①] 除此之外,如果我们将资本收益算进收入里,那么 20 世纪 90 年代美国的个人储蓄率平均而言将要高得多,但同样波动性也会变得更大。

一个替代的方法是通过测量投入成本——投资中用到的资源——而不是计算作为投资成功的资本收益,来将无形投资包括在内。如果我们采用这种方法,那么计算企业留存的收益和私人总储蓄将会大得多,但是个人储蓄

---

① 一些变动性反映了经济的基本变动性,另一些反映的是无意义的噪声影响。分解这两种变动性的来源是非常困难的,特别是在短期内。

率可能将仍然保持低水平。①

二、将产出与测度分类

衡量经济产出需要解决一个基本问题：如何避免重复计算。例如，当一个消费者为了晚餐购买了两个煎鸡蛋时，我们把消费的鸡蛋计作产出的一部分。与此同时，我们不会再另外计算母鸡吃掉的饲料，因为饲料的成本只是消费者支付费用的一部分，饲料只是为生产最终产品——煎鸡蛋而存在的中间产品。

基于同样的推理，我们可以将储蓄与投资从国民收入的核算中排除出去。我们可以将投资看作是中间产品，因为它们的价值最后将汇入最终产品中。毕竟，一辆卡车的消费价值来源于它在生产中的角色：拖运那些最终消费产品。同样的，没有火炉，厨师也做不出煎鸡蛋。

（一）将投资计为产出的两个合适理由

我们希望将投资计为部分产出的一个原因在于我们本可以将用于投资的资源用来增加当前的消费。本质上讲，投资将本可以用于消费的资源用来制造产品，而这种产品的价值只有一段时间以后才能完全被认识到。如果我们未能把投资算作产出的一部分，那么就会低估现存资源的潜在生产力，还会漏掉投资的机会成本——我们本可以利用所投入的资源所得到的其他物品。

将投资计为部分产出的第二个原因在于它体现了价值的积累。投资于卡车或火炉是有价值的，因为这些物品可以帮助我们在未来生产更多的消费品，通过将这些投资计作部分产出，我们会意识到投资的成功将带来财富的增长，而财富的增长又能使得我们在未来消费更多产品。不考虑投资，就将忽视这一财富创造过程所带来的未来产出。

---

① 国家总储蓄包括个人储蓄、企业总储蓄以及政府储蓄。企业总储蓄包括留存收益和折旧。随着我们将更多的无形资产包括在总投资中，留存收益和折旧都会上升。只有当红利的上升足以完全反映企业利润的增加时，个人储蓄率才会回到长期平均水平。

(二) 无形资产未得到计算

从历史上来讲,美国的国民收入账户中,投资核算项目只包括了在设备和建筑物方面的有形投资。直到最近,无形资产投资都一直被忽略。无形资产投资一直以来都被认为是不需要被计算的中间产品和服务,因为它们的价值会逐渐融入最终产品和服务中。但是由于无形资产投资所使用资源生产出的产品价值不能够马上实现,所以不计算它会出现低估我们现有生产能力和资产量的问题。当我们对能够增加未来生产力的资产估计不足时,我们就会对随后产生的额外投资收益感到惊讶,利润增长也会比所预期的更快。

从1998年开始,美国经济分析局(BEA)在GDP核算中第一次将软件投资包含为无形资产投资。1998—2000年间,按当年美元计算,花费在软件上的商业投资从1 400亿美元上升到了1 830亿美元。

其他对无形资产的投资,如研发、电影和书籍生产、设计筹划、新产品的广告推广,也可以被包括在产出里。BEA似乎最终还是会这样去做的,因为这些都是创造财富的重要资源。但令人遗憾的是,当前美国的官方统计数据仍然在继续低估产出和储蓄。

三、核算问题更大因为无形资产风险更大

无形资产和有形资产之间存在的一个巨大区别在于有形资产的生产过程比无形资产的生产过程风险要小得多。当一辆卡车或者一个火炉被制造出来时,其价值是可以明确预测的。大规模的生产从本质上来说只是在对相同的产品进行重复的复制。如果花1 000万美元来为工厂购置设备,这些设备的价值是相对比较容易记载的。

对于大规模生产所需的设备往往都有一个可以决定旧设备价值的二手市场。实际上在有的场合,如对轿车和卡车而言,二手设备价值的标准估价是公开出版的。更进一步来讲,会计师和审计师可以对存在的资产进行审核。如果设备在二手市场上已经无人问津,或者购买的设备的目的已经变得没有价值的时候,会计师就会注销这一投资,并将其作为支出扣除。

而另一方面,当企业对无形资产进行投资时,投资所得是独特的,而且往

往很难对其进行客观的评价。事实上,投资的结果往往没有任何价值。当企业投资于某项设计、某部电影或者某种药物时,它希望得到的是全新的产品,这样至少在一段时间内它可以保持对某类市场的垄断,而为了使垄断获得实际的价值,无形资产必须能够提供市场上其他产品所不能提供的价值。但可惜的是,生产出以前所没有过的产品的努力经常是徒劳无功的。比如一些在理论上很有希望的新药,在实验室和动物试验中都表现良好,非常有效,但是在临床试验中就可能对病人无效或者对人体而言不够安全。一个大的制药公司可能有几十种药物同时处在开发之中,总体来讲,其中低于 1/10 的药物开发计划会最终盈利,但是一个计划的成功就足以抵过其他所有计划的失败,而且使得公司的整个研究计划取得成功。

Frederic Scherer 和 Dietmar Harhoff 关于美国和德国专利申请的研究表明,专利最有价值的前 10% 所蕴含的价值占到了被研究全部专利总价值的 81%—93%。[1] 在他们选取的 772 个德国专利样本中,排在最前面的五个样本——比例低于 1%——的价值总和占了总价值的 54%。因此可以看出,少数成功项目所占的价值在所有项目价值中是不成比例的。[2]

一家公司为 10 个新产品分别投资 1 000 万美元,可能 10 次有 9 次都会空手而归,但是第 10 次投资有可能会为它带来 1 亿美元。意识到无形资产投资取得成功的长期不确定性,会计师往往选择不考虑无形资产投资,这就好像把它们当作是不创造财富的中间产品。如果在 Frederic Scherer 和 Dietmar Harhoff 的研究中的例子是合适的指导的话,那么不考虑这些投资在绝大多数情况下是正确的。但令人惋惜的是,在绝大多数情况下正确的事情平均而言却是错误的事。为什么呢?因为少量的无形资产投资所带来的成功可能比其他所有投资的总和还更有价值。在上面的例子中,企业的 10 笔投资总计为 1 亿美元,而如果企业记录下其所有 10 笔投资,就会远比现在所做的只记录 1 笔或者 1 笔都不记录更能够准确反映它的总体投资状况。

(一) 无形资产投资的成功:一个制药业的例子

现在实践中的另一个问题是,如何衡量投入量? 来考虑一个正在研究发

---

[1] Frederic Scherer 和 Dietmar Harhoff 进行研究的调查数据包括企业专利、大学专利和医药专利。
[2] 从专业的角度而言,这些风险被称为具有高度偏斜的概率分布。

明一种治愈绝症的药品的制药公司。比如,2000 年 6 月礼来公司(Eli Lilly)宣布它生产的用于治疗败血病的新药奇格瑞(Xigris)将通过最终试验,并能够得到食品医药管理局的生产批准。① 药物测试结果表明,奇格瑞在以后的十年中每年能够拯救约 20 000 条生命并为礼来公司每年带来高达 10 亿—20 亿美元的利润。

礼来公司在奇格瑞方面支出的费用包括新药研究费用、为保证药物安全性和有效性所做的临床试验费用以及为了向全球的医生和医疗机构宣传推广这种新药所付出的费用,这些费用都是为了在以后很长一段时期内收获稳定利润所作的投资。

然而,我们的国民账户并没有把这些支出包括在投资项目里面。取而代之的却是把这些支出当作是费用项目——即礼来公司为了出售当前已有产品所进行的投入的一部分。为了作比较,来看一看礼来公司可能会有的另外两种支出:一种是为了大批量生产一种药所需设备的购置费用。这种设备费用会被认为是一种投资,因为在购买设备的当年之后,它将不断地生产药品。另外一种是购买用来制造特定药品的化学物品——维 c 酸所需的费用。维 c 酸在购买的当年就差不多会被用完,这种费用是礼来公司在生产这种特定药品中需要付出的成本。类似的,如果把研发支出看作是一种费用项目,那么我们就可以说当研发结束的时候,礼来公司并没有获得有价值的资产。但显然事实并非如此。②

在礼来公司宣布它的新药可能获得成功的当天(以前治疗败血病的药从未取得过成功),它的市值增长了 160 亿美元。是奇格瑞可能带来的利润导致了这一市值的增长吗?根据这一药物潜在市场的规模以及它可能拯救的生命,分析人员认为光这一项产品就价值 100 亿美元甚至更多。

然而,礼来公司并没有投资 160 亿美元用于生产奇格瑞。事实上,1980—

---

① 特别的,礼来公司还宣布对新病人进行的试验将比计划中早进行。
② 这一情况提出了在会计上对无形资产投资进行核算遇到的一个基本问题,利用标准会计准则对投资的处理方法也许不能完全解决这一问题。有形投资可以进行资本化,并逐步折旧。也就是说,当这类费用发生时,它会被记入资本账目科目而不会从当期收入中扣除。然后随着时间的流逝,有形资产价值下降,折旧费就会从当期收入中扣除。与此对照的是,由于会计师不愿将无法准确估算的投资记为投资资产,因此,对无形资产的投资一旦发生,就被费用化,而不是逐渐被费用化。在企业投资的重点从有形资产向无形资产转移这一趋势下,当前的利润可能被低估了。请参见笔者 1999 年发表在《商业评论》上的文章。

1999年,礼来公司的整个研发预算(未经通货膨胀调整)为151亿美元;折算到2000年,这一投资的现值为400亿美元。由于其不同寻常的成功,奇格瑞这一项成果就证明了礼来公司过去20年的研发投资是值得的。①

这一例子表明,不管从向股东报告的角度还是从企业内部管理经营的角度,对将无形资产投资费用化来进行处理的假设都应该有更好的修改,因为这样做会低估当前经营活动的赢利能力。比如企业可能会像对有形资产投资那样对无形资产按照预定的计划进行资本化和折旧。而只有当整个投资非常明显的完全失败之后,企业才会将它作为费用处理掉。

进一步来看,这个例子表明:投向风险性较强的无形资产的资源很难与它所产生的产品划等号,用于产生无形资产的经济资源很难与新产品开发结果带来的市场预期价值接近或相等。

而作为对比,在以往大规模生产的经济中,投入量几乎总是和产出量相匹配的。那也就是说,任何给定的投入差不多一定会产生相应的可销售产品。而随着无形资产生产成为美国经济中越来越重要的一部分,投入和产出之间这一原本紧密同步的关系会变得弱化,特别对私人企业来说,是否任何投入都能带来可售市场的产品变得很难预测。②

(二) 无形资产投资:难以测度,但并非不可能测度

无形资产投资和有形资产投资之间的又一个重要区别在于,生产有形资本产品的企业和使用它们的企业往往是不同的两个实体。例如,一家使用——即投资于——电脑的企业通常会从其他企业购买电脑而不会自己去生产。这一特点使得有形资产投资非常容易辨别:交易发生,且易手的货币就证明投资的价值。

相比较而言,无形资产投资通常是在内部进行:英特尔的芯片是由公司

---

① 除了奇格瑞之外,礼来公司的研究工作还开发出了Prozac(一种治疗抑郁症的药)和Zyprexa(一种治疗精神分裂症的药,市场价值比奇格瑞还高)等产品。在测算礼来公司为开发新药所作投资的过程中,没有必要对失败避而不谈,因为成功的一小部分就可以完全补偿所有损失。当然礼来公司的无形资产比它对研发的总投资要多。而从平均水平而言,会计师已经发现,研发费用支出所带来的未来利润可以证明这些投资是值得的。

② 在大规模产品生产经济中,产出和雇员的关系也是非常紧密的;奥肯定律(Okun's Law)对这一关系作出了概括和预测。奥肯定律的最新研究成果表明,真实产出每下降2%,反映的是失业率将上升1%(见Glenn Rudebusch的论文)。如果收入包括资本收益,那么这一关系将不再成立。

自己的工程师设计的,微软的软件是由自己的程序员编写的,礼来公司的药也是由公司的生化学家开发研制的。因此创造无形资产所需要的费用很难被核实。此外,在一些费用容易被确定为是用来创造无形资产的同时,其他费用却难以被认定,比如我们很难知道主管人员的时间多少用于创造无形资产,多少用于协调生产。

但这一核定工作并非无法完成。一些企业尝试着将费用分为用于当前生产和用于未来项目两部分。这些企业要求雇员分项目报告他们的工作时间。这些项目被分为对当前生产有贡献的和创造无形资产的两种。这样一来,企业就可以将用于销售、一般开支、管理需要的费用分割成当前生产支出和无形资产生产支出。这样做也许可以很好地为企业提供一种对包含无形资产投资的资源的测量方法,而且对企业的股东也有很大的价值。如果这种实践方法得到推广的话,那么在以后的统计分析中,也许就能够估计费用中的多大比例用于无形资产的创造。

有一些案例显示了无形资产投资产生可出售资产:当克莱斯勒公司设计了一款新车,或者礼来公司开发了一种新药,又或者 J. K. 罗琳创作了一本哈利波特系列新小说的时候,这种新设计、新药、新小说都是可以卖给最高出价者以获得确定收入的产品。而像 Pininfarina 这样的设计公司可以为制造商设计轿车,一个小的创业生化企业可以把一种新药卖给主要的大制药公司,一个作家也可以被雇用来为作品代笔。在这些例子中,把每项销售活动分类为收入或是产出没有什么问题。

但就无形资产而言,情况就复杂多了。在大多数时候,没有直接的交易可以用来辨明无形资产的真实价值。可以表明无形资产价值的是资本交易:对投资并创造了无形资产的企业净资产股票的买卖。因此我们衡量绝大多数无形资产投资成果的唯一方法是通过高度波动的企业股市市值的变化。

四、通过投入与结果衡量收入与产出

是否有一些切实可行的方法可以用来衡量产生无形资产的主要投入呢?如果有这样的方法而且绝大多数的投资成果都是这些投入所引起的,

那么我们就可以在一个没有股市剧烈动荡并过度影响统计数字的基础上，解释长期内的绝大多数财富的创造。我们可以对研发、广告、软件等方面的投资作出很好的合理测算。但这一节的讨论强调的是衡量绝大多数无形资产生产中遇到的困难，并且出现的估计数字是对无形资产投资的一般保守估计。

来分析一下为生产适合消费者的新产品所需要的各种投入成本。在一个处方药的例子中，企业首先必须确定一种疾病并找到控制或者治愈这种疾病的方法；然后必须发现或者合成一种对控制或治愈疾病起作用的化学合成物；接下来，这种化合物必须经过动物试验和人体临床试验，初始的临床试验是为了证明这一化合物是安全并且有效的，包括了大量病人和医生参加的第三轮临床试验必须决定药物适用的症状范围以及合适的剂量；而所有实验数据必须向食品药物管理局申报并请求药物核准；必须设计一个大批量生产这种合成物的流程；销售团队必须指导全球的护士和医生如何使用这种药物；公司还有可能会进一步通过纸媒体或者广播媒体直接对病人进行宣传。

研发费用、管理费用、市场营销费用以及媒体广告费用都属于无形资产投资。进行这方面投资的企业必须确信这些确定的成本至少在平均水平上会因为无形资产的成功回报而得到补偿。

（一）研发

根据美国国家科学基金会的估计，2000年美国企业共花费自身资金1 810亿美元用于研发。这一支出占了非金融企业GDP的3.3%以及总GDP的1.8%。[①] 与此对应的是，1978年企业的研发费用仅占非金融企业GDP的1.8%以及总GDP的1%。而这些数字可能都低估了研发的费用。投资于研发的典型企业需要付出一些额外的支出以支持产品的开发，如市场开发费

[①] 除此以外，国家科学基金会估计美国政府（主要指联邦政府）2000年在研发方面花费了620亿美元，而大学、学院及其他非营利性组织也花费了120亿美元。总的来看，研发方面的支出估计有2 650亿美元，约占美国GDP的2.6%。在这里，私人产业的支出也被计算了，因为所有这些支出的目的都是为了创造私人无形资产。更进一步来看，在研发方面的公共支出也作为政府支出的一部分包括在GDP中了。同时，也有越来越多的大学、学院以及其他组织和个人受益于联邦政府或非营利组织资助的研究来注册新产品开发，从而创造出无形资产。

用、消费者测试费用、高管人员决策的费用等,而占国家科学基金会所认可的研究与开发花费的绝大多数的工程与科学支出并不包括这些费用。

(二) 广告

根据广告企业 McCann-Erickson 的统计,2000 年美国企业用于广告宣传的费用高达 2 330 亿美元。这一开支占 GDP 的 2.3%,比 1978 年的 1.9% 有所提高。然而这一数据只反映了广告市场的状况;而并没有包括许多企业承担的其他市场费用,如制药公司的销售队伍费用或付给公共关系企业的费用等,这些市场推广费用比广告代理费用增长得更快。由于企业向消费者宣传新产品所花的费用已经到了如此高的水平,广告和市场推广的费用应该被算作是无形资产投资,因为通过这些渠道向消费者提供的信息将在一段持续的时间内为企业带来利润。

(三) 软件

包括在国民收入账户中的对无形资产投资进行测量的一个领域是软件业。根据美国经济分析局(BEA)的统计,2000 年私人企业在软件上的投资达到了 1 830 亿美元,占 GDP 的比重为 1.8%,而在 1978 年这一数字仅为 0.3%。总体来看,软件投资有三种形式:(1) 套装软件;(2) 定制软件;(3) 自创软件。

套装软件(2000 年价值为 614 亿美元)指的是用于公开销售的软件,这种软件的投资者和使用者不是一个公司。套装软件向消费者的销售总是被计算成消费者支出,而向企业的销售却直到 1998 年 BEA 改变其计算方法前都一直被算作是费用支出而非投资。注意到企业还必须训练它的雇员使用新软件,而这也是对新软件投资的一部分,那么仅仅计算软件的购买费用,就会低估了企业投资于新软件时所需要投入的总资源。

购买套装软件的企业所作的软件投资并没有包括软件制造商的无形资产投资。购买软件企业对软件的投资与软件生产企业对软件的投资是分离的。举例来说,微软生产 Windows 操作系统和 Office 软件时所作的投资和购买这些软件的企业所作的投资是分离的,也就是说,微软当前所拥有的价值主要在于生产这些软件所产生的知识产权,而这与那些投资以获得这些软件使用权利的企业所创造的价值是两回事。

定制软件也需要购买,但是跟定做衣服一样,它们是按照购买者的特殊需求量身定做的(2000年这类软件价值为570亿美元)。在一些情况下,软件的产权也卖给了购买者。在另一些情况下,软件产权的相当比例仍然属于软件制造商,而当软件产权属于制造商的时候,定制软件的销售数据可能会低估制造商投资的价值。

自创软件是由使用企业自己的雇员开发的(2000年这类产品价值达到640亿美元)。为了估计这方面的投资,BEA调查了不出售软件的企业中所雇用的程序员数量,并估计这些程序员花了多少工夫用于开发新软件(投资)以及对现有软件的维护(费用支出)。根据1982年公布的研究结果,程序员将62%的时间用于编写新软件。① BEA估计在那以后的年度里,程序员的时间越来越多地用于了对已有软件的维护。因此,它将程序员所花时间的50%算入了对新软件的投资,这是一个其称为突出了度量指标的主观性的数字。

(四) 来自其他行业的零散数据

研发、广告宣传、软件方面的支出无论如何都没有将企业在无形资产方面的支出全部包括。比如绝大多数的金融企业都没有把它们用于开发新产品方面的费用报告为研发支出,但金融企业实际上已经在包括金融衍生品、共同基金、电子支付系统、ATM机、信用卡和借记卡等金融工具的创新上,进行了数额巨大而且不断增长的投资。它们还在客户数据库以及与新金融工具相关的客户关系方面投入了大量资金。

关于金融企业在无形资产方面的支出几乎没有数据的收集和记载(Hunt,2001)。然而金融企业的非利息支出却增长得相当快。例如2000年美国商业银行的非利息支出为2 155亿美元,占GDP的比重从1978年的1.6%上升到了2.1%。非利息支出包括商业银行的创新费用和营销费用,但它们只是银行无形资产投资的一个指示器,因为这一部分还包括了出纳的费用以及银行分支机构费用。最近,金融机构的市场价值已经超过了非金融机

---

① 这一研究结果基于的时期在个人电脑和电脑网络大规模投入使用之前。

构市场价值的20%,而在1978年这一数据值仅为约11%。如果金融机构和非金融机构在研发方面投入了相同比例的资金,那么研发费用的数字将再增加500亿美元。在此期间,单是商业银行的非利息支出就在这一项目上增加了超过500亿美元,要是我们再对共同基金、保险公司、房地产公司、其他信托机构、投资银行的创新支出进行研究,结果又会如何呢?

作家、艺术家、艺人对无形资产都作出了附加的投资,而这些投资都没有被记录为研发支出。1997年,根据美国经济普查统计,当年出版物和音像制品的总收入为2 210亿美元。与这一收入相关联的是对创作活动和发现、开发以及推出艺术家及其作品的投资(Caves,2000)。

从电影院的售票情况以及录像带的出租情况中可以明显地看出,大部分对电影、电视以及其他媒体的投资都可以很快带来盈利,其他许多电视网播出节目的成本会被广告收入所补偿。然而,Caves(2000)指出,电视连续剧的制作面临亏损,电视网为首播权所支付的费用不能弥补连续剧的制作成本。制片人所期望的是连续剧能够播出足够长时间(通常至少3—5季),这样一来可以通过出售给多家来赢利。这种来自多家的收入往往比出售首播权的收入高得多。类似的,像《星球大战》这样的系列电影的版权会带来数十亿美元的收入,因为它的续集以及相关的电子游戏产品、玩具、衣服都可以出售。

综上所述,我们可以得到这样的结论:如果包括无形资产投资在内的投入得到更精确的计算,那么美国国内企业的无形资产投入量可能在7 000亿—15 000亿美元之间。[①]

五、股市资本收益:用结果来衡量收入

在官方统计方法中,家庭收入包括红利收入但不包括股市资本收益。由于股市资本收益较高而红利较低,所以通过这种方法计算出的美国个人储蓄率较低。整个20世纪90年代,美国的个人储蓄水平都较低,但从1989年年

---

① 有关得出这一结论的不同数据的进一步讨论可以参见笔者的工作论文。

底到2000年年底,美国人的净财富量从20万亿美元上升到了41万亿美元。扣除掉通货膨胀因素的影响,按照1996年的美元价值同比计算,这一数据意味着14万亿美元的真实增长(从24万亿美元上升到38万亿美元)。①在1990年之前的30年中,美国个人储蓄率(个人储蓄与个人可支配收入之比)平均为9%。1952—1989年,年度个人储蓄率从未低于6.9%。(见图1)

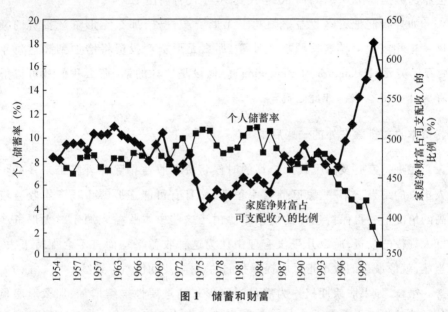

图1 储蓄和财富

与此相对比的是,在20世纪90年代,平均储蓄率要低得多,为6%;1990—1999年间,储蓄率从1990年的7.8%降至了1999年的2.4%。2000年,这一数据为1%。

然而,在储蓄率相对较高的早些时候,美国人并没有变得更加富有,而在所测算的储蓄率不断下降的20世纪90年代中,美国人的财富却有了显著的增加。不管我们对储蓄和财富采取名义值还是实际值进行计算,这一谜题都

---

① 特别的,我们可以使用GDP平减指数来消除通货膨胀的影响。

依然存在。①

在20世纪60年代和70年代期间,股票市场的资本收益占GDP的比重为0.4%。到了80年代,这一比重为3.7%,90年代这一比重增加到了16%。② 如果我们把每十年当中的平均值对经济增长作一些修正,那么70年代到80年代中,包含股票市场资本收益的经济名义增长率和实际增长率将比公布的数据高出0.3%,而80年代到90年代将高出1.2%。③

如果我们把资本收益率归功于无形资产投资,那么无形资产投资的额度一定相当大。倘若按照投入计算,那么无形资产投资将增加到高达每年1万亿美元(Nakamura, forthcoming)。假设是这样的话,那么我们就可以解释为什么资本收益如此之高。

将资本收益排除在外的一些后果

在进行家庭及国民收入核算的时候将资本收益排除在外将带来一些令人担心的结果。第一,家庭储蓄率很低,而且有可能在股票市场资本收益较高的情况下一直保持这样的低水平。由于这些资本收益来源于对无形资产巨大规模的投资,所以几乎没有理由认为这种收益平均而言不会保持下去。当然,就像最近的股市走低所提醒我们的一样,波动仍然会继续。

第二,如果股票期权作为雇员报酬形式的重要性继续增加,那么对雇员的补偿就将至少在部分上越来越依靠股市资本收益。这一补偿可以根据期

---

① 名义值条件下,在1990年前的30年中,美国家庭净财富值与税后收入之比实际上轻微下降了(从504%下降到493%)。所以,伴随着20世纪90年代的低储蓄率,我们本以为会面临一个依旧较低的净财富值。然而与此相反的是,这一比例在1999年底上升到了620%(到2000年底下降到了579%)。而就真实值而言,按1996年美元价值计算,净财富值从1959年底的8.4万亿美元上升到了1989年底的23.4万亿美元——30年间增长了15万亿美元,年复合增长率为3.5%。到1999年底,净财富值上升到了38.1万亿美元——仅仅10年间上升了14.7万亿美元,年复合增长率为4.8%。因此,不管我们从名义收入的财富增长角度还是从考虑了消费者价格通货膨胀的角度进行考核和比较,家庭财富在20世纪90年代都要比以前几十年增长得更快。

② 从1959年底到1979年底,根据资金流量账户(flow of funds account),按照1996年美元价值计算,基于国内企业资产的资本收益每年平均为128亿美元,而真实GDP平均为3.6万亿美元。从1979年底到1989年底,每年股市资本收益平均为2090亿美元,而真实GDP平均为5.6万亿美元。从1989年底到1999年底,每年股市资本收益平均为1.2万亿美元,而真实GDP平均为7.6万亿美元。

③ 因此,如果我们将资本收益加入产出中,20世纪70年代之后的生产力减速现象将在很大程度上消失。

权发行时的价值或者执行期权时实现的价值来进行计算。如何在我们的账户中恰当地计算这一补偿值是一个还没有得到解决的问题。现在,绝大多数的雇员股票期权在执行后会被记入个人收入,而在发放时没有被记入。最近,2000年的个人收入数额被向上调整,主要的原因在于被执行的股票期权数量比起初预期的要高。由于这个原因,经过计算的个人储蓄额从一个负值增长到了一个较低的正值。

第三,当股票期权被执行或者股票被出售之后,资本收益就会得到实现,而相应的应缴税额也就增加了。这种资本利得税在20世纪90年代末期直到21世纪这段时间内成为了导致个人收入税猛增的重要因素。而这一现象的结果之一是,缴税支出在所核算的家庭收入中所占的比重上升了。因此,即使我们在收入和补偿核算中忽略了资本收益,资本收益也会对政府财政和家庭收入核算产生重要影响,因为增加的个人所得税会提高政府的储蓄,降低家庭储蓄。

第四,资本收益经常是金融中介机构的收入来源之一。比如,投资基金管理公司经常能从客户的资本收益增长中赚取一部分,而投资银行收入中的相当一部分也往往来源于资本收益。如何将这一部分收入包括进国民账户中是很难决定的,但由于这类中介机构控制着整个股市资产净值的1/5,它们理所当然是整个经济的重要组成部分。

六、结论

美国经济的变化使得美国经济的发展变得更加难以分析。特别的,由于我们付出越来越多的努力来产生无形资产,我们的生产风险也变得越来越大。衡量这种付出很难,计算付出的回报更难,但是努力计算这些投资显然比忽略它们更为可取,尽管结果并非完全令人满意。

如果我们将GDP中家庭净财富的增长考虑进来,那么这些资本收益的变化性将超过收入的其他部分的变化。1999年,实际家庭净财富增加了4万亿美元(按1996年美元价值计算);2000年这一数值下降了约2万亿美元。由于1999年的真实GDP约为9万亿美元,所以包括这些资本收益的真实GDP

将达到约 13 万亿美元;而 2000 年这一数值下跌至 7 万亿美元。① 这样一来,以这种方式计算的 GDP 增长率超过了负的 40%! 我们通常会将这种幅度的下降和大萧条这样的经济灾难联系起来。但是在 1999—2000 年间失业率几乎没有改变;事实上,失业率平均而言从 4.2% 轻微地下降到了 4.0%。

也许最好的替代方法是将资本收益从我们的国民收入核算中排除出去,同时接受非真实的低个人储蓄率。然而我们也许希望能找到另外一种把资本收益也包括进来的衡量家庭收入和储蓄的方法。确实,我们也许需要一种方法用来包括已实现的资本收益,即投资者通过实际卖出股票所得到的利润,同时需要另外一种方法用来包括所有的股票市场资本收益,不管其实现与否。

或许我们不大可能使用单一的 GDP 标准作为唯一的准则测量美国经济发展。不过,我们确实应该继续改进 GDP 的测算方法。BEA 在这方面迈出了重要的一步——将软件投资包括进 GDP。BEA 在未来还应该考虑的项目包括将研发和广告等包括进 GDP。

参考文献

Campbell, J. Y., Lettau, M., Malkiel, B. G., Xu, Y. (2001). Have individual stocks become more volatile? an empirical exploration of idiosyncratic risk. *Journal of Finance*. 56, pp. 1–43.

Caves, R. (2000). *Creative Industries: Contracts Between Art and Commerce*. Cambridge, MA: Harvard University Press.

Chambers, D., Jennings R., Thompson, R. B. (1998). Evidence on the Usefulness of Capitalizing and Amortizing Research and Development Costs. mimeo, University of Texas, January.

Fama, E. F., French, K. (2001). Disappearing Dividends: Changing Firm Characteristics or Lower Propensity to Pay? *Journal of Financial Economics 60*, pp. 3–43.

Greenwood, J., Jovanovic, B. (1999). The IT Revolution and the Stock Market. *AER Papers and Proceedings*, May.

Greenwood, J., Yorukoglu, M. (1997). 1974, *Carnegie-Rochester Conference Series on Public Policy*, 46, pp. 49–95.

Hall, R. E. (1999). The Stock Market and Capital Accumulation. NBER Working Paper 7180, June

Hunt, R. M. (2001). You Can Patent That? Are Patents on Computer Programs and Business Methods Good for the New Economy? Federal Reserve Bank of Philadelphia *Business Review*, First Quarter.

---

① 更准确地说,如果我们使用 GDP 平减指数按照 1996 年的美元价值对净财富值进行转换,那么 1999 年家庭资产净值将增加 4.2 万亿美元,而 2000 年将下降 1.9 万亿美元。1999 年,不包括资本收益的真实 GDP 为 8.9 万亿美元,2000 年为 9.2 万亿美元。这样一来,包括资本收益,1999 年真实 GDP 为 13.1 万亿美元,2000 年为 7.3 万亿美元,下降了 44%。

Jovanovic, B., Rousseau, P. (2001). Vintage Organizational Capital. NYU Working Paper.
Keynes, J. M. (1938). *The General Theory of Employment, Interest, and Money.* New York: Harcourt Brace.
Kuznets, S. (1941). *National Income and Its Composition, 1919–1938, Volume 1.* New York: National Bureau of Economic Research.
Lev, B., Sougiannis, T. (1996). The Capitalization, Amortization, and Value Relevance of R&D. *Journal of Accounting and Economics* 21, pp. 107–138.
Nakamura, L. (1999). Intangibles: What Put the *New* in the New Economy? Federal Reserve Bank of Philadelphia *Business Review*, July/August.
Nakamura, L. (2000). Economics and the New Economy: The Invisible Hand Meets Creative Destruction, Federal Reserve Bank of Philadelphia *Business Review*, July/August.
Nakamura, L. (2000). Education and Training in an Era of Creative Destruction. Federal Reserve Bank of Philadelphia Working Paper 00–13/R.
Nakamura, L. (forthcoming). What Is the U.S. Gross Investment in Intangibles? (At Least) One Trillion Dollars a Year! Federal Reserve Bank of Philadelphia Working Paper.
Nissim, D., Thomas, J. (2000). R&D Costs and Accounting Profits. University of Haifa, Zimmerman Foundation Discussion Paper ZF-01–01, April.
Peach, R., Steindel, C. (2000). A Nation of Spendthrifts? An Analysis of Trends in Personal and Gross Saving. Federal Reserve Bank of New York *Current Issues in Economics and Finance* 6, September.
Romer, P. (1994). New Goods, Old Theory, and the Welfare Costs of Trade Restrictions. *Journal of Development Economics* 43, pp. 5–38.
Rudebusch, G. (1995). New Estimates of the Recent Growth in Potential Output. Federal Reserve Bank of San Francisco *Weekly Letter* 95–40, Nov. 24.
Scherer, F. M., Harhoff, D. (2000). Technology Policy for a World of Skew-Distributed Outcomes. *Research Policy* 29, pp. 559–66.
Schumpeter, J. (1942). *Capitalism, Socialism, and Democracy.* New York: Harper.
Solow, R. M. (1956). A Contribution to the Theory of Economy Growth. *Quarterly Journal of Economics* 70, pp. 65–94.
U.S. Bureau of Economic Analysis. Private Nonresidential Fixed Investment in Software (seasonally adjusted).
Yang, S., Brynjolfsson, E. (2001). *Intangible Assets and Growth Accounting: Evidence from Computer Investments.* Paper presented at New York University's fourth Intangibles Conference.

第六章 欧洲投资银行项目评估中的无形资本与知识资本

——让·雅克·默滕斯和雅克·冯·德·米尔,卢森堡,欧洲投资银行

引言

随着从有形资本向被视为经济价值创造的主要驱动力的无形资本的转变,金融机构正面临着寻找新途径来对资本投资进行评价和融资的挑战。为了保证它们的投资安全,银行在这方面遭遇了特别的挑战。作为在资助为欧洲公民创造可持续财富的项目中充当催化剂角色的欧洲投资银行(EIB),针对这一新的经济形势,也在作出调整。

欧洲投资银行是欧盟的资助机构,因1958年签署的《罗马条约》而成立。它隶属于欧盟成员国议会,目标是促进欧盟成员国的一体化、均衡发展、使欧盟成员国最终达到经济和社会的融合。为达到这一目标,它在资本市场上筹集了大量资金,并把这些资金投向那些最符合欧盟目标的项目。在欧盟之外,欧洲投资银行在欧洲开发援助和合作政策指导下,承担所达成协议的金融部分。

第六章　欧洲投资银行项目评估中的无形资本与知识资本

在过去的 5 年中(1998—2003),欧洲投资银行对欧盟成员国项目共发放贷款超过 1 560 亿欧元(约 1 870 亿美元①)。在这之中,32% 用于通信业,10% 用于工业与服务业,10% 用于水管理,能源项目占 8%,卫生事业和教育占 5%,39% 通过中介机构投向了小企业和基础设施投资。

由于无形资产在企业价值创造中的重要性以及对资助无形资产的日益重视,在欧洲投资银行的贷款项目评估过程中,对无形资产的管理和创造、监控、使用知识资本的过程已经成为了关键问题。最著名的和最系统化的记录无形资本评估的来源是与研发相联系的。然而,对形成无形资本的其他要素的评估方法还有待开发。这一章的目的是为了对欧洲投资银行工作中涉及的无形资本的特点作解释和说明,尤其是对以下一些方面提出一些观点和想法:(1)一个项目中,哪些无形资产投资适合由欧洲投资银行资助?(2)这些合适的投资中,哪些部分实际上能得到欧洲投资银行的资助?(3)无形资产是否受到及如何受到客户组织的管理?同时,欧洲投资银行在这方面的初步经验也将在本章中加以总结。

一、无形资产的重要性

20 世纪末的西方经济和 20 世纪 50 年代的情况相比已有了很大改变。无形资本已经成为了主要的资产,在这方面的投资与对资本和设备的投资相比,往往对经济增长和生产力有着更大的影响。因此,从企业的角度来看,无形资产如人力资本,已经取代了固定资产的地位,成为了财富的主要驱动力。即使在股市萧条、网络经济泡沫破灭的今天,许多公司的市值依然要超过它们实体资产的账面价值,过去,企业投资于有形生产工具,如建筑物和机器等。公司的价值至少在一定程度上与它的实体资产资本(physical capital)的价值有关,为了把生意做得更大,需要大致上根据销售业绩增长按比例扩建新的工厂。但现在企业投资却主要集中在无形资产上。许多学者和专业人士近年来已经指出,由于财务报表不能反映决定企业价值的无形资产因素,因此,基于财务报表作出管理、投资与信贷决定,可能会给企业、企业的商品

---

① 在本章中,采用的换算标准是 1 欧元 = 1.20 美元。

和服务供应商以及企业资本的提供方带来相当大的经济损失。因此,为了有效地估计与未来投资机会相联系的收益与风险,对企业无形资产的测量、管理和监控就成了必须完成的一项基本工作。①

当前经济存在着无形资产投资严重不足的较大风险,这是由无形资产的本质造成的。原因主要有如下三点:

(1)和对实体资产投资相比,无形资产投资面临着更大的商业风险。无形资产投资往往是长期的,而且离市场应用较远(比如,对新药的研发投入从最初的想法到药品上市需要超过十年才能实现)。

(2)在大多数情况下,由于知识产权保护的不完全,投资者不能防止竞争者使用部分无形资产(如专利)。比如,成功的创新容易被别人模仿抄袭(如通过"反向操作"法)。因此,潜在的利润不能完全被投资者所获得,而是部分被竞争者所夺走。

(3)由于无形资产的交易仍处于起步阶段,所以它们的真实公平价值不可能在资本市场的买卖过程中反映出来。

二、欧洲对无形资产的逐渐重视

对欧洲而言,这些转变具有重要影响。如果说当前欧盟在知识经济的竞争中整体表现落后于它的几个主要竞争对手,那么部分原因就是无形资产投资的总体水平相比较而言较低,特别是在私人投资方面。与欧盟相比较②,美国在商业研发方面的支出要高出70%,日本要高出两倍(美国商业研发费用占本国GDP 1.8%,日本这一比例为2.23%,欧盟为1.08%)(来源:欧洲委员会,DG-RTD)。2000年3月召开的里斯本欧洲会议号召欧盟成员国采取措施,"让每单位投资中人力资源的比重每年都有较大提高",这次会议承认了"欧盟正面临着全球化带来的巨大变化和知识经济带来的新挑战",并设定了一个主要战略目标,要让欧盟在2010年"成为世界上以知识为基础,最具竞争力和活力的经济体,能保持稳定的经济增长,创造更多更好的工作机会,更和谐的社会环境"。2003年3月召开的布鲁塞尔欧洲会议让各成员国"采取

---

① 这些想法来源于笔者和众多学者的交流过程。
② 欧盟指欧盟25国,欧盟已经扩大到了25国。

第六章 欧洲投资银行项目评估中的无形资本与知识资本

切实的措施推动在研发和创新方面的商业投资增长,向着巴塞罗那目标——研发投入占 GDP 3% 的这一目标前进。"①

为了支持知识经济的这一目标,欧洲投资银行集团②正在资助无形资产投资和知识资本。得到里斯本欧洲会议的警醒之后,欧洲投资银行启动了创新 2000 计划(i2i),这一计划的目的是培育开发基于创新和知识的欧洲经济。i2i 的核心目标在于对研发、信息通讯技术、知识扩散、人力资本构成等方面的投资。2003 年 11 月召开的欧盟财长会议在考察了欧洲投资银行取得的初步成果之后,要求其继续这方面的开创性工作。在创新 2000 计划之下,到 2010 年欧洲投资银行将提供总计达到 500 亿欧元(约 600 亿美元)的资金。

三、欧洲投资银行项目中的无形资产

可以得到欧洲投资银行资助的投资项目包括长期项目、福利项目、商品和服务的经济性生产③、欧盟支持的优先项目等。投资项目涉及一个时期的经济资源调配,以期在随后时期产生经济收益(如收入、成本节约、其他社会或环境收益等)所出现的支出。一个投资项目是一个和谐的整体,包括为达到技术与经济的目标、持续生产项目预计提供的产品和服务所必需的一切外部条件和因素(无论是有形的还是无形的)。这就定义了一个项目的范畴,一个投资项目通常包括投资的准备阶段、实施阶段以及在一段规定期间的运作过程④和任何可能的转让行为和废止行为。当未来任何形式的经济资源流入量比获取它们所需付出的经济资源更多的时候,且考虑了流入和流出之间的时间差时,一个投资项目被认为是获利的。有时候,欧洲投资银行会资助一些与固定投资直接相关联的无形资产投资所需的费用,这些费用是为了完成投资项目的经济目以及使项目得到中长期资金所必需的,如研发费用、用于培训员工的起步费用、版税等。

随着转向知识经济,欧洲投资银行的角色从为生产性实体资本的形成提

---

① 具体内容参见该次会议报告《选择增长:和谐社会中的知识、革新与职位》(2003)。
② 欧洲投资银行集团包括欧洲投资银行(长期贷款来源)和欧洲投资基金(EIF,风险基金以及 SME 担保系统)。
③ 简单的资本转移、纯粹的交易操作、房地产购买或者金融投资都不是欧洲投资银行考虑范围中的合适项目。
④ 这里的"运作"包含"维护"的意思。

供资金,转为向无形资本形成的相关费用提供资助。全要素生产率(total factor productivity,TFP)不仅仅是传统的、静态的柯布-道格拉斯函数所描述的劳动力与实体资本之间关系的结果,还是知识资本[①]与实体资本的互动结果。随着引起 TFP 增长的因素的增多,欧洲投资银行把注意力集中放在了两种因素的发展上:一种是通过投资于科技变化表现出来的实体资本;另一种是通过教育和培训体现出来的人力资本——它被认为能够促进经济增长与社会和谐。好的研究工作需要好奇心、创造力和需求来驱动,同时还需要借助于两个主要条件:一是技术改变(当前的信息与通讯技术和未来的纳米技术),二是通过教育培训得到的技能提高。反过来看,这两个条件也会因为研究、创新以及由此产生的产品和流程而得到加强,图 1 包含了这一概念。

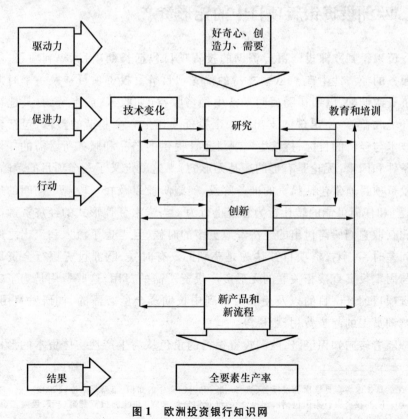

图 1 欧洲投资银行知识网

---

① 知识资本可以通过若干种途径进行定义,这里我们采用的是 Meritum Guidelines(2002)的定义:知识资本包括人力资本、结构资本与关系资本。

第六章 欧洲投资银行项目评估中的无形资本与知识资本

图1的左边部分更多地涉及有形资产投资,而右边部分涉及的更多是无形资产投资。为了更好地理解无形资产的本质,更深入考察无形资本或投资及其目的是有好处的。无形资本包括对无形资源和无形活动的投资。无形资源的定义则要比会计准则(例如:IAS 38)所规定认可的无形资产的定义宽得多。无形资源可以是非货币、非实体的财富,它由组织所拥有并控制,能够为组织的活动以及所使用的资本增加经济价值以便实现组织的目的。无形资源包括的项目有商标名、专利权、授权程序、商誉、商标和管理系统(信息技术和质量控制)。无形活动,诸如研究、培训、市场营销、软件开发、书籍写作、音乐等,都是为了增强或创造无形资源。在图1中,技术变化是一种改变有形资源和实体资本的活动,而教育则是一种改变无形资源和人力资本的活动。

为了甄别出可能的无形资源和活动,牢记波特(Porter, 1985)的价值链模型是有好处的。虽然稍显过时,但它描述了一个组织如何通过包括生产满足市场需求的产品和服务在内的"基本活动"来创造价值。这些"基本活动"包括:

- 内部物流:包括接收、仓储,内部配送用于产品/服务生产的物料。
- 生产:将"输入"变换成最终"有市场"的产品和服务。
- 外部物流:包括聚集、储藏和分销产品。
- 市场营销和销售:在产品与客户之间建立联系。
- 服务:提升并保持产品/服务的价值,包括安装、维修、售后服务、顾客培训等。

这些活动都可以与"支持结构(资源)与活动"相关联。

- 企业基础结构:管理系统,包括策划、财务、存货控制系统、预算管理和诸如 ISO 9000 或者 ISO 14000 等质量管理等。
- 人力资源管理:指的是人事管理,包括招聘、培训计划、工作描述、评估与薪金系统、养老计划方案、企业作为好雇主的形象、工作满意、团队精神等。
- 技术开发:研发、产品和流程工艺、软件与信息系统及网络、公司特殊的 IT 研发,如企业内网与外网,以及电子商务等。
- 采购:指的是为不同的基本活动获取资源的过程。

就十年前而言,一个工业与服务业的项目一般包含约 15% 的无形资本,主要是设计费用;而现在一个类似项目要包括接近40%的无形资本,主要是组织费用及相关的研发费用。一些项目甚至包含高达75%的无形资本,例如批发分销商和旅游服务分销商的电子经济重组,以及为研究和创新投资而融资。

四、无形资本投入的成本合理性

欧洲投资银行可以对以下无形资本投资进行资助:(1) 对于一项在资产或资源(物质或非物质)方面投资完成和取得经济成功有互补作用或不可或缺的;(2) 对欧盟的战略目标,如加强产业的国际竞争力、人力资本的形成、创造就业、创建更和谐的社会等有所帮助的。

欧洲投资银行通常可以资助一个项目高达50%的成本。然而,并非与项目有关投资的所有部分都能得到欧洲投资银行的资助,即使它们是项目成本的一部分,而且是项目完成必不可少的要素。

确定一项无形资产投资是否符合欧洲投资银行资助的标准是:这一投资是否具有公共资源特征,是否产生于人力,是否具有内在必然的生产能力,是否只是纯粹的产权转移。

空气、土地、水、矿产等资源具有公共资源的特征,它们并没有内在必然的生产力,并非靠人力产生。在这些情况下,它们的获取将得不到欧洲投资银行的资助,尽管获取它们的费用是项目开支的一部分,同时也是完成项目所必需的。类似的,专利权的获得只是纯粹的权利转让,也没有获得欧洲投资银行资助的资格,尽管一份化学工艺流程授权使用费有这个资格,因为它有内在的生产能力。然而,与开发这些资源相关的无形活动(空气的使用、矿藏的勘探和开采、水的使用以及土地的开发)却有获得资助的资格。

授权使用费、采矿权利、特许加盟:这些无形资产包括目的在于生产物品和服务的无形资源和活动。授权使用费,诸如电讯执照、探矿许可证、开采权、专利获取所产生的费用都没有得到资助的资格。因为它们并非人造的公共资源,是纯粹的产权转移。然而,它们又确实是项目推动所必需的现金成本,而且因此构成了项目投资的一部分。然而,诸如矿产研究和流程开发等活动是评估和开发一项特许权所必需的,以及获得与产生具生产能力的无形资产相关的授权费(例如化学工艺流程使用授权),都是够格得到资助的投资开销。电影版权属于此类,同样适合的还有为支持公司的基本活动所需软件的获取或开发费用,或由外部开发的客户专用的应用系统,例如质量控制系统、ISO 9000/14000① 以及取得认证资格的相关费用等。

初始成本:这一成本产生于项目运作的初始阶段,是推进项目继续进行所必需的。它有可能是一次性的(试验费用)或者重复的(广告投入费用)。因为起步成本属于营运成本,所以通常会被部分资本化。不同的国家和财政区域对资本化的规定各有不同,所以不能用来作为项目成本的绝对参考准则。就欧洲投资银行的规定而言,项目投资成本包括大规模生产前的所有营运前成本,以及发生在商业运作第一年的初始非重复发生费用。这些成本都可以获得资助,尽管在最初的运作中只有超过一般运作成本的部分才会被考虑。

物流费用:与物流相关的无形资产的开发可以得到资助。这一项目不仅包括能使仓储管理(订单处理)最优化的信息系统和物流运输系统(为公路运输配置的全球定位系统(GPS)),还包括归为电子商务的虚拟仓库和物流系统的开发。

市场营销成本(包括市场调研):这部分成本通常不会获得资助,除非涉及实现投资目标的新产品或流程的推出。在这种情况下,这些成本可被包括在投资成本里并够格获得资助。特许加盟权作为一种非生成资产(non-generated assets)是总投资成本的一部分,但不能获得资助。已有品牌和商标(无形资源)的获得是产权的转移,因此不是能获得资助的成本投资。但如果这一支出对项目的完成或运作是必需且有益的,那么就将被认可并成为项目成本的一部分。

研究、创新、专利:对能够增添经济价值并对欧盟的目标有所裨益的研发和可市场化的创新工程的投资从原则上来说够格获得欧洲投资银行资助。在无形资源方面,证实知识产权、专利权和许可证以及政府批准与特许权所发生的成本,以及特殊软件的获得都够格获得欧洲投资银行的资助。在无形活动方面,研发工程、测试与原型化、试生产成本、参与特殊培训的研讨会所

---

① ISO:国际标准组织(International Standards Organization)。

需费用、研究网络的参与和开发、内部开发与获得数据网络与软件均可看作是投资成本的一部分。

音像：以下费用均包括在项目投资成本的范围之内：购买与开发剧本费用、制作费用（如编剧、制作监制、导演、摄影师、音带与动画软件的开发制作等）、编辑费用、后期制作成本、改编费用、衍生物和商品化权利、获取版权费用、制作人服务费用、完工保险、法律费用等。

教育项目支出：包括投资和营运成本，只有那些与特定教育项目的准备与启动相关的营运费用，即日常运作成本之外的费用项目，才能包括在项目成本中，够格得到资助。

改善结构与关系资本的无形资源和活动：企业在市场和社会中的形象、与供货商的关系、代理网络的开发、网站和电子商务的开发是企业将自身能力转化为创造经济价值的资源。无形活动可以改善这些资源。同样的，内部管理系统（比如库存控制系统、预算管理、质量管理、数据通信网络、公司战略与愿景）的开发可以看作是帮助企业实现经济目标的组织资产。

五、项目评估问题

在评估无形资产密集型项目时，评估组将清楚地辨别并确认那些对项目而言十分重要的无形资产。

至于项目的可资助性，评估组会确保项目包括的无形资产，即项目中满足欧洲投资银行成本资助准则的部分得到很好的辨明及确认。

为了评估无形资源的有效使用和潜力发挥程度，在任何考察评估过程中，对企业无形资源管理的评价都是一个重要方面。不仅无形资源的估价会被考虑，它们的组织、监控、维护及有效配置（价值创造）都会被纳入评估体系。关于对无形资源的审计和监管，简单记录无形储备（博士、专利、许可证的数量）是不够的。知识管理——使来自企业不同部门的人能够在一起建设性地工作——是更为重要的问题。一个例子是，将管理层的战略目标和市场反映的顾客需求进行协调，通过研发和制造/生产部门把它们转化成创新产品和工艺。以上种种活动都需要计划和管理。一个好的参考例子是在Meritum指南中开发的一套系统，它在欧盟议会的支持下，正通过E*Know-Net网络进行推广。

在评估一个企业的无形资产时,回答下面的问题是有帮助的:(1)企业最重要的无形资产是什么?(2)企业如何度量它们?(3)企业是否能控制它们的发展并管理它们?(4)企业在无形资产管理方面是否有培训计划?(5)企业报告了无形资产吗?(6)无形资产相关的指标是否包含在关键业绩指标中?(7)如何度量无形资产的产出?

关于一项无形资产提高项目盈利可能性的考察,是另一个重要的问题。在绝大多数情况下,对无形资本投资引起的潜在现金流进行评估较为困难,任何在传统利润评估方法基础上作出的评价都会面临不确定性带来的麻烦。评估此类项目的困难能够通过不同的途径克服:

- 一个公司/组织从事的研究会呈现前后一致的轨迹,据此可以推测出一项研究成功的概率。例如,在药品研究中,成功的概率与项目所处的研究阶段有关。
- 目标确定在项目开始时,如果达到,即可决定项目的成功,即使无法确定资金流。

更深入的问题在于,尽管在评估过程中不同分析者出现的结果差异可以得到合理的处理,但统一各位专家评估企业无形资产管理的评判标准较为困难。

最后,不同的评估系统之间需要更多的趋同,因为它们经常都有自己不同的目标(例如,Nordic Industrial Fund,2001;Zambon et al.)。

由于资助区域发展项目在欧洲投资银行的工作中越来越重要,以及欧洲投资银行对这些计划中知识资本比重的提升也越来越重视,对开发知识资本指标来对衡量这些项目的产出也越发关注。现在欧洲投资银行正努力定义这一系列指标。

六、结论

在工业化国家中,企业投资越来越大的部分投向无形资产,而非实物资本方面。欧洲投资银行在支持欧盟均衡发展中尽了一份力量。无形资产现在已被视为实物资产投资以外的另一类投资。

由于其本质特点的原因，无形资产投资会产生长期收益。这一特征在研发和基础研究的例子中十分明显，同时也适用于品牌建立、消费者忠诚度建立和人力资本提升等方面。而当资本市场低迷时，长期债务融资可能会被用来保持投资水平。

内在风险、市场的透明度和流动性不足、专项拨款的缺乏，都会导致企业和宏观经济两个层面上对无形资产投资严重不足。通过为无形资产投资提供资金，欧洲投资银行正在实行政策以帮助知识经济在欧盟的发展与巩固。到现在为止，欧洲投资银行已经开发出了一系列完整有用的标准来评估无形资产投资，以帮助其提高所资助项目中无形资产的比重。

无形资产投资的主要问题仍然在于缺乏合适的估值方法来对投入及产出进行测度。无形资产投资的影响通常难以预测。传统的赢利能力评估方法需要有其他评估方法来替代。

类似的，由于项目的现金流难以预测，替代的贷款清偿方法需要得到保障。

评估企业和组织如何估值及管理它们的无形资产正在成为评价项目和估计组织长期竞争力的一个越来越重要的问题。

在本质上是阐释性的、多变的理论基础下保证不同分析者有统一的评估标准是一个需要多方关注的挑战。例如将一致的方法翻译给职员们时，讨论与学习过程中的关键部分。

从更广的环境上来说，现存评估系统的标准化也仍然是个挑战。

无形资本或知识资本指标的进一步开发将在由欧洲投资银行资助的地区发展项目进展的事先/事后评估中起到越来越重要的作用。

参考文献

Bounfour, A. (2000). Chapter 2: Intangible resources and competitiveness: Towards a dynamic view of corporate performance. In Buigues, P., et al., editors. *Competitiveness and the Value of Intangible Assets.* Cheltenham: Edward Elgar.

European Commission. Research Dictorate General (2004). Towards a European research area. Science Technology and Innovation. Key figures.

Lev, B. (2001). *Intangibles, Management, Measurement and Reporting.* Washington, DC: Brookings Institute Press.

Meritum (2002). Guidelines for managing and reporting on intangibles (intellectual capital report) Meritum Project, a TSER project.

Meritum and E*Know-net project work (2001–2003).

Nordic Industrial Fund (2001). Intellectual Capital managing and reporting, a report of the Nordika Project, October 2001.

Porter, M. E. (1985). *Competitive Advantage: Creating and Sustaining Superior Performance.* New York: The Free Press.

Roberts, H., Taug, J. Private communications.

Roberts, H. Classification of Intellectual capital. In Gröjer, J. E., Stolowy, H., editors. *Classification of Intangibles.* France: Groupe HEC, Jouy en Josas, pp. 197–205.

Vickery, G. (2000). Chapter 4: Accounting for intangibles: Issues and prospects. In Buigues, P., et al., editors. *Competitiveness and the Value of Intangible Assets.* Cheltenham: Edward Elgar.

Zambon, S. Private communication.

第七章 从知识资本指数的角度评估欧洲创新体系的表现[1]

——阿莫德·波尔弗，法国马恩-拉瓦雷大学

开发强有力的无形资源对于企业来说是一个基本的问题，对于公共机构来说也是一个关键的问题，而且之所以关键并不仅仅因为它对增长和就业的影响。正如企业一样，公共机构也必须开发出创新的方法，尤其是在这些无形的功能性"领域"：研究和发展、教育系统、财政政策以及公共采购政策。

确实，无形资产的管理明显地对不同水平的公共政策提出质疑：在其与"生产"部门和组织（企业和活动部门）的关系方面，以及关于公共机构自身的无形能力方面。甚至有人可以这样说，这里提出和改进的适用于企业的观点同样也可以运用于公共机构。比如说，有人可能会指出，评价和监督工具的开发是一个可以考虑的重要选择。它增强了公共机构，例如国际组织（比如世界银行或者世界货币基金组织）、欧洲

---

[1] 本章原为 Bounfour, A. (2003). The IC-dVAL approach. *Journal of Intellectual Capital*. 4, 3, pp.396—412, 经 Emerald Publishing 允许重印。

机构及国家和地方政府的培训和预见的能力。目前这些机构都处在高度的政策压力之下,要求提高其政策和输出的透明度(这是欧洲政策管理概念的主要目标之一)并建立自己的声誉。

一、微观经济视角

最近战略管理文献的发展特别强调无形要素在企业赢得竞争力方面越来越突出的重要性。更一般地说,有多种要素可以解释这种现象:学者和分析家对无形资源的兴趣越来越浓厚,服务活动的强劲增长,制造活动自身的消退,认识到知识和知识的结合物是组织内部价值创造的主要源泉,实证显示无形资产(研究与开发、形象、产品和服务的相对质量)对于企业部门获得持久竞争优势的决定性作用(PIMS Associates, Irish Institute of Management, 1994)。

战略文献中的无形资源

波特(Porter,1980,1985,1990)提出了一个可用于分析企业竞争力的框架。在这样一个模型中,竞争优势的概念处于核心地位,其基本要点是在市场结构内对竞争力的动态分析。然而波特在20世纪80年代的模型很大程度上受到了有关竞争力的新方法的挑战,尤其是受到了主要把资源(主要是那些无形资源)作为竞争优势主要来源的方法的挑战。

确实,正如我在其他地方强调的一样(Bourfour,2000),近些年来,提出了许多不同的方法,这些方法将企业无形资源、竞争能力等作为创造竞争优势的主要杠杆。与波特的观点相反,由于单个行业内业绩的差异要比行业之间的业绩差异更重要,这些新方法认为业绩的差异源于企业资源(主要是企业开发的无形资源)结合的方式,而不是产业结构所造成的。战略方法包括明确强调无形资源(资产)作为竞争优势杠杆的重要性的不同分析。这一类方法可以包括不同类型的工作:

- 基于资源和无形资源的方法(基于资源的观点)(Barney,1991;Collis, 1991;Penrose,1959;Wenerfelt,1984,1989;Grant,1991,1996;Itami and Roehl, 1987;Itaml,1989;Peteraf,1993; Bounfour,1995,1998a,b,c;Hall,1993;Lev,

2001);
- 基于核心竞争力的方法(Prahalad and Hamel,1990);
- 基于知识创造动态过程的方法(Nonaka,1994;Nonaka and Takeuchi,1995);
- 基于"组织例程"竞争力的方法(Nelson and Winter,1982;Winter,1987);
- 基于知识资本管理和报告的方法(Brooking,1996;Dierickx and Cool,1989;Edvinsson and Malone,1997;IFAC,1998;Stewart,1997;Sveiby,1997)。

所有这些方法都可以看作是对于管理无形资产的基础战略范式的贡献。

二、知识资本动态价值方法

(一) 建立联系内部和外部观点之间的纽带的重要性

对文献以及组织实践的回顾显示,如今在企业(包括不属于高科技的企业)建立知识资本战略是可行的。整个过程尤其需要通过结合资产的财务价值和企业的内在表现之间的联系来改进和加强。我已经把这个方法称为"知识资本的动态价值"或者"IC-dVAL"方法(Bounfour,2000,2002,2003)。依我看来,现在同以往相比,建立这样一个联系更加迫切!

从组织管理的角度来看,在无形资源的基础上建立竞争优势,主要是通过以一种独特的、特定的方式来利用这些资源的"结合功能"来实现。换句话说,这个问题就是为企业竞争力定义一种动态方法,尤其是从组织流程的实现开始,这些流程可以是组织的例程或者是组织当前学习和实践的模式(Teece,Pisano,Shuen,1997)。

(二) 四个维度

用分析术语来讲,竞争力的四个重要维度必须结合起来(见图1)。资源作为投入,这些资源的利用模式能够通过采用特定的方法得到改进,包括:流程、无形资产以及产出。

由于结合了这四个维度(而不仅仅是最后一个),企业竞争力的问题在知识经济的背景之下显得非常复杂。我们不应该仅仅通过(通常是静态地)市场份额和产业结构的角度来考虑这个问题了。

第七章 从知识资本指数的角度评估欧洲创新体系的表现

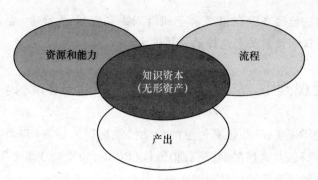

图1 利用无形资产构建竞争优势:IC-dVAL 方法的四维框架

(三) 开发并实现一套测度

知识资本动态价值方法(Bounfour 2000,2002B)是一个总体指标体系。这些指标通过一个综合指标与项目、项目组(资源、流程、产出)以及公司业绩的整体表现相关联(见图2)。

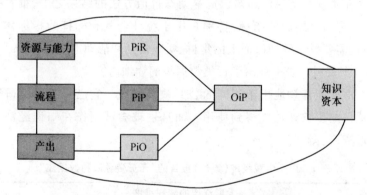

图2 企业知识资本和企业表现测量模型

而且,总体体系包括了两类与局部业绩指标联系紧密的指标。
- 资源业绩指标(PiR)
- 流程业绩指标(PiP)
- 产出业绩指标(PiO)

这个框架包括大约25个指标。这里采用标杆技术衡量组织业绩。

综合指数是指整个企业业绩的总体指数(OiP)。它是在前面那些指数的基础上计算出来的,通常用来计算知识资本的动态价值。

这一方法已经在欧洲很多企业和组织得到应用：大企业、企业内部特定的活动以及像市镇委员会这样的公共机构。

三、从微观到中/宏观视角：无形资产信息的收集与扩散

过去五年以来，一些很有创意的行动已经在国家层面（瑞典、丹麦、北欧项目、以色列）以及区域层面（阿拉伯地区（Bontis，2002），或者太平洋岛屿，甚至更广大的经济合作和发展组织区域）开始实施。这些行动中大多数使用的是现有的数据，而且基本上只是在投入和产出层面上。比如说，Bontis（2002）参照了 Edvinsson 的方法，但根据国家的背景作了一些改动和调整。然而，对此还需要进一步的分析，尤其是将重点放在社会经济绩效的组织和动态维度上面。最近也用到了其他的一些框架（比如，克罗地亚，见 A. Pulic 写的本书第 12 章）。

建立在微观经济层面的知识资本动态价值方法的结果之上，推荐一套适用于中/宏观经济层面的指标，特别是用于统计合并和标杆的指标体系。确实，目前正需要整个欧洲层面上的集群、实践社区和活动部门（sectors of activities）的数据资料。表 1 列出了每类数据集的详细内容。

这个框架能有效地用于不同的公共政策维度。它已经在欧洲研究与技术开发项目的影响评估中得到使用。而且也被尝试用作在知识经济背景下报告无形资产。

表 1　用于中观经济（集群）报告的"无形资源四种数据集"

无形资产的表现维度
四种数据集的详细情况
数据集 1：资源（投入）度量
度量与企业和经济资源相关的指标，包括研究与开发、专利技术、基础设施、人力资源、信息和知识、软件、广告、市场研究、职业培训等，是经营者活动的投入（投资）。
这里期望收集两种类型的度量数据： 　　与在某一特定资源上投资水平相关的数据——也就是，资源投资指标，比如说人力资源、技术资源或者信息资源（比如在市场资源研究方面的支出）； 　　与集群成员业绩相关的数据（比如说，与那些同类中"表现最好的"相比，他们表现得如何；回答这个问题必须先完成标杆比较）。也就是，业绩指数。
物质资源和财务资源都作为背景元素进行考虑。

第七章 从知识资本指数的角度评估欧洲创新体系的表现

(续表)

数据集2：流程度量

度量新经济中价值创造流程的指标：网络、综合知识、虚拟组织、联盟、灵捷组织、开发例程、开发社区、开发标准、开发新的商业模式、开发实践社区、开发网络和集群流程、人力资源流动、开发金融市场信托、发展公共研究与技术开发的筹款等。
这里期望收集两种类型的数据：
  与在特定过程方面投资水平相关的数据，比如说网络过程和内部通信过程。也就是，流程投资指标；
  与集群成员表现相关的数据（比如说，和那些"表现最好的"相比，他们表现得如何；回答这个问题必须先完成标杆比较）。也就是，流程指数。

数据集3：产出度量

与度量新经济中产出和绩效相关的指标，比如说专利、商标、信誉、营业额的增长、市场机会、契约合同、使用社区、进入特定商业的壁垒、增加的净价值等。
这里期望收集两种类型的数据：
  与特定产出价值相关的数据，比如说附加的营业额、市场份额的增长、由于先行优势而创造出的市场机会。也就是，产出指标。
  与集群成员业绩相关的数据（比如说，和那些"表现最好的"相比，他们表现得如何；回答这个问题必须先完成标杆比较）。即，产出指数。

数据集4：资产度量
与度量知识经济中的资产，主要是无形资产相关的指标：如人力资本（共有例程、知识）、创新资本、结构资本（包括技术、专利、商标、标准软件和工具）以及市场资本（信誉、吸引力、市场机会、标准等）。 所有四种资产都将被评估为美元或其他货币。价值评估在不同的水平展开：业务单位水平上、企业水平上或者组群水平上。

  配合知识资本动态价值方法的框架，推荐采用一组不同的指数：资源和竞争力指数、流程指数以及产出指数。

  为便于辨别和度量，推荐采用不同种类的知识资本：人力资本、创新资本、社会资本、结构资本和市场资本。这些成分当中的每一个都是从社会角度进行后续的辨识和度量研究的主题。

四、标杆比较欧洲国家创新体系的表现：初步分析

  如果我们认为前面结合了一套度量方法的框架能够在区域或者国家水平上被用来报告和管理知识资本，那么我们面临的就是数据可获得性的问题了。以下介绍了正在进行中的在欧洲知识经济条件下对知识资本报告和管

理的度量模型研究的初步结果。

在这个例子中我们使用的是替代价值。实际上,结合前面定义的四个框架项目,我们定义和使用了一系列度量(见表2)。

表2 用作欧盟知识资本表现标杆比较的度量的指标值

资源指数	
指标	年份/时期
公共支出的研究与开发/国内生产总值	1999
企业支出的研究与开发/国内生产总值	1999
风险资本/国内生产总值的百分比	2000
新增资本/国民生产总值的百分比	
流程指数	
指标	年份/时期
中小型企业内部创新的百分比	1996
中小型企业合作创新的百分比	1996
家庭互联网连接的百分比	2000
信息通讯技术产业市场/国内生产总值的百分比	2000
高科技附加值的百分比	1997
长期劳动生产力的增长	1991—1999
产出指数	
指标	年份/时期
创新出口/总销售额的百分比	1996
失业率	1999
新进入市场的产品的百分比	1996
人均国内生产总值	1999
真实国内生产总值增长	1995—1999
资产指数	
指标	年份/时期
A. 结构资本指数	
每百万人口中科学出版物的数量	1998
欧洲专利局高技术专利/人口数量	1999
美国专利商标局高技术专利/人口数量	1998
B. 人力资本指数	
20—29岁的人口中科学和工程学毕业生的百分比	1999
受过高等教育的人口占总人口的百分比	2000
终身学习	2000

第七章 从知识资本指数的角度评估欧洲创新体系的表现

（一）研究目标和过程

正如我们前面所强调的,这里的目标是继续将欧洲国家的创新体系作标杆比较,以便决定系统间学习的关键因素。这里标杆比较是根据 Lundvall 和 Tomlinson(2001)的智能型标杆比较(intelligent benchmarking)来定义的;与其相对的是经常被使用的"幼稚型标杆比较(naive benchmarking)",也就是一个"通过比较的组织间相互学习"的过程。因此,依靠度量的目的在于凸现创新系统的绩效水平,同时找出主要的可能解释因素。所使用的数据大部分摘录于欧盟的一个重要的标杆比较项目:创新趋势图表。这些数据必须在一个大的欧盟对创新政策反思的框架下来理解(欧洲委员会,2000B,2000C,2001A,2001B,2002)。

（二）初步结果

针对四个表现维度的指数,对欧洲国家的创新系统表现进行了评估。四个绩效维度是:(1) 资源;(2) 流程;(3) 产出;(4) 资产。图 3 到图 8 详细说明了已经获得的结果。

1. 资源指数

平均而言,资源指数反映出以下特征:

- 在公共支出的研究与开发/国内生产总值上,日本比美国要做得好。但是美国比欧盟做得好。然而,在欧盟内部,芬兰是做得最好的国家,其次是瑞典和荷兰。
- 在企业支出的研究与开发支出/国内生产总值上,日本和美国再次比欧盟(平均)要表现得更好。而瑞典和芬兰又是欧盟内部做得较好一些的国家。
- 在风险资本/国内生产总值上,我们没有美国和日本的具有可比性的数据。在这个方面,英国是欧盟里做得做好的国家。
- 在新增资本/国内生产总值上,美国要比欧盟做得好。欧盟内部,芬兰做得最好。

国家、地区和城市的知识资本

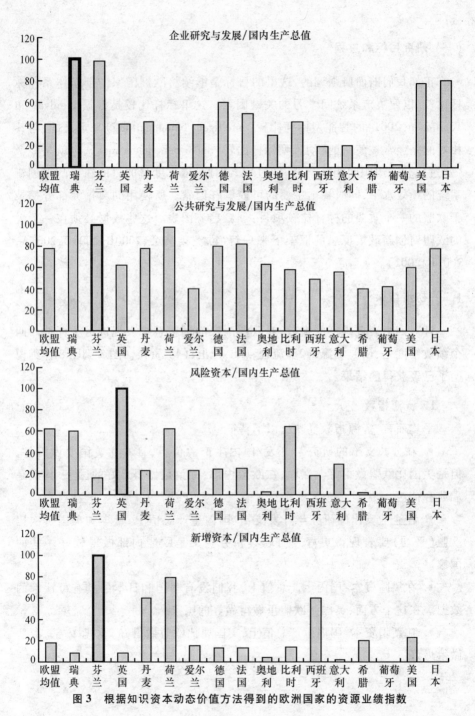

图3 根据知识资本动态价值方法得到的欧洲国家的资源业绩指数

第七章 从知识资本指数的角度评估欧洲创新体系的表现

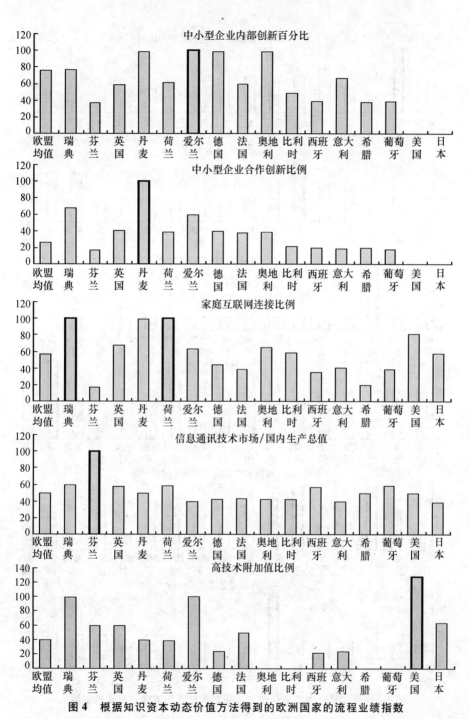

图4 根据知识资本动态价值方法得到的欧洲国家的流程业绩指数

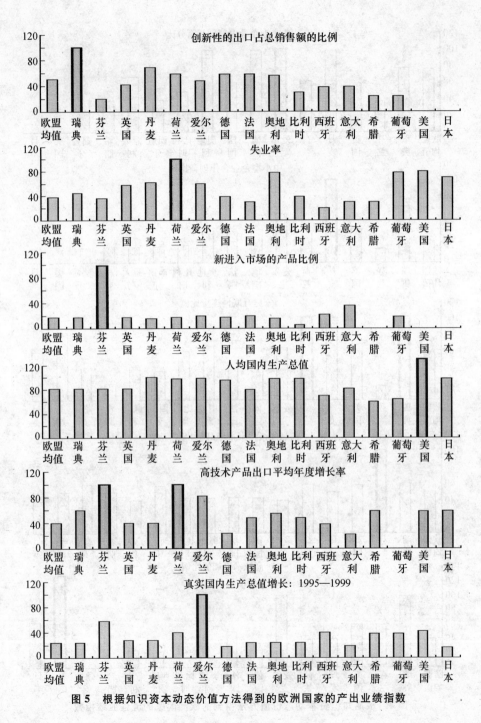

图5 根据知识资本动态价值方法得到的欧洲国家的产出业绩指数

第七章 从知识资本指数的角度评估欧洲创新体系的表现

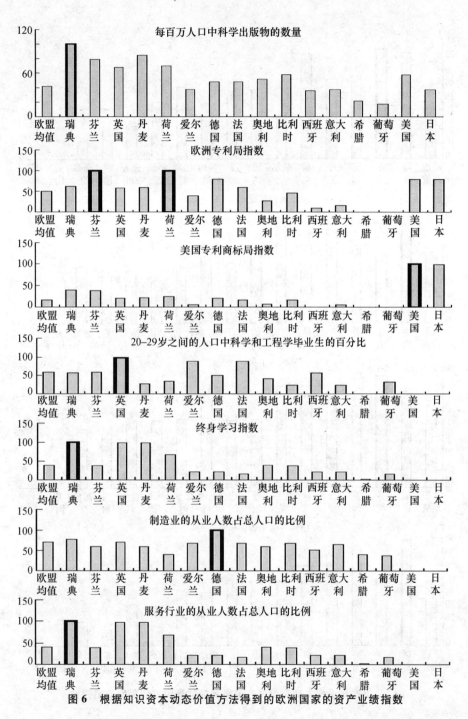

图 6 根据知识资本动态价值方法得到的欧洲国家的资产业绩指数

国家、地区和城市的知识资本

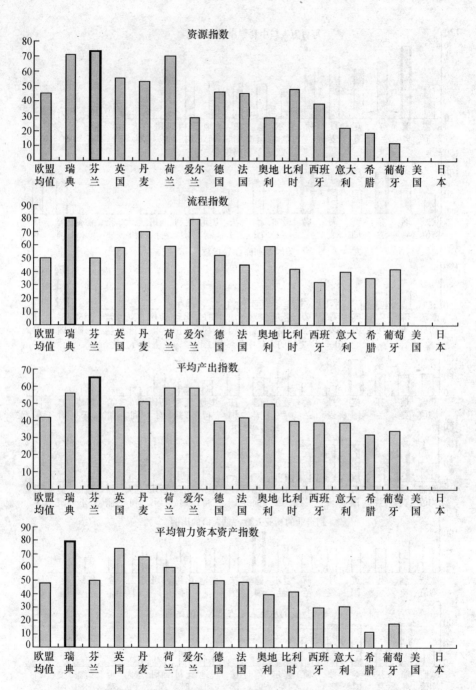

图7 根据知识资本动态价值方法得到的欧洲国家的平均业绩指数

第七章 从知识资本指数的角度评估欧洲创新体系的表现

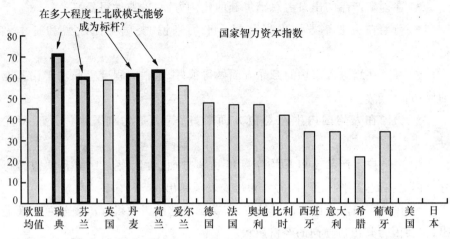

图 8　根据知识资本动态价值方法得到的欧洲国家的最终业绩指数

2. 流程指数

这里度量的是一个国家的组织资本。从图 4 的数据中,我们可以观察到:

- 在中小型企业内部创新百分比方面,爱尔兰是欧洲做得最好的国家
- 在中小型企业合作创新比例方面丹麦是处在第一位的国家。因此,在这个国家,社会资本可以看作是具有很强的价值。
- 在家庭互联网连接比例方面美国要比日本和欧盟做得好。然而,在欧盟内部,北欧国家是领先者(荷兰、丹麦和瑞典)。
- 在信息通讯技术市场/国内生产总值方面,美国要比欧盟和日本做得好。在欧盟内部,芬兰处于第一位。
- 在高技术附加值方面,美国在世界范围内处于第一位,其次是日本和欧盟。在欧盟内部,爱尔兰和瑞典做得最好。

3. 产出指数

产出维度的度量比较杂。其中三个指标在社会经济方面非常重要,必须以长远的视角来考虑:(1)失业率;(2)人均国内生产总值;(3)真实国内生产总值增长。通过考虑可获得的数据,我们能够看到北欧国家是全世界范围内在这方面表现突出的国家。实际上,已获得的数据凸现了以下事实:

- 在创新产品的出口占总销售额的比例方面,瑞典做得最好。
- 荷兰在失业率方面做得最好。平均来说,美国要比欧盟和日本做得好。
- 芬兰在新进入市场的产品方面做得很好,这很大程度上归功于诺基亚的成功。
- 美国在人均国内生产总值方面最好,其次是北欧国家(丹麦、荷兰等)。
- 在高技术产品出口平均年度增长率方面,美国要比日本和欧盟做得好。但是在欧盟内部,芬兰、荷兰和丹麦表现突出。
- 在真实国内生产总值增长方面,美国要比欧盟做得好。爱尔兰表现突出,主要因为其出口导向的经济政策。
- 平均而论,在大多数指标当中,欧盟要落后于美国。

4. 资产指数

资产指数分为结构资本指数(主要是专利)和人力资本指数。

就结构资本而言,处理过的指数清楚地表明:
- 欧盟在一个主要的比率上又一次落后于美国:每百万人口中科学出版物的数量。
- 在欧盟内部,北欧国家在这个比率上的表现是最好的。
- 同样的评论也适用于以下两个主要的专利指标:欧洲专利局和美国专利商标局指数。
- 在人力资本方面,数据同样证明北欧国家的表现要更好一些,除了其中一个方面:20—29岁的人口中科学和工程学毕业生的百分比(英国在这一项上处于第一位)。

5. 平均业绩指数:国家知识资本指数

平均而论,我们可以看到在这里所采用的四个维度中——资源、流程、产出和资产——的每一个上,北欧国家都是欧盟里做得最好的(见图7和图8)。此时,可以形成这样一个假设:这些国家可能具有适应知识经济所需要的文化特征。如果我们采用Hofstede(1984)提出的四维标准,这些国家可能在全局范围内被认为是更加无法接受权力距离、更多的集体主义而不是个人主义、更阴柔而非阳刚,等等。

这些原因可能解释了为什么这些国家是全世界范围内对知识资本研究和行动最重要的投资者。接下来的问题是：在多大程度上北欧国家能够被当作是欧洲的标杆，或者更具体一点，在多大程度上"通过比较来学习"的过程能够在欧洲和欧洲以外的地方实施？

四、结论

知识资本动态价值方法的四个维度能够被运用于微观经济层面，同时也可以运用于中/宏观经济层面，尤其是在对知识资本的绩效作标杆比较时。在欧洲，有机会测试、开发以及实现对达到战略目标最合适的新的组织模型。这可以由不同模型之间的交流对话来完成：北欧模型、南拉丁模型、东大陆模型以及英国金融服务模型。新的度量方法不仅仅是为了描绘一个更加精确的图景，也是为了在组织内部和周围建立一个新的基本秩序。确实，在欧洲，组织设计对企业和创新系统的业绩来说都是一个主要的问题。在这种环境下，采用趋势图表的数据作为无形资产的替代值，显示了在欧洲——可能在整个世界范围内——北欧国家的表现优异。但是这告诉了我们什么呢？现阶段，我们可以形成以下几个假设：第一，我们必须在分析上走得更远一些（对于较大的国家来说，国家层面上的分析可能不够）；第二，我们必须开发和测试新的适合的度量手段；第三，这些国家都在组织尺度（社会资本）方面有很好的实践，而且真正重视人力资本；第四，需要交叉分析来进一步支持本章产生的结论。

从这个角度来考虑标杆比较，使我们能够向政府提出如下建议：（1）鼓励通过"比较过程"来实验和学习；（2）在中间层面上（集群、区域、自愿性的由公司组成的团体、公共机构）开发和应用新的度量标准，用以支持此类过程并减少参与者中的信息不对称。

参考文献

Barney, J. (1991). Firms resources and sustained competitive advantage. *Journal of Management*, 17, 1, pp. 99–120.

Bontis, N. (2002). National Intellectual Capital Index: Intellectual Capital Development in the Arab Region. New York: United Nations.

Bounfour, A. (1995). Immatériel et stratégies compétitives, éléments de problématique. *AIMS Fourth Conférence*, Paris, 2–4 May.

Bounfour, A. (1998a). *Le management des ressources immatérielles, maîtriser les nouveaux leviers de l'avantage compétitif*. Paris: Dunod.

Bounfour, A. (1998b). Accounting for Intangibles and Value Setting. *21st Congress of the European Accounting Association*, 6–8 April.

Bounfour, A. (1998c). Outsourcing of Intangibles and corporate performance: some strategic and accounting Issues. *21st Congress of European Accounting Association*, Antwerp, 6–8 April.

Bounfour, A. (1999). Is outsourcing of intangibles a real source of competitive advantage. *International Journal of Applied Quality Management*, 2(2), pp. 1–25.

Bounfour, A. (2000). Competitiveness and intangible resources: towards a dynamic view of corporate performance. In Buigues. P., Jacquemin, A., Marchipont, J.-F., et, editors. *Competitiveness and the Value of Intangibles*. Edward Elgar. GB, Preface by Romano Prodi.

Bounfour, A. (2002). Measuring intellectual capital's dynamic value: the IC-dVAL® approach. *Proceedings of the 5th World Congress on Intellectual Capital*. Canada: Mc Master University.

Bounfour, A. (2003). *The Management of Intangibles: The Organization's Most Valuable Assets*. London & New York: Routledge. Foreword by Leif Edvinsson.

Brooking, A. (1996). *Intellectual Capital*. ITP, International Thomson Business Press.

Collis, (1991). A resource-based analysis of global competition: the case of the bearings industry. *Strategic Management Journal*, 12, pp. 49/68.

Danish Agency for Trade and Industry (1999). *Developing Intellectual Capital Accounts, Experiences from 19 companies*.

Dierickx, I., Cool, K. (1989). Asset stock accumulation and sustainibility of competitive advantage. *Management Science*, pp. 1504–1513.

Edvinsson, L., Malone, M. S. (1997). *Intellectual Capital:, Realizing Your Company's True Value by Finding its Hidden Brainpower*. New York: Harper Business.

European Commission (2000b). *Communication from the Commission to the Council, The European Parliament, the Economic and Social Committee and the Committee of the Regions, Making a reality of the European Research Area*. Guidelines for EU Research activities (2002–2006).

European Commission (2000c). *Communication from the Commission to the Council, The European Parliament, the Economic and Social Committee and the Committee of the Regions, Towards a European Research Area*. Brussels, COM, 6.

European Commission (2001a). *Communication from the Commission, Realizing the European Union's Potential: Consolidating and Extending the Lisbon Strategy*. Stockholm: Contribution of the European Commission to the Spring European Council, 23–24 March.

European Commission (2001b). *Commission Staff Working Paper*. 2001 Innovation Scoreboard.

European Commission (2002). *Benchmarking National R&D Policies: the Impact of RTD on Competitiveness and Employment (IRCE), STRATA-ETAN Working* Group. Final Report, June.

Grant, R. M. (1991). The resource-based theory of competitive advantage: implications for strategy formulation. *California Management Review*, Spring, pp. 114–135.

Grant, R. M. (1996). Toward a knowledge-based theory of the firm. *Strategic Management Journal*, 17 (Winter Special Issue), pp. 109–122.

Hall, R. (1993). A framework linking intangible resources and capabilities to sustainable competitive advantage. *Strategic Management Journal*, 14, pp. 607–618.

Hofstede, G. (1984). *Culture's Consequences: International Differences in Work-Related Values*. Newbury Park, CA: Sage.

IFAC (1998). *The Measurement and Management of Intellectual Capital, An Introduction*. New York.

Itami, H., Th. W. Roehl (1987). *Mobilizing Invisible Assets*. Harvard University Press.

Itami, H. (1989). Mobilising invisible assets: the key for successful corporate strategy. In E. Punset, G. Sweeney, editors. *Information Resources and Corporate Growth*. Pinter Publishers, pp. 36–55.

Lev, B. (2001). *Can corporate knowledge(Intangibles) be measured?* The 4th Intangible Conference, NYU Stern, May.

Lundvall, B. A, Tomlinson, M. (2001). Learning by comparing-reflections on the use and abuse of international benchmarking. In Sweeney, G. (Ed.) *Innovation, economic progress and the quality of life*. Edgar Publishers.

Nelson, R. R., Winter, S. G. (1982). *An Evolutionary Theory of Economic Change*. Belknap Press and Harvard University Press.

Nonaka, I. (1994). 'A Dynamic Theory of Organizational Knowledge Creation', *Organization Science*, 5, 1, February.

Nonaka, I., Takeuchi, H. (1995). *The Knowledge-Creating Company*, Oxford University Press.

OECD (1997). National Innovation Systems. Paris. Working Paper. 47 pages.

Penrose, E. (1959). *The Theory of the Growth of the Firm*. New York: Wiley.

Peteraf, M. A. (1993). The cornerstones of competitive advantage: a resource based view. *Strategic Management Journal*, 14 (3), pp. 179–192.

PIMS Associates, (1994). *Building Business for Europe, Evidence from Europe & North America on 'Intangible' Factors behind Growth, Competitiveness and Jobs*.

Prahalad, C. K., Hamel, G. (1990). The Core competence of the corporation. *Harvard Business Review*, May-June, pp. 79–81.

Porter, M. (1980). *Competitive Strategy*. New York: Free Press.

Porter, M. (1985). *Competitive Advantage*. New York: Free Press.

Porter, M., (1990). *Competitive Advantage of Nations*. New York: Free Press.

Pulic, A., et al (2002). *Intellectual Capital, Efficiency in Croatian Economy*. Zagreb.

Stewart, T. A. (1997). *Intellectual Capital*. The New Wealth of Organizations, Nicholas Brealy Publishing.

Sveiby, K.-E. (1997). *The New Organizational Wealth, Managing and Measuring Knowledge-Based Assets*. Berrett-Koehler Publishers.

Teese, D. (1987). *The Competitive Challenge, Strategies for Industrial Innovation and Renewal*. New York: Harper and Row.

Teece, D. J., Pisano, G., Shuen, A. (1997). Dynamic capabilities and strategic management. *Strategic Management Journal*, 18, 7, pp. 509–533.

Wenerfelt, B. (1984). A resource-based view of the firm. *Strategic Management Journal*, 5, pp. 171–180.

Wenerfelt, B. (1989), From critical resources to corporate strategy. *Journal of General Management*, 14, 3, pp. 4–12.

Winter, S. (1987). Knowledge and competence as strategic assets. In Teece, D. (ed.). *The Competitive Challenge*.

第八章 国家知识资本指数：

阿拉伯国家标杆

——尼克·邦第斯，加拿大麦克马斯特大学德格鲁特商学院

致谢

我十分感谢联合国发展计划，阿拉伯区域局（UNDP/RBAS）提供的资金帮助和领先观念。特别的，我向 Rima Khalaf Hunaidi 博士和 Maen Nsour 博士表示感谢，他们拿出宝贵的时间，向我们提供了在构建和重构阿拉伯地区知识财富和开发度量过程方面的专家意见。本章是集体智慧的结晶。我选拔并管理了一个充满智慧与活力的研究同事组成的小组。在我的带领下，Meaghan Stovel、Brent McKnight、Chris Giovis、Raed Abu Salem 和 Zaher Azzam 贡献了强有力的集体智慧。本章经 Emerald Publishing 同意而重新出版，先前的版本为：尼克·邦第斯（N. Bontis, 2004），《国家知识资本指数：一个与阿拉伯地区有关的联合国项目》，《知识资本杂志》。5, 13—39。

第八章 国家知识资本指数

摘要

一个国家(或多国地区,正如本文中的研究对象)的知识资本需要明确一个变量系统(模型),以便帮助揭示和管理一个国家的无形财富。最重要的是,对人力资本的强调使得我们可以获得对潜在价值、个人、企业、机构和社会团体等当前和未来知识财富之源泉有更加深刻的理解。本章试图阐述以下五个研究问题:(1)针对一个国家知识资本发展的研究现状如何?(2)什么是阿拉伯地区,包括人力资本及结构资本(即市场资本、流程资本、和更新资本)在内的知识资本发展的主要构成?(3)什么是用来识别和解释国家知识资本发展的主要衡量标准?(4)什么是可以用来解释知识资本发展模式的前因和后果?(5)对未来阿拉伯地区知识资本发展的启示是什么?

本章主要的结论是国家知识资本度量方法和指数。国家知识资本指数也可以在一个结构化方程模型中来检验与国家知识资本发展相关的若干假设。

> 知识就好像是光。没有重量和形状,它能够轻易地漫游世界,照耀身处各地的人们的生活。然而数以亿计的人民仍然生活在贫困的阴影中,这是完全没有必要的。(KFD,1998,p.1)

引言

Nsour(2001)报道了计算能力和通信技术的飞速发展正在改变个人在工作场所的知识、技术、才干和专业技能的性质。如今全球的信息市场要求一种不同的工人,他需要有能力、态度及在技术导向的环境中系统地、批判地进行思考所需的思维敏捷性。对于希望在新经济中成功的阿拉伯国家地区的公共和私人机构来说,这就转化为通过再造陈旧的工业化时代的组织结构、流程和观念来利用人民潜在的财富创造能力。

一个国家(或多国地区,正如本文的研究对象)的知识资本需要明确一个变量系统(模型),以便帮助揭示和管理一个国家的无形财富。作为一种战略性资产,知识的重要性尽管可以上溯到几千年前,但只有古埃及和古希腊文明才算是早期代表,它们通过建立图书馆和大学的方式,利用编撰的知识来增强一个国家(地区)的实力。现代以来,Machlup(1962)第一次使用了名词"知识资本",并用它来强调作为成长和发展的根本要素的综合知识的重要性。阿尔弗雷德·马歇尔说"知识是我们的生产的最强大的动力;它使我们能够征服自然并……满足我们的需求"(世界银行,1999,p.20)。然而,"创造知识往往需要付出很大的成本,这也是为什么许多知识是在工业国家被创造出来的原因。"(KFD,1998,p.1)

管理大师彼得·德鲁克(Peter Drucker,1993)在其对后资本社会的描述中对知识资本的概念作了进一步解释。德鲁克强调了一种社会的到来和重要性,这种社会受制于知识资源,是知识资本的竞争舞台。到20世纪90年代末,在当代商业出版物中对于知识资本的引用成为家常便饭(Bontis,1996,1998,1999)。知识资本的管理成为所谓的首席知识官(CKO,Chief Knowledge Officer)的主要职责(Bontis,2001a;2001b;2002b;Mitchell and Bontis,2000)。在《财富》杂志的一篇突破性的封面故事中,Tom Stewart(1991)展示了这种全新的知识资本主义世界的主要推动力。

一、文献综述

当前大多关于知识资本理论及其相应框架、概念及从财务和会计角度的测量集中在企业层面(Bontis et al.,1999;2000;2002)。理论家很快将初始概念层面外推到包含国家在内。Malhotra(2001)指出,国家经济的领导者们正在努力寻找度量知识资产的可靠方法,以便理解知识资产与未来绩效间的关系。对寻找知识资产的可靠度量方法的期待是因为此类度量方法能够帮助政府更好地管理无形资源,而这些无形资源对其经济的成功越来越起到决定性作用。甄别这些成功因素的关键是对关系和协同模式的理解,关系和协同模式能够增加每个知识资本亚成分的价值(Choo and Bontis,2002)。从知识的视角来理解经济发展——也就是说,调整政策来增加一个国家的知识资本——不仅仅可以从高收入,还可以从很多方面改善人民的生活水平(KFD,1998)。

一个国家的知识资本包括个人、企业、机构、社区和地区的隐藏价值,是

第八章　国家知识资本指数

当前和潜在创造财富的源泉。这些潜在的价值是培育未来福利之源泉。为了实现这个目的,通过一个系统来描述国家知识资本并系统地解释和跟踪这种知识资本发展的演化过程是必要的。改进的国家知识资本导航者模型可以用来表达获取统计数据的系统,并可以用来描述国家知识资本的结构。这个框架由五个价值创造领域组成,每一领域聚焦于一个独特的方面。图1是一个对Edvinsson和Malone(1997)的知识资本树模型的修改版本。以下的概念已被从企业层面转换到国家层面:市场价值变成国家财富,财务资本变为金融财富,客户资本变为市场资本,创新资本变为更新资本。剩下的概念保持不变(见图1)。

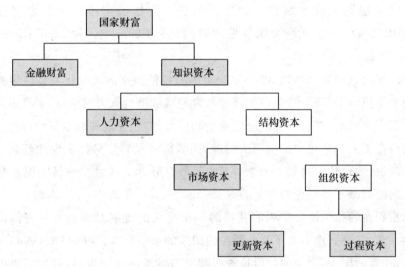

图1　国家知识资本

数据来源:对 Edvinsson and Malone(1997)的修正。

尽管许多知识资本文献的时间跨度仅为十年,从国家视角考虑这种现象的做法仍处在幼年期。在联合国关于阿拉伯国家的项目之前,仅有两个国家审查了它们的知识资本发展情况,这两个国家是瑞典(Rembe,1999)和以色列(Pasher,1999)。本章着重阐述了第一次包括若干国家在内的知识资本度量和标杆的尝试。

瑞典和以色列计划每隔几年就重新评估它们的知识资本数据,这是非常重要的,因为纵向趋势分析富有价值。进而,两个国家的知识资本发展报告已经为其他国家相关计划的推进提供了一个可靠的起点,这些计划包括国外投资(瑞典)和政府基金分配(以色列)。

阿拉伯地区

从未有过针对阿拉伯地区或是个别阿拉伯国家开发的知识资本发展报告。本章旨在填补这个空缺并开始一个过程,使得对阿拉伯地区的纵向知识资本评估成为一个必要的政策干预。尽管阿拉伯国家从未通过知识资本的框架来审查,但已经存在包括联合国和世界银行的各种组织提供的几种知识资本的亚成分的独立评估。特别的,联合国在继续支持一个计划项目,出版一份国家层面上和区域的人类发展报告。完整的阿拉伯人类发展报告(AHDR,2002)可以从联合国发展项目的网址(http://www.undp.org/rbas/ahdr/)下载。

国家信息服务(SIS)(2000)报告指出阿拉伯国家的现代化项目应该有针对性地适应以下三个原则:(1)通过教育和培训进行人力投资;(2)将工人视为知识资产;(3)在公司和政府中灌输和培育创新、发展和成本节约行为。应该可以在工人和公民中加强团队精神,团队精神是有效集体表现的基础。进一步地说,现代化不再是一种奢侈,对于那些努力工作以实现其国民富强和进步的国家是不可避免的。

特别在阿拉伯国家中引起共鸣的一个重大的挑战是作为自然资源的石油的存在,它显著地影响了某些阿拉伯国家的金融财富。Zineldin(1998)报告指出,在富油国中,密集的政府投资引起非石油业的飞速发展、进口需求的持续上升、消费者教育程度的飞速提高以及随之产生的对尖端高科技复杂产品的需求。一些经济学家将富油国(如沙特阿拉伯、科威特、伊拉克和利比亚等)与贫油国(如埃及、叙利亚和约旦等)区别开。富油国利用石油收入来促进国内发展的能力取决于它们将这些资源转化成有用的进口物品的能力。由于其能力的限制,它们对国内资源短缺及由此直接导致的内部通货膨胀十分敏感。在贫油国中,无法将出口行业与非出口行业分开来考虑。尽管出口需求取决于世界经济,出口的供给与整个经济的发展越来越相关。贫油国可以成为劳动力提供国,这些国家资本及进口限制阻碍了它们的经济发展。一些阿拉伯富油国(比如沙特阿拉伯和其他海湾国家),大约90%的政府收入来源于石油,这些国家有较高的人均收入,但只有有限的工业基础。其他一些拥有石油资源的国家已经开始鼓励在政府严格控制之下的工业多样化(例如伊拉克和利比亚就属于这类国家)。缺乏丰富石油储备的主要阿拉伯国家(例如埃及、约旦、叙利亚、摩洛哥、苏丹和突尼斯)则依赖于工业和农业。

总体来说,我们研究阿拉伯地区缺乏多样性的经济来探讨一个包罗万象的政策,并用以发展此地区灵活和革新的知识资本。接下来的论点用来支持阿拉伯地区知识资本发展报告:(1)整体而言,所有国家都缺乏多样性的工业基础;(2)需要可靠的教育系统;(3)教育输出与市场需求的不匹配;(4)不具有基础设施来刺激来自行业增长(sectoral growth)的溢出效果。

二、概念框架

在综述构成国家知识资本的四个关键概念——人力资本、流程资本、市场资本和更新资本(参见图表1)——之前,本部分将着重于对金融资本的传统的经济评估。Malhotra(2001)指出对国家经济绩效的传统评估一直依赖于对国内生产总值(GDP)增长的理解,即在土地、劳动力和资本等传统生产因素前提下对GDP增长的理解。由于影响国家绩效的基础条件在不断变化,一些具有显著信息技术方面的资产和互联网相关专业技术的相对不发达经济体正在盼望跳跃式赶超较发达经济体。例如,突尼斯的El Ghazala地区被认为是世界顶尖技术集中区之一(Hillner,2000)。

联合国发展项目报告指出,近些年来,流入阿拉伯地区的私有资金一直低于其国民生产总值(GNP)的2%。从这一点来看,阿拉伯地区与国际市场最强的联系是海湾合作委员会拥有的投资在该地区以外的大约8 000亿美元的资金。另一个联系建立在海外阿拉伯工人的汇款的基础之上,这主要来自欧洲。除了石油及相关产品,阿拉伯国家事实上没有在全球市场上出售其他商品(UNDP,1998)。以下事实可能会使上述观点更明确,大约2.6亿阿拉伯人与600万芬兰人出口产品的数量相当。阿拉伯生产商躲藏在相对高的海关关税的背后,以埃及、约旦、叙利亚和利比亚为例,平均的关税高达30%。然而,值得关注的是,阿拉伯国家正通过准入协议逐渐朝着加入全球市场的方向移动。到2001年7月,巴林、吉布提、埃及、约旦、科威特、毛里塔尼亚、摩洛哥、阿曼、卡塔尔、突尼斯和阿拉伯联合酋长国（UAE）已经成为世界贸易组织（WTO）的成员国，阿尔及利亚、黎巴嫩、沙特阿拉伯、苏丹和也门成为其观察员国（WTO，2001）。突尼斯、摩洛哥和约旦与欧盟（EU）签订了联合协议，计划在 12 年内消除彼此之间的贸易壁垒，与此同时，阿尔及利亚、埃及、黎巴嫩和叙利亚处于谈判协商阶段。最后而且重要的是，在 2008 年前，这一地区将创建阿拉伯自由贸易区以消除阿拉伯国家联盟成员国之间的贸易壁垒。这样一来，浮现出一个将本地区与外部世界联系起来的中心—辐射（hub-and-spoke）的结构。不幸的是，阿拉伯地区目前的争斗将使其自身处于一个更分散而不是协作的处境（UNDP，1998）。

（一）金融资本

为了对比评估阿拉伯国家与经济合作与发展组织成员国的金融资本，我们可以对比人均 GDP 值。阿拉伯国家 1999 年的平均人均 GDP 是 7 238 美元（见表 1）。OECD 成员国 1999 年的平均人均 GDP 为 22 020 美元。

表 1　阿拉伯国家的描述性统计数据

	人口					世界银行指数			
	总数	总数	总成长	0—14 岁	预计人口	性别 GEM	健康 HDI	贫困 HPI-1	性别 GDI
	百万	百万	%	%	百万	指数	指数	指数	指数
	2000	1950	1950—2000	2002	2015	2001	2001	2001	2001
	DES01	DES02	DES03	DES04	DES05	DES06	DES07	DES08	DES09
阿尔及利亚	30.31	8.75	246.4	34.8	37.85		0.693	23.5	0.673
巴林	0.64	0.11	481.8	28.2	0.78		0.824		0.814
科摩罗	0.71	0.17	310.4	43	0.98		0.51	29.9	0.503
吉布提	0.63	0.06	916.1	43.2	0.85		0.447	34.7	
埃及	67.89	21.83	210.9	35.4	84.51	0.258	0.635	31.7	0.62
伊拉克	22.95	5.16	344.9	41.6	32.53				
约旦	4.91	0.47	940.3	40	6.97		0.714	8.5	0.698
科威特	1.91	0.15	1,156.60	31.3	2.36		0.818		0.815
黎巴嫩	3.5	1.44	142.6	31.1	4.31		0.758	10.2	0.741
利比亚	5.29	1.03	414.1	33.9	6.84		0.77	16.7	0.748
毛里塔尼亚	2.66	0.83	222.2	44.1	3.84		0.437	47.2	0.428
摩洛哥	29.88	8.95	233.7	34.7	37.9		0.596	36.4	0.579

第八章 国家知识资本指数

（续表）

	人口					世界银行指数			
	总数	总数	总成长	0—14岁	预计人口	性别 GEM	健康 HDI	贫困 HPI-1	性别 GDI
	百万	百万	%	%	百万	指数	指数	指数	指数
	2000	1950	1950—2000	2002	2015	2001	2001	2001	2001
	DES01	DES02	DES03	DES04	DES05	DES06	DES07	DES08	DES09
阿曼	2.54	0.46	457	44.1	3.92		0.747	32.2	0.715
巴勒斯坦									
沙特阿拉伯	20.35	3.2	535.7	42.9	31.06		0.754	17	0.719
索马里	8.78	2.26	287.8	48	13.66				
苏丹	31.1	9.19	238.4	40.1	41.36		0.439	34.8	0.413
叙利亚	16.19	3.5	363.2	40.8	21.95		0.7	19.8	0.677
突尼斯	9.46	3.53	168	29.7	11.52		0.714		0.7
阿拉伯联合酋长国	2.61	0.07	3 628.60	26	3.09		0.809		0.798
也门	18.35	4.32	325.2	50.1	33.16		0.47	42.5	
阿拉伯国家	280.66	75.48	271.8	34.7	379.44	0.258	0.658	27.5	0.665
来源	UN,2001	UN,2001	计算所得	UNESCO	UN,2001	HDR,2001	HDR,2001	HDR,2001	HDR,2001

评估一个国家的知识资本是一件令人生畏的任务。更进一步来说，从阿拉伯国家可以得到的数据一般是非常稀少的。尽管有关阿拉伯国家的二手数据来源非常有限，数据采集过程进行得尽可能彻底。图2中的数据代表了最新可利用的数据,这些数据来源多样,涉及如下国家:阿尔及利亚、巴林、科摩罗、吉布提、埃及、伊拉克、约旦、科威特、黎巴嫩、利比亚、毛里塔尼亚、摩洛

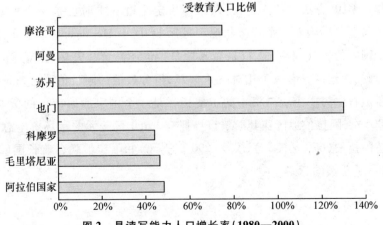

图2 具读写能力人口增长率（1980—2000）

哥、阿曼、巴勒斯坦、卡塔尔、沙特阿拉伯、索马里、苏丹、叙利亚、突尼斯、阿拉伯联合酋长国和也门(见表1)。

本章主要集中于知识资本的度量标准(metrics)。无疑,存在许多与国家的知识财富相关的因素,比方说健康、贫困和性别自主。然而,这些相关因素被排除在这项特定研究范围之外。原因并不是这些问题不重要,而是,围绕人类总体发展的复杂性因素(例如健康、贫困和性别自主)最好由后续的研究来解决。

在此报告中提到的阿拉伯国家总共拥有 2.8 亿居民(DES01)。这个数字预期将在 2015 年增长至 3.8 亿(DES05)。6 个人口最多的国家是埃及、苏丹、阿尔及利亚、摩洛哥、伊拉克和沙特阿拉伯,这些国家人口占了此地区总人口的 72%。平均来说,36% 的人口的年龄在 15 岁以下,代表了阿拉伯地区的未来人力资本。

正如先前所提及的那样,国家金融财富最常用的度量标准是其人均 GDP。按照不同国家之间的购买力差别来标准化此数据是十分重要的。度量标准 FC01 代表了按同等购买力调整过的人均 GDP。由此数据可以看出,阿拉伯联合酋长国、卡塔尔和科威特拥有最高的金融财富,平均约为人均 18 000 美元,然而苏丹和也门人均 GDP 在 1 000 美元之下。可与之相比的是,高收入的经济合作与发展组织成员国平均 26 050 美元的人均 GDP 和阿拉伯国家平均 7 238 美元的人均 GDP。

作为 GDP 方法的补充,贸易政策在决定金融资本时也是一个重要的参数。贸易壁垒影响着整个经济状况。指标 FC04 由 Heritage 基金发布并代表了一个国家的贸易壁垒,以 1(低贸易壁垒)到 5(高贸易壁垒)来量度。平均来说,阿拉伯地区具有一个相对高分 3.75,得分最低的阿拉伯联合酋长国、阿曼和科威特。另一个金融资本的主要指标是一个国家股票市场的资本化程度(FC05)。阿拉伯地区在其股票市场拥有 1 650 亿美元的市场资本总额,其中沙特阿拉伯(670 亿美元)、埃及(290 亿美元)和阿拉伯联合酋长国(280 亿美元)占了总额的 75%。

(二) 人力资本

人力资本定义为个体在实现国家任务和目标方面拥有的知识、教育和能

第八章　国家知识资本指数

力。一个国家的人力资本始于其国民的知识财富。

这种财富是多方面的,包含有关事实、法律、原则方面的知识,以及不易定义的专业、团队和交流技巧等方面的知识(OECD,2001)。当 Doraid(2001)认为阿拉伯国家的真实财富是其内部的人民时,指的就是人力资本。Thomas Schultz(UNESCO,1991)指出我们收入中的 1/4 来自于实物资本(physical capital),余下部分是由人生产出来的,强调了人力资本的重要性。

然而,对这种人力资本的度量是十分困难的。一定要加倍小心来确保此测度既包含了个体储藏知识的质量和数量,同时还包括了储藏于组织之中的集体知识的数量和质量(OECD,2001)。当分析一个国家的人力资本时,最重要的首先要审查教育系统,因为它是人力资本的主要开发者。除此之外,一个国家受教育人口的质量和数量也是关键的,这包括了人民在完成正规教育后继续开发的程度。

教育是人力资本的建筑基石(Human Development Network,1999)。正是通过教育,知识和技巧才得以开发,教育的功能并不局限于增强劳动者的工作能力。威斯(Weiss)说过"教授学生公民学、艺术或者音乐并不单单是为了增加他们的劳动生产力,更是为了丰富他们的生活,并使他们成为更好的公民",上述见解说明受过教育人民会为国家贡献额外的价值(OECD,2001,p.18)。

阿拉伯各个国家的具有读写能力的人口比例(1980 年的 HC01 和 2000 年的 HC02)非常分散,2000 年,毛里塔尼亚的这一比例为 39.9%,而约旦为 89.8%。然而,在过去 20 年内,这一比例在若干阿拉伯国家中呈现相当的增长(见图 2)。

事实上,也门具有读写能力的人口比率在 1980 年为 20.2%,此后增长了 129%,在 2000 年达到 46.9%。当若干国家在过去 20 年中经历了显著增长的同时,科摩罗和毛里塔尼亚具读写能力的人口比例仍然很低,而且增长也比较缓慢。阿拉伯国家平均具有读写能力的人口比率仍小于 70%,限制着在这些国家内外人民之间的知识和信息的广泛交流。这也直接阻碍了此地区的人力资本的开发。尽管教育注册人数在增加,尤其是在小学教育程度,教育的质量仍是阿拉伯国家充满争议的问题。

正规教育对人力资本的持续开发是不够的。公司和后期教育机构必须为国家的劳动力队伍提供持续培训,使得他们能够应对这个迅速变化的世界。一个国家的人力资本是其国民的知识财富,它通过教育和终生学习获得不断发展。

(三)流程资本

流程资本被定义为一个国家中的非人类知识库(non-human storehouses of knowledge)。流程资本嵌入在信息和通信技术系统之中,它的代表物是硬件、软件、数据库、实验室和组织结构,支持并外化了人力资本的输出。

在今天的全球信息社会中,一个人再怎样强调知识革命都不为过。我们仅仅刚开始领悟到这场革命对世界范围内经济、社会和社会政治结构的影响。知识革命在深刻程度上堪比造成18世纪农业社会彻底转型的工业革命(UNDP,1998)。

信息社会的发展以科学、通信和计算技术方面的飞速革新为先锋。如今,信息通讯技术的技术发展使得我们能够处理、存储、检索和交换表达成任何形式的信息,并且不受距离、时间、容量和成本的限制(UNDP,1998)。信息社会的新概念增大了人类知识的容量,形成了一个改变我们相互交流方式和经营方式的资源。事实上,UNDP(1998)报告指出人类知识和IT的结合已经替代了物质资本的积累,成了生产的主导因素。

知识和IT在培育持续发展方面的作用在不断地快速加强。信息通讯技术的持续发展正在开创一个全新的机会,利用知识求发展。这种趋势带来了紧迫的威胁,尤其是对于发展中国家来说。利用信息通讯技术无疑会帮助推进社会的知识和信息系统,允许当前数据、信息和知识的创造、利用和传播。计算机、互联网接入和电信服务不足的国家会面临在世界市场中更加落后于其竞争对手的风险。

互联网在阿拉伯地区的渗透率还不够高。例如,在叙利亚和沙特阿拉伯,互联网甚至没有得到官方的支持。然而,阿拉伯联合酋长国已经开始开发一个基础设施,每1万人中有92.13台主机(PC09)。另一个衡量Internet接入程度的指标是顶级域名的数量。

目前的评估指出,与世界上大多数人口相比,阿拉伯国家个人和公司拥有的顶级域名所占比例相当小(UNDP,2000)。因此,我们可以得出该地区在互联网的连通上处于中下等水平的结论(UNDP,1998)。

增加互联网连通,以便利用互联网所提供的大量知识,是许多阿拉伯地区必须迈出的重要一步。进一步来说,可以通过互联网的共享软件技术来促进国内或国与国之间的合作。这些工具使得有可能分享和利用来自全世界的显性知识,并将增加国家的更新资本。进一步的,通过互联网上的广告和合作,这些国家的知识可以为其他国家知晓,从而增加其市场资本。利用流程技术是参与21世纪的全球经济的必要举措。

该区域薄弱的电信和互联网基础设施以及连接互联网的高成本是导致阿拉伯地区流程资本发展缓慢的主要障碍。此区域缺乏一个全面而且战略性的方法来应对竞争力最为重要的全球化信息和知识社会的多方面挑战和机遇(D'Orville,1999)。尽管阿拉伯地区信息通讯技术的发展面对着众多的挑战,它在阿拉伯贸易和工业方面具有巨大的潜力,但需要政府和私人部门团结起来给予支持。

将高科技基础设施应用于帮助分发和检索来自世界范围内的信息方面有着巨大的潜力。然而,政府和私人部门的领导者必须指导投资于快速成长的、高生产力的领域。在即将到来的十年中,这些机遇将产生于可以在全球市场内竞争及利用现有的信息技术的商业中(UNDP,1998)。发展中国家具有机遇,它们可以不用经历在过去50年中经济发达国家所走过的发展历程而直接使用新技术。

(四)市场资本

市场资本定义为嵌入于国家内部关系中的知识资本。市场资本代表着一个国家与其他国家相比,针对国际客户的需求提供有吸引力和竞争力的解决方案的能力和成功经验。一个国家在对外关系中的投资和所得的成就,加上其优质产品和服务的出口,构成了富含无形资产的市场资本开发的重要成分。

市场资本是通过一些要素创造出的社会知识,这些要素包括法律、市场制度和社会网络。它与社会资本相似,但包含更多,因为它具有内在探索属性的系统品质,这些属性可以增强社会资本的创造。当然,这些要素的代表在阿拉伯地区不易发现。

确定市场资本的一个主要参数是国际贸易。Doraid（2000）发现从1981年以来阿拉伯国家的商品贸易增长比世界上任何其他地区都要慢。与阿拉伯国家间的国际贸易额在1997—1998年间降低了3%。正如前面所提到的，大约2.6亿阿拉伯人与600万芬兰人出口了相同数量的产品。显然，这些国家没有能够利用区域内部的资本，并将其投资于国内来吸引外贸。

在过去的20年中，3个现存贸易区域的出口贸易没有能够与世界其他地区保持同步发展（WDI，2001）。阿拉伯马格里布联盟（UMA——阿尔及利亚、利比亚、毛里塔尼亚、摩洛哥和突尼斯）、海湾合作委员会（GCC——巴林、科威特、阿曼、卡塔尔、沙特阿拉伯和阿拉伯联合酋长国）及阿拉伯共同市场（ACM——埃及、伊拉克、约旦、利比亚、毛里塔尼亚、叙利亚和也门）是存在于阿拉伯地区的三个贸易区。尽管它们的成员国并不包括该地区的所有国家，这三个地区在1970—1990年间经历了总的贸易萎缩（WDI，2001）。

国内及国家间的关系增强了创造知识的能力，同时也提供了从一个国家的知识中抽取价值的较大能力（Sullivan，2000）。国际贸易带来了更加有效的创新性方法，生产新的商品和服务或者改进现存的商品和服务。世界银行（1999）指出外国直接投资通过利用过剩劳动力、影响本地供应商和技术销售给所在国家带来了好处。通过发起开放贸易组织、鼓励国外直接投资和购买国外技术，可以支持国外技术和知识的转移。

一些国家所遭受的人才外流是一个严重的问题，这导致了一些最聪明的毕业生为了更好的工作机会而离开本国（世界银行，1999）。在过去，合格的专业人士在国外获得一个更高级的学位后，会选择不再返回他们的祖国。

人才外流的一个例子是黎巴嫩，其原因是由于本国缺乏商业机遇。然而在卡塔尔，受过教育的民众普遍选择留在国内工作，因为卡塔尔经济强劲，以及政府给予其国民财务上的巨大优惠（Interview，2001）。

一个国家的市场资本体现了其知识资本。尽管用来度量市场资本的变量都存在信息缺乏的问题，在阿拉伯地区，由于经济、社会和知识观点的不同，所产生的基础结构的不均衡是显而易见的。在阿拉伯国家中，埃及是在市场资本方面的领先国家。埃及在阿拉伯国家中举办了最多的国际性会议，在书籍和期刊出口中的获利也居于前列。从前面概括的部分中可看出，埃及可以作为一个榜样供其他阿拉伯国家效仿。

（五）更新资本

更新资本的定义是一个国家的未来的知识财富。这包括了一个国家为保持持续竞争优势，在更新和开发上的能力和实际投资。对形成更新资本的驱动力的研究表明在对更新资本连续投资与经济持续增长之间存在关联关系。进一步的分析将有助于更好地理解阿拉伯国家当前面对的挑战，以及补救这种困境所需的下一步做法。

研发是更新资本的一个关键参数。这是因为一个国家金融体系的成功与其研发部门的成效之间存在直接关联。向研发投资的结果不仅仅局限在一个国家资产负债表中的金融力度，而且体现在总体人口效率的提升上。Ducharme(1998)指出，在无形投资的背景下，实证文献中关于私有和社会的研发收益率在25%—50%间不等，这为研究对创新和生产力的影响提供了进一步的证据。

更新资本的其他构成包括专利和科学出版物。在这些领域表现良好的国家拥有高层次人才，他们分享并表达其知识和想法。这意味着该国在知识资本审计中有潜力取得好结果。1996年，埃及（2.27亿美元）和沙特阿拉伯（1.96亿美元）的总研发支出在该地区居于前列。阿拉伯地区的所有其他国家远远地落在后面，平均每个国家支出小于7 500万美元（RC10）。每一百万人口中研究人员的数目在卡塔尔为594人，在埃及为459人，在利比亚为362人（RC15）。

尽管埃及与沙特阿拉伯的表现已经明显地突出于它们的邻国，它们的平均水平仍不能保证长期跟得上全球信息发展的步伐。对研发部门的投资开发一个国家的知识资本，因此应该成为政府支出的一个重点。

国外专利申请代表着思想的更新和整个国家工业的创新。这个数字代表着更新资本，因为如果外国工人还没有成为阿拉伯国家居民的话，这个专利一般不被算为阿拉伯国家的。这说明阿拉伯国家内部正在利用着国外的知识资本。阿拉伯国家的国外专利申请总数达到70 793项，超过95%的国外专利申请来自苏丹。尽管有14个国家没有汇报此数据，但所有其他汇报了此统计数据的国家明显地落后。

更新资本的困境由于基础设施的缺乏、资金支持效率低下以及现代化技能不足而加剧。认识到政府资助的不足呼唤私有工业参与资助研发。这种投资将刷新国家的更新资本,为国家财富注入活力。

三、研究方法论

NICI(国家知识资本指数,是知识资本研究机构的商标)的目的是评估一个国家的知识资本。此指数基于一个概念性框架,在此框架中,一个国家的知识资本由四个成分组成,包括:人力资本、流程资本、更新资本和市场资本。接下来的部分解释了哪些项目会被使用以及每个次级指数(subindex)的计算。

需要声明的是,本研究并没有穷尽利用所有可用的测度。这仅仅是一次大胆的、但也是必要的探索性尝试。为了对知识资本指数进行确认,一批拥有相应数据的更加广泛的国家的参与是非常必要的。

在本报告中所有被度量的项目原本合理地包含于相应的次级指数中。然而,快速浏览这些表格后,容易看出有些测量数据对于一些阿拉伯国家而言尚没有公布(也许是根本无迹可寻)。在方法论上来说,需要包括这样的测度(metrics),该测度可以最大化作为研究样本的国家的数量。阿拉伯地区总共有22个国家。在选择了为大多数国家所报告的测度之后,剩下了一个包含10个国家的样本名单。这个样本代表了阿拉伯国家人口总数的77%(216.70/281.22)。

(一) 国家人力资本指数(NHCI)

总共有效7个测度可以用来计算NHCI。我们从10个代表性国家分别得到有效数据。表2汇集了这些测度和数据。像任何一个复合指数一样,对测度权重的选择可以进行学术讨论。然而,研究小组讨论并决定了所列的加权方式。具读写能力所占比率(H1)被选为占最大权重(30%)的项,因为它是知识汲取的先决条件(见表2)。

表 2　NHCI 的计算

指数 测度	H1 HC02	H2 HC05	H3 HC11	H4 HC16	H5 HC23	H6 HC25	H7 HC26	NHCI
阿尔及利亚	0.633	0.124	0.930	0.498	0.368	0.82	0.79	0.586
埃及	0.553	0.077	0.998	0.544	0.793	0.88	0.85	0.647
约旦	0.898	0.100	0.467	0.100	0.100	0.63	0.63	0.842
科威特	0.823	0.151	1.000	0.672	0.923	0.63	0.62	0.726
摩洛哥	0.489	0.135	0.910	0.453	0.374	0.55	0.51	0.481
阿曼	0.719	0.114	0.990	0.274	0.135	0.75	0.75	0.537
沙特阿拉伯	0.770	0.114	1.000	0.585	0.308	0.87	0.75	0.638
苏丹	0.571	0.241	0.611	0.084	0.173	0.46	0.41	0.382
突尼斯	0.708	0.183	0.933	0.560	0.430	0.87	0.85	0.644
也门	0.462	0.236	0.743	0.156	0.110	0.83	0.51	0.410
权重	30%	10%	10%	15%	15%	10%	10%	

H1　HC02　具读写能力人口比例
H2　HC05　人均大学数量与最高值的比例
H3　HC11　够资格的小学教师百分比
H4　HC16　人均大学生数量与最高值的比例
H5　HC23　人均累计大学毕业生数量与最高值的比例
H6　HC25　男性 1 级网络入口的比例
H7　HC26　女性 1 级网络入口的比例

（二）国家流程资本指数（NPCI）

总共有 8 个有效测度可以用来计算 NPCI。我们从 10 个代表性国家分别得到有效数据。表 3 汇集了这些测度和数据。电话主线（telephone mainlines，P1）被选为占最大权重（20%）的项目，因为它是利用一切互联网服务的基本要求（见表 3）。

表 3　NPCI 的计算

指数 测度	P1 PC01	P2 PC08	P3 PC09	P4 PC10	P5 PC12	P6 PC13	P7 PC14	P8 PC17	NPCI
阿尔及利亚	0.217	0.048	0.000	0.013	0.013	0.357	0.151	0.101	0.117
埃及	0.313	0.099	0.037	0.056	0.051	0.468	0.171	0.101	0.168
约旦	0.363	0.115	0.063	0.047	0.114	0.400	0.118	0.111	0.178
科威特	1.000	1.000	1.000	1.000	1.000	1.000	0.728	1.000	0.973
摩洛哥	0.221	0.089	0.014	0.032	0.082	0.364	0.166	0.072	0.130
阿曼	0.375	0.218	0.130	0.376	0.310	0.895	1.000	0.074	0.385
沙特阿拉伯	0.538	0.473	0.066	0.282	0.253	0.473	0.378	0.156	0.327

(续表)

指数	P1	P2	P3	P4	P5	P6	P7	P8	NPCI
测度	PC01	PC08	PC09	PC10	PC12	PC13	PC14	PC17	
苏丹	0.038	0.024	0.000	0.003	0.000	0.401	0.124	0.072	0.073
突尼斯	0.375	0.126	0.004	0.061	0.038	0.330	0.144	0.082	0.158
也门	0.071	0.882	0.003	0.010	0.013	0.094	0.042	0.040	0.125
权重	20%	10%	15%	10%	10%	10%	10%	15%	

P1　PC01　人均电话主线数量与最高值的比例
P2　PC08　人均计算机数量与最高值的比例
P3　PC09　人均互联网主机数量与最高值的比例
P4　PC10　人均互联网用户数量与最高值的比例
P5　PC12　人均移动电话数量与最高值的比例
P6　PC13　人均收音机数量与最高值的比例
P7　PC14　人均电视机数量与最高值的比例
P8　PC17　人均报纸流通数量与最高值的比例

(三) 国家市场资本指数(NMCI)

总共有 3 个有效测度可以用来计算 NMCI。我们从 10 个代表性国家分别得到了有效数据。表 4 汇集了这些测度和数据。主办会议,例如学术会议和其他大型会议的次数(M3)被选为占最大权重(40%)的项目,因为它提供了推销一个国家知识资本的最好机遇之一(见表 4)。

表 4　NMCI 的计算

指数	M1	M2	M3	NMCI
测度	MC01	MC08	MC11	
阿尔及利亚	0.042	0.000	0.122	0.062
埃及	0.004	0.027	0.433	0.183
约旦	0.236	1.000	0.712	0.655
科威特	0.150	0.013	0.646	0.307
摩洛哥	0.036	0.013	0.504	0.219
阿曼	1.000	0.016	0.324	0.434
沙特阿拉伯	0.016	0.004	0.040	0.022
苏丹	0.000	0.000	0.053	0.021
突尼斯	0.757	0.035	1.000	0.637
也门	0.000	0.002	0.034	0.014
权重	30%	30%	40%	

M1　MC01　高技术出口占 GDP 的比重与最高值的比例
M2　MC08　人均美国专利及商标局授权专利与最高值的比例
M3　MC11　主办会议与最高值的比例

(四)国家更新资本指数(NRCI)

总共有 7 个有效测度可以用来计算 NRCI。我们从 10 个代表性国家分别得到了有效数据。表 5 汇集了这些测度和数据。对研发的总支出(R3)被选为占最大权重(30%)的项目,因为它为国家的绝大多数研发活动提供了资金,并且代表了对未来的投资(见表 5)。

表 5 NRCI 的计算

指数	R1	R2	R3	R4①	R5	R6	R7	NRCI
测度	RC08	RC09	RC10	RC12	RC16	RC17	RC21	
阿尔及利亚	0.243	0.031	0.275	0.580	0.066	0.199	0.734	0.254
埃及	0.180	0.098	0.999	0.150	1.000	1.000	0.141	0.699
约旦	1.000	0.099	1.000	0.380	0.027	0.059	0.530	0.480
科威特	0.355	0.511	0.889	0.290	0.041	0.035	0.305	0.411
摩洛哥	0.738	1.000	0.838	0.410	0.102	0.315	0.403	0.564
阿曼	0.297	0.410	0.281	0.130	0.007	0.011	0.316	0.187
沙特阿拉伯	0.528	0.014	0.551	0.170	0.038	0.226	0.438	0.309
苏丹	0.053	0.188	0.405	0.160	0.062	0.060	0.433	0.204
突尼斯	0.838	0.710	0.540	0.330	0.033	0.091	0.434	0.395
也门	0.145	0.210	0.591	0.050	0.025	0.028	0.800	0.267
权重	10%	10%	30%	10%	15%	20%	5%	

R1 RC08 图书进口占 GDP 的比重与最高值的比例
R2 RC09 期刊进口占 GDP 的比重与最高值的比例
R3 RC10 全部研发支出占 GDP 的比重与最高值的比例
R5 RC16 人均政府部门研发人员与最高值的比例
R6 RC17 人均大学研发人员与最高值的比例
R7 RC21 大学支出占公共教育拨款的比例

(五)国家的 NICI 排名

一旦完成四个国家知识资本的次级指数的计算,我们就可将其组合起来构成总的综合 NICI。根据 NICI,科威特和约旦具有最高水平的国家知识资

---

① 原文未标注 R4——编者注。

本。这个结果很引人注意,因为在金融资本中得分最高是科威特和阿曼。更重要的,我们十分有趣地发现拥有高 NICI 分数的国家与其金融资本之间具有相关性(见表6)。

表6 NICI 的国家排名

	NHCI	NMCI	NPCI	NRCI	NICI	FC
科威特	0.726	0.307	0.973	0.411	0.604	1.000
约旦	0.842	0.655	0.178	0.480	0.539	0.229
突尼斯	0.644	0.637	0.158	0.395	0.459	0.345
埃及	0.647	0.183	0.168	0.699	0.424	0.198
阿曼	0.537	0.434	0.385	0.187	0.386	0.773
摩洛哥	0.481	0.219	0.130	0.564	0.349	0.198
沙特阿拉伯	0.638	0.022	0.327	0.309	0.324	0.626
阿尔及利亚	0.586	0.062	0.117	0.254	0.255	0.293
也门	0.410	0.014	0.125	0.267	0.204	0.047
苏丹	0.382	0.021	0.073	0.204	0.170	0.038

FC　FC01　国家金融资本,人均 GDP 与最高值的比例

对比于其他阿拉伯国家的金融资源,约旦和埃及均最大限度地发展了它们的国家知识资本。接下来的部分将集中在为国家知识资本与金融资本之间的关系建立模型。

(六)假设

此部分的目的是研究独立变量(国家人力资本、国家流程资本、国家市场资本、国家更新资本)和因变量(国家金融资本)之间的相互关系。

作为对 Bontis(1998)及其同事(Bontis, Chua, and Richardson,2000; Bontis, Crossan, and Hulland, 2002)检验过的一系列假设的概念性推论,提出的模型利用上面提及的 10 个阿拉伯国家为样本检验了下列因果关系。被检验的假设有以下 6 个:

H1:国家人力资本与国家流程资本之间呈正相关性;

H2:国家流程资本与国家更新资本之间呈正相关性;

H3:国家更新资本与国家人力资本之间呈正相关性;

H4：国家流程资本与国家市场资本之间呈正相关性；
H5：国家人力资本与国家金融资本之间呈正相关性；
H6：国家市场资本与国家金融资本之间呈正相关性。

四、分析

Nunnally(1978)建议利用"Cronbach's alpha"测试来评估数据收集工具的可靠性。Churchill(1979)建议将该计算作为用来评估测度质量的第一步。由于在先前的研究中从未对 NICI 及其组成作严格的心理测量学评估，因此，这个测试成为一个帮助消除劣质测量项目的探索性工具。

Cronbach's alpha 被认为是一个恰当衡量独立变量和因变量的测量项目间内部一致可靠性的指数。Nunnally(1978)建议每个概念测量应具有 0.7 以上的可靠性值。下面的三个测量项被去掉，以便提高相关概念测量的总体可靠性。

H3　　HC11：够资格的小学教师百分比；
M2　　MC08：人均美国专利及商标局(PTO)授权专利数量与最高值之比；
R7　　RC21：大学教育占公共教育拨款的比例。

在除去了上面三项之后，每个概念测量的 Cronbach's alpha 值变为：国家人力资本(0.752)、国家流程资本(0.957)、国家市场资本(0.639)和国家更新资本(0.525)。虽然后两个概念测量的可靠性都在 0.7 的阈值以下，但是在考虑到此项研究具有探索性的特点以及可利用的国家样本数较小，因此为了整个模型的开发，此两个概念仍然被保留。

（一）偏最小二乘(PLS)法

一旦每个概念的测量项目确定后，就可以使用 PLS 来建立模型。正如 Bontis(1998)及其同事(Bontis, Richardson, and Chua, 2000; Bontis, Crossan, and Holland, 2002)所详细讨论的那样，偏最小二乘法(PLS)是一个结构化方程建模(SEM)技术，典型适用于处理相对小样本的数据。作为一种研究工具，PLS 已经使用于一系列领域，比方说经营管理、合作创业、全球战略、风险回报结果、地理范畴和知识资本研究。Hulland(1999)指出 PLS 通过检测因变常量

(内生变量)的 R^2 值,实现了一个概念性模型解释能力的最大化。PLS 可以在概念网络内检测模型。

在此项研究中,四个概念的基本度量及其因果关系演化出它们的意义,这为研究者在一个整体理论背景下研究概念提供了帮助。在这项研究中,10 个国家的样本规模显然是一种限制。这样小的样本规模使得统计结果不具有显著性。然而,如果路径值大到一定程度且符号一致,那么应该支持进一步的数据采集计划。

图 3 将最终的概念模型概括成一张结构化方程图。每个系数 β 是实质性的(即其值大到有意义的程度),而且与假设 H1 与 H3 所设的符号相同且显著。我们非常有必要重申一下,在这种小样本的情况下,对统计的整体显著性的要求是不切实际的。对于具有 4 个外生概念(变量)的模型来说,PLS 要求一个包括至少 40 个国家的样本来实现其对统计有效性的检测(Bontis,1998)。注意到整体概念模型产生 20.9% 的 R^2 是非常重要的,对于这种宏观经济测量这个数值已经是相当强的了。换句话说,一个阿拉伯国家的国家知识资本对其金融财富具有接近 1/5 的解释能力。

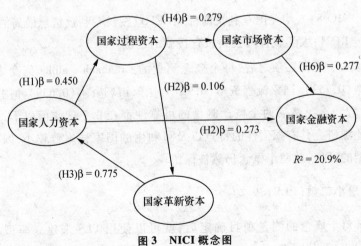

图 3 NICI 概念图

(二) 模型的解释

对于给定的模型,应该将假设转化成一段文字。按照模型中假设出现的顺序,我们可作出以下的评论:

人力资本是一个国家知识财富的先决条件。当国民将其知识转移进国家的系统和流程(H1),通过研发投资,那些结构化资本资产就能够为了未来而更新(H2)。一个反馈的循环进一步发展了国家的人力资本(H3)。渐渐地,可以在国际及国内经济中,推销国家的编码知识库(H4)。伴随着人力资本的持续发展(H5),国家推销其知识财富的能力将产生一个更好的国家金融状况(H6)。

我们注意到,阿拉伯国家的不同群体之间存在很强的关系。图4体现了这种关系。当以相关金融资本指数和NICI作为纵、横坐标作图时,形成了两个国家簇(图4)。

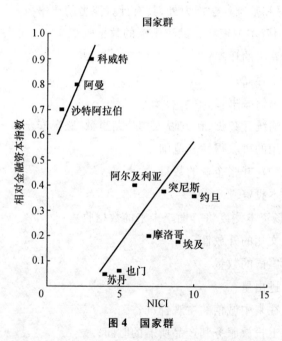

图4 国家群

很显然,相对高处的国家簇包含沙特阿拉伯、阿曼和科威特之类的富油国。在此情况下,好像巨量的石油贮备可以弥补相当大一部分国家知识资本发展概念图对国家金融资本发展解释力的不足。

(三) 测量挑战

由于从许多国家获得的数据不完整,此研究中所使用测量存在很多限制。以下的人力资本测度将有助于未来的数据收集：
- 有关人均企业/组织层面的培训及发展的累积数据以及培训及发展参与率；
- 按不同年龄段,针对人口规模,分配在不同教育等级上的 GDP 比率；
- 对教育质量及标准化考试结果进一步开发的度量；
- 授课时间和学年的长度；
- 教育的渗透,比如说决定在教育参与、质量和结果方面,城市与乡村比较的度量；
- 完成每一个教育等级的学生总人数占人口的比例；
- 除读、写和基础科学能力外,具有计算能力的比率。

以下的流程资本测度将有助于未来的数据收集：
- 会用计算机的比率；
- 人均数字存储；
- 人均图书馆藏书量；
- 交通运输统计数据,比方说人均公路里数、路况安全；
- 软件使用的可获得性和范围；
- 企业家和新开张企业的数目；
- 风险资本投资。

以下的市场资本测度将有助于未来的数据收集：
- 对不同文化的开放性；
- 会说外国语的数量；
- 旅游的进出量；
- 在商业往来中诚信的主观标准；
- 在国际上投放服务和产品所需的时间；
- 国家或个人所获国际奖项；
- 移入/移出的移民数据,包括来源及专业领域；
- 杂志的出口(包括书籍和期刊)；
- 世界展会及国际会议的举办；
- 国家培养的专业运动员及专长体育项目；
- 奥林匹克运动会的参与,队员的人数；

- 获奖学金在国外读研究生的学生人数。

以下的更新资本测度将有助于未来的数据收集：
- 在国外学习毕业后归国的研究生数目；
- 国内个人或公司申请专利的数目与授予专利数的比率与在国外国民个人专利申请的数目与授予专利数的比率；
- 注册商标的申请数；
- 关于年轻一代人智力天赋的各种度量。

五、研究意义

一个国家知识资本的发展要求在人力、过程、市场和更新资本发展方面的共同努力。知识资本的每一成分都具有独特的属性，因此需要针对各个成分作出特别的建议。

应该对关键资本的度量及监控给予特殊的重视。通过对关键资本的有效监控，可以度量一个国家的发展并可以作出战略性的调整。为了实现这种监控，测量数据必须完整、精确和及时。如果没能实现这种监控，政策及规划的结果就不得而知了。

另外，当为每一成分开发政策和战略时，有全球范围的知识财富可以利用。关于每一成分方面的成功经验可以从遥远的加拿大和日本学到。每个阿拉伯国家都有不同的长处，其他的国家可以学习、增强和实行其长处。最近，阿拉伯国家试图应用一种纵向的解决问题的途径，它聚焦于过去的成败，而不是一种水平的与世界其他国家相比较的方式（UNDP,1999）。与其他国家的决策者建立有力的合作被证明是一种极好的长期投资。

快速技术创新不仅推动了全球信息经济的出现，而且提供了大量的机遇。伴随机遇的则是变得更加落后的危险，假若发展中国家不能变得更具竞争性、使经济多样化并有效地与全球信息经济集成在一起。越过老旧技术、跳过发达国家曾经经历过的成长痛苦的机会也是存在的。把信息与通讯技术应用于政府、教育、商业、健康保险和自然资源管理，这将为国家的内部互连性和流程资本提供显著的推动力。（Dahlman and Adhar,1999）。

人力资本领域的主要挑战是教育注册人数的不断增长、城乡间教育机会差异的平衡、增强终身学习的机会、提高文化普及率和改善教育质量。与上述挑战相关的信息追踪必须既是定量的又是定性的。追踪教育注册人数、文化普及率和毕业生人数的数据是重要的;然而,教师如何使用课本和设计课程的细节也是十分有价值的。同时采用定量和定性方法的重要性怎么强调都不会过分。

读写能力是对一个国家的劳动力队伍的知识能力方面的有力度量。然而在如今,基本的读写熟练程度是不够的。团队合作的技巧、解决问题的能力、ICT 以及数学都是必备的条件(OECD,2001)。读写能力的度量应该被扩展以包括这些项目,并且读写能力应该被积极监控和发展。

只有教育本身的存在不足以开发适当的人力资本,更关键的是教育的质量。使这一问题进一步恶化的是很多阿拉伯国家缺乏关于教育质量的信息。只有很少一些阿拉伯国家(例如约旦、阿曼和埃及)试图评估它们学生的表现,这类研究的结果说明很多方面有待改进(Berryman,1997)。

阿拉伯国家也可以从其他国家(如以色列)的知识资本发展计划中获益。以色列利用它自己的知识资本考核来评估其课程的重新设计,由此广纳新建议,以及进一步开发和重新分配用于科学和工程学位教育的资源。

由华盛顿行政服务公司(ESCWA)发表的两篇报告(2000a,2000b)支持使用教育系统来增加对计算机和 IT 的接受。通过向学生和教员提供激励措施并开展在早期教育课程中对计算机的介绍,计算机的普及度会有大幅度的提高。作为一个正规教育的补充,利用 IT 提供远程教育将加速 ICT 使用技能的普及和发展(D'Orville,1999)。

国家应该集中于形成国家和区域的 ICT 战略,并且维护现代化的国际和国内通信系统。这项工作必须辅之以在提供有关阿拉伯语内容方面的巨大努力(D'Orville,1999)。私人企业在支持国家技术基础设施方面也起到一定的作用。国家必须在产业、大学和研究机构之间推动合作关系,同时向设计阿拉伯语软件和将软件翻译成阿拉伯语方面大笔投资,以促进知识创造和管理。

知识资本资产的提升是从经济方面获利的最有效途径。人、技术和观念在国家间及国家内部的流动是整个市场资本成功的关键所在。市场资本的本质是一个国家与世界其他地区分享知识的能力。从未主办过国际会议、研讨会、甚至有意义事件的国家应该首先努力推销其国家的实力,并策划国际会议。另外,应当鼓励专业人士和专业组织的参与,这样才能分享经验。然而,市场资本也是与知识协作和知识背景化相关的。旅游是发展国家市场资本很好的一种方式。当旅游者开始欣赏一个国家时,他们对建立金融和知识资本流的渴求将增加。

大学教育的改进将对急需的阿拉伯人才外流到国外的现象产生抑制作用。这些改进也可以增加国家吸引新的学术界人士的能力,同时可通过学术研究合作来增进与其他国家的联系纽带。最后,从封闭和保守的系统向鼓励投资和增加贸易的更开放环境的转变应该受到鼓励。为将来的收益而进行目前的投资往往是困难的。现存问题的压力需要直接而及时的关注,然而,为将来潜力的投资是决不能被忽视的。增强更新资本的首要任务是增强大学研究和其所服务的产业之间的联系。这种联系的主要目的是使产业所需与目前的研究项目保持一致,同时用新技术和新思想来挑战产业的发展。

阿拉伯国家应当立即在研发组织、大学和产业间紧密合作的基础上,开发关于科学研究的长期策略。这种策略的核心是意识到有益于研发的多种成分必须同步开发。这包括:教育系统和标准、从事基础和应用研究的研究机构、信息获取系统、基金机构、专业团体、咨询服务、技术支持系统、采购服务以及面向大众的科学教育。

国家更新资本在研发计划之外也能进一步发展。例如进一步投资于图书馆、书籍进口以及每个小学生的人均师资,为国家补充其未来总体知识资本提供了知识方面的基础设施。

六、结论

阿拉伯地区长久以来因其丰富的自然资源为世界所知。石油工业被认为是该地区国民收入的核心组成部分。然而,此地区的知识资本是这片发展中地区的可再生资产,为确保持续增加的金融财富,知识资本应该成为各国的首要发展对象。

技术的发展伴随着市场的快速进步和连续不断的信息生产需要始终如

一地度量、利用和改进以知识为基础的技巧。进一步来说,随着经济继续变得更加知识密集化,知识资本将成为人、公司和国家的竞争力。从历史的角度来看,高水平的知识资本一向与高生活水准、良好的健康水平和持续增加的国际政治参与度相联系。然而,知识和观念的力量并未经常与国家的长期繁荣相联系起来。这种不一致凸现了度量一个国家知识资本的需求,因为它是国家在本世纪融入国际经济的关键前提。

此报告中所建立的模型将市场资本、更新资本、流程资本和人力资本关联在一起,构成一个分析国家知识财富的工具。更新资本代表了一个国家的未来知识财富,对以创造长期竞争优势为目的的基础设施和投资进行估值。当传统经济衡量方法将平均寿命作为经济生活中人类潜力的指标时,人类储备知识的内在价值(体现在综合人力资本指标)并没有被意识到。进一步说,我们必须对其他非人类储备知识给予考虑,比方说代表国家流程资本的数字存储。最后,市场资本描述了一个国家营销自身知识资源的能力。这激发了合作与新观念、新信息以及用于国际开发的工具的共享。

以下的两个关键命题产生于 NICI 模型的开发:

(1)国家知识资本约占对阿拉伯地区金融财富解释能力的 1/5;

(2)人力资本是一个国家知识财富的先决条件。当国家的公民将其知识转入国家的系统和流程后,为了将来,那些结构化资本资产就能够通过投资研发而被更新。一个反馈循环进一步发展了国家的人力资本。最后,能够在国际及国内经济中对国家的显性知识库进行营销。伴随着人力资本的持续发展,一个国家营销知识财富的能力将导致更高的金融福利。

尽管此研究显示出国家知识资本和金融资本之间的相关性,还应该做进一步的研究来确保获得一致和完整的数据,并通过数据分析有效地代表整个地区。此外,必须开发其他方面的测量,以便创建一个可靠的度量指数,使之可以应用于阿拉伯及其他地区。应当周期性地复查和更新 NICI,保证政府可以开始有效地利用其国家的知识财富。

阿拉伯专业人员将从国家间的合作中获益。特别的,会使阿拉伯国家受益的从事知识管理项目的两个团体包括阿拉伯知识管理协会(www.akms.org)和阿拉伯信息俱乐部(ww.arabcin.org)。尽管加快经济增长和人类进步的问题和瓶颈已经为阿拉伯官员和专家所详细了解(UNDP,1999),如果没有来自商业界的支持,阿拉伯政府官员就无法在这些方面发挥有效的作用。因此公共和私有部门都需要加强领导力量。这虽然是一种老生常谈,但由于在阿拉伯经济和组织机构中存在巨大的保守和惰性,这就成为在该地区整体开发知识资本的必要条件。阿拉伯人类发展报告(AHDR)进一步强调了上述观点:

> 阿拉伯人民的尊严和自由急需阿拉伯国家团结起来提供人类服务,包括健康、教育和培训,尤其是对女孩、妇女及那些生活在农村地区的人们;同时还需要为消灭文盲付出坚定努力,尤其是在那些相对不发达的阿拉伯国家。为这类项目(无论是在区域或是单个国家的层次上)提供资金与合作在本质上是其他一切形式合作的真正基础。这就需要在阿拉伯国家联合行动中给予优先考虑,因为这种行动居于人类发展的核心位置,而且人类发展位于确保阿拉伯国家人民寻找到更自由、更安全、更充实未来的核心位置。

参考文献

AHDR (2002). *Arab Human Development Report*, United Nations Development Program, Regional Bureau for Arab States (UNDP/RBAS). New York.

Berryman, S. (1997). *Priorities for Educational Reforms in the Middle East and North Africa Region*. Beirut. Available at: http://www.worldbank.org/mdf/mdf1/priomena.htm. Accessed on October 14, 2001.

Bontis, N. (1996). There's a price on your head: managing intellectual capital strategically. *Business Quarterly*, Summer, pp. 40–47.

Bontis, N. (1998). Intellectual capital: an exploratory study that develops measures and models. *Management Decision*, 36, 2, pp. 63–76.

Bontis, N. (1999). Managing organizational knowledge by diagnosing intellectual capital: framing and advancing the state of the field. *International Journal of Technology Management*, 18, 5–8, pp. 433–462.

Bontis, N. (2001a). Assessing Knowledge Assets: A review of the models used to measure intellectual capital. *International Journal of Management Reviews*, 3, 1, pp. 41–60.

Bontis, N. (2001b). CKO wanted–evangelical skills necessary: a review of the chief knowledge officer position. *Knowledge and Process Management*, 8, 1, pp. 29–38.

Bontis, N. (2002a). *World Congress of Intellectual Capital Readings*. Boston, MA: Butterworth Heinemann KMCI Press.

Bontis, N. (2002b). The rising star of the chief knowledge officer. *Ivey Business Journal*, 66, 4, pp. 20–25.

Bontis, N., Chua, W., Richardson, S. (2000). Intellectual capital and the nature of business in Malaysia. *Journal of Intellectual Capital*, 1, 1, pp. 85–100.
Bontis, N., Crossan, M., Hulland, J. (2002). Managing an organizational learning system by aligning stocks and flows. *Journal of Management Studies*, 39, 4, pp. 437–469.
Bontis, N., Dragonetti, N., Jacobsen, K., Roos, G. (1999). The knowledge toolbox: a review of the tools available to measure and manage intangible resources. *European Management Journal*, 17(4), pp. 391–402.
Choo, C. W., Bontis, N. (2002). *The Strategic Management of Intellectual Capital and Organizational Knowledge*. New York: Oxford University Press.
Churchill, G. A. Jr. (1979). A paradigm for developing better measures of marketing constructs. *Journal of Marketing Research*, 16, pp. 64–73.
D'Orville, H. (1999). Jobs in the information society of the 21st century. *World Bank Institute Research Paper*, Syria: Damascus.
Dahlman, C., Adhar, A. (1999). The knowledge revolution: challenges and opportunities. *World Bank Institute Research Paper*, Syria: Damascus.
Drucker, P. F. (1993). *Post-Capitalist Society*, New York: HarperCollins.
Ducharme, L. (1998). *Measuring Intangible Investment*, Paris: OECD.
Edvinsson, L., Malone, M. (1997). *Intellectual Capital*, New York, NY: Harper Business.
ESCWA (2000a). *Human Development Under Globalization in the Arab World*, Beirut. Available at: http://www.escwa.org.lb/linformation/press/escwa/2000/25july.html. Accessed on October 14, 2001.
ESCWA (2000b). Report of the Expert Panel on Information Technology and Development Priorities: competing in a knowledge-based global economy. *United Nations Development Program Research Paper*, Beirut.
HDR Human Development Report (2001). Making new technologies work for human development. *United Nations Development Program Research Paper*, New York, NY.
Hillner, J. (2000). Venture capitals. *Wired Magazine*, July, 8, p. 7.
Hulland, J. (1999). Use of partial least squares (PLS) in strategic management research: a review of four recent studies. *Strategic Management Journal*, 20, pp. 195–204.
Human Development Network. (1999), "Education in the Middle East and North Africa: A strategy Towards Learning for Development," *United Nations Development Programme Research Paper*, New York.
Interview (2001). Notes from interviews with 24 Arab professors and PhD students at McMaster University as coordinated by the McMaster University Arab Students Association.
KFD (1998). Knowledge for development. *World Development Report*, Washington: World Bank.
Machlup, F. (1962). *The Production and Distribution of Knowledge in the United States*, Princeton, NJ: Princeton University Press.
Malhotra, Y. (2001). Knowledge Assets in the Global Economy: Assessment of National Intellectual Capital. In Y. Malhotra, editor. *Knowledge Management and Business Model Innovation*, London: Idea Publishing Group.
Mitchell M., Bontis, N. (2000). Aligning human capital with business strategy: Foreign Bank and Luxury Retail. In D. Bonner (Ed.). *Leading Knowledge Management and Learning*, Alexandria, VA: ASTD.
Nsour, M. (2001). Developing a strategic approach to intellectual capital development in the Arab states. *UNDP/RBAS Terms of Reference Paper*, New York.
Nunnally, J. C. (1978). *Psychometric Theory*, New York: McGraw-Hill.
OECD (2001). The well-being of nations: the role of human and social capital. *Centre for Educational Research and Innovation Research Paper*, Paris.
Pasher, E. (1999). *The Intellectual Capita of the State of Israel*, Kal Press, Herzlia Pituach, Israel.

Rembe, A. (1999). *Invest in Sweden: Report 1999*, Halls Offset AB, Stockholm, Sweden.
SIS. (2000). *State Information Service.* http://www.sis.gov.eg/yearbook2000/html/index.htm. Accessed on October 14, 2001.
Stewart, T. *(1991).* Brainpower: how intellectual capital is becoming America's most valuable asset. *Fortune*, June 3, pp. 44–60.
Sullivan, P. (2000). *Value Driven Intellectual Capital*, Toronto: John Wiley and Sons.
UNDP (1998). Raising capacity of the Arab workforce for the global information based economy. *United National Development Program Research Paper*, Regional Bureau for Arab Studies, Damascus, Syria.
UNDP (1999). Jobs in the information society of the 21st century. *United National Development Program Research Paper*, Regional Bureau for Arab Studies, Damascus, Syria.
UNDP (2000). Survey of economic and social development in the ESCWA region 1999–2000. *United National Development Program Research Paper*, Regional Bureau for Arab Studies, New York, NY.
WDI (2001). *World Development Indicators*, World Bank, Washington, DC.
World Bank (1999). *Knowledge for Development*, New York, NY: Oxford University Press.
Zineldin, M. (1998). Globalization and economic integration among Arab countries. *The 4th Nordic Conference on Middle Eastern Studies Proceedings*, Stockholm, Sweden.

第九章 以色列的知识资本

——埃德娜·帕沙尔和西加尔·沙查尔,以色列
埃德娜·帕沙尔博士咨询公司

摘要

本章将集中讨论发表于 1998 年 9 月的关于以色列知识资本研究的过程和成果。以色列的知识资本代表了以色列的潜在价值和其成功发展的核心驱动因素。调查结果显示了其建国后的头 50 年中以色列在各个领域内取得的成就,包括教育、科学、国际关系、交流和计算机基础设施。

当以色列步入它的第 51 个年头时,它已经成为世界上发达国家的一员。从 1950 年开始算起,以色列的经济增长了 21 倍。其他国家也在增长,但以色列则是唯一的一个在持续的周期性战争中人口增加 330% 的国家。经济的增长已经显著地缩小了以色列与西方发达国家之间的差距,当然同时也扩大了它与广大发展中国家之间的距离。

本章将从其成立后头 50 年中的比较优势和高速增长率出发,来介绍以色列的资产。

第九章 以色列的知识资本

一、我们是如何开始这项研究的？

Edna Pasher PhD and Associates 是一家以色列的管理咨询和研究公司，它曾就评测以色列的知识资本做过研究，研究结果发表于 1998 年 9 月。研究始于 1997 年 1 月，由四名年轻人负责，其中两人来自以色列，两人来自瑞典，他们曾经与 Leif Edvinsson 合作研究过瑞典的知识资本。

在 1995 年，我们首次与 Leif Edvinsson（当时他是 Skandia 的知识资本副总裁，是世界上第一个拥有这个职位的人）合作举办名为"行动中的知识"的以色列年度会议，此后该年会一直在将知识管理的最新理论和方法引入以色列。

图 1 《以色列的知识资本》（1998）

Leif Edvinsson 建议，在由他领导的瑞典知识资本报告的研究之后，我们也应该在以色列开展此类工作。我们对此表示强烈的赞同。

知识资本的报告使用了来自下述来源的数据和信息：专业文献、新闻和报刊文章、研讨会、"头脑风暴"以及对各领域关键人物的访谈。该项目普遍代表了年轻一代人的视角，因为他们是以色列未来影响力和成长的源泉。

二、谁参与了这项研究工作？

此项目由 Galit Maoz-Caspi 和 Fanny Rousso-Rechter 负责，由曾经与 Leif

Edvinsson 合作过瑞典知识资本报告研究的 Caroline Stenfelt 和 Madeleine Jarechov 协助。

以色列知识资本报告是与来自学术界的主导人物(比方说纽约大学斯特恩商学院的 Baruch Lev 教授)以及以色列相关政府部门(见附录)的广泛协作的成果。

他们主动地与我们分享其人力资本,并向我们提供大量的知识和经验财富,为编纂这篇独特文献提供了极大的帮助。本文无论是对以色列还是世界的其他地区都有特殊意义。当然还有其他许多人参与了这项研究(Pasher,1998,以色列知识资本报告)。

三、研究的过程

我们决定在将以色列和其他发达国家,而不是发展中国家相比较的基础上建立以色列知识资本报告。因为它们才是以色列必须学习的榜样,并是在国际市场中的竞争对手。

项目包括四个步骤:

步骤1:创立一个以色列的愿景(vision)作为研究的标杆;
步骤2:筛选实现此愿景所需的核心竞争力;
步骤3:筛选每种核心竞争力的关键成功因素;
步骤4:筛选每个关键成功的标志。

步骤1:为以色列建立一个愿景

在这篇报告中所使用的以色列的愿景是在"头脑风暴"会议及对各个领域关键人物的访谈过程中成熟的,这些领域包括:生命科学、社会科学、城市规划、会计、商业管理及其他许多科目和方向。我们也让年轻人参与进来,了解他们希望这个国家在将来如何发展。愿景的定义结合了以色列 2020 年规划的要素,该规划是由 Adam Mazor 教授带领的小组完成的。这个 2020 年远景规划包含了四个可选择的以色列未来发展方向:

- "保持现状(business as usual)"基于延续现在趋势,不涉及新的方向改变或是调整,比如说人口将继续集中于国家的中心地区而不是向外围扩张。

- "经济选择(the economic alternative)"基于一种通过对商业服务和高科技产业等的重点发展来实现最佳经济增长模式,这将产生最大的增长并实现更高的生活水平。
- "社会选择(the social alternative)"基于一种可以向所有居民提供一种公平的生活质量的状态。为每个定居区域提供相似的发展可能性。
- "物质环境选择(the physical environmental alternative)"探求在可持续发展基础上提升国民的更好的生活质量。这包括:城市更新、对新的定居点和现有地区人口密度增长的限制、改善公共运输以及对绿化带和露天场所的重视。

除了这四种选择之外,还准备了一个"和平计划"(peace scenario),该计划展望了在以色列与其邻国之间的长期和平。小组预期,和平进程将产生经济的加速增长。

在我们对以色列的知识资本的研究中所展示出的以色列的愿景是,使以色列作为一个发达的、现代的、民主的以及多元化的国家这一图景成为现实——使它能吸引世界上的犹太人、投资者、旅行者以及它自己的公民。

首先,以色列应力争提高其全体居民的生活质量。这就肯定需要提高社会各部门的质量和缩小社会经济的差距。同样的,国家必须遏制言语或是行动上的冲突及不断增加的犯罪行为。同时,还必须建立起宽容和相互尊重的文化。

其次,国家必须通过不断发展其知识产业、科学研究和技术开发来使自己对后代具有吸引力。事实上,这些是国家未来发展的重点。

为了实现这些目标,以色列必须培育与中东地区邻国间的和平关系。建立在和平基础上的国际关系将为吸引用于更新和发展方向的投资创造良好的环境(www.mfa.gov.il,1995)。

步骤2:筛选以色列的核心竞争力

在这个阶段,我们试图筛选核心竞争力,它能够使以色列在未来的全球市场中具备竞争力。对这些竞争力的分析来源于书面材料、研讨及相关领域内关键人物的访谈。为了创建资产负债表,依照知识资本的Skandia模型中所重点描述的四个领域(革新和发展、人力资本、市场资本、流程资本)(Edvinsson and Malone, 1997)对各种竞争力进行了聚类分析。

市场资本　　　　流程资本　　　　人力资本　　　革新和发展资本

图2　Skandia模型所聚集的领域

步骤3：定义成功的关键因素

为了衡量以色列取得的成就并评估它在与其他国家竞争中所处的地位，我们为以色列的每一种核心竞争力定义了相应的关键成功因素：

更新和发展资本：为了检验以色列的潜力，我们分析了集中于以色列在技术发展和下一代产品方向投入和产出的关键成功因素。

人力资本：为评估在此知识资本类别中以色列所处的位置，我们确定的关键成功因素包括：教育、公平机会、文化和健康。

市场资本：我们选择出国观光、对国外文化的开放、国际活动和国外语言技巧来反映以色列在市场资本方面的核心竞争力。

流程资本：用来帮助以色列创造知识的关键成功因素是从广泛领域中提取的，如通信、教育、农业、管理、企业家、风险承担、就业、移民和归化。

步骤4：成功因素标志

在这个阶段中，衡量核心成功因素的标志在我们与大量专家（见附录）的讨论中被确定。我们收集最新的材料来衡量以色列的知识资本资产并将其与其他国家的知识资本资产相比。为了实现项目的目标，并完成以色列在1998年的知识资本报告，我们不得不仔细检查了当时所能得到的可供比较的数据。

以色列是在所有学术学位获得者中获有数学、计算机科学、生命科学和工程学位（包括各种学位）比率居全球领先地位的国家。

上述的专业领域将对一个国家未来的发展产生至关重要的影响。在这些领域中，以色列领先于包括美国、丹麦、日本和意大利在内的许多发达国家（见图3）。

第九章 以色列的知识资本

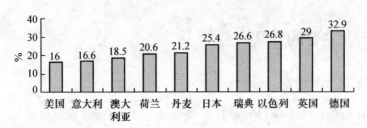

图3 在所有学术学位获得者中数学、生命科学和工程学学位获得者所占的比率

数据来源：以色列高等教育所——趋势和发展。1997

另一个例子就是作为衡量以色列知识资本标志的基于无形资产销售的商业服务范围。基于知识和人力资本的服务部门是国家未来的关键成功因素。衡量以色列服务部门发展的指标之一显示出1983—1993年间以色列服务部门有6%的年平均增长率。这方面，以色列在世界上一些国家和地区排名中排在日本、美国和加拿大之前的位置（见图4）。

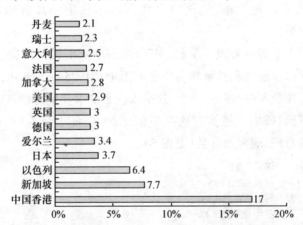

图4 服务部门在1983—1993年间的年均增长率

数据来源：世界竞争力年鉴，1996。

以色列的知识资本报告向读者提供了一个一体化和均衡的前景，正如我们今天所掌握的一样。这个报告被作为工具用于引导和控制国家对其愿景的实现。为了达到这个目的，它需要随着在内部和外部环境中产生的变化和发展不断更新。自1998年来我们在以色列的私人和公共部门中开展知识资本研究。遗憾的是，我们还没能成功地推动政府可持续地和周期性地出版国家层面上的以色列知识资本报告。

四、一些主要的发现

（一）更新开发和创新

基于 Porter 和 Stern（1999）提出的创新人才、国际专利权数量、应用于基础的科研、教育及其他因素，我们计算了人均保护能力。自从以色列建国以来，它就为科研和国际合作作出了显著贡献。尽管它的国土面积比较小，但以色列在此领域取得了显著的成就。

科研是以色列发展的主要动力之一。以色列可以被称为杰出思想的"实验室"之一。1996年，有18家以色列公司在美国证券交易所上市，这足以证明这点（比任何一个其他国家都要多）。

在1996年，以色列有超过2000家高科技公司在良好地运作。需求使得科研成就转化成特色产品，这使得以色列的国民生产总值年增长率达到5%—6%的水平。

依照哈佛大学和麻省理工学院（MIT）经济学家所做的研究，以色列在按人口衡量的国际注册专利数量排名中名列第七。1975—1996年，以色列平均每100万居民注册80种国际专利。这引人注目的事实使得以色列名列德国、荷兰、法国、英国、韩国和意大利这类强国之前，仅低于日本（名列第一）、美国、瑞士、中国台湾、瑞典和芬兰（见图5）。

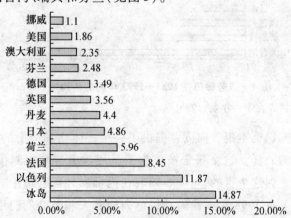

图 5　1994—1998年间获得专利权的年增长率

资料来源：世界竞争力年鉴。

第九章　以色列的知识资本

（二）人力资本

人力资本等同于全体居民反映在学习、知识、健康、经验、动机、直觉、企业家精神、专长和许多其他在过去和现在具有竞争优势的资产中的全部资产和能力。同时，它也象征了在将来获得良好收入和收益的潜力（Brooking，1996）。

知识是犹太文化的核心价值，在希伯来语中享有深远的意义。Pasher、Wohlgelernter 和 Zucker 在他们的研究"《圣经》中的知识"（1996）中这样描述到：在希伯来语中，最先出现于《圣经》中的单词"Da'at"（知识）有许多含义：智慧、真理、理解、爱、直觉、意识、经验、认同、信息和伦理。在圣经中"Da'at"与它的"同义词"有所不同，这些同义词包括：Chochma、Bina、Machshava 和 Sechel，它们分别意味着智慧、理解、思想和智能。《圣经》一向苛刻地选择用词，那里没有简单的同义词。每个用于表示"知识"的单词或是译文分别带有超出其表面意思的内涵。一些以具有广博含义的"Da'at"和"Y.D.A"为词根的现代衍生词有："Meida-data"，"Mada-science"和"Yeda-Knowledge"。《圣经》中词根"Y.D.A"的一个有趣用法是我们在现在更偏重于的"以'圣经意识'去了解某人"，即性交！（这种希伯来语中知识和爱的内在联系是我们选择做"《圣经》中的知识"研究的最初灵感）。词根"Y.D.A"在圣经中有超过900处字母索引，并包含很多种意义。这显示出知识在希伯来文化中的重要地位，无论是在犹太民族刚刚产生的时候还是在其整个发展史中（Wohlgelernter, Pasher, and Zucker, 1996）。

知识创造和分享的关键成功因素是教育，正如下面的例子所将展示的一样，它在犹太文化中也占据着极为显著的位置，并且是以色列的基石之一。在以色列知识资本报告中评估以色列人力资本质量的指标之一是以色列继续攻读高等学位（硕士和博士）的研究生人数占高等教育机构中学生总人数的比例。在1992年，继续攻读高等学位的研究生人数约占高等教育机构中学生总数的27%，这个比率显著高于其他发达国家。继续攻读高等学位的研究生所占比率的增长（自1990年来每年8%）显示出以色列对学习重要性的认识和对知识的渴求。

（三）市场资本

市场资本反映了蕴涵于以色列与其他国家间关系中的知识资本。以色列在对外关系中的投资和成就,与其高质量的产品和服务的出口均在相对短的时间内构成其富含无形资产的市场资本发展中的显著成分之一。

以色列人的一些最显著的特点包括其渴求结识他人、学习、观察、拓宽他们的视野和发展更新他们自身。以色列公民向其他不同文化的极度开放为了解"地球村"的趋势和需求提供了重要的交流通道。

用来检验这种开放的指标是他们在世界的不同地区参加国际学术研讨会的比率。

依照化学协会国际理事会（ICCA）的报告,以色列在其查看的国家和地区中名列第四,每个国际研讨会平均约有 1 200 人次参加（见图 6）。

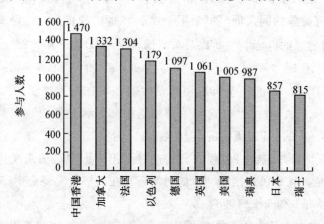

图 6　按参与 1995 年国际学术研讨会人数排名靠前的国家和地区

数据来源：ICCA 数据库,1997。

另一个反映国际机构对以色列不断增长的兴趣的标志是在该国举办国际活动的次数,它同样令人惊讶。

在检查了主办国际活动的前 20 个国家和地区后,ICCA 的报告指出,以色列在该方面名列前茅。尽管在以色列存在安全事故;它还是超过了加拿大、瑞典、中国香港、挪威等地。

反映以色列国际开放性和他们试图维持这优势的动力的另一点是教育系统对教授外语的不懈努力。管理发展研究所的研究表明,与其他国家相比,以色列学校用更加专业的方式教授外语。掌握一门外语将减少本土文化和国际市场间交流的问题。

(四) 流程资本

这一类别反映了以色列目前支持其活动的知识资产。这些资产促进了共享、交换、流动、成长和将人力资本向结构化资本的转化。这些资产包含信息系统、实验室、技术、管理和流程。

以色列已经成为一些最聪明和收益最高的科技思想的温室。它已是国际高科技公司的一个重要的研发中心,同时成为除了美国硅谷外拥有最多新兴公司的国家。自1982年以来,以色列的新兴高科技公司的数量已从约50家增加到2 000多家。

对支持企业家和使新型公司成功发展来说,创业投资基金是一种重要的工具。以色列之所以能成功地培育并塑造出大量的高科技公司的原因在于基础设施和投资于新型公司的创业投资基金。在1997年约有80家创业投资基金在以色列运作,并且在1992—1997年之间,投资于新技术的资金约有20亿美元。

这项研究表明,自建国以来,以色列已经在克服严峻挑战和对未来进行投资的同时取得了很大的成就。在许多领域,以色列已经可以与其他发达国家并驾齐驱。在一些领域,比如说科学活动及劳动力质量,以色列甚至已经超过了居于领先地位的发达国家和地区(Edvinsson and Stenfelt,1999)。

五、国际反响

以色列知识资本报告自其发布以来,在国际间引起了巨大的兴趣,无论是在学术领域还是公共领域。Pasher博士经常被邀请在国际会议中介绍以色列知识资本的故事。在这个高科技和新企业高速发展的时代,以色列仅次于美国的硅谷。一些小国对这成功的秘密尤为感兴趣。在以色列,我们对于犹太人成为"脑力劳动"的专家丝毫不会感到惊奇。因为在被驱逐的2000年间,犹太民族无法取得老式的有形的财富来源——土地或重工业;另外,由于在很多充满敌意的环境中面临频繁的袭击,他们逐渐形成了对威胁和机遇的高度敏感性,这也是企业家的核心特性;最后,但也非常重要的是,犹太人认为自己是"书的民族"——学习和教育始终是居于首位的,于是,当我们返回到我们古老的土地上之后,知识工作自然而然地成为我们的长处。这项研究刻画出这个独特的故事——从受压迫到通过知识资本实现成功。

六、最后的一些讨论:以色列和它的邻国

我们生活在一个网络的世界。我们的研究表明以色列充分地与世界知识经济熔为一体。无论是私有或是国有的以色列公司均营造商业的国际间协作。不幸的是,与我们的邻国并没有实现这一点。

1979年以色列和埃及之间和平条约的签订是实现以色列与其阿拉伯邻国间关系正常化的第一个尝试。不幸的是,以色列并没有接着与其他邻国间实现关系正常化。在20世纪90年代,以色列和巴基斯坦当局间的《奥斯陆协议》及之后以色列与约旦间的和平条约为我们的地区带来了新的希望。在那些日子里我们梦想着一个"新中东",在那里我们和我们的邻国可以通过合作和来自全世界的投资一起繁荣。

不幸的是,这个梦想并没有成真。巴以冲突升级留给我们的只是对梦想的追忆。

然而,我们的愿景并没有改变。我们仍旧希望有么一个"新中东"将会成为现实,以色列和阿拉伯世界能够融洽相处,在成功地建立包括社会、生态还有经济层面的三重底线的基础上共同发展。我们坚持着这种民族精神:有志者事竟成。它使我们始终积极地面对中东的未来。

参考文献

Boundreau J. W., Ramstad P. M. (1997). Measuring intellectual capital: learning from financial history. *Human Resource Management*, 36, 3.

Brooking, A. (1996). *Intellectual Capital—Core Asset for the Third Millennium Enterprise* International Thomson Business Press.

Edvinsson L., Malone M. S. (1997). *Intellectual Capital—Realizing Your Company's True Value By Finding Its Hidden Brainpower*, Harper Business.

Edvinsson, L., Stenfelt, C. (1999). Intellectual capital of nations—for future wealth creation *Journal of HRCA*, 4, 1.

Pasher E., Team, (1998). *The Intellectual Capital of the State of Israel 1998: a Look to the Future* Edna Pasher Ph.D. and Associates, Herzliya, Israel.

Porter, M., Stern, S. (1999). *The "Innovative Capacity" Index*, Washington, DC: Council on Competitiveness.

Shachar S. (2002). *The Methods For Knowledge And Know-How Measurement*. Master Thesis, Faculty of Management, the Leon Recanati Graduate School of Business Administration, Tel-Aviv University, Israel (Hebrew).

Wohlgelernter E., Pasher E., Zucker B. (1996). *Knowledge in the Bible*. Edna Pasher Ph.D. and Associates, Herzliya, Israel.

www.mfa.gov.il/MFA/Archive/Communiques/1995.

附录：帮助完成以色列知识资本报告的人员的名单

Dr. Shmuel Adler—Ministry of Absorption
Miriam Asif—Foreign Ministry
Koby Bibi—Ministry of Absorption
Nava Brenner—Central Bureau of Statistics
Zvika Dash—Office of Chief Scientist
Benny Dreyfuss—Ministry of Labor and Welfare
Moshe Even Zahav—Ministry of Tourism
Dr. Boaz Evron—Weizmann Institute
Alex Fredber—National Institution of Transportation
Ora Haviv—Ministry of Science
Erez Henig—IDC institute
Shlomo Hershkovitz—Counsel of Higher Education
Tommy Horkani—Information Center, Office of Prime Minister
Hanna Ifergan—Ministry of Tourism
Prof. Joseph Katan—Tel-Aviv University
Prof. Ruth Klinov—Hebrew University
Lilly Klinov—Ministry of Transportation
Prof. Baruch Lev—NYU, Stem School of Business
Danit Levinzon—Ministry of Treasury
Dalila Magnat—Gitam BBDO
Prof. Adam Mazor—First Architects
Yehuda Mechber—Foreign Ministry
Pablo Mendler—Central Bureau of Statistics
Dalila Nachshon—Center for the Research of Social Policy in Israel
Sarit Nakash—Bank of Israel
Chaim Orpaz—Ministry of Education and Culture
Uzi Pompian—Bank of Israel
Dr. Yossi Segal—National Academy of Sciences
Prof. Michael Sela—Weizmann Institute
Dr. Emanuel Sharon—Bank Hapoalim
Dr. Shimshon Shoshani—The Jewish Agency
Danny Singerman—Industrialists' Association
Ilan Sosnotzky—Ministry of Treasury

国家、地区和城市的知识资本
■　　■　　■　　■　　■　　■　　■　　■　　■

Esther Sultan—Ministry of Tourism
Rodi Weiner—Volcani Institute
Yafa Weingarten—Brookdale Institute
Michael Wolf—Ministry of Science
Zvi Yanai—(Formerly) Ministry of Science

第十章 对知识社会中领导能力的再思考：

他山之石——如何整合知识资本与社会资本以及建立有形财富和无形财富的新均衡？

——伯恩哈德·冯·穆狄斯，德国法兰克福，战略顾问

一、问题重构

（一）在过去与未来之间：好学的德国

对每个国家而言，探讨无形资产（intangible asset），特别是知识资本的作用都有非常重要的意义。德国拥有大量的知识潜能和丰富的文化传统，因此，这方面的研究对德国尤为重要。德国有很多高等教育机构和出色的研究组织——从德国马普机构所（Max Planck Institutes）到 Fraunhofer 机构——以及很多勇于创新的公司、大量发明天才等。说到专利的数目，2003年德国与美国还有日本都是全球领先的国家。

然而，德国开展其知识资本及其经济和社会重要

性的研究要晚于其他国家——比如,斯堪的纳维亚地区。在过去三年中,这方面的研究得到了一些公司、大学(主要是私立大学)和企业及政府机构的支持。现在,更多的人开始关注它了:比如,许多多学科项目和知识管理课程出现了。但是在政治领域里,这种研究还没有开始①。

当前,德国政策的重点是其他的改革项目。政府的财政政策以减少赤字为目标,它优先于那些知识项目(intellectual program),尽管这些项目能够刺激革新。现在这种情况发生了改变。把金钱投入到教育、知识和新技术中去,被看作是一种对未来的投资。为了成为德国领先的知识地区(leading location),地区之间、城市之间以及这些地区和城市的科学团体之间展开了激烈的竞争。为了在这一方向产生新的动力,今年发起了一项全国性的创新浪潮,它是针对公司和科学团体的。但是,这个国家的知识资本还没有成为公众研究的主题。在实践中,就地区层面而言,知识资本的资产负债表、报告模型以及分级手段(rating instrument)还很少。

令人感兴趣的、实践导向的可以成为效仿对象的例子仍然很稀少。这很遗憾,但是它依然有正面的意义。在德国,我们不得不(也能够)学习他人,我们需要认真地比较、仔细地评价以及着眼于未来进行反思。这对我们是有好处的,我们将有机会了解更多的情况。

首先,这意味着向成功者学习,向那些做得最好的国家学习,从不同的角度进行学习。但是,这也意味着要从那些失败的例子、错误的观念和模型中学到东西。这些观念和模型在提出时常常伴随着雄心勃勃的要求。过去十年里,它们(这些观念和模型)在管理中非常时髦,但是它们的要求是很难实现的,因为这些模型缺乏愿景。

这种研究的目的是:在处理无形资产方面尽可能地避免片面性,最终达成一项完整的、广泛的、平衡的概念,使之适应知识社会的挑战。这一概念与未来导向的管理具有密切的联系,同时,它与公司、社会和政治中的未来导向的治理之间的联系也同样密切。

---

① 直到我们参会时,一项由商业部(Wirtschaftsministerium)监督的、有关 wissensbilanz 的原型工程(prototyping project)刚刚开始。

第十章　对知识社会中领导能力的再思考

（二）领导能力的再思考：一个综合概念和广泛交叉的方法

因此,我们可以学到什么?这章的内容是什么?我们为什么要讨论整合?

整合意味着将那些原本分开的东西仔细地组合在一起。当我们认识到那些原本分开的东西是不可行的,或者它们不能长期运行下去,这时候,我们就需要考虑整合了,它是一项非常艰巨的任务。

本章的建议是将知识资本放在一个更广泛的背景里。我们不是要减弱它的效果,而是要增强它。这一背景将从三个方面扩充知识资本的概念。

首先,不要离开社会资本讨论知识资本,这点是非常重要的。同样重要的是,在一开始,我们就应该认识到这两类资本之间具有密不可分的联系。社会资本和知识资本都包括无形、人力和非物质价值。在实践中,它们只能用相似的方式产生和增加:通过广域关系网共享知识。

其次,我们有意识地建立了无形资产或无形财富论题(这明显是一个"软的"话题)与有形资产或者物质财富——即物质和金融财富——论题(这是一个"硬的"战略题目)之间的概念联系。这一论点认为:在未来,非物质资产和物质资产应该被赋予同等的权重,并且需要在领导和管理活动领域用新的方法平衡对待。

最后,知识资本要求我们在不同的层次上探讨这一题目。它不是管理或者行政领域的一个次要的、局部的概念,我们应该把它当作全面的、多学科的领导任务。

这种整合方法以有形财富(value)和无形财富(values)的新平衡为目标,它被当作整合管理(integrated management)的一个扩充。整合管理是由圣加仑(St. Gallen)大学的 Knut Blechaer 等人提出的。这种方法的管理理念是:在未来,企业、社会和政治团体至少要在管理知识资源和管理物质资源方面投入相同的精力。

这种方法来源于经济学,因此最好在企业团体中研究它。现在至少在德语国家这种方法的研究发展很快。这种方法是本章的起点和重点。

但是,在一个联系日益紧密、以知识为基础的经济体中,本文所谈到的概念可能与其他的组织和机构(非企业团体)或者社区、城市、地区也是有关系的。毕竟,我们最终关心的是一种不同的、超越系统的领导力概念,它基于一种不同的思维方式。它有意识地打破了有关领导力、管理、行政这些概念的传统界限,尽管这些界限在较长的时间内还是很明显的。因此,我们仍然可以讨论这个最重要的话题:对知识社会中的领导能力进行再思考。

在以下的两个部分里,这个话题被分解为七个步骤。下面,我们先回顾一下最近十年来管理领域中的混乱景象,总结一下从中得到的教训;然后我们将用三段论(a three pronged argument)来解释下面这个问题:为了确保我们经济和社会的未来,为什么一个包含无形资产在内的新的整合方法是必不可少的?

在最后一个部分,我们将从细节方面解释这种新手段的可行性,我们还要解释为什么我们必须特别注意下面三种因素:管理模型、领导者行为以及能力。

二、有形财富和无形财富

(一)仔细回顾、学会全面看待问题

在过去的10—15年间,许多的管理时尚出现了又消失了,例如精益管理(lean management)和企业再造(re-engineering)。它们关注的重点往往是实实在在的、削减成本的因素,并且总是大言不惭其目标不仅是有助于盈余增长,还能够增强企业的长期竞争力。

但是,这些管理的结果将战略重点局限在一个不断狭小的界限内。最终,人们认为,并且期望股东价值模型(shareholder value model)能够带来稳定、持久并且长期的资本增值。股票市场张开双臂欢迎这一模型,并且用一种短期模式解释它,使它符合它们的选择,这样就使这个模型受到了更多的限制。其结果是"公司的目标变得越来越狭窄,从利益相关者到股东,最后被年轻的分析师们的期望所取代。"(von Octinger,2002):投资者被许诺将在股市获得巨额的资本增值,似乎人们可以计划任何事,似乎没有什么事是不可能发生的。近几年,这种简单化的思维模式的结果变得很明显:我们遭遇了记忆中的最大的价值损失。因此,许多企业开始询问自己,就像 Mick Jagger 那样:"我想知道,我们做错了什么?"

但是,在修正这种错误的时候,不能让一种片面观点替代另一种。在这

里，我们提倡这种综合的方法——在定义战略导向(strategic orientation)、管理系统以及领导者行为的时候，有意的将有形财富和金融财富的价值导向(value orientation)与无形财富价值导向(values orientation)结合起来。

如何更好地平衡有形财富和无形财富(value and values)、关系的质量和数量、经济的有效和持久、创新能力和社会责任之间的关系，使它们像一个整体那样同时发展呢？

我们关注的是战略和领导的拓展概念。当前企业会计和公司的发展是分离的，但这种拓展的概念却超越了这种僵化的、过时的分离。一个有关公司领导力的新模式正在争论中，该模式是一种平衡的、以知识为基础的模式，我称它为平衡价值管理(balanced values management)。

这并不意味着我们要发明一种全新的模型。我们的任务是要从现存的观点和经验出发，在战略层次上用一种新的方法将这些观点和经验结合起来。

(二)经济价值决定因素的改变

非物质财富的新的战略重点是与以知识为基础的社会相联系的更深入的流程。随着信息和知识成为最重要的经济资源，人类自身以及他们的知识与能力日益成为价值创造过程的重心。用 Meinhard Miegel 的话说，人们"在某种程度上成为油井或煤田，他们自己成了可增加价值的原料。"(Miegel, 2001)

这就是我们目前逐渐改变经济价值评估方法的原因。这种改变涉及：从有形资产估价转向无形资产估价，从评估物质资产、楼房、机器到评估隐藏在雇员、合作者、供应商以及消费者头脑中的无形资产，这些无形资产也表现在他们的技术环境、学习环境、他们的团队构成和人际关系方面。知识资本的增长方式与物质资本和金融资本不同，知识资本的增长方式是共享知识、信息和思想。尽管一个组织过去的成功根植于它的物质资本，但它未来的竞争潜力取决于知识资本。这是创新能力的基础。Lester C. Thurow 曾经写道："今天，知识和技能已经成为竞争优势的唯一源泉。"

创新能力、学习的主观能动性、分享知识的能力正在成为决定未来的资产。与固定资产、材料以及完整产品的生产相比较，知识分享过程中的互动将变得更加重要。在未来，关系将跨越公司内部的界限，将跨越其他公司、合作伙伴和顾客的界限,成为产生价值的最重要的源泉。

我们将从"规模经济"逐渐转向"关系经济"(economy of relations)。简单来说:关系的价值取代了产品的价值,或者说,价值创造以价值评估(appreciation of values)为基础。

几年前,在 Posabeth Moss-Kanter 的那本很受欢迎的书——《世界阶级》(*World Class*)中描述了这一过程,它建议那些想要在全球市场上取得成功的管理者们去重新给自己画像:"他们应该把他们名片上的头衔给改了,他们的名片应该反映他们干的最重要的任务:做拆墙搭桥的人。"

(三) 网络、关系和价值:组织的维度

当前关于未来互相联系的、无边界的组织的讨论也显示出我们正在向关系经济迈进。在该经济中,非物质财富需要一个新的、更牢靠的意义。

当我们谈到网络组织(networked organizations)的时候,我们真正指是什么?一个与信息技术(information technology,IT)相联系,但并不仅仅只是信息技术网络的组织,它的新的功用是什么?我们怎样才能用最好的方式描述它的功用?而且,一个网络怎样才能最优地运转?到底有没有模型可以描述它?

当然,这种模型的确存在,但我们现存的社会制度中并没有这样的模型。事实上,也没有这方面的基础研究。这个模型来源于自然界,它在我们每个人的身体里。它,就是人脑。

人脑具有惊人的高性能,运转异常有效,但是它也非常精致。一些异常现象更加证实了这一点。

依据我们所知的目前关于人脑的研究:首先,人脑的高性能以下面的功用原则(functional principle)——整体的互相联系比分开的个体更重要——为基础。通过电子的、化学的,也可能是节奏的(rhythmical)联系、网络与关系,神经元之间发生了一些事情——这就是大脑运行的原因。

在上述过程中没有什么中心单元(central unit)指挥着一切。实际上,我们的神经系统中的元素是自我调节并互相影响的。在这样的环境中,大脑通过相当分散化的循环体系完成了复杂的任务。

换一种说法:这一知识化的组织是以其联系成分(networked component)的自我组织为基础的。

自我组织和分散化自然只是新模式的一个方面。在理想化该模式之前，我们也应该看看它的另一方面：更多的自由？更大的分散化？是的，但是，我们该如何确认一个公司共有的目标被达到了？我们如何保证工作的质量以及雇员的忠诚？组织边界在消失吗？总体而言，是的。但是这样的话，我们该如何保持公司的完整性呢？

难道仅仅是金钱或者股票期权的问题吗？公司是不是变得越来越"唯利是图"(Sattelberger,1999)了？或者它们（这些公司）正在转变为由价值联系在一起的团体或关系网络？在形成战略的艰难过程中，在组织的和沟通的革新过程中，这种网络更加有意识地使自己适应于无形资产，例如透明、正直、品质卓越、顾客导向、团队精神以及尊重他人等。这些价值是在公司内外都起作用的约束力(binding force)。

它们可以使知识流(knowledge flow)变得更加稳固、更有目的性。它们可以为整合那些散乱的公司行为提供便利。最重要的是，它们可以给知识工人(knowledge worker)一些思想和观点，而思想和观点（顺便说一句，我这样预言是冒险的）将成为组织及其员工最重要的资源。

因此，在将来，显然管理层不但要给组织新的、无限的自由，并且还要通过无形资产，有意识地给予"组织"独特的定义和形式。这似乎是自相矛盾的。但是，组织通常都是如此。正如 Jansen 和 Littmann 在《Oszillodox》这本书中所写得那样："管理者是置身于矛盾的艺术家。那些没有意识到这一点的人，应该再好好想想。这是他们的工作，也许也是其他人的工作。"

三、可持续性和社会责任——一种竞争因素

直到现在，一些管理人员仍然相信：如果能重新构建他们的组织以达到利润目标，把那些使利润目标变得不确定的因素统统除去，他们就能够抵抗全球竞争的风暴了。但是最近几年，在德国以及其他地区刮起了一阵清风，这股清风与以往不同，它带来了一些不同的影响，而这些影响在过去从来没有被认真地考虑过。它们被称为"公司公民"(corporate citizenship)、"可持续性"、"公民责任"以及"社会协作"。

企业逐渐发现它们被赋予了新的角色，要承担更多的责任。它们需要面

对这样的挑战:从"为自己负责"到为公司外部社区负责。而且,近年来外部压力有所增加,部分原因是社会问题和矛盾变得愈加严重,在主要的工业国家里,公司已经开始面临这些问题。比如:由于劳动力需求转移到低工资和低税收国家带来的问题,全球人口老龄化以及它的严重后果(危及我们的社会保险以及养老金体系)等。

但是许多社会组织、发展迅速的国内及跨国网络以及民间自发团体推动着这种进程(使企业承担更多的社会责任),包括联合国的全球契约(global compact)、世界经济论坛(the Word Economic Forum)的全球议程(global agenda)、欧洲公司网络(the European corporate network)的"公司社会责任"组织(Corporate Social Responsibility),以及德国的"可持续发展经济论坛"(Econsense-Forum for Sustainable Development)。"可持续发展经济论坛"和主要的跨国公司合作,在公司政策方面,以"经济目标、生态目标和社会目标的均衡"作为自己的指导原则。

我们如何解释这种进步?在上文中,我提到了"假设"的、与现存体系不一致的影响。但它们只是对那些用过去的工业时代的眼光来观察这些变化的人们不一致,而工业时代的经济体系与其他社会体系有着明确的界限。今天,这些界限正在变得越来越模糊。在网络化的、知识为基础的经济中,企业正越来越多地依靠它们之外的世界,尤其是社会基础设施、质量研究、教育设施和完好的自然环境。在全球竞争(也是最佳思想的竞争)中,这些因素将成为决定性的优势。

因此,公司在设计与其所处环境的关系时,有一个战略上的考虑。这种关系能够增加他们的社会资本(social capital)。这种资本很像知识资本,它存在于良好的关系之中,相互的尊重增加了公司的价值。

那些公司不仅通过承担社会责任来建立与公司外部环境的联系,它们还从经济学的观点出发做一些很明智的事。这样它们的公众名望增加了,它们的可信度也增加了。最终,股票市场会回报这些公司。

这就是公司价值评估的新形式获得发展的原因,这一形式最为看重的是所谓的社会责任和生态责任的伦理价值。人们正在设计非财务报告体系的合适基准、估值方法和标准,以及这种报告的规范和手段。它们的范围从"全球报告创新协会"(Global Reporting Initiative)要求的咨询和审计标准,到只承认公司达到"三条底线"(经济、社会、环境)时所产生的资金。换句话说,在未来,社会和伦理的价值维度将成为每一个公司成功史的一部分。这点说明了为什么当前是将这些维度引入公司战略的最好时机,也说明了为什么当前是将这些维度与管理、测量和报告体系相结合的最好时机。这就是我们所说的平衡价值管理(balanced values management)。

四、通过整合达到新的平衡

(一)整合管理和报告模型:一项紧急的领导任务

在今天,公司和非营利机构可以使用一系列的模型和工具得到广泛的信息基础(information base)。它不仅仅包括财务信息,因此,能帮助公司的运作更加具有平衡导向。

最早的这类工具之一是平衡记分卡(balanced scorecard),这一工具现在仍在广泛使用。

另一个工具是欧洲质量管理基金会(European Foundation for Quality Management)的优秀企业模型(business excellence model)(等同于Baldrige国家质量计划(Baldrige National Quality Program)的卓越管理模型(performance excellence model)),这一模型起源于质量管理。当然,也有一些不同的知识资本模型,比如知识资本领航员(intellectual capital navigator),知识资本分级(IC rating),价值链记分卡(value chain scoreboard),或者知识资本报表(IC statement)等。

而且,环境和社会报告(environmental and social reporting)也有一些不同的标准化的系统,在德语国家,所谓的价值管理系统(values management system)将道德正直行为(moral integrity behavior)标准引入了给定公司的管理框架(Wieland,1999)。

所有这些模型的共同之处是:它们有意地建立了更广泛的公司定位和管理范围,明确地或者含蓄地使管理方面的任务达到平衡。Leif Edvinsson 称之为"寻找一个新的平衡","平衡价值的实行程度怎样"是 Jac Fitz-enz 的最主要的问题。"如果一个公司想要获得高的利润",毕马威会计事务所的 Eric Israel 说:"那么公司就必须平衡和整合自己财务的、环境的以及社会的行为。大的跨国公司们已经开始理解这个概念了。"关于整合管理和报告的模型,好的消息就这么多。

坏的消息有两个,即缺乏整合和附属功能(lack of integration and subordinated function)。到目前为止,这些模型中,即使是最优秀的元素也只能在很少的场合被整合。这些模型经常被交替使用,而实际上它们是被用在不同的领域的,经常被用于附属功能领域(subordinate functional areas)。为了使这些元素能被整合,要求领导团队跨部门、跨学科、跨领域的协作。这就是为什么要在最高领导层面上持续培植知识资本或社会资本的原因,在这个层面上,战略路标已经竖起来了,但是还没有实现。

因此,那些"硬的",但是很容易被量化的、结果导向的目标(比如成本减少或资本收益率、营业额、现金流等)经常占据支配地位,而那些"软的",不容易被量化的目标和价值变得可有可无。我们并不为上述现象感到吃惊。简单来说,人们认为:那些关注"软的"、无形的价值的人似乎"脱离了公司关注的问题的主流"(Pierce,2001)。它们的项目、计划和系统似乎是一个"独立的平行结构"(Baker et al.,2002),仅仅是对传统管理和价值评估体系的密封结构的装饰性扩充。它们被视为额外的工作,并没有给正规的战略和公司经营带来什么意义。并不只是上面提到的内容让人感到烦恼,这种状况的无效率更让人厌倦。一个问题产生了:我们是否可以采用不同的方法,让事情变得更容易——为什么不立即寻找有形财富和无形财富之间的联系呢?为什么不在一开始就采用"平衡"的方法呢?

首要的问题是:愿景和战略使命如何与企业基本价值、公司信条或指导方针的建立相联系?这两个方面如何共存?第二个步骤是将组织的基本目标和价值引入一个整体的、运作取向的模型,这一模型与战略、运作管理相联系,依据企业日复一日的经营要求进行调整。

除此之外,更进一步的是在细节上使不同的管理体系和报告模型相互适应,使它们(这些体系和模型)彼此一致,使它们所在的领域尽可能地接近。如果可能的话,就能形成一个综合的、明确的管理学模型,该模型能够很容易地解决各种问题,涵盖企业的所有方面:从通过年度目标、目标项目和过程计划达成的企业指导原则到审计和报告。在更深的层次上,高层次的目标体系应呈现出更加强化、更加详细的形式。这一概念可与那个著名的技术系统的爆破图(explosion drawing)相比,从一个层次到下一个层次,它显得更加详细,

第十章　对知识社会中领导能力的再思考

更加细节化。

这样,一个观点就会逐渐地显露出来,它是非常明确的,并且它促进了组织在更高程度上的自我管理和自我估价。而且,一个虚拟公司记忆(virtual company memory)的基本框架被建立起来了,它可以用于知识管理和创新管理,以及人力资源和变革管理等。

这种整合是可行的,并且可以在每个方面——战略、结构、文化和财务——都可以达到很好的效果。这点可以被很多显著的例子证明,尤其是德国的中型企业,德国质量奖(German Quality Price)获得者(例如 Aubi 公司)以及获得年度最佳知识型管理者(Knowledge Manager of the Year)的公司(例如 Brühne 公司)都是其中佼佼者,这并不是一件偶然的事情。

我们在公司微观层面上描绘的整合任务,实际上从宏观层次上来讲,也是一个很大的挑战。只要测量和报告无形资产的不同的模型、方法和标准是独立发展的,只要这些模型、方法和标准的创造者和团体只知道互相竞争,而不进行跨领域、跨学科、跨国家的协作,那么,旧有思想(片面地将注意力集中于物质财富的增长)的统治地位就不可能被推翻,在我们的金融社区里尤其如此。

幸运的是,一系列以开发统一模型(Mackay, 2003)为目标的计划正在国际上展开,其中包括欧洲委员会(European Commission)的赞助。我们希望他们能够成功。公司价值评估的外部行为也支持公司达到平衡的管理行动,因此,通过公司的报告,公司能够收到金融市场上更强有力的共鸣。

最重要的问题是:一个广泛的、综合的行为概念是否能发展起来? 这个概念能不能包括以下的因素:例如知识资产、革新资产、广泛的质量管理以及社会和环境责任? 在这个概念成熟之前还要做很多的事情。但是作为管理者,我们能够从方法论方面得到很多的启发来指导我们的行为。

(二) 思想的另一个模型:作为一个更广泛的交叉和更均衡的行为的领导力

当然,地图不是真实的地形。取向性模型(Orientation Models)和管理工具只能提供帮助。它们可能很有用,但是当它们被过于严格地使用时,也许会干扰我们的工作。在做出决定或确立目标方面,工具并不是战略或管理者思想和判断的替代品。正如 Fredmund Malik 所写得那样,经验表明:"对一个公司而言,当目标变得越重要的时候,它就越难以严格量化。""目标越重要时,目标之间的矛盾就越明显。这就是现实生活。这就是为什么制定好的目标常被称作权衡和平衡的艺术。"(Malik,2000)。Peter Drucker 在 30 年前也曾经写道:"我们能够明确地区分有效的管理和无效的管理,同样的,我们也能够明确地估量那些互相矛盾的目标。这是我们能够明确区分的少数几件事之一。要做到这点没有什么窍门。我们唯一能够说的是,不能机械地或者用数学的方法估量目标。"(Druckeer,1994)。这些观点使我感受到从未有过的震惊。

在一个越来越复杂、越来越不安全、充满矛盾的世界里,那些用于决策的旧方法变得越来越不可行了,它们过于机械和偏重数学。

我们需要的是一种不同的思维方式,它能够确认定量和定性因素,因此能够处理好矛盾和不稳定的状况。这种思维方式能够超越一个人自身的训练以及系统的限制,很仔细地探究新生的或者与众不同的事物;这些事物在人的训练和系统的限制之外,以至于我们必须关注那些被我们的意识排斥在外的东西。

这就是我所说的再扩充思考(re-including thinking)。它使得重新思考领导力有了新的意义。传统的关于领导力的讨论——主要集中在政治领域,但并不只限于这一领域——依然被一些旧的内容占据(愿景、概念、能力描述),甚至这些讨论经常是一些肤浅的口号。这些讨论缺少的是其与知识社会的新要求之间的联系。在学术和实践领域,一定程度上,公司内部缺乏新的概念性方法和复杂的革新进程之间的互动。在将来,用这样的说法——例如:强势的决策者、制订明确的目标、自信并且有决心——不足以定义什么是强有力的领导。领导力,被理解为是一种"适应性工作"(Heifek,2003),被定义为一种知识能力——突破框框,以及注意到新的、有时候可能是矛盾的发展,特别是发展的成果。这也意味着,我们比以前更关注知识和情感的过程以及组织内外的联系了吗?我们有没有像对待我们的季度报表那样,严肃认真地对待雇员的焦虑情绪?在做运作计划时,我们有没有抓住"情报部队及其影响"(intellectual forces and effects,卡尔·冯·克劳塞维茨在《战争论》中的说法)?,我们仍旧是"我们的原则和系统仅仅指导物质的东西或片面的行动"(这是克劳塞维茨在 19 世纪观察到的现象)?

同等考虑物质财富和知识因素的影响,将有形财富和无形财富(value and

values)结合起来,已经变得越来越重要了。正因为这个原因,领导力与各个方面的均衡都有联系——不仅在公司定位方面,在管理行为方面也是如此。人们想要被领导,他们正在积极寻找领导力。但是,他们不想要那种没有特色的面孔。如果说那种人有特点,他们唯一的特点就是招聘广告中所描绘的特征。他们想要的是这样个性的人——他们因他们的远见和正直突出于一般人,同时,他们还具有很高的经济、社会和环保责任感。他们的领导风格是:他们将时刻准备变革的精神和敏感性相结合,和社会能力相结合,将有效性和持续性相结合。我们需要的是这样的男人和女人,他们并不认为企业行为只是单纯的管理的或经济的行为,他们在更广泛的水平上,从"一项创造性的、广泛的、有意义的社会责任"(von Koerber,2002)角度看待企业行为。现在,管理层的雇员、合作者、顾客、股东以及公众经常问管理层这个问题:你们能不能为你们的行为承担责任,能不能跨边界的行动?尤其是在丑闻盛行(比如安然事件、拜斯亭事件①、帕玛拉丑闻②等)的最近几年,管理层更频繁地遇到下面的质问:你们的行为是不是具有令人信服的、明晰的价值?

我们应该仔细地、快速地想想我们对上述问题的回答。因为我们个人具备的品质最终会决定公司的未来价值。

(三)考虑扩展的领导能力

如果我刚才描述的那些并不能让人完全信服,那么我们是不是不需要再探讨管理人员的资格和能力要求了?

在这里,我只想提三种能力,我相信这三种能力与知识资本的全面发展以及知识经济中的社会资本紧密相关。

和我以前描述过的,与将来的另一种思维方式(other mode of thought)相关的是这样的思维方式——它可以用于解决矛盾的、不稳定的发展问题,我认为这是21世纪的管理者应该具备的核心能力。

位于第一位的核心能力是社会能力(social competence)。虽然这个概念

---

① 拜斯亭是拜耳公司(Bayer)生产的一种降血脂、特别是降胆固醇的药品,但该药使用不当会给患者造成生命危险。——译者注

② 帕玛拉集团丑闻:意大利帕玛拉集团通过各种非法手段掏空公司资产,包括盗用公款、虚报财务报表、伪造文件、夸大公司业绩等,2003年底此事被揭露后,该集团股价崩跌。——译者注

似乎很耳熟，但实际上它仍然是很多组织都缺乏的资源。虽然这些组织派遣他们的主管参加很多社团和团队培训，甚至（许多大公司尤其重视）让他们的高层管理人员跟 Reinhold Messner① 去爬山。

很明显，要达到知识经济的最新要求，上述做法是远远不够的。毕竟，这不是与同事融洽相处，或者与具有相同想法的团队合作的问题，这是跨边界建立联系的问题，这个问题比上面的问题更困难。

这就是为什么我建议发展新的更广泛的社会能力学习（以及实践）的概念——跨边界学习如何进行社会协作。和具有不同观点的人或来自不同领域、不同文化、受过不同训练的人共享知识，这是当今世界社会能力的本质。

协作项目（cooperation project），比如一些德国公司在其社会环境和文化环境中开展的公司公民项目——对发展社会能力是富有成效的。它们是公司以及公司员工非常好的学习机会。如果公司还没有这样的项目，那么人力资源部门应该建立它。

这些项目被称作"Seitenwechsel"（改变立场）或"Perspektivenwechel"（观点变化）。范围包括从在社会环境中学习以及让员工队伍参与建立托儿所和学校等。各地的参与者都认为社会能力的相互学习是以上这些项目最重要的和最有意义的结果。人们评价这种项目比以前那些户外训练好得多。

第二种核心能力与第一种紧密相关，但是，它导向不同的方向。它也被描述为促进革新的能力。它被称作"切勿鼠目寸光"。每个人都知道这里关注的内容。

那些拥有"跨界限"能力的人能够将不同的观点、他们自己的经验以及外部环境创造性地结合起来，去进行那些有用的创新。因为，就象许多社会学研究表明的那样，通过不同观点的互相碰撞，在公司和它所处环境的边界线上，会产生许多新的观点。斯坦福大学的社会学家 Mark Granovetter 曾经谈论过"弱联系"（weak tie）的问题：协作或网络变得越来越弱，而它们被证明是有助于创造力和革新的产生的。实际上"跨界限"是革新和增长的前提条件，这就是原因。"跨界限"是增加知识资本的关键。

创造力产生能力的训练有好的效果。它能够阻挡 CA 或者说"公司阿滋

---

① Reinhold Messner：著名登山家，意大利人，1980 年 8 月 20 日首次单人无氧从北坳横切到北壁路线登顶珠峰。——译者注

第十章 对知识社会中领导能力的再思考

海默氏症"(Corporate Alzeheimer①)的来临,在那些人们只关注自己做的事情的地方,阿兹海默氏症的产生几乎是不可避免的。

我们需要社会能力(又称协作的能力)以及共享知识和跨领域的能力(又称革新的能力),将不同领域的知识结合起来,去创造一些新的、美好的事物。

但是问题是,当那些新的观点和概念是由个人或者小团队想出的时,那会发生什么?在那些新的观点和概念没有被团体的"免疫系统"拒绝之前,它们将如何达到整个组织以及组织的外部环境?怎样它才能通过一些过程步骤来产生稳定、持续的影响?难道我们没有看到这样的事情——精心规划的技术以及社会改革仅仅因为相互间不能像预期那样配合而失败了——重复发生吗?计划、执行、实施等传统管理的范畴和概念经常会在一个复杂的、跨界限的项目中失败。

我们需要考虑重新学习和定义一种联合能力(combining competence),我认为对企业、社会、政治的领导者而言,这种能力将越来越重要。它超越了技术技巧以及项目管理的实际知识。它对创造力以及对话导向的交流(dialog-oriented communication)有很大的促进作用。这种能力存在于设计复杂的知识和社会结构的能力之中,并能在人们相互合作的过程中呈现出容易理解的、可调整的形式。其目标是达到一种整合形式,在这一形式下,不同的因素合并成一致的整体,就像在任何一个成功的实体建筑、精彩的剧院演出或者技艺精湛的爵士乐协奏中那样。

在德国,我们用一个概念去形容"一致的整体"。它起源于自然科学和艺术研究,然后又被心理学采用。它和英语中的"设计"概念相联系,但是,很难精确地翻译,这就是它没有被引入英语的原因。这个单词就是"Gestalt"以及它衍生出来的"Gestalting"。

我建议称第三种关键能力为"Gestalt Competence"。不要考虑这个术语。但是,这种能力的使用,尤其是在管理和行政领域的应用,意味着从文化环境尤其是从艺术中学习。我们的问题是:我们怎么样用一种容易理解的形式,将信息传递给他人?我们的改革或变革性的项目应该采取什么样的形式?我们怎样"Gestalt"联系和反应(这些联系和反应存在于不同的领域,比如我

---

① 阿滋海默氏症(Alzheimer's disease):一种渐进性神经退化疾患,主要影响脑部,特别是新皮质(neocortex)及海马(hippocampus)的功能。——译者注

们的交流过程以及我们的知识、革新和变化结构)？

换句话说：在未来我们能不能发展一种能力，这种能力在功能的、社会的、精力方面以及美学方面都有相同的尺度？这种能力是我们目前明显缺少的：超越个人智力成就，设计可共享的成就，同时不丧失个性、共性和差异性。

我以这点作为我的论述的结束。当然，我的论述只是一些建议和概念性提议。它们可能是似是而非的。管理团队的个人能力是最终的决定因素，这点我们都知道。更加坦率地说：个人的特性和诚实是最重要的。

这就是在未来，我们可能需要更多地讨论个性和个性形成的原因。如果我们需要公司或者政治的、国内的或者跨国的领导人重新赢得更多的信任，信任资本（trust capital）就成了知识经济中最重要的资本。它也是形成有形价值和无形价值平衡的部分因素之一。它也是"对知识社会中的领导能力的再思考"的含义。

参考文献

Aldridge, S., Halpern, D., Fitzpatrick, S. (2002). *Social Capital.* A Discussion Paper. Performance and Innovation Unit, London.
Bieker, T., Dyllick, T., Gminder, C., Hockerts, K. (2002). *Management unternehmerischer Nachhaltigkeit mit einer Sustainability Balanced Scorecard.* IWÖ-Diskussionsbeitag, Universität St. Gallen.
Bleicher, K. (1992). *Das Konzept Integriertes Management.* Frankfurt/NY.
Bounfour, A. (1998). *Le Management des Ressources Immatérielles: Maitriser les nouveaux leviers de l'avantage compétitif.* Paris.
Clausewitz, C. v. (1994). *Vom Kriege (Auswahl).* Stuttgart.
Damm, D., Lang, R. (2001). *Handbuch Unternehmenskooperation.* Erfahrungen mit Corporate Citizenship in Deutschland, UPJ Bundesinitiative Bonn/Hamburg.
Drucker, P. F. (1994). *Management.* New York 1974, 5th ed., 1994, p. 112.
Edvinsson, L., Malone, M. S. (1997). *Intellectual Capital. Realizing Your Company's true Value by Finding its Hidden Brainpower.* New York.
Edvinsson, L. (2002). *Corporate Longitude: What You Need to Know to Navigate the Knowledge Economy.* London.
Fitz-enz, J. (2000). *The ROI of Human Capital. Measuring the Economic Value of Employee Performance.* New York.
Granovetter, M. S. (1972). The strength of weak ties. *American Journal of Sociology*, 78, p. 1360.
Grübel, D., North, K., Szogs, R. (2004). *Intellectual Capital Reporting.* Ein Vergleich von vier Ansätzen, in: zfo wissen 1.
Haspeslagh, P., Noda, T., Boulos, F. (2002). Wertmanagement—über die Zahlen hinaus. *Harvard Business Manager,* 1, p. 46.
Heifetz, R. A. (2003). *Leadership Without Easy Answers.* Cambridge, MA.
Hutter, M. (2001). Die Entmaterialisierung des Wertschöpfungspozesses. *e-conomy 2.0, Wittener Jahrbuch für ökonomische Literatur,* 6, Marburg.

第十章 对知识社会中领导能力的再思考

Israel, E. (2001). *Lecture at the Environmental Conference of KPMG*. New York.
Jansen, S. A., Littmann, P. (2000). *Oszillodox. Virtualisierung—die permanente Neuerfindung der Organisation*. Stuttgart.
Moss Kanter, R. (1996). *Weltklasse*. Im globalen Wettbewerb lokal triumphieren, Wien.
Kaplan, R. S., Norton, D. P. (1997). *Balanced Scorecard*. Stuttgart.
Koerber, E. v. (2002). Die Unternehmer—von Lottokönigen zu Hoffnungsträgern. *Neue Zürcher Zeitung*. 26 January.
Küting, K. (2001). Immaterielle Vermögens-, Geschäfts—oder Firmenwerte. *Frankfurter Allgemeine Zeitung*. 15 October.
Leitner, K.-H., et al. Entwicklung eines Bilanzierungssystems. Forschung Austria Report_A.03_08/00, Forschung Austria Wien.
Lev, B. (2001). *Intangibles: Management, Measurement, and Reporting*. Washington, DC.
Mackay, R. et al. (2003). *Commission of the European Communities Enterprise Directory: Study on the Measurement of Intangible Assets and Associated Reporting Practices*. Brussels.
Malik, F. (2000). Führen, Leisten, Leben, Stuttgart/Munich, pp. 181f.
Miegel, M. (2001). Von der Arbeitskraft zum Wissen. 1. *Johannisberger Gespräch*. Tagungsband mg academy, Frankfurt.
Mills, R. W. (1998). *The Dynamics of Shareholder Value*. Lechlade Glos.
Ministry of Science, Technology and Innovation (2003). *Intellectual Capital Statements — The New Guideline*. Copenhagen.
Mutius, B. v. (2000). *Die Verwandlung der Welt. Ein Dialog mit der Zukunft*. Stuttgart.
Mutius, B. v. (2002). Wertebalancierte Unternehmensführung (Balanced Values Management). *Harvard Business Manager*. 2, pp. 9 ff.
Mutius, B. v. (2002). Gestaltung neu denken. *Form*. The European Design Magazine July/August, pp. 83 ff.
Mutius, B. v. "Crossing borders": Zukunftsfähigkeit als grenzüberschreitendes Lernprogramm. Corporate Cultural Responsibility, ein Projekt des Siemens Artsprogram und der Universität Witten/Herdecke, siehe: *www.corporate-cultural-responsibilty.de*.
Mutius, B. v. (2004). *Die andere Intelligenz*. Wie wir morgen denken werden, Stuttgart.
North, K. (2002). *Wissensorientierte Unternehmensführung*. Wertschöpfung durch Wissen, Wiesbaden.
Oetinger, B. v. (2001). *Strategie neu denken*. Vom Ende der Werkzeuge. 2. Johannisberger Gespräch. Tagungsband, Frankfurt 2002.
Oetinger, B. v., Ghyczy, T. v., Bassford C., editors. (2001). *Clausewitz*. Strategie denken, Munich/Vienna.
Pawlowsky, P., Reinhardt, R. (2001). *Wissensmanagement für die Praxis*. Neuwied.
Pierce, M. (2001). *AccountAbility*. Improving organisational accountability and performance. Lecture at the EBEN Research Conference, Constance 18/19 May.
Rappaport, A. (1999). *Shareholder Value*. Stuttgart, 2nd ed.
Sattelberger, T. (1999). *Wissens-Kapitalisten oder Söldner*. Wiesbaden.
Szogs, G. (2003). *Verschleuderte Ressource oder genutztes Potential*. Aspekte des Intellectual Capital Management aus Unternehmenssicht. Praixisvortrag TU Karlsruhe.
Thurow, L. C. (1996). *The Future of Capitalism*. New York.
Wieland, J. (1999). *Die Ethik der Governance*. Marburg.

第十一章 知识型经济中的日本和其他东亚经济

——舛山诚一,日本中部大学产业和经济研究所教授

致谢

感谢 Donna Vandenbrink 在论文研究和英文文法纠正方面提供的帮助。

引言

信息通讯技术方面的发展对经济有着深刻的影响,而且通过提高生产、分销和创新进程的效率推动了向知识经济的转型。东亚也不例外,这个区域正迈向具有三个明显特征的知识型经济(KBE)。第一个特征是东亚经济的多样化的发展阶段,包括日本的高收入的经济、新兴工业化经济和低收入经济。第二个特征是该区域战后发展非常明显的有序的模式。在这种雁形模式(flying geese pattern)中,日本这个领先的经济将老的产业转移到新兴工业化经济。这些新兴工业化经济再将其老的产业转移给东盟的其他发展中国家。外国直接投资(FDI)在制造能力按次序转移中起了主要作用。最近几年,中国经济的新兴以及

日本持续的衰退打破了这种有序的雁形模式。东亚的第三个特征是它的制造业导向。通过出口拉动的工业化,日本,韩国和中国台湾都曾致力于制造业。紧接着,来自日本和新兴工业化国家对东盟和中国的外国直接投资带动了整个东亚制造能力的发展。东亚经济发展中的主要问题是这些特征将会怎样影响它们转向知识型经济的进程,以及这个区域的特征又会受到什么影响。

本章的第一部分讨论了知识型经济运行的五个必要的关键因素,这些因素为评判东亚经济向知识经济转型提供了标准;本章第二部分将评估这些因素及其作用;本章的第三部分为该区域经济继续迈向知识型经济设置了一个日程表。最后一部分讨论为转向知识型经济,日本需要做些什么。

一、知识型经济的构成

(一)信息通讯技术革命引发了知识型经济

信息通讯技术革命深入到了经济的各个方面,使得经济转型为知识型经济更加容易了。在知识型经济中,与知识相关的活动是竞争力和价值增值的主要来源。在那个进程中,信息通讯技术提高了生产和创新过程的效率。互联网降低了诸如医疗和金融服务领域的交易成本,通过供应链管理和其他方案提高了管理效率,并且通过提高知识扩散和国际合作的效率支持创新活动。

知识型经济是这样一种经济,公司、组织、个人、社区都在高效地创造、捕捉、传播和利用知识,而且过时的知识被不断地替代掉。因此知识型经济要求经济和社会系统提供激励以结束孤立的行为,并用更有效率的行为将它们替代掉,以利于正在进行的产业重构(Dahlman and Andersson, 2000)。

而且,由于信息通讯技术的广泛深入的使用,网络外部性(即每个网络成员的获益随着网络用户的增加而增加)在知识型经济的很多部门起作用。满足广泛接受的标准的产品和服务有主导市场的倾向,因为消费者从这些标准中获益。许多与信息通讯技术相关的产品和服务的生产具有规模回报递增的特征,因此能够影响或垄断这种标准的生产者主导了市场,例如个人电脑方面的微软和英特尔,而那些未能制定或影响标准的生产商则成为牺牲品。因为大部分的与信息通讯技术相关的标准产生于发达国家,特别是美国,东亚的公司处于一种不利的地位。

知识型经济的另外一个特征是经济中服务业份额的增长。随着信息通讯技术革命的进展,对于服务需求的增长超过了对于硬件需求的增长。通过ICT处理信息增加了对"编码型知识"(codified knowledge)的需求。"编码型知识"是数据、图像、符号形式的信息。计算机软件、研发、诀窍、内容和金融产品变得更加重要了,因为它们可以以一种"编码"的格式进行处理和分发,也因为它们代表了知识型经济中高度需求的那些创新活动。随着宽带电信服务的扩散,导致了传输渠道的多样性,对音乐和可视内容的需求正在增长。由于诸如期权、期货等金融创新和ICT的融合,对于金融服务的需求已经增长了。

软件和硬件的分离、生产过程和创新过程的分离、对内容增长的需求、金融服务的增长以及一些其他东西正在推动服务的增长。伴随着ICT的革命性发展,分离、编码、处理、传输那些曾经牢牢嵌入在实物产品中的知识成为了可能。制造业和服务业之间的区别,软件和硬件之间的区别变得模糊了。而且计算机模拟和ICT使得研发活动和生产活动可以在空间上相互分隔。因此创新过程事实上从生产过程中分离出来了。随着这些功能被外包到其他公司,制造业中的服务投入增加了。创新活动的结果通常以服务的形式出现,例如提供软件、知识产权、研发和诀窍。

事实上,随着全球经济向知识经济的转变,面向服务的经济已经比面向制造的经济表现得更好,至少在发达的经济中是这样的。重制造业的"传统"在将来东亚经济向知识经济转化过程中可能成为一个劣势。

(二) 知识经济的基本元素

高效的ICT产业和基础设施、高效的——通常是国际化的——生产网络、强大的创新系统、支持前面三个因素的人力资本以及产业和组织创新对于知识经济是非常关键的。在前面提到的知识经济的五个因素方面的状况决定了该经济向知识经济转型的结果。在当前从工业经济向知识经济转型的过程中,已经平稳地适应这种转型的那些国家、社会、企业和个人,与在这方面慢了一拍的国家、社会、企业和个人之间的鸿沟正在加深。这些鸿沟已经出现在发达国家内以及发达经济之间,但是发达经济和欠发达的经济之间的鸿沟才代表了最大的危机所在。

（三）ICT 和基础设施是知识经济的平台

ICT 基础设施、设备和服务提供了创造、扩散和利用知识的途径,并且构成了知识经济的平台。许多经济急于建立所谓的国家信息基础设施,以便为向知识经济的转型奠定基础。引领向知识经济转型潮流的美国在 ICT 设备和软件方面的投资占总投资的比例从 1987 年的 29% 增长到 1999 年的 52%（OECD,2000）。这种信息基础设施不仅包括电信网络,而且包括战略信息系统、支撑性政策法律系统以及人力资源,以便开发和利用物质基础设施（Dahlman and Andersson,2000）。电子商务被认为将构成信息基础设施的重要组成部分。为促进信息基础设施的发展,在公共支出方面采取了增强竞争的解除管制措施,至少在发达的经济中是这样的。人们认为,一个倚重 ICT 硬件制造的经济不如一个倚重 ICT 软件生产和提供相关服务的经济更能从知识经济中获益（OECD,2000）。

（四）国际化生产网络的形成

国际化生产网络构成知识经济的不可分割的一部分,可能是 ICT 革命的最大影响因素。在 ICT 广泛使用之前,国际化的生产网络是由核心公司和地方附属企业拼凑起来的,以便于核心公司获取更廉价的劳动力或者占有当地市场。相反,随着 ICT 的大范围使用,国际化生产网络已经变成了一个完整、协调的活动系统,它在每一个节点上都利用了专业化的技术、技能和诀窍（Borrus,Ernst and Haggard,2000）。这些生产网络倾向于将中小型企业水平地组织起来而不是采用层级制的方式,并且倾向于通过广泛使用 ICT 的供应链管理系统（SCM）来协调它们的活动。

这种类型的组织和 ICT 的传播之间的互补性已经加速了创新功能与制造功能从实体上和组织上的分离。这种分离导致出现无制造（fab-less）企业和专长于制造的企业,例如电子制造业服务提供商（EMS）和半导体工厂。在半导体产业中,无制造公司完全集中在芯片设计上,没有任何生产设施,并将芯片生产外包给专业化代工生产（OEM）的工厂。

知识经济中的生产网络在地理上倾向于将制造地点与创新中心分离开来,生产主要集中在发展中的经济,而创新总是在发达的经济中。有着丰富劳动力的发展中的经济已经作为制造业中心出现了,对于信息通讯设备来说尤其如此。在这种情况下,由于具有无限供给的廉价的、勤劳的、善于学习的劳动力,中国已经成为了全球 ICT 设备的主要制造中心。

同时,来自于相同产业的生产商倾向于聚集在当地的网络或集群中,所以当地的竞争力不仅取决于它的要素供给,例如低成本劳动力,也取决于它的产业集群深度。值得一提的一些集中的例子包括中国台湾新竹科技园周围的 ICT 集群、围绕新加坡和马来西亚的电子工业集群以及中国南部珠江三角洲地区的 ICT 产业集群。造成知识经济中这种聚集背后的力量在于物理上的临近对于知识的共享和传播的优势,而不在于集中选址以最小化交通成本。因为在互补性的活动中,经济活动将变得更加复杂,并涉及更多的公司,进入支撑性产业对于竞争力而言就更加重要了。

(五) 创新系统的重要性

对知识和技术创新的投资是知识经济中经济增长的最基本的来源。一个经济为创新活动提供合适环境的能力决定了它的国际竞争力。而且,创新活动对于每个公司都很重要,因为每个公司的竞争力都在很大程度上取决于它将自己的产品和服务与对手区别开来的能力。最后,随着创新活动和生产活动的分离以及制造活动向具有丰富的低技能劳动力的发展中国家转移,创新能力对于先进经济的成功特别重要。先进的国家对研发的支出占全球研发总支出的 90%,批准的专利和发表科技论文数量也占有类似的比例(World Bank and OECD, 2001)。

创新来自于生产、发布、获取和应用各类知识的参与者之间的复杂的相互作用。这些参与者包括私人公司、大学以及从事合作研究、人力交换、交叉授权和设备购买的公共研究机构(Dahlman and Andersson, 2000)。成功创新的可能性取决于这个复杂的相互作用或者称之为创新系统的表现。类似于制造系统,创新系统的一些部门倾向于集中在临近的地理区域内。

创新涉及显性知识和隐性知识及其相互作用(Nonaka, 1998)。显性知识是逻辑推理而来的,可以系统化的,而隐性知识倾向于以经验为基础,很难系统化。ICT 革命的最初的影响是对显性知识的需求的剧烈增长。所以知识经济创新系统的最重要的组成部分是具有国际竞争力的大学——显性知识的创造者或推广者,它们支撑了科学技术知识的应用以及学术机构和产业之间的合作。而且,支持创新导向的新公司的金融系统(例如风险资本和新公司市场)为用新知识替换旧知识铺平了道路。先进的经济已经发展了专业化的股票市场来满足这种需求,例如美国的纳斯达克(NASDAQ)和欧洲的 EAS-DAQ。最后,跨国界的知识产权保护和这种保护的标准化推进了创新。全球的公司都依赖于专利,特别是美国的专利,以帮助对成功的创新进行资本化。

而且随着经济的全球化,本地的创新系统必须被链接到国际上去以便展示自己和吸收最好的知识和实践。共享的语言、共同的文化能够使国内经济和国外的创新系统相联系。例如一个跨越太平洋的华人圈的存在已经促进了来自于美国,特别是加州硅谷的知识,转移到东亚说汉语的经济中,例如中国台湾地区和中国内地。而且派遣人员到发达的经济中学习,特别是到美国,以及熟练地使用英语——这个网络时代的标准语言——使得创新系统的国际性链接更加容易了。

(六) 具体化的知识:人力资源是关键

包含具体知识的人力资源对于知识型经济是非常关键的。知识型经济的需要已经不同于产业经济时代的需要了。产业经济依赖于在合作性的组织中工作的、且具有一定技能积累的工人。知识型经济既要求创造性的才能以支撑创新系统,也要求 IT 人才以支撑 ICT 部门和基础设施。而且知识经济中的创新的不断涌现意味着:知识更快地变得陈旧了,人们需要更新他们的技能并与要求的知识保持同步。所以为了供给满足知识经济中公司需要的劳动力,社会的教育模式必须要促进个体的创造性,而且要适应于终身学习。社会和公司需要设计他们的教育和训练计划以便满足知识经济的需要。

知识型人才的市场正在全球化,甚至包括发展中国家,因为发达的经济试图通过在创新中建立竞争优势以取代制造能力的移出。由来自全球,特别是印度和中国的工程师,支撑着硅谷的经济处于这种现象的前沿。发达经济中的公司也正将创新活动转移到国外,甚至到发展中的经济中,例如摩托罗拉和微软都在中国建立了研发中心。在其他的一些情况下,先进经济中的公司相互竞争以招揽来自于全球的人才,并将知识密集型活动外包给控制知识人才的国外公司。

(七）公司结构重组和产业重组

知识投入的增长以及 ICT 的应用导致了产业、公司和经济活动的重组。首先，产业的重组（或者称为重构）正在被如下三种趋势的汇合加速。

（1）ICT 设备和服务产业的快速增长，它本身便促进了产业重构；

（2）ICT 应用到物流中去，就像在供应链管理系统（SCM）中看到的那样，这促进了价值链的重构，同时也促进了产业部门内的重构；

（3）创新和制造之间的正在发生的分离，这也推动了产业的国际性重构。

随着向知识性经济的转变，公司组织正在从垂直一体的、中央指导的结构向新形式的商业组织转变。分权式的水平组织更能够对变化的环境作出反应。在知识经济中，成功的企业倾向于将非核心的功能外包到相对自主的专业化厂商那里，并且使用 ICT 在网络节点之间进行协作，以便管理通过供应链的信息流和物流。所以中小型企业在知识经济中扮演着更重要的角色，而且这种现象已经初具规模了。例如不断出现的小企业是硅谷的核心企业，在中国台湾，相对较小的个人电脑生产商比日本的大公司显得更有竞争力。

因为知识型经济要求产业和公司的组织形式的剧烈变化，我们可以认为经济只有继续进行重构，才能完全实现源于 ICT 的生产力的增长带来的好处。为了加快向知识型经济转型的进程，许多经济将有必要允许更多的自由化并解除管制。一个运转良好的资本市场对于支撑这种重构极为重要。特别地，风险资本和股票市场是知识经济中融资的主要手段，因为作为知识经济的核心部分的新经济和中小型企业缺乏物质资本作抵押以获得银行贷款。这些市场的重要性还体现在它们可以对公司治理施加压力，取得资源的最佳分配和利用的效果。

二、知识型经济对东亚工业产生的影响

（一）成为国际生产网络的制造基地

ICT 革命已经极大地影响了东亚的经济，不管是短期表现方面还是其产业结构方面。到目前为止，由于该区域作为世界信息技术设备主要生产者（见表1），ICT 革命对东亚的影响已经明显地表现出来。考虑到短期的表现，为满足日益增长的全球性的需求，信息通信设备的生产和出口需求使该区域

走出了1997年的金融危机。而且紧接着,ICT的萧条又将这些经济置于困境之中,但最终它们又复苏了。伴随着ICT革命的进程,制造中心从日本和新经济(NIEs)转向了东盟和中国,这两个区域已经成为ICT设备的制造基地。同时新加坡和中国香港已经成为ICT的区域中心。另一方面来说,东亚经济在信息通讯产业的"软"的方面,即软件和关于IT的服务业方面还不够强。

表1 亚洲国家/地区在全球PCs和ICT设备出口中所占的份额,1990和2000年

出口国家/地区	价值(单位:10亿美元) 2000	在全球市场中的比例(%)			AGP(%) 2000/1990
		1980	1990	2000	
东亚(日本除外)	291.3	11.9	20.8	32.9	
韩国	42.9	2.0	4.8	5.5	13
中国台湾地区	58.4	3.2	4.7	6.2	15
新加坡	74.1	3.2	6.4	7.9	14
国内出口	41.8	2.5	4.9	4.4	11
再出口	32.3	0.7	1.5	3.4	22
中国香港地区	4.0	2.0	1.6	0.4	-2
马来西亚	44.3	44.3	1.4	2.7	21
菲律宾	24.1	0.1	0.6	2.6	29
中国	43.5	n.a.	n.a.	4.6	
美国	153.7	20.2	17.3	16.3	12
日本	108.2	21.1	22.4	11.5	5
英国	49.6	6.4	6.5	5.3	10
德国	45.1	9.9	7.5	4.8	7
新西兰	36.1	4	3.4	3.8	14
法国	32.4	4.7	4.1	3.4	10
爱尔兰	25.5	0.9	1.7	2.7	17
墨西哥	33.0	0.1	1.5	3.5	22
总数	774.5	78.3	85.4	84.3	

资料来源:complied by Nomura Research Institute based on WTO data.

(二) 亚洲新兴经济中代工制造商(OEM)的出现

随着创新和制造功能的分离,发达国家的创新活动和东亚国家的制造活动之间的联网关系日趋增强,尤其是在ICT部门。由于自身创新能力的缺乏,同发达经济的联网关系提高了东亚经济增长的能力。通过这种方式,该区域已经变成了全球性的信息通信设备制造中心。

自20世纪90年代始,ICT变成核心技术,作为东亚制造中心的创新来源的美国使日本黯然失色。在电子部门,日本只生产了高速增长的ICT设备的

一个很小的份额,而且它在低增长的消费型电子产品生产中所占的较大份额随着生产向东亚,特别是向中国转移,已经被吞噬了。ICT产业最流行的体系是:来自发达经济中的拥有品牌的公司实施研发,东亚新兴经济中的公司在它们自己领土内进行生产,特别是在中国。当美国电子设备制造商离开日本制造商,转向中国台湾和韩国的制造商来提供诸如集成电路这类部件时,劳动分工就初步形成了。通过这一战略性的决定,美国的制造商摆脱了它们在核心部件方面对垂直一体化的日本制造商的依赖,这些日本制造商在终端产品市场上也是美国制造商的竞争对手(Borrus,Ernst,and Haggard,2000)。结果,东亚信息通讯产业中的日本制造商的影响力显著下降了,尽管它们依旧提供相当份额的核心部件。

先进国家中的知名公司和发展中国家的OEM厂商之间的劳动分工使得制造商在多方面受益。它们不需要将资源用于营销,并且能够尽可能有效地集中于生产,这也允许它们积累经验和知识。这些知识和经验能够为发展它们自己的技术和产品奠定基础。

用这种方式,中国台湾和新加坡的电子公司已经开始从为美国和其他发达国家的全球性品牌持有者服务的OEM生产商转变为具有更多责任的生产商了。它们使用通过长期合作生产关系获得的有关知识和产品开发的反馈,来实现像原创设计制造(ODM)和客户供应链的协调这类更为高等的功能。专业化合同电子制造商正在发展成提供综合服务的电子制造服务提供商(EMS)。通过这种改变,亚洲新兴经济的ICT企业变得比生产PC机、半导体和其他电子产品和部件的日本公司更有竞争力了,尤其是在价格方面。特别的,EMS提供商已经威胁了日本企业,并推动了它们的重组。

亚洲经济,例如中国台湾的OEM制造商的出现也归因于组织创新。中国台湾的ICT产业由许多中小企业构成,这与韩国或日本形成鲜明对比。在这两个国家,大公司主导这个产业。在ICT设计公司的数量方面(127),中国台湾紧随美国,居第二位。并且,中国台湾的IC产品的内销比例(54.7%)高于北美、日本和欧洲(Chen and Liu,2001)。而且,中国台湾的许多中小企业由具有独立思想的中国人运作,他们非常重视关系的重要性。这些特征和知识经济要求的水平组织的当地生产网络交织在一起,促进了中国台湾IT产业高效率的产业集群的形成。进一步地,该产业的多样化的网络结构使得中国台湾

第十一章　知识型经济中的日本和其他东亚经济

公司与硅谷的类似组织结构的公司之间的联系更加融洽（Chen and Liu,2001）。

（三）作为主要生产基地的中国的出现

中国已经变成了连接美国和东亚的生产网络的最主要的节点。从20世纪90年代开始，由于国内工资上涨，以东亚新兴经济特别是中国台湾为基地的ICT制造商将它们的劳动密集型生产过程转移到东盟，并且在最近转移到了中国内地以保持竞争力。

中国南部看起来无穷尽的低技能劳动力的供给吸引了主要来自于中国台湾地区企业对出口导向型合同制造业的投资，这些投资帮助珠江三角洲地区成为ICT硬件出口的生产基地。事实上，这些直接投资的流入产生了良性循环，在其中，通过海外直接投资的零部件供应商的发展增加了该区域吸引更多海外直接投资的能力。中国中央政府在基础设施方面集中进行的公共投资也有助于吸引海外投资。这个区域现在占世界复印机、打印机和台式PC机生产的一半以上的份额，而且最近该地区也已经成为ICT部件的主要来源。除了在低技能劳动力方面的比较竞争优势之外，珠江三角洲的竞争力还来自于零部件制造商的集聚和来自于邻近的香港地区的金融和物流的支持（Kuroda,2001）。

上海周围的长江三角洲在面向国内市场的境外投资的帮助下，已经发展成为例如笔记本电脑、移动电话以及半导体产品的制造中心，它需要更有技能的劳动力。上海地区集聚了大量的受过教育的人才，而且当地产业集中于知识和资本密集型部门（Kuroda,2001）。就像它们在珠江三角洲所做的一样，台湾投资在长江三角洲发展过程中起了关键作用。

由于过去从美国和日本公司的转移，已经开始具有自主创新能力的中国台湾公司现在正在将它们的技术转移到中国内地的工程师和公司那里。由于台湾地区和内地共同的语言和文化，这种转移发展得很快。而且，随着中国台湾地区在2001年末被WTO的接纳，台湾当局限制台湾公司对中国内地的投资和贸易变得更难了。同时，中国加入了WTO，这吸引了更多的来自于西方和日本的公司对中国的投资，进一步地加速了技术转移。

而且，较之东盟经济，中国看起来具有更加丰富的知识型经济要求的企业家精神。在2000年，国内公司占据了90%的中国电视机市场、80%的PC机市场以及接近10%的移动电话市场。不像东盟和中国台湾地区的公司，中国内地公司控制了价值链的最有利润的部分之一。它们补上了缺失的一链：产品开发和通过外包方式供给核心部件，因为在当前通行的模块化生产环境下，可以从市场中获取它们。

（四）创新系统的逐步建立

自从大多数东亚经济通过来自于先进经济的技术转移实现了发展，它们的创新系统已经制约了它们的生产系统。不像日本，东亚国家经济在知识经济中有价值的创新活动方面越发显得很薄弱，尽管这些新经济正在这个领域追赶。

日本，作为该区域唯一的发达经济，传统上一直是创新的主要来源，并通过对外直接投资和出口包含最新技术的核心部件来转移技术。在20世纪90年代，日本的创新系统未能跟上ICT革命，特别是在新兴的ICT方面落后于美国。制约日本的ICT的一个很可能的因素是日本倾向于经验性的或者隐性的知识。要利用ICT设备，知识必须编码化，但是比起显性知识，对隐性知识进行编码更困难。而在西方，显性知识更丰富。日本的创新系统集中于私人企业，在这些企业中，终生雇佣、耐心资本和其他系统通过积累经验和小组内的密切合作致力于隐性知识的发展。日本的大学缺乏和公司协作的结构，导致日本的公司甚至倾向于和外国的大学合作。因为知识经济的到来，迫使它们和大学联合进行研发。在2000财政年度，为了和外国的机构合作研发，日本公司花费1 570亿日元（14.6亿美元）。而它们在与日本大学的合作研发方面，只花费了793亿日元（7.4亿美元）。①

随着日本对于其失败（即它在迅速转向知识经济中的失败）认识的提高，它已经开始努力仿效国际上最好的榜样。2004年，日本国立大学将改变它们的地位，以成为独立的行政机构。它们的管理将变得更加灵活，而且大学之间的竞争将增强。许多大学已经建立了技术授权机构以提高其研究机构的成果和知识的商业化。但是，制度性的不足使得日本剧烈地改变它的创新系统非常困难。

同时，部分地由于它们基于隐性知识上的创新系统，日本公司已经开始在知识经济环境中重获力量，这一迹象已经出现。面对知识经济迅速传播的

---

① 见《国际贸易白皮书》（*White Paper on International Trade*），2002，表4-3-8。

背景,日本公司拓展了它们在汽车领域的领先地位。在这个产业中,模块化的开发和生产系统不太适合,集成的开发和生产系统更加有效率。在模块系统中,大量独立的供应商根据预先设定的标准自主开发了子系统,最终产品在这些标准下组装生产出来。在一个集成的开发和生产系统中,与装配商建立关系的供应商紧密地协调生产和开发(有关集成的生产系统和模块系统之间的区别见 Fujimoto,2003)。电子产业的需求从企业使用的信息通讯设备向消费型数码产品(例如数码相机和平板电视)的转移已经增强了垂直一体化的日本电子公司的竞争地位。它们宣称它们能够更快地开发和生产产品,特别是通过开发和生产定制设计的核心设备,这是将它们的产品区分开来的手段。知识经济需要两种类型的开发和生产系统变得越发明朗了。

受 1997 年金融危机的影响,韩国的创新系统也正在进行重大的改革。金融危机表明:以中央政府的强烈干预、家族控制和集中于资本密集型的项目起主导作用为特征的传统的创新系统已经失效了。政府干预剧烈缩减了,而且,随着韩国的公司变得更有利润意识和低扩张性,家族集团精简了研发运作,并从无利润的行业中退出,创造了许多以技术为基础的中小型企业。而且,中小型企业从家族企业获得了更大的独立性。它们日渐形成战略联盟(Suh,2003)。所以,韩国似乎已经开始创造功能更好的创新系统。

和韩国的公司相反,中国台湾的公司专业化于 OEM 生产,而且没有发展出足够的产品开发能力。1980 年建立的新竹科技园(HSIP)变成了一个成功的 ICT 集群。它包括产业技术研究所、国家研发实验室和两所大学,以及包括许多新创 ICT 公司。产业技术研究所创造了大量的成功 ICT 公司,包括两个半导体工厂、联合微电子公司(UMC)和台湾半导体制造公司(台积电,TSMC)。但是,新竹科技园进行的大部分研发是关于生产过程的应用研究,并不是什么高科技。新竹科技园的 ICT 公司大部分都是 OEM 生产商,它们不具有产品开发能力(Wang,2004)。

中国内地也开始建立自己的创新系统。一个大规模的有竞争力的创新中心似乎正出现于北京。中关村已汇集了一批与首都著名大学和研究机构有联系的软件和研发企业。该区域的公司可以和华南和上海地区多种多样的产业集群联系起来,以便形成面向创新的国内的生产网络。在日本、韩国和中国台湾的创新系统中,大学并不起很大的作用,而仅仅给私人公司提供一些受过良好教育的工程师。尽管中国的创新系统由于缺乏现代大企业,比起日本和新工业化经济还不够发达,但在某些方面已经很卓越了。中国的大学和研究机构已经变得极其商业化,大学和产业部门之间的联系很紧密。事实上,许多研究机构和大学已经建立了它们的科技公司,例如联想和北大方正。这种联系非常适合知识经济中的创新系统。中国的大学在产业集群中发挥积极作用,不仅在北京是这样,诸如上海和天津这样的城市也是这样。与之相对比,相互之间没有竞争的日本大学在产业发展过程中起的作用非常有限。

(五)东亚"雁形"模式的断裂

东亚的发展模式长期以来一直是雁形特征,日本领头,亚洲新兴工业化经济紧随其后,紧接着便是该区域发达程度更低的一些经济。成熟的产业通过投资和技术转移,从日本转移到了新工业化经济,并从日本和新工业化经济转移到了该区域的其他经济,对经济增长产生了有利的影响。总的来说,在转向知识经济的过程中,雁形模式正在被打破,东亚的新经济地理布局正在出现,这一点已经变得很明显了。或者说:每个经济面临着知识断裂的挑战,同时也存在飞跃前进的机遇,这取决于它们如何在知识经济的五个核心因素方面给自己定好位。

在东亚,新工业化经济已经在 PC 机产业超过了日本,半导体产业也部分地超过了日本,在诸如金融和分销等一些服务业方面也是如此。向适合于知识经济的组织模式的更快转变在这种秩序的改变方面起主要作用。中国在ICT 设备领域很快发展了产业集群,不仅对于东盟经济,也对于新工业化经济,甚至对于日本在高新技术领域产生了非常具有竞争力的威胁。但是,也存在着某些经济将远远落后的风险,东盟的后发国家例如马来西亚、泰国、菲律宾和印度尼西亚似乎很难适应知识经济。所以,中国将跃居到东盟经济的前面是非常可能的。

一般说来,中国的工业化水平比起日本依然很低。但是比之日本,中国具有几个有利于进一步发展的条件。一个因素是中国巨大的、快速变化的市场潜力。由于规模经济的好处,它吸引了国内外的大量投资。因为国内外公司之间剧烈的竞争,国外直接投资很可能引进现代技术。其他因素是中国的区域多样性和区域之间的激烈的竞争。比起日本的集中化的创新和生产系统,这可以产生更加自由高效的投资环境和更高的创新效率。这些要素的组合应当推动更深度的产业集群,这些集群之间会相互竞争。

另一方面,中国的一些其他条件阻碍了它的进一步发展,至少在短期内如此。高等教育水平、科学家和工程师的数量和质量不足以在高新技术领域在可预见的将来产生一个比较优势。并且,为了支持高新技术产业的发展,中国需要改进它的知识产权保护和金融系统。中国的金融系统,包括股票市场,被设计与运作以支持停滞的国企部门(SOE)。这一金融系统给由私人企业引领的 ICT 部门的支持非常少。另外,缺乏有效的国家交通运输系统,抑制了生产网络向内陆的延伸。但是人们期待中国加入 WTO 会给这些方面及时地带来显著的改善。就像我们提到的那样,即使高新技术活动局限在少数地区,中国经济的宏大规模意味着这些为数不多的地区的进一步发展将对世界其他地方,特别是东亚产生显著的影响。

三、东亚向知识型经济转型的日程表

(一) 知识型经济的日程表

为了适应和转变为知识型经济,东亚经济必须致力于如下五个支撑性的组成部分:
- 发展 ICT 行业,包括和 ICT 相关的服务产业和 ICT 基础设施作为知识经济的平台;
- 适应于国际生产网络;
- 增强创新系统;
- 升级人力资源;
- 重构产业和企业。

尽管日程表项目列表适合于所有的东亚经济,每个经济在单个项目上的权重取决于它的发展阶段。例如后发展的经济倾向于强调一些有助于其经济适应并连接到国际生产网络的措施:改善电信基础设施、建立 ICT 培训机构并发展产业集群。相反,在新工业化经济中,第一重要的是提升创新系统,这和发达的经济的做法是一样的。

新工业化经济的一个独一无二并且关键的问题是怎样由强调从发达经

济转移知识的追赶系统转变为强调本土的知识创造。如果新工业化经济希望能够利用具有范式转换的ICT革命优势,通过更快地适应于知识经济来超越发达经济,它们需要更为复杂的ICT战略。它们应该设计一种综合的方法,通过培育更多创造性的人力资源来强化创新系统。而且,新工业化经济和日本需要将它们的经济从面向制造转向更多的面向服务的经济。

东亚经济关于知识经济战略的另一个重要方面是国际性连接。对它们来说,与太平洋地区的两个经济巨人,美国和中国联系起来极为重要。和日本联系起来变得相对不那么重要了,但依然是一个因素。重获生机的日本对知识经济下未来的东亚经济的地理有着重要的影响。

(二) 发展ICT基础设施

东亚国家经济在ICT基础设施方面存在着巨大的不平衡。新工业化经济已经非常好地发展了电信系统。而且事实上,韩国、中国香港和新加坡在宽带电信基础设施方面也走在了日本的前面,而这对于电子商务的发展是至关重要的。不过在其他的东亚经济,固定电话线路和移动电话的低覆盖率已经阻碍了互联网的拓展。而且,在中国和东盟,ICT基础设施的状态是一个严重的问题(见表2)。

表2　ICT发展水平指标

	每100人拥有的固定电话线路		每100人中的移动电话用户	每100人中的互联网用户	每100人中的PC用户
	1997	2002	2002	2002	2002
韩国	45.3	48.9	68.0	55.2	55.6
中国香港	56.2	56.5	94.3	43.0	42.2
中国台湾	50.0	58.2	106.2	38.1	39.5
新加坡	44.4	46.3	79.6	50.4	62.2
日本	52.1	55.8	63.7	44.9	38.2
马来西亚	19.5	19.0	37.7	32.0	14.7
中国	5.6	16.7	16.6	4.6	2.8
泰国	8.2	10.5	26.0	7.8	4.0
菲律宾	2.9	4.2	19.1	4.4	2.8
印尼	2.5	3.7	5.5	3.8	1.2
美国	63.6	64.6	48.8	55.1	65.9
法国	57.9	56.9	64.7	31.4	34.7
德国	55.1	65.1	72.8	41.2	43.1
英国	54.0	59.1	84.1	42.3	40.6

资料来源:国际电讯联盟。

印度尼西亚、菲律宾和泰国的基本电信基础设施的匮乏已经限制了互联网的使用和与互联网相关产业的发展。由于印度尼西亚和菲律宾的特殊的地理环境,提供充分的基于陆地的电信服务特别困难。其他形式的电信系统和本地模式的互联网接入已经出现在这两个经济中。印度尼西亚政府是使用卫星为群岛提供国内电信方面的先驱。提供电话和互联网接入服务已经变成了印度尼西亚中小型企业家的一个急剧增长的业务。印度尼西亚的2 000—2 500个互联网服务亭是亚洲太平洋地区所有经济中最多的(Hutabarat,2001)。菲律宾用网吧和移动电话弥补电信基础设施的不足。

东亚脱离雁形模式在互联网基础设施发展过程中体现得最为明显:一方面,新工业化经济在长期占据领导地位的日本前面起了拉动作用;另一方面,领跑者和其他发展中经济之间的差距正在拉大,韩国在宽带网接入方面是全球的领头羊。直到最近,放松管制环境中的私人竞争将日本推向了前列,并超越了领跑OECD的国家。根据国际贸易同盟,日本宽带通信的总成本在2002年是全球最低的,尽管它的宽带接入率仅有7.1%。在这一方面,日本落在了韩国(21.3%)、中国香港(14.9%)、加拿大(11.2%)后面,但仍领先于美国(6.9%)。

日本和新工业化经济在发展顺序方面的逆转,以及新兴工业经济和该区域发展中经济之间的差距扩大,反映了这些经济在该部门放松管制的程度的方面的差别。由于对电信的过度管制导致的竞争不足,在某些经济中已经损害了基础设施平台的建设。在泰国,互联网接入公司之间缺乏竞争,使得互联网接入价格很高(Tangkitvanich,2001)。

因此,促进电信部门的竞争是东亚经济的一个主要议程之一。而且,政府在该领域已经加大了努力。达成电子东盟框架协议的东盟经济承认必须对电子商务设立管制和法律框架(Hutabarat,2001)。进一步地,促成有益于电子商务发展的环境非常关键。

(三)对国际化生产网络的适应

迄今为止,知识经济对面向制造的东亚的主要的正面影响是将其整合到国际生产网络中,对于ICT设备而言尤其如此。并且,该区域的经济正在努力深入国际生产网络。它们已经发展了实物基础设施,例如公路、港口和电信设施,简化海关程序,以降低交通运输成本并提高效率。后来的经济,例如越南和缅甸仍然必须在基础设施方面进行许多改进,才能够将它们置身于国际联系中,为之服务并从中受益。并且,物流产业的发展被认为是关键因素。物流产业不仅对于增强生产网络,而且在某些国家,例如中国,对于国内市场的发展也是如此。

伴随着更加顺畅的网络而来的是更大量的国际商品和服务交易和更大量的跨越国界的支付和结算。需要改善国际性支付基础设施,以便应对全球经济的新的方面。如果参与者相信贸易的财务结算更加方便,东亚地区作为国际网络节点将变得更有吸引力。特别的,东亚经济如果能够寻求途径,将个体经济的实时结算系统(real-time gross settlement systems)和区域网络连接起来,它将受益颇多(Chen and Ng,2001)。

靠外国直接投资来融资的产业集群,例如新加坡—马来西亚、华南和泰国的产业集群,是这些区域在国际生产网络中良好表现的最重要的来源。促进现存的产业集群并创造新的产业集群是增强东亚和国际生产网络联系的重要途径。意识到产业集群的重要性,新加坡政府正在寻求发展 ICT 设备产业中的新的集群。在它的"产业 21 主计划"中,政府选择电子产业作为核心集群,以便通过吸引具有最先进的产品设计、生产和应用软件能力的领先全球的公司,将新加坡打造成全球最好的电子产业网络中心。

(四) 推动和 ICT 相关的服务业的发展

尽管东亚已经变为全球 ICT 设备顶级供应商,但是它在 ICT 产业的服务方面仍相对比较弱。这阻止了东亚经济完全获取知识经济的好处。这些经济发展和 ICT 相关的服务部门的另一个重要的理由是,这能够通过多样化其产业结构而使得宏观经济更加稳定。该区域经济对外部 ICT 硬件需求的相当重的依赖性已经使得它们相当不稳定。这一点已经被如下事实证明:它们从亚洲经济危机中快速复苏后,又随着全球 ICT 破产陷入了困境。并且,在制造业与中国竞争的困难迫使许多东亚经济寻求服务业的机会。

东亚产业结构偏向制造业的倾向以及对服务业的忽视,在某种程度上是该区域普遍采用日本模式发展以及来自于日本及新兴工业化经济的外国直接投资流动的自然结果。严格仿照日本模式,韩国和中国台湾在包括与 ICT 相关的服务在内的服务业领域相当弱。软件和其他计算机相关的服务的产出在1999年只占韩国ICT产出的7%（41亿美元），而且其中的70%由外国的公司提供（KIM，2001）。类似地，在1999年，中国台湾提供的30亿美元的软件和其他ICT服务低于其全球硬件产值的1/10（399亿美元）。与包括日本在内的发达国家以及作为ICT网络中心的新加坡相比，韩国和中国台湾在软件与其他的ICT服务产业方面更弱。

因为ICT革命越来越强调服务型活动，东亚经济正被迫调整它们潜在的产业战略的方向。1998—1999年，中国台湾的软件和IT服务的产出年增长率达35%，几乎是硬件产出年增长率18%的两倍（Chen and Liu，2001）。在韩国，这个部门也已经成为ICT产业中发展最快的部门。中国台湾认识到，将来的增长领域包括诸如移动电话、通信和宽带网、软件及光电子产业的OEM生产。服务业是这些领域中愈发重要的投入。随着在许多领域内出现了新技术，韩国希望软件和与计算机相关的服务部门将变成经济中更重要的部分，该部分的增长速度是ICT设备和服务增长率的两倍（Kim，2001）。

一些东亚经济努力构造面向服务的ICT产业集群，并且通过制定法规和建造物质基础设施，以吸引国内外投资来发展他们的创新系统。为了鼓励互联网和多媒体应用方面的专业化公司形成战略集群，中国香港特区政府联合私人公司为"数码港项目"提供必要的基础设施。当该项目在2004年底完成的时候，它将为高新技术和媒体公司提供10万平方米的智能办公空间和其他设施（Chen and Ng，2001）。打算吸引顶级ICT公司的马来西亚的"多媒体走廊"项目致力于多媒体和通信产品、方案和服务以及研发，现在已经有超过60家的国际大公司入住了。

一些东亚经济也努力吸引离岸的ICT服务。基于菲律宾人在英语方面的优势和与美国长期保持的商务关系，菲律宾对它的软件产业以及和ICT相关的管理活动都有很高的期望。由于工资只有美国的15%，菲律宾希望美国公司将金融、会计、医疗保健方面的客户支持服务和内勤服务外包到本地公司。这类服务和菲律宾的相对低层的IT技能相适应，而且这类服务对于非ICT白领的雇用有着重大的影响。菲律宾经济区机构（PEZA）已经认证了9个信息技术科技园，占地约200公顷。这些园区提供基础设施、支持设备和娱乐设施以吸引IT公司，并促进软件产品和服务的出口和发展（Vear and Lee，2001）。在PEZA中，IT产业带来的服务从1995—2001年每年增长91%，并且雇用了

7 000 人,在 2001 年创造了 10 亿美元的出口额(Antonio and Padojinog)。

除了过去的发展模式的遗留问题之外,两个因素导致了一些东亚经济在 ICT 服务方面一直都很弱:一个是语言问题,大约 80% 的互联网交易是用英语进行的,非英语的亚洲经济在销售互联网内容和应用软件方面存在劣势;另外一方面,具有相对强的英语能力的印度和菲律宾能够从软件和有关互联网的交易的全球性规模经济中获益。除了语言的限制,该区域创新系统的不足也导致了东亚 IT 相关的服务部门发育不全。

(五)加强创新系统

东亚相对较弱的创新系统不仅是该区域服务产业发育不良的主要原因,也对该区域向知识经济前进造成了很大的限制。甚至该区域的新兴工业化经济在科技水平方面也远远地落后于发达的经济。在 2001 年,专家估计韩国 ICT 产业达到发达国家竞争对手相应产业水平的 60%—70%,仍然落后 2—3 年,韩国只在半导体存储器、TFT-LCD 和 CDMA 移动电话标准等狭窄领域领先(Kim,2001)。而中国台湾的技术贸易余额显示了一个很大的赤字。认识到这些问题之后,东亚新兴工业化经济都认为它们的公司需要扩大创新活动,建立自主品牌,并提高服务交易的份额以便提高增加值。在发达经济和新兴工业化经济之间,以及新兴工业化经济和其他发展中经济之间在研发能力方面都存在着巨大的差距(见表3)。

表 3 研发能力指标

	高等教育的入学比率%	研发支出占 GDP 的百分比	每 100 万人口中科学家和工程师所占的比率
	1993	1998	1985—1995
中国	4	0.7	350
印度	6	0.7	149
马来西亚	25	0.4	500
韩国	48	2.7	2 636
新加坡	38	1.8	2 728
日本	30	2.9	6 309
美国	81	2.5	3 732
入学比率指的是在校大学人口/22 到 24 岁的所有人口			

资料来源:《世界竞争力年鉴》(World Competitiveness Yearbook),1997,1999—2000。

这个较弱的创新系统部分地体现了占主导地位的追赶模式,在这个模式中,东亚经济集中于制造那些在发达经济中开发的产品,并依靠发达经济转移技术。在与外国公司的合同中专业化于OEM生产后,新兴工业化经济中的许多公司,不同于其日本同行,缺乏产品开发的经验。它们在基本的研究技能和经验方面非常弱,因为它们主要致力于应用发达国家开发的技术。但是,就像前文提到的那样,日本、中国台湾和韩国已经逐步地增强了它们的创新系统。

在认识到在地理上集聚技术相关的部门有利于鼓励创新后,现在发达经济在科技、技术和创新政策方面一般倾向于集群的产业政策,而不是部门的政策(Dahlman and Andersson,2000)。由于类似的理由,东亚经济的政策看起来也朝着类似的方向发展。对于东亚经济,特别是新兴工业化经济,在它们从追赶工业化经济向知识型经济转变的过程中的主要挑战是加强弱的创新系统。鼓励集群是政府可以采取以提高经济的创新能力的诸多政策之一。经验显示,政府干预过多倾向于抑制源于个人和组织之间自愿合作的创新。因此,政府对国家创新系统的支持应该是间接的,例如创造一种有益于创新的总体环境。

传统地依赖于自上而下的干预主义方法来鼓励和指导创新的东亚经济正被迫转向更加开放的、合作的、自下而上的方式。例如在一个最近采用的政策框架中,中国"台湾当局"一直在推动产业、公共研究机构、大学之间的合作。进一步地,韩国政府在它的2000年科学技术发展远景规划中试图作出如下转变(Dahlman and Andersson,2000):

• 从政府主导的、面向发展的、国内网络化的研发系统到私人主导的、面向推广的、全球网络化的系统;
• 从供给扩张政策到高效利用政策;
• 从处理短期需求的政策到将会创造新市场的长期政策。

(六)升级人力资源

对于向知识经济转型关键的人力资源(有知识的人才)的需求在东亚快速地增长,就像在世界其他地方一样。但是在这个区域,这种人才相对短缺。东亚经济天然具有高质量、低技能的劳动力来支撑制造业。东亚也有相对多的受过教育的人才,但是它们主要集中于日本和新兴工业化经济中。东亚经济在支持ICT部门和基础设施,或对于知识经济至关重要的创新活动的人力资源方面不是特别丰富。

事实上,ICT人才的短缺已经变成了东亚ICT部门和基础设施发展的瓶颈。这个问题在后发经济中,例如泰国和印度尼西亚尤其严重。并且很可能产生数字鸿沟,或者使它们无法支持ICT部门和走向知识经济所必需的基础设施。相反,菲律宾已经稳步地提高了在IT相关领域学生的数量,并且每年造就4 000个科技和工程毕业生,尽管其质量还不够高(Vear and Lee,2001)。与印度及新加坡一道,菲律宾与非英语国家,例如泰国,相比更处于优势地位,因为英语能力促进了当地ICT人员和国外客户或雇主之间的交流(Tangkitvanich,2001)。

提高高等教育的数量和质量不仅改善了ICT人员短缺的状况,也为该区域提供了能够创造和利用新知识的劳动力。东亚经济成功地扩大了初等和中等教育能力,以满足快速工业化对工人的需求,但是在东南亚国家高等教育是不足的。东北亚有着相对大量的受过教育的人才,这大约和欧洲与北美持平,但是,东南亚这种人才相当少(见表4)。日本以及新兴工业化经济的大学录取率同欧洲及北美国家差不多。中国的大学录取率仍然很低,但是大学毕业生的绝对数量很大,因为它的人口基数很大。因为大学录取率的快速增长,在校大学生的数量也急剧增加。因为相对大量的、能够作为知识经济基础的、受过高质量教育的东北亚人才还不能够满足经济规模的需要,所以,仍然存在着经济扩张的空间。

然而,这些教育系统总是强调死记硬背,未能鼓励创新。更为严重的是,对于高等教育的忽视已经限制了这些经济的创新能力。韩国研发人员的数量是足够的,但是他们的质量还不够高(Dahlman and Andersson,2000)。韩国教育和培训计划的目标是提供生产人员,而不是处于高度需求中的高熟练的软件人才。

为了确保得到足够的人力资源以实现向知识经济的转化,这个区域必须采取强调质量、创造性、终身学习和整个人力资源发展的一种教育和培训新模式。事实上,东亚经济已经作出进一步努力来提高它们人力资源的总体质量。

第十一章 知识型经济中的日本和其他东亚经济

表4 按区域划分的获第一个大学学位人数和其中获理工科学位的人数：1999 或最近几年

地区和国家	第一个大学学位毕业总计	在所有24岁以上人口中占的比例(%)	所有理工科学位的人数	在所有24岁以上人口中占的比例(%) 1975	1999
总数，所有地区*	6 781 885		2 649 460		
东北亚	1 276 544		804 747		
日本	532 436	30.1	350 535	4.7	7.7
中国	440 953	2.2	322 769	0.4	1.3
中国香港	11 362	12.2	5 425	2.1	4.5
韩国	204 390	24.7	91 296	2.1	9.0
中国台湾	87 421	22.7	34 722	2.6	7.7
东南亚	279 712		138 622		
印尼	144 314	3.6	97 095	N.A.	0.8
马来西亚	10 511	3.2	4 760	N.A.	0.8
新加坡	5 999	11.5	5 599	N.A.	7.8
泰国	119 288	9.8	31 168	N.A.	1.7
印度	750 000	4.8	176 036	N.A.	1.1
欧洲*	2 118 553	21.5	799 921		6.1
欧盟	1 908 967	22.4	439 171	N.A.	6.5
北美	1 514 627	25.9	481 544		4.6
美国	1 199 579	35.3	384 674	4.0	6.0

N.A. = 无法收集的数据；对于同时具有短期和长期学位的国家，该比率是短期和长期学位一起作为分子计算的；* 只包括那些能获得最近的数据的区域。

资料来源：Science and Engineering Indicators 2002, National Science Foundations。

确保供给充足的 ICT 人才是第一要务。新加坡政府已经通过招募 ICT 服务专家和电子化教育和培训，系统地引导它的人力资源发展计划。早在 1985 年，它的"国家 IT 计划"就号召培养 ICT 专家，而且 1992 年的"IT 2000 计划"也号召加速发展和 IT 相关的人力资源。更进一步，2001 年的"信息通讯专家计划"(Infocomm Master Plan)也呼吁通过提供世界级的教育、培训、招募来改善用于发展谙熟互联网的劳动力的环境(Chia and Lim, 2001)。

升级人力资源也是避免出现数字鸿沟的主要手段。东亚的后发展经济对官方发展支持(ODA)抱有很高的期望，认为 ODA 能够提高 ICT 方面的教育和培训，并一直在寻求与发达国家在这方面合作。这种训练计划的一个好的特点是它们有一种内在的放大机制，即每一拨的参与者反过来培训下一拨(Wan and Yusof, 2001)。

因为通过训练和教育发展国内人力资源比较耗时，一些东亚的经济通过引进知识人才作为解决短缺的直接方案。新加坡给招募海外人才的雇主补贴住房并减税。类似的,为了帮助"多媒体超级走廊"的公司从海外招募知识型人才,马来西亚在批准工作许可证方面更有弹性。中国香港已经放松了对来自内地的科学家和工程师的迁入限制。为了克服软件和电子商务领域预计2.6万个熟练人才的短缺,韩国通过给国外的ICT专家提供"金卡护照"(凭借这种护照,他们可以在韩国工作长达10年),在2000年5月将它的移民政策自由化。日本对于来自于东亚和南亚发展中经济的ICT人才放松了签证要求。

升级人力资源的一个更基本、更长期的解决方案是改革教育系统。提上议事日程的问题包括:扩大支撑知识经济的创造性人力资源的供给和鼓励终身学习的机会以确保知识的不断更新。在改进教育系统以强调学习过程而不是简单记忆方面,新加坡和中国香港走在了区域众多经济的前列。

(七) 促进产业和公司的重构

培植与ICT相关的服务部门以平衡对硬件生产的过度依赖,东亚经济致力于使它们的产业结构适应于知识经济。尽管私人公司的努力主要是引导向ICT和服务产业的转移,但是强化创新系统以及提高产品生产、劳动力和资本市场效率的政府政策也很重要。

随着产业重构的向前发展,以及知识经济在全球变得更加普遍深入,一个经济的国际竞争力决定了它能否被组织好以高效利用ICT。特别的,竞争力取决于高效使用ICT的管理能力,并且公司也需要重组以便将ICT作为核心管理工具。对于东亚而言,公司组织的主要挑战是重构现存的公司组织,推动中小型企业的发展(以便从网络外部性中获益),并为新的商业模式开辟道路。在中国台湾,地方所有的公司(主要是中小型企业)已经被组织到网络中去了,与战略产业中集聚的生产和营销能力一起,希望能推动产业的进一步发展(Chen and Liu,2001)。另一方面,韩国需要将它的家族企业重组到非垂直的网络组织中去,以克服寡头控制产生的问题,并激活整个经济。在这方面,1997年的金融危机对于家族企业产生了深远的影响,导致它们分拆公司并和中小型企业建立更加平等和独立的关系(Suh,2003)。

对于东亚而言,一般说来,本地公司组织发展得不够,成立新兴公司应该不仅被视为增加了公司数量,也应被视为引入更有效率的公司组织形式的一种手段。鼓励新公司,特别是 ICT 产业中的新公司,已经变成一个主要的政策目的。许多东亚经济已经采取措施促进风险投资和新兴的股票市场。1996年引入韩国的 KOSDAQ 市场在亚洲金融危机以后起飞了(Shin,2002)。1999年,中国香港开辟了特别板块,即上市标准更宽松的成长企业板块。最近,新加坡从强调鼓励现存的国内公司加入并在高新技术制造领域成长,转移到强调推动像软件、互联网、生物技术以及移动通信这些领域的创业活动。由于通过"高科技企业家21"项目资助,新加坡从1998—2000年刷新了创办新公司数量的纪录(Chia and Lim,2001)。

(八)对于综合性的、间接的政策框架的需求

政府应该针对知识经济采取综合政策,而不仅仅是狭义的 ICT 政策。例如它们应当致力于知识经济的支撑元素。事实上东亚新兴工业化经济已经清醒地认识到对综合方法的需要。例如新加坡政府的"Infocomm 21"是通过用现存的物流和金融"中转站"的功能整合 ICT"中转站"的功能,以便实现将新加坡打造成数字经济的区域中心的蓝图。该政府正在协调该计划的实施,以便把新加坡发展成为 ICT 的"中转站",在这一过程中,政府也利用了有关于技术、流入的外国直接投资、人力资源和消费者教育等的其他相关政策(Chia and Lim,2001)。类似的,韩国政府也将 ICT 政策作为更广泛的知识经济政策的一部分。韩国转向知识经济的综合计划将"贯通全国的信息化"作为五个核心计划之一。其他四个计划是:强化创新系统、促进知识产业、修补人力资源发展及发展安全网络(Woo,2000)。

在这样一个框架中,政府的主要角色逐渐被认为是间接性的,也就是建立有助于增强经济的竞争优势和比较优势的政策框架。例如韩国正在取消它早期的直接干预主义政策。事实上,用来哺育新兴公司的政府财政激励恶化了高科技股票泡沫破灭的后果(Kim,2001)。

东南亚的后发展的经济的政府尚未采取广泛措施以引领它们进入知识经济时代。到目前为止,它们的政策依然集中倾向于提供 ICT 基础设施。例如印度尼西亚的"Nusantara-21",马来西亚的"MMSC"和中国的"三金工程"项目。

(九)面向美国和中国的战略性定位

向知识经济的全球性的转变导致东亚经济调整它们的国际战略。这些

经济曾经都把日本作为生产技术的主要来源,并把日本、美国、欧洲作为主要的出口市场。现在日本对于东亚区域的其他经济的影响力正在缩减,而且每个经济如何针对美国和中国来定位自己变得越来越重要了(见图1)。例如,韩国正在连接美国高新技术发展和中国巨大的有吸引力的国内市场的全球价值链上寻求一个中间点(Kim,2001)。

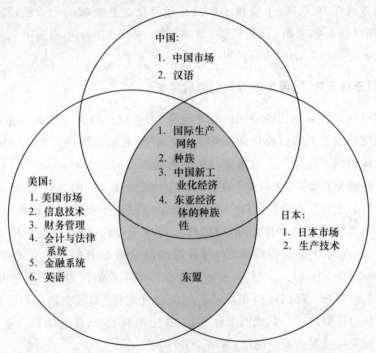

图1 全球经济中的东亚经济

由于国内经济的长期萧条,在放松管制方面的落后,以及适应ICT的失败,日本对于其他东亚经济的影响自从20世纪90年代开始显著地下降了。但是,作为核心部件、材料和机器的供给商,日本在东亚经济发展过程中依然起到了重大作用。日本对中国的贸易逆差被它同韩国、中国台湾和中国香港的贸易顺差抵消掉了。而这些地方严重依赖来自日本的核心部件、材料和机器以向中国出口。另一方面,美国作为诸如ICT、生物技术和金融领域的创新的主要来源,作为法律、会计、金融系统的模范;作为一个大市场将继续在较长的时间内对于东亚经济起关键作用。中国正作为一个大市场和最大的制造基地出现在国际生产网络中。美国和中国的影响很大,因为英语和汉语是

第十一章 知识型经济中的日本和其他东亚经济

能给许多ICT产品和服务的生产带来正外部性(externality)的国际性标准。在这种环境中,有着大量华人的东亚新兴经济——中国台湾、中国香港和新加坡——以及东盟的由华人控制和管理的企业居于多种不同的外部性的交汇点上,是国际商业和技术转移的中转站。

不管它们在升级本土创新系统方面有多么成功,在将来,新兴工业化经济将依然依赖来自于发达经济的知识转移。知识经济中的东亚经济的国际战略目标之一应当是同发达经济的创新系统联系起来。同美国这个全球最大的、最先进的知识库联系起来是迄今为止的最优先的选择。可以采取各种形式的连接,例如在国际生产网络中的合作关系,向先进经济国家派遣留学生以及恳请国际商学院校入住本土。中国台湾同美国特别是同硅谷的连接对于它的PC和集成电路产业的存在极为重要。大部分台湾PC产出都是为美国知名大公司进行的OEM生产。台湾集成电路工厂超过一半的生产能力用于美国公司的委托生产(Chen and Liu,2001)。这种跨越太平洋的产业连接是台湾人以及居住在美国和在台湾的其他华人之间的社会和民族纽带支撑的。

亚洲新兴工业化经济在语言能力\留学经验方面比日本强,这能够给连接国际创新系统提供很大的帮助。这些国家的学生英语更熟练,在美国的留学生比例也更大(见表5)。据报道,中国正在掀起学习英语的狂潮。

表5　与美国创新系统的衔接

	TOEEL平均成绩 1998.7—1999.6	每1 000人中在美国 读书的学生数量
日本	501	0.37
韩国	535	0.94
中国台湾	510	1.44
中国香港	524	1.53
新加坡	—	1.26
马来西亚	536	0.71
泰国	512	0.25
印尼	545	0.07
菲律宾	584	0.04
中国	562	0.04

TOEFL是针对母语非英语的考生设置的英语考试。

来源:Economic Planning Agence of Japan, *Asian Economy*, 2000, and Ministry of Home Affairs, World Statistics, 1999。

东亚经济面对中国的恰当定位随着中国经济的发展和向知识经济的全球性的转变而变化。怎样培育中国市场以及怎样利用中国巨大的人力资源,不仅对于东亚的公司而言,对于全球的公司也是一个主要的战略问题。中国台湾的公司通过在华南的投资极其成功地利用了中国内地劳动力。事实上,台湾正在关注这种成功给岛内产业基地带来的后果。但是,尽管存在空心化的威胁,台湾别无选择,只能逐步放开它在中国内地的高新技术投资。如果韩国能够升级它的经济,以便避免在供给低成本的劳动密集型产品方面同中国竞争,地域上的临近就可能让韩国进入中国广阔的市场,特别是在中高附加值的领域(Woo,2001)。

在20世纪90年代的时候,中国已经开发了几个地区性制造业和相关产业的集聚地,而且已经成为劳动密集型生产活动的最主要基地。现在,大多数的东盟经济在劳动密集型产业同中国竞争,而且由于中国巨大的知识人才和低技能工人的供给,以及它的高效的产业集群正日渐成为一个威胁。对于东盟而言,正确的反应有赖于像这类战略:加速 AFTA 以创造更大的内部市场,加速国内的管制开放,升级人力资源。

四、日本对于知识经济的反应

(一)日本公司面对的竞争力挑战

在向知识经济转变过程中,日本落后了。先进的经济,例如美国、澳大利亚、丹麦、爱尔兰、荷兰和挪威都通过平缓地适应知识经济而取得良好的经济绩效。而法国、德国、意大利、瑞典和日本由于调整滞后表现得很差(OECD,2000)。日本的困境来自于它未能对知识经济的五个支撑因素作充分的准备。直到最近,日本 ICT 基础设施的不足以及电信管制开放的缓慢阻碍了互联网的渗透。不过,在2001年始,通过 DSL(数据用户线)的互联网宽带接入方式的快速扩展,已经显著地改变了这种状况。现在日本的根本问题来自于它对新兴的知识经济下的国际性生产和创新系统的适应缓慢,也来自于组织性重构进程的缓慢。在知识经济的新经济地理中,日本公司被挤压在面向创新的美国产业和来自于东亚的 OEM 制造商的日益增长的竞争性联盟之间,他们中有很多在中国具有生产设施。

第十一章 知识型经济中的日本和其他东亚经济

日本公司在参与并发展它们自己的全球生产网络方面已然落后。这些网络围绕着 ICT 产业,使用模块化生产技术。在这些产业中,独立的公司生产单独的部件,这些部件被通过例如操作系统和通信协议这类技术标准连接起来的联网组织完成组装。它们严重地依赖于网络节点上的 B2B 交易,这些新的网络与日本的制造商擅长的围绕整体生产技术发展而来的网络不同。这种传统的生产网络由一组生产许多非标准化部件并通过紧密协作的方式将这些部件组装起来的相关厂商构成。

在许多方面,使得日本公司在整体生产技术全盛时期成功的那些特征不适合于模块化生产技术和知识经济的国际化生产网络。日本公司的最基本的优势是在组织内以及公司之间内部积累知识的能力以及高效率合作的能力。它们倾向于使用独特的非标准化的生产工艺和部件,而且它们极为重视质量。这些特征与开放网络的模块化生产技术的要求背道而驰。结果,它们被迫无法利用中国的低成本的劳动力供给,尽管这似乎很容易获得。日本公司在东亚采用 B2B 交易方式方面也行动迟缓(Hara,Masuyama,and Teramura,2001)。日本公司在采取模块化生产技术和适应知识经济方面的困难的基本原因是它向扁平化网络型的组织结构转变缓慢。首要原因是公众对于保持国内就业水平的关注使得日本公司很难将制造过程转向中国。而且,日本式的管理方式在中国不大适用,至少在劳动密集型产业是这样的,因为中国台湾以及中国内地的管理纪律严格,而且经济激励也更大。

由于向水平组织结构方向的重组和重构的滞后,日本公司感到来自中国台湾和亚洲其他地方的、采用适合于网络化组织的新的商业模式的公司,例如电子制造服务公司(EMS)和集成电路制造厂的压力。日本公司特别受到一些中国台湾公司的威胁:它们已成为美国领导的国际生产网络中生产过程的核心组织者,并充分利用中国内地的低工资水平的劳动力供给。日本公司在创新活动领域失去阵地,而对于先进经济而言,创新活动是知识经济最核心的元素。日本公司在 ICT 和生物技术这种前沿技术领域落在美国公司的后面。缺乏创新能力限制日本公司向广大的 ICT 服务(诸如金融服务此类)领域进军。

日本创新系统落后的原因是:日本没有具有国际竞争力的大学,没有像硅谷或者新竹科技园那样的动态高新技术产业集群,而且日本也缺乏和国外的创新中心,例如硅谷的紧密联系。根据 OECD 的报告:在向知识经济转变过程中表现较好的先进经济,例如加拿大、丹麦、英国和美国,大学和公司之间的合作密切,但在日本、德国和韩国,这种合作薄弱(OECD,2000)。语言和文化限制了日本公司获取国外的知识,而这种学习在知识经济时代是最重要的。对于一部分日本公司而言,向网络结构方向重组迟缓,这限制了它们的创新绩效。

日本作为公司活动地点的竞争力的下降已经损害了它参与到生产网络和创新网络的能力。日本在许多政策领域落后于美国及东亚新兴工业经济,比如,在信息和电信基础设施的管制开放方面,以及像大学的质量、产业与大学之间的合作、人力资本发展、进口、国际联系等这些和创新系统相关的领域。而且,日本劳动力市场的非流动性以及公司治理的不足从总体上减缓了日本产业和公司的重构,来适应不断变化的生产系统和创新系统。

同时,日本对于亚洲新兴工业化经济和西方发达经济依然有一些明显的竞争优势。比起其他先进经济,日本更靠近中国,并因此更有利于利用中国巨大的人力资源和有力的市场。较之于亚洲新兴工业化经济,日本的创新能力水平更高,而且也有更多的知识型人才,而这些对于知识经济很关键。另外,日本迄今为止依然具有亚洲最发达的公司组织,尽管它们需要一定程度的调整。在适合整体技术的领域,它们仍具有明显的优势。随着 ICT 革命向数码消费品领域扩展,该领域实际上非常宽广,这一特点已经很明显了,就像我们在前文提到的那样。毫不夸张地说,在满足知识经济需求方面日本处于最值得羡慕的位置,至少在东亚是这样。

(二)日本公司适应知识经济的日程以及新经济地理

日本必须对新兴的知识经济作出反应:不仅仅是利用简单的 ICT 战略,而且是利用包括适应国际生产网络、激活创新系统、推进产业和公司重组的综合战略。在制造领域,日本应该和 EMS 企业、新兴工业化经济的工厂和中国的制造厂进行竞争或向其外包业务。在创新方面,日本需要和美国公司作标杆比较。日本不应当和新兴工业化经济及中国的低成本制造商直接竞争,而应通过向更加面向创新和面向服务的经济活动转变,与之建立互补关系。日本应通过创新提高其产品的差异性,并同时通过与新兴工业化经济及中国建立更强和更密切的关系,以便利用这些经济的低成本生产能力知识人才库。

日本公司通过利用大产量来以低成本提供高质量产品的传统战略已经不再能为竞争力提供有效的基础。因为许多此类产品已经成熟,可以在其他国家,比如中国,以更低的成本生产。日本公司被迫要在作为低成本制造商进行竞争或通过产品差别化进行竞争之间作出选择。为了在低成本制造上取得成功,日本企业需要在全球市场继续规模化,在中国市场上占有一块大的份额。要想作为差别化产品的提供者获得成功,它们必须提高创新能力并在其产业的服务方面进行拓展。事实上,这两条路日本公司都要走,但要强调产品差别化,对就方便日本公司同在中国的产业建立互补关系而言,这一点尤其重要。即使日本公司致力于产品差别化,它们也必须提高同国际生产网络的联系,以便避免生产方面的失败抵消了创新方面的成功。

这种两面兼顾的方法意味着日本公司必须在三个方面调整它的生产网络。第一,它们必须加速向低集中化结构的重组,并加速引入以 ICT 为基础的系统,例如供应链管理系统(SCM)和 B2B 电子商务系统。为通过与其他公司的联网而进行尽可能多的 SCM 和 B2B 交易,它们需要使用标准化的零部件,并降低对需要专业化的零部件的产品的质量的过分强调(这种强调也导致了产品价格丧失竞争力)。为了做到这一点,日本公司在保持整体技术系统的同时,需要重组公司的内部运作,也需要调整公司之间的关系。第二,它们需要进一步利用中国作为基地进行低成本生产。第三,为追逐生产的规模经济,它们必须寻求合并或战略联盟以便增加生产规模,利用合同制造商(例如电子制造业服务提供商(EMS)和制造厂),并对大的战略性市场进行投资(比如中国市场)。为取得中国市场的份额,日本公司需要通过吸引知识人才对中国的营销和研发设施进行投资。

事实上,许多日本公司在生产网络中已经开始作出调整,以应对来自美国和东亚公司的挑战。它们追寻合并并进行战略联盟以降低成本、改变设计和生产系统、反思其零部件采购、将生产转移到中国、修改其垂直结构并和外部公司联网。日本在钢铁、纸浆、造纸和内存产业的制造商已经产生了许多合并企业和战略联盟。在解除捆绑运作和网络化运作方面,电子公司例如索尼和三菱电气已经开始将其生产部门与产品开发和市场营销部门分离开来了。它们已经组建了专业化于生产的独立公司或部门以便与电子制造业服务提供商公司直接竞争。而且,日本公司正在通过直接投资和合同加工,重新努力利用中国的生产能力。一些日本公司,例如三菱,已经开始在中国本土进行研发设备投资,以开发面向中国国内市场的产品。同时,三菱和 TCL 签订合约以便在中国营销三菱的产品。三洋和海尔组成战略联盟,以便在中国营销三洋产品和在日本营销海尔产品。

日本公司尚未采取重大步骤来扩张其服务业,尽管这些措施应该是高工资国家(如日本)对知识经济作出的主流的反应。在 ICT 产业,一些日本公司,例如 NEC 和富士通已经从强调设备制造转向强调软件和服务。其他日本公司应该重新审视它们对于知识经济的看法,并走出过度硬件导向的局面。

为了更加具有创新导向,日本公司应该强调产品差异化,通过转向网络型组织集中公司的资源,并提高对创新的激励。更根本地,日本公司应该发展和高新技术公司的关系,增加与大学的合作,并寻求战略联盟,以之为手段通过更紧密地与国家创新系统相连接提高它们的创新能力。

实际上,在它们具有优势的一体化生产技术的基础上,日本电子制造商在产品差异化方面已经取得重大进步。通过保持对最终产品、核心部件(主要为定制半导体器件)的开发和生产能力,日本公司已经能够在垂直一体化的公司中快速地开发并生产产品,以此获得先行者的收益。保持研发和生产在国内进行,日本公司能够降低技术被复制的风险。

为了保持日本作为理想的有竞争力的生产地点,日本公司可以采用两种方式作出回应。它们可以游说政府改善环境,也可以增加在其他国家的活动。在某种程度上,(当前)境况将迫使它们选择后者,特别是将生产转移到中国。创新系统参与者之间存在紧密的相互作用,并且对于一个参与者而言,脱离其国内的创新系统进行高效运作是很困难的。对于日本公司而言更是如此,语言能力制约了它们多国化的过程。在大学教育系统(特别是研究生层次的)、终身教育、语言和商业教育、交通运输和电信基础设施以及商品和资本市场方面作出改善后,日本公司才能重获其国际竞争力。所以,日本公司应该努力游说政府以便从政策上对日本国内竞争和创新的潜在条件作出改进。

第十一章 知识型经济中的日本和其他东亚经济

参考文献

Antonio, E., Padojinog, W. C. (2003). The Philippines IT-enabled services: prospects and issues. A paper submitted to the AT10 Research Conference organized by Tokyo Club Foundation for Global Studies in Tokyo in February 2002.

Borrus, M., Ernst, D., Haggard, S. (2000). *International Production Networks in Asia: Rivalry or Riches?* London: Routledge.

Chen, E. K. Y., Ng, R. (2001). The new role of Hong Kong as a Regional hub in an emerging economy. In: *Towards a Knowledge-based Economy: East Asia's Changing Industrial Geography.* Masuyama, S., Vandenbrink, D. (Eds). Singapore: Institute of Southeast Asian Studies.

Chen, S.-H., Liu, M-c. (2001). Taiwan's transition from an industrializing economy to a knowledge-based economy. In: Masuyama, S., Vandenbrink, D., editors. *Towards a Knowledge-based Economy: East Asia's Changing Industrial Geography.* Singapore: Institute of Southeast Asian Studies.

Chia, S. Y., Lim, J. J. (2001). Singapore: a regional hub in ICT. In: *Towards a Knowledge-based Economy: East Asia's Changing Industrial Geography.* Masuyama, S., Vandenbrink, D. (Eds). Singapore: Institute of Southeast Asian Studies.

Dahlman, C., Andersson, T., editors. (2000). *Korea and the Knowledge-based Economy: Making the Transition.* Paris: Organization for Economic Co-operation and Development and World Bank.

Fujimoto, T. (2003). *Nouryoku Kouchiku Kyousou* (Competition in Capability Building), Chuko Shinsho.

Hara, S., Masuyama, S., Teramura, H. (2001). Impact of B2B E-commerce on Japanese corporate networks in East Asia. In: *Towards a Knowledge-based Economy: East Asia's Changing Industrial Geography.* Masuyama, S., Vandenbrink, D., editors. Singapore: Institute of Southeast Asian Studies.

Hutabarat, H. (2001). Information development in Indonesia. In: *Towards a Knowledge-based Economy: East Asia's Changing Industrial Geography.* Masuyama, S., Vandenbrink, D., editors. Singapore: Institute of Southeast Asian Studies.

Kim, D. (2001). ICT in Korea: current situation and policy direction. In: *Towards a Knowledge-based Economy: East Asia's Changing Industrial Geography.* Masuyama, S., Vandenbrink, D., editors. Singapore: Institute of Southeast Asian Studies.

Korea Herald (2000). Seoul to offer long-term visas to high-tech overseas talent. Available at: http://www.koreaherald.co.kr/SITE/data/html_dir/2000/05/01/200005010037.asp.

Kuroda, A. (2001). *Meido in Chaina* (Made in China). Tokyo: Toyo Keizai Shimposha.

Mann, C., Rosen, D. H. (2001). *The New Economy and APEC.* Singapore: APEC Secretariat. Available at: http://www.iie.com/apec/apec-report.htm.

Nonaka, I. (1998). The Knowledge-Creating Company. *Harvard Business Review on Management.* Boston: Harvard Business School Press.

Organization for Economic Co-operation and Development (OECD) (2000). *A New Economy? The Changing Role of Innovation and New Technology in Growth.* Paris: OECD.

OECD (2001). *The New Economy: Beyond the Hype.* Paris: OECD. Available at: http://oecdpublications.gfi-nb.com/cgi-bin/oecdbookshop.storefront.

OECD (2002). Towards a Knowledge Based Economy – Recent Trends and Policy Directions from the OECD. Background Paper for Knowledge-Based Economies in Asia. 21-22 November 2002, Singapore. Available at: http://www.oecd.org/dataoecd/32/15/2510502.pdf.

Shin, I. (2002). Evolution of the KOSDAQ stock market. Paper presented at the AT10 Researcher's Meeting in Tokyo in March 2002.

Suh, J. (2003). The Emergence of Innovation Networks and Clusters, and their Policy Implications. In *Innovative Clusters and Regional Economic Development: International Perspectives*. Kim, D.-J., Suh, J., editors. Seoul: Korea Development Institute. Anyang: Korea Research Institute for Human Settlements.

Tangkitvanich, S. (2001). Linking Thai 'Brick-and-Motars' to the global network economy. In: *Towards a Knowledge-based Economy: East Asia's Changing Industrial Geography*. Masuyama, S., Vandenbrink, D., editors. Singapore: Institute of Southeast Asian Studies.

Vera, de R., Lee, P. U. (2001). Information technology and E-commerce in the Philippine economy. In: *Towards a Knowledge-based Economy: East Asia's Changing Industrial Geography*. Masuyama, S., Vandenbrink, D. (Eds). Singapore: Institute of Southeast Asian Studies.

Wan, L., Yusof, Z. A. (2001). Inequality, the digital divide, and international collaboration in East Asia. In: *Towards a Knowledge-based Economy: East Asia's Changing Industrial Geography*. Masuyama, S., Vandenbrink, D., editors. Singapore: Institute of Southeast Asian Studies.

Wang, W. (2004). *The Impact on the Taiwanese Economy from the Emergence of Mainland China*. Paper presented at the AT10 Research Conference in Tokyo in February 2004. Available at: http://www.tcf.or.jp/Activities/2004AT10/Taiwan%20AT102004.pdf.

Woo, C. (2000). Road to a KBE: the case of Korea. 2000 Annual Bank Conference on Development. Available at: http://www.worldbank.org/research/abcde/ed_2000/pdffiles/woo.pdf.

Woo, C. (2001). Industrial upgrading of Korea: process, prospects, and policies. In: *Industrial Restructuring in East Asia Towards the 21st Century*. Masuyama, S., Vandenbrink, D., Chia, S.-Y., editors. Singapore: Nomura Research Institute and Institute of Southeast Asian Studies, p. 277.

World Bank and OECD. (2001). *Korea and Knowledge-Based Economy: Making the Transition*.

# 第三部分　区域知识资本

第十二章 国家和区域层面的价值创造效率:
案例分析——克罗地亚和欧盟

——安蒂·普利克,克罗地亚经济委员会知识资本协会会长

引言

创造合理的经济价值已经成为经济时代的主要目标。因此,它也就成为所有现代公司、社会机构、地区甚至国家的目标。相同的资源能创造出或多或少的价值,任何管理,不管是商业的还是政治的,在给定的情况下,都有责任以创造最优的价值和效率为目标,以此来防止价值破坏。这实际上是对全世界的首席执行官(CEO)和政府提出的最主要的挑战,尽管他们中许多人尚未意识到这一新的经济现实——知识经济——已经改变了以往的规则和规律。知识经济需要新的指标,这种指标能够以一种更合适的方式,甚至是以一种追求新的思考和行为方式的开放思想来解释和描述这一现实。

今天,许多决策制定者缺乏有关刻画当今时代经济特征的基本知识,尤其是对于知识和知识资本在价值创造过程中所扮演的角色以及对价值创造本身已

发生改变的内涵缺乏基本的认识。当代经济正面临着一个危险的境遇,对知识经济过时的理解和衡量体系导致对经营业绩的错误认知,从而导致了错误决策和价值破坏的后果。许多公司乃至国家都对它们各自的经济进展情况非常自信,然而事实或许与期望是截然相反的,这是由于过时的思维模式所致。但是无法责备商业管理者和政治管理者,因为他们所知有限。他们的一切行为紧紧追随着当今最流行的经济理论。有这样一个全新的理论,它将可以为知识经济提供相关的指导方针,但是目前还没有对此理论进行清晰明白的阐述和定义。

为了更加全面地理解当前面临的经济形势,我们转向经济理论的讨论。任何一个新时代的思维形成都是与同时存在着的范式紧密相连的。我们当前流行的经济理论仍然是植根于三百多年前由笛卡儿、牛顿、培根等大科学家建立的理论基础上的。这些机械论的范式之所以吸引人是因为它能使人们很容易地找到问题的答案,使用起来简单方便,处理事情也都很顺利,这些是可以理解的。此外,这些当时流行的理论还曾经帮助在各种现象和事件当中确立了一种正常的秩序,这种秩序甚至是可以通过数学公式和科学检验来确认的。当亚当·斯密用同样的方法在牛顿和培根初步构想基础上建立起来某种经济体制的时候(最终由 J. M. 凯恩斯确立),为同时代的经济建立新的理论基础的时代已经到来了,这为将来范式的改变铺平了道路。这所带来的主要问题就是曾经已经被接受的范式很少遭到质疑,并且即使难以用现存的世界观来解释的现象与日俱增,但是它们的确是很难改变的。

新范式的本质在于它最终将与牛顿的机械论学说相分离。在这篇文章中我们饶有兴趣地注意到,到 20 世纪 30 年代末,物理学领域里的量子理论的理论基础已经坚不可摧,但是机械论学说的范式和相应的研究方法在所有其他科学领域里仍占据主导地位。化学领域和生物领域随之接受并采用了这一全新的理论,并且似乎在最后,经过一段相当长的时间滞后,经济学领域也将开始逐步接受它。新范式将依照如下所提到的 Lester Thurow 的构想,以一种新的方式解释已存在的现实:

> 先前的经济学理论都是静态的——它们都不能随着时代的发展而发展……,因此现实总是慢慢地适应这些理论而别无他法……,在经济领域只有有说服力的理论能超越现存的理论。

第十二章 国家和区域层面的价值创造效率

知识资本问题最终震惊了经济学家,并且,由于一国的繁荣及其公民的福利是政府行为的基本原则,知识资本也成为了政治管理感兴趣的主题。从而,各国政府将积极寻求能够反映及表达这一关注的理想的概念与度量指标。

我们现有的概念尚不能够合理地解释近来经济界正在发生的一切事件,无论微观层次还是宏观层次。因此,越来越多的人开始注意到全世界的经济学家们为了能够创造出一个新的经济理论,而尝试着对特定的过程和观念给出定义,这也就不足为奇了。这种新的经济理论将能够提供满意的答案,比现存的理论更有说服力,并且能为经济竞技场上的所有竞争者提供相关的指导和帮助。

一、货币资本到知识资本的权力转移

实物资本和货币资本——进入经济体系的基本前提条件——一直被视为是财力强大与否的表现,尽管这两者已经开始渐渐失去了他们原有的权力地位。Alvin Toffler 在他的《权力的转移》一书中,颇明确地分析描述了整个历史发展中权力演变以及权力实现的过程。强制力是权力的最初未经演变的形态,在它的所有功能中,最基本的是用于惩罚,因此在最低水平上它也代表着权力。与此相对的是在中等层次上执行权力和代表权力的更加微妙的手段。现如今,一种新形式的权力正在领导潮流,这是权力的最高层次,它是由知识所表现出来的。在权力的不同表现类型的相互关系之间,革新变化已经发生了。正如先前阐明的,知识——作为价值创造的关键因素——已经取代了货币资本的原来的权力地位,在这个意义上,"知识经济"时代已经萌芽了。

然而,在本文中,我们将赋予知识资本什么样的角色呢?为了更好地理解这个问题,我们将不得不深入研究知识和知识资本之间的关系,以及它们在知识经济时代所起的作用。

从经济学角度思考,"资本"一词已经有了精确的涵义。并不是所有的货币都被认为是资本。藏在长筒袜或者保险箱里的钱都不是资本;资本只包括那些用于创造价值的货币和资产,比如说厂房、建筑物、机器、原材料等。以此类推,知识也是如此。社会中存在很多具有相当丰富的知识的人,但是如果他们不能够将他们的知识转化成财富,那么这些知识就永远无法变成知识资本。正是由于我们是从经济学的角度来审视知识这一问题,因此在知识与价值创造之间必须有某种关系。由此一来,能够创造价值的知识就被市场定价为知识资本。尽管我们通常将知识理解为权力的主要载体,但是这种力量应该被归因于在当今经济时代下它的主要表现形式——知识资本。正因为如此,知识资本已经成为当今经济世界中一个强有力的影响因素。

二、知识资本:与实物资本和货币资本同样重要的资源

知识和知识资本的重要性,以及它们在价值创造中的作用已被普遍认同,虽然这看起来似乎是广泛地采用了一种宣言的方式而很少运用实际的方法。公司的员工们——在他们所扮演的人力资本的新角色中作为知识的基本载体——仍被看作是普通的对象,而没有被认作是新经济中有活力的价值创造者。商业现实证明了这点。无论公司和政府部门如何申明员工们的知识和技能有着至关重要的作用,公司里的会计部门拒绝相信这点。在会计科目里,这一最有价值的资产都是作为成本项目来记录的,就像材料、备用件、能源以及手纸那样。

为了能够进一步阐述下去,我们有必要给那些参与价值创造的员工一个新的身份。员工们和他们的知识资本应该得到一个正式的身份——它是一种关键的重要资源,而且应该置于与实物资本和货币资本同等重要的位置。这并不是一件难事。如果我们赞同知识资本是 21 世纪的重要资源,并且认为如今知识的重要性与从前的土地、手工劳动、货币不分伯仲,那么顺理成章地就可以赋予这种资源以它应得到的地位——一种投资而非一种成本。

因此,我们应该正式地确认那已经存在于现在的商业活动中的事实了。公司投资于两种主要资源:一种是传统的,即实物资产和货币资产;另一种是最新的,即知识资本,主要是人力资本。依我个人来看,这似乎是引导向新经济这一不可避免的转换的唯一方式。知识渊博的工作者们被认为是 21 世纪组织机构的最有价值的资产,这一设想将在实际中实现,而不仅仅是浮夸之词。

从列为成本到作为投资计价的转变有一个心理学上的副作用,并且会导致员工和雇主们的思维产生变化。从本质上来讲,成本是经营管理中倾向于

削减的负担。当不得不进行成本削减计划的时候,最通常采用的手段就是先从员工着手。但是如果作为投资列支,那么就会是截然不同的情形了。如果雇主认为他们雇用的员工是他们所作的一项投资,那么他们将对此人力资本的投资报酬率给予厚望,但是也会更加关注和重视员工的知识表现。这对那些真正有能力、货真价实的、确实能代表公司的人力资本的员工们是一个巨大的刺激和诱惑。这种方式下,一种"双赢"的局面建立起来了。以将雇用员工视为一项投资作为起点,最后必将导致一个全新的以知识为基础的经济格局。在产业经济时代,商人们投资厂房和机器设备,因为它们是价值创造的基础。同样的,如今公司对其职员的投资(教育、培训、福利)越来越多,因而人力资本也像货币资本慢慢成为价值创造的关键因素。

三、价值创造:商业和行政管理的最终目标

知识资本管理本身不是也不可能是最终目的,但是它一定是任何一家企业进行价值创造的首要目标。因此,企业也不可避免地要处理这个重要问题。

如今,企业逻辑建立在持续增长和长期的价值创造上。尽管如此,问题在于,传统意义上一个企业成功的标志是收入、现金、利润、市场份额的增长和科技上的领先地位,但事实上这些标志并不能证明企业真正为股东和所有者创造了价值。只有企业创造的价值大于它投入的资源时我们才能说它创造了价值。了解了这些之后,企业的战略目标直接指向价值创造对于所有利益相关者来说就十分重要,与此同时,对管理层的考核系统的标准也就是是否能实现这一目标。

但是,股东以及公司职员不断增加的压力和责任表明,企业将成功的新衡量标准集中在价值的创造上面。对股票交易的研究表明,价值创造的效率与企业的市场价值之间存在一定的联系。因此,企业的最终目标是增强其长期营运能力,而实现这一目标只能通过知识资本(特别是人力资本,它已经成为现代企业价值创造的关键因素)的投资以及增加企业内部的潜能的灵活性(首先就是无形资产)。

企业价值创造的关键在于所有价值的创造和毁灭都应该被明确地计量,这些都要求有新的组织模式和指标。除此之外,企业计划和决策的过程都必

须以价值创造为中心。同时,责任和决策过程的层次应该降低,因为价值创造和毁灭既发生在最高层,又发生在最底层。另外,执行管理层不仅应该配合最高管理层进行有效的成本控制,而且要分辨增加价值创造效率的可能性。通过这个过程,企业内部所有潜在的知识资源都能调动起来,从而取得最大价值(无论对股东还是职员而言)。大多数采取新系统的企业都有很大的压力,因为它们面临很多问题。遗憾的是,虽然适时的定位能够有助于管理层控制企业价值创造的过程,但由于无法控制结果,而只能关注持续的价值创造效率。

由于无形资产价值的增加对于企业的总体业绩有着巨大的影响,因此必须考虑无形价值的创造。现在价值的创造是通过供需之间的复杂关系实现的,现今的供远大于求。彼得·德鲁克(1999)这样描述传统的企业活动:"低买高卖,差价就是利润"。通过这种方式,利润随成本而变,所以成本越低,利润越高。这就是为什么工业时代企业十分关心成本的原因。现代理论定义商业活动是价值和财富的增加,这比从前的理论要复杂很多。为了创造利润,将企业与顾客的关系提到较高层次是必要的。此外,更重要的是,有形价值的创造(收入、价值增值)依靠的是无形价值的创造(交流时间和效率的提高、良好的顾客关系、建立和保持良好的信誉等)。

成功的关键在于在这两种价值创造形式中建立因果关系。可以这样理解,管理中一个主要的挑战是创造条件以便能够顺利产生无形价值(知识、服务、经验、利益、速度、质量、形象)并实现由无形价值向有形价值(收入、利润、价值增值、股份、市场价值)转变。系统的价值创造管理是建立在一定前提条件下的,即这种概念必须作为公司的最终商业目标深深地扎根于公司的经营理念中。价值创造"活在"在日复一日的经营活动中,激励、奖赏、衡量并传播于所有层次的商业活动,这一点是至关重要的。对价值创造做出如此的定位是一个长期的战略,而决不仅是短期的利润增长。相反,这样做的目的是改善一个公司长期内创造价值的能力,其中包括对知识资本的投资。在这一过程中,有必要分析和持续地改进价值增值链。

地区和国家关于价值创造的逻辑是相关的,因为生活水平、社会福利、商业场所的吸引力以及生活居住地在很大程度上依赖于国家和地区创造价值的能力。由此一来,如果政府想要为今后的发展创造良好的环境,并且想要

第十二章 国家和区域层面的价值创造效率

达到知识资源的最佳效用,就必须格外关注创造价值和知识资本的问题。

从成本控制到价值创造逻辑的思想转变是非常有必要的,这一点可以从一块蛋糕的形象来阐明。所有的经济参与方都应该联合起来,以此来达到协同效应,把已有的蛋糕做大,而不是为了自己那块蛋糕(预算、经费)的大小而争斗。这样一来,自己那块蛋糕就会变大,接受者也会更加满意。

经济利益的增长对每个人都是有益的:雇员、雇主、股东、合伙人、工会、当地政府及国家政府、城市和国家。只有创造了价值(也就是说蛋糕足够大的时候)的时候,才有可能分享并且让每个人都达到满意。创造价值过程中耗用的资源越少,创造出的蛋糕越大,那么可分配的蛋糕就会越大(工资薪水、福利、税金、产品的研发、赞助等),也将会有更多的参与、激励、满意和协作,而更少有斗争、挫败和不满。这对于引入价值创造的逻辑是一个有力的论点,不仅在公司的层面上,而且在地区和国家的层面上也是如此。

四、知识资本的价值创造效率:一个新指标

专家们一致认为,现存的衡量体系不能作为知识资本绩效的合适的产出度量。因为商业活动流程越来越少地依赖于有形资产,虽然这些有形资产曾经是传统管理系统的基础。现在的问题是在无形资产成为创造价值关键因素的条件下,如何管理公司和经营过程,甚至是地区和国家经济。人们试图对这个问题给予解答,因此在过去的15年里,就这一问题涌现出很多解决方法(Andriessen,2004)。

彼得·德鲁克(Peter Drucker,1999)申明说:"20世纪管理最为重要的,实际上也是唯一的真正贡献就是从事制造业的体力工人的生产率提高了50倍;与之类似,21世纪管理需要作出的最大贡献在于提高知识工作和知识工作者的生产率。一个20世纪的公司里最有价值的资产是它拥有的生产设备;而一个21世纪的组织拥有的最有价值的资产将会是知识员工及其生产效率。"随着知识经济的进一步发展,达到前面所提到的目标将至关重要。

我会在此介绍 VAIC(value added intellectual coefficient),即价值增值的知识系数,也可以称为价值创造的效率分析,作为我对先前提出的问题的解决方案。它满足了当代经济的基本要求,即作为一个测量系统指出一个公司、

地区或是国家的真正价值和业绩,并且能以一种相对客观的方式实现标杆比较和预测未来的能力。在价值创造过程中,这个指标对所有的参与者都是有用的——包括雇主、员工、管理者、投资者、股东以及商业伙伴——并且能够扩展运用到所有层次的商业活动中(Pulic,2004)。其基础参数是被创造的价值以及创造价值的资源、知识资本和物质/货币资本。

价值增值被假定是衡量预期商业成果的最合适的指标,英国贸易产业部更倾向于将价值增值视作是由公司活动创造的财富的优选衡量指标(英国贸易产业部,2004)。

价值增值由投入和产出的差额计算。基本的定义如下:

$$VA = OUT - IN$$

这里 VA 表示公司财富的增加值,OUT 表示全部销售额,IN 表示购买原材料、零部件和各项维修服务的成本。

价值增值还可以从企业核算的角度进行如下的计算:

$$VA = OP + EC + D + A$$

这里 OP 表示经营利润,EC 表示员工工资,D 表示折旧,A 表示摊销。

价值增值是一个衡量经营成功的完全客观的指标,它象征着公司创造财富的能力,因此应该包括对各项资源的投资——工资、金融资产的利息、投资者的股份分红、税金以及为未来发展而进行的投资。公司的价值增值计算出来以后,各项资源(知识资本和货币资本)的价值增值效率系数就是一个简单的数学计算了。

知识资本包括两个组成部分:人力资本和结构资本。对员工投入的所有费用都包含在人力资本中。而这个观念最新奇的地方在于员工的工资和薪金不再是作为投入的一部分。

这样就满足了给予雇员重要资源地位的需求——雇员将被视作公司的一项投资而不再是作为成本列支。员工们投资他们的知识和技能,通过公司的经营活动由市场定价,并且通过价值增值的形式反映出来。我已经在 1993 年的时候以原始的形式将这一解决方案发表,在 1997 和 1998 年所写的论文中又将员工费用支出最终更名为人力资本(Pulic,1993)。如今,这已经被这一领域的绝大多数权威专家认同。

人力资本效率系数计算公式如下所示:

第十二章 国家和区域层面的价值创造效率

$$HCE = VA/HC$$

这里 HCE 表示公司的人力资本效率系数，VA 表示价值增值，HC 表示公司总工资薪金。

结构资本，作为知识资本的第二个组成部分，计算如下：

$$SC = VA - HC$$

这里 SC 表示公司的结构资本，VA 表示价值增值，HC 表示公司总工资薪金。

正如上述公式所表示的，这种形式的资本并不是独立于人力资本的。它依赖于已创造的价值增值，并且其所占的比例大小与人力资本恰好相反。也就是说人力资本在价值增值中占的比例越大，结构资本所占的比例就越小。在许多情况下，结构资本甚至并不一定发生（例如，当价值增值少于对人力资本的投资的时候）。因为人力资本效率和结构资本效率相对于价值增值而言，必须具有相同的地位，因此它们需要采用不同的方法来计算。如果结构资本跟人力资本一样用同样的公式计算，即价值增值/结构资本，那么我们将得到一个不合逻辑的结果，意味着结构资本的效率将随着人力资本效率的降低而升高，这显然是不可能的。事实应该与此相反，只有人力资本和结构资本的效率同时随着整个知识资本效率的提高而上升才是符合逻辑的。

因此，结构资本效率系数要根据下面的公式来计算：

$$SCE = SC/VA$$

这里 SCE 表示公司的结构资本效率系数，SC 表示结构资本，VA 表示价值增值。

将人力资本效率系数和结构资本效率系数相加就得到了知识资本效率系数。

$$ICE = HCE + SCE$$

这里 ICE 表示知识资本效率系数，HCE 表示人力资本效率系数，SCE 表示结构资本效率系数。

我个人认为，如今对于知识工作和知识劳动者而言的知识资本效率就好比是过去对于手工劳动和手工工作者所提出的生产力效率问题。为了更深入全面地调查了解创造价值的各项资源的效率，还是有必要将实物资本和货币资本考虑进来。尽管这两者已经在新经济时代丧失了它们的主导地位，但

是它们的作用仍不可忽视。知识资本是不能独立创造财富的。因此,我们需要所有使用资本效率的信息,它用下面的方法计算:

$$CEE = VA/CE$$

这里 CEE 表示所有使用资本效率系数,VA 表示价值增值,CE 表示公司净资产的账面价值。

为了能够使整体价值创造效率能够进行比较,所有三个系数指标要加总起来。

$$VAIC^{TM} = ICE + CEE$$

这里 $VAIC^{TM}$ 表示价值增值的知识系数,ICE 表示知识资本效率系数(HCE + SCE),CEE 表示所有使用资本的效率系数。

这个复合指数有助于理解公司的整体效率,并且指出了公司的知识能力。简单来说,$VAIC^{TM}$ 用来衡量每投资一单位货币的资源会创造出多少新价值。高指数意味着公司资源(包括知识资本在内)具有较高水平的价值创造能力。因此,我们可以用一种新方法来理解组织效率。

这样分析的好处是什么呢?除了能抓住价值增值的概念,并破解对公司和国家的货币资本和知识资本资源的价值增值效率的疑惑之外,还有其他几个主要的原因强调了 $VAIC^{TM}$ 方法的作用。第一,$VAIC^{TM}$ 为测量提供了一个标准化的、一致的基础,因此更好地促进了利用跨行业部门的大样本数据的国际化比较分析的有效进行。其他替代性的知识资本测量方法在下述几个方面会受到限制:(1)要利用与一组选定的公司、国家相关的信息(例如,股票的数据);(2)涉及独特的财务的和非财务的指标,这些指标能随时结合成为一个单独的综合性的量度;(3)或者被用户化定制,为了能适应某一个具体公司和国家的需要(Roos et al.,1997;Sullivan,2000)。因此,在一个大的、多样化的样本内一致性地运用替代性知识资本测量方法作比较分析的能力遭到削弱。第二,$VAIC^{TM}$ 计算方法所用到的所有数据是建立在审查后的信息基础上的;因此,计算结果可以被认为是客观的、可证实的。其他的知识资本度量方法已经因为它们的基本指标的主观性而遭到批评了。另外,对于其他替代性知识资本方法指标计算过程中用到的信息的确认困难已经受到关注。第三,$VAIC^{TM}$ 方法是易懂的直接方法,并且便于内部和外部的利益相关者计算。计算简单性这个特征曾经增强了全世界对众多传统的公司业绩(例如资产回报、市场价值/账面价值)度量工具的认可程度。而替代性知识资本度量往往因为它们只能由内部机构计算,而且建立在很复杂的模型、分析和原则之上,因此受到限制。第四,VAIC™方法正逐渐受到关注,并且在越来越多的研究中应用(Bornemann and Franzen,1998;Nova Kreditna banka Maribor,2000;Williams,2001)。

然而,VAIC™只是一个扫描的工具,就像是血象或X射线,这就是为什么它最好能结合其他知识管理和测量工具一道使用的原因。

五、培育知识资本与度量效率:克罗地亚案例分析

考虑到欧盟在准备向知识经济顺利过渡过程中的作用和克罗地亚作为欧盟候选成员国的不确定状态,克罗地亚经济委员会首先创建了"克罗地亚知识资本项目",希望为全国经济增加额外的推动力,并且提高人们对知识和知识资本作为主要生产因素的关注。这个计划旨在通过支持、鼓励和促进新理念、方法和系统,使所有经济主体更有效率地迎接知识经济挑战,来提高克罗地亚经济的竞争力和创造价值的能力。

VAIC™分析法——在公司、地区和国家层次——已经成为该计划的主要部分,并且是关键的经济方案之一,在价值创造和价值创造效率方面,对主要资源(实物资本、货币资本,尤其是知识资本)的利用提供必要的深入的观察(见 www.vaic-on.net)。

为了使国内公司和它们的国际竞争者能够作标杆比较,这种分析还扩展到了前东欧国家、欧盟国家和第二年的前500强的欧盟公司。

至今为止,已有两篇年度报告发表了,即《克罗地亚经济的知识资本效率》(关于1996—2001年)和《国家和公司水平的知识资本效率》(关于2001—2002年)。第三份年度报告将要在2004年5月份发表,并且紧接着将发表季度报告。这种方式下,克罗地亚经济朝价值创造和价值创造效率增长的必要定位就可以得到支持。

2002年的分析表明,以全球的标准来看,克罗地亚经济运行有效并取得成功。克罗地亚本地银行系统的高效率水平就明确地表明了这点。实际上,其高于欧洲的平均水平。领先的克罗地亚公司显示了与它们的欧洲竞争者

和同行们相似的效率水平,并且外国公司在克罗地亚的分支机构明确地表示,就价值创造效率而言,它们并不落后于它们的母公司。知识资本分析已被证明是有用的。

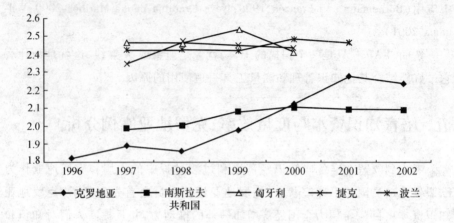

图 1　IC 效率

国家和地区政府已经在它们监管的范围内对价值创造进行了控制,并能够通过准确找到价值创造低效率的区域(在国家层次,这些区域是地区、部门和全国性大公司,在地区层次,这些区域是本地公司,这些区域使得国家或地区的效率水平下降),很容易地制定一个有用的国家性或地区性的以价值为导向的战略。另一方面,国家和地区财富创造的推动者已经被树立为积极的正面榜样,因为它们能为社会财富和文化财富提供基础,并且维持国家和地区的生活标准。因为法律和政策是在宏观层次制定的,会影响到企业和整个经济的表现,因此,可以证实,获取有关我们国家创造价值和效率的能力信息对政府是有益的,而这一工作已经持续数年了。任何关于国家知识资本的研究都已经促进了对下面事实的认识,只有所有的对国家经济负责的组织都对知识资本问题给予应有的关注,它们才能被正确地认识、了解和应用。

地区已经有机会来甄别作为本地主要价值创造者的部门和公司,由此,这些部门应通过税务和其他管制利益形式加以奖励,从而使它们能维持在本地的生意,并且在将来为地区财富创造和社会进步作贡献。

公司已经对经营业绩形成了新的观点,这种观点使得它们不仅在国内,而且在全球商业环境中能够更好的作出定位。它们被鼓励开始在公司层面

第十二章　国家和区域层面的价值创造效率

及内部实施 VAIC™ 分析法,以便帮助加强在创造价值、成本控制以及预防低绩效等方面的控制。通过对价值创造效率的连续监控,公司将能够避免像价值破坏等消极意外的事件发生,因为可以及时地采取适当的行动给予弥补。为了有效地利用已有的资源来获取高层次的价值创造效率,公司将不得不集中力量来激活所有的潜在资源,这无疑隐含了对知识资本的高度重视,从而提高对投资者、合伙人和人力资本的吸引力。已有研究表明在公司的市场价值和它的价值创造效率之间存在着密切的联系。

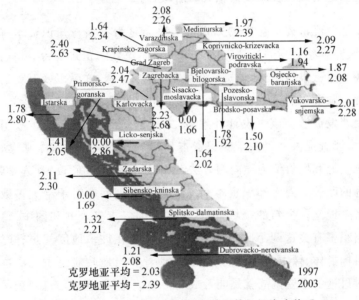

图2　1997—2003年克罗地亚各地区的知识资本体系

公司的**股东**和**投资人**已经对资源的利用形成了客观深入的见解,毕竟增加的价值和价值创造效率相对于以往传统的盈利、收入和现金流来说,都是更加客观的、表示经营成功的指数。它们用这种方法就可以监控公司是否获得行业平均甚至更大商业环境中一个较高的、可持续的投资回报率(ROI)。

合伙人和供应商在分析过程中也已经获得机会来检验它们合作的公司是否真的像宣称的那样具有稳定的价值创造效率。如果是这样的话,它们就能期望有较大的把握为其业务增值。万一有下降的趋势,那么从长远看来将会影响它们的生意。

顾客可以通过分析研究公司的价值创造能力来受益。公司业绩越好,就能期望或要求公司为顾客产生更多的价值（而不是要求减少）。

员工可以通过价值创造效率分析来获得利益，因为这能够使他们对公司创造价值的管理定位进行监控，这对于他们的工作职位的安全是至关重要的。公司的人力资本效率越高，那么劳动力的价值创造能力就越强；这可以与报酬体系挂钩。人力资本效率甚至已经被证实是工会的一个有趣的课题，工会已开始研究知识资本的议题。

其他与克罗地亚知识资本项目相关的活动

克罗地亚经济委员会中的知识资本协会是为各项与知识资本有关的活动、公司及其他感兴趣的经济实体之间联系而建立的正式平台。协会的网站提供了关于过去、现在与知识资本相关的活动、讲课、文献以及其他有价值的信息资源。随后出版了一本关于知识资本和知识管理的简单的指导手册，该手册是免费发放的。该书设计朴素，形式简单，言简意赅。为了吸引广大的读者，并为读者提供一个关于知识资本和知识管理问题的基本概念，该书采用了讲求实效和以价值为导向的方法，以鼓励读者继续阅读，深入学习，最终带来行为的改善。因为知识资本和知识经济管理问题对于绝大多数经济活动参与者来说是一个新的领域，因此在联邦的二十多个共和国中，每一个共和国都组织了有关这两个问题的演说和讨论。在许多地区甚至有时会针对不同的目标群体，像中级管理者、高级管理者和当地政府组织几次这样的活动。演讲讨论的主要挑战就是能否成功传递信息，而这些信息对公司和政府如何开始有关新经济的研究工作又是至关重要的。而且，知识管理和知识资本管理不得不系统地进行，并且要与货币资产和实物资产一样得到同等重视。由于它们的无形性和流动性，在这两者与财务价值创造之间建立某种联系是有帮助的，这种联系表明，只有当闲置的知识资本也发动起来，公司、地区或是国家才能利用现有的资源获得较高效率。这些会议为人们讨论、澄清错误认识以及讨论有关机会和挑战等关键问题提供了良好的机会。然而有时候，这更像是一场与风车的战斗，因为听众对这一新鲜观点的态度是敌视的，他们争论说这些新奇事物是只有发达国家才能玩得起的奢侈品。

地区经济委员会的指定工作人员们通过参加有关知识经济相关事项的讲座来接受知识资本和知识管理问题的基础教育。他们已经被指定成为知

第十二章 国家和区域层面的价值创造效率

识资本议会工作组的成员,此工作组将就关于知识资本的问题(关于计划、文献、专家、网络、最好的经验、国内案例研究、规划等的相关信息)协助当地的公司和政府。它们还接受关于 VAIC™ 分析法的训练,以便他们能够为年度和季度的国家知识资本效率报告作出积极贡献。到目前为止,所有的地区经济委员会都已经配置了关于 VAIC™ 的分析软件,这样就能监控它们管辖范围内各城市和公司的价值增值和价值增值效率,并且当负面趋势一旦发生,就能及时对公司给予警告。

我们认为以上所涉及的研究知识资本问题的方法有很多优点。它使许多公众对知识资本是什么以及它所带来利益有最基础的了解已成为可能。很多人已经开始将知识资本的报告誉为有关公司、地区和国家业绩表现的一项珍贵的信息资源。有关国家和地区价值创造能力的关键事项、经济政策、决策制定、优先权设定以及财政支持都已经浮出水面,等待讨论。因此,必须为知识资本规划和革新的深层发展、价值创造的增加及其效率的提高创造一个稳固的基础。这一基础不仅要吸引投资者,而且要让欧盟也感兴趣。克罗地亚经济委员会有勇气首次发起并资助了这一新课题,丝毫不顾忌最初那些认为他们在无关事件上浪费金钱的批评和指责。付出总有收获。如今,它享受着全球经济发展新潮流引导者的殊荣,这的确令人心满意足。毕竟全世界没有其他任何一个政府机构能够如此系统化地研究知识资本问题并在全国范围内展开实践。

在这里有三个主要的经验教训可以共享。尽管知识资本在象征着一张绿卡,它能使你在 21 世纪成为一名相关的全球参赛者,尤其是在那些发展中国家以及正在转型过渡期的国家,然而这些国家看起来好像对处理知识资本问题几乎没有任何兴趣,并且也不曾想过要给与其优先权。暂时撤开知识资本项目不考虑,克罗地亚也不例外,尽管这个计划已经成为一个孤立的先行者。部分原因归结于这些国家的经济历史和已建立的价值体系,另外还要归因于那些被视为当地模范的、受人尊敬的、有影响力的代表性的国际机构、银行和公司对这些问题的忽视。给予知识资本问题优先权不论对于政府还是公司都是一个过程,正如任何过程一样,它需要时间,尤其是因为许多时候它更像是一个处理思想问题而不是经济问题的心理学现象。

任何知识资本项目,不论是公司的、地区的、还是国家层次的,都是有关联的,因为它将带来重大的转变。首先是意识形态,然后是行为,最后表现在商业结果上。根据来自经理、学生甚至是政府代表们的反馈,在若干案例中,它的确是这样发生的。有些人甚至宣称从一个变化了的视角对这一现实的新观点已经改变了他们的生活,因为它向他们敞开了一系列机会的大门。

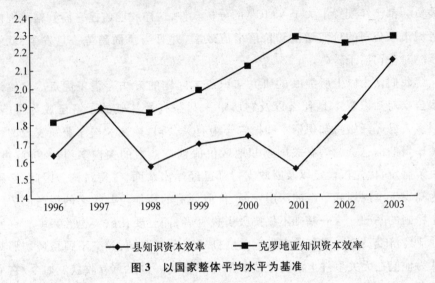

♦ 县知识资本效率 　■ 克罗地亚知识资本效率

图3　以国家整体平均水平为基准

克罗地亚知识资本计划所引发的最让人大跌眼镜的反应来自位于克罗地亚东西部两个地理位置完全不同的地区;根据它们经济的价值创造能力进行比较,它们分别是最差的和最好的。

就最好的一个县而言,该县的效率也曾经在几年之前低于克罗地亚的平均效率,但是1998年的时候已经设法达到了平均水平,并且于2000年显著超过平均水平,2001年出现轻微的停滞,不过在2002年价值创造效率增幅80%,并且2003年持续增长。该县的政府部门用发表在报告中的数据结果作为证据,以便在分配预算的时候得到好处,以及在制定本地政策时获得更多的自主权。此外,它们在所有相关部门和最大型的国营公司内部开始分析效率变化趋势,这样就能全面控制本地区的价值创造,并能获得对它们在区域内引导的过程有效性的有价值的反馈。

另一个县是一个被战争破坏的地区。但是如果不是因为1996—1997年,也就是紧接着的战后时期,它创造价值的能力将远比在2000—2001年有效率,那么它如今的欠佳表现原本是可以理解的。很明显,从政府补助和国际援助得来的实物资本和货币资本不能作为经济复苏的解决办法。分析在战后期间经济领域发生的一切事情,县代表得出了这样的结论:他们县缺少知识资本。因此,他们为本地引进了具体的措施来创造强大的和高产的知识资本。最初的步骤之一就是主要针对知识资本和它创造价值能力的 SWOT 分析法,以此来得到另外的观点,这样能帮助他们制定一个更好的发展策略,进而克服这种萧条的经济和社会政治形势。对知识资本的关注为当地政府、工会、领袖企业和克罗地亚政府代表之间的争论提供了新的基础,这为价值创造的必要的定位铺平了道路,以及为承认无形资源是值得利用和关注的有用价值的创造者扫清了障碍。这一任务是高度复杂的,但也是负责任的,因为只从重建改造的角度来思考和做事是不够的,还应该考虑到未来。这意味着,为了在全球范围内、在国内和国际竞争者的压力下找到自己的长期位置,必须建立一个高质量的根据地。今年的价值创造效率分析的结果表明这个县已经开始向正确的方向迈进。

六、结论

全世界有越多的关于新概念、相关管理和测量工具的个案研究,就越容易说服决策制定者,而他们将设定行动的基调和步调、动员劳动力,以便能通过运用劳动者的知识和技能来实现转变。政府和 CEO 们不得不认识到这个事实:除非相当多数的人们了解这是什么以及利益是什么,否则知识经济不会有巨大突破。理解了经济的变化,掌握了知识经济时代关键经济因素的知识,并且接受了新一代指标提供的新观点,公司和政府就有机会看到他们创造价值能力的更加实际的画面。用这种方法,他们得以控制环境而不再被环境控制。

正如在《里斯本宣言》中阐明的:"欧盟正面临着由全球化所引起的巨大转变,经历着一个由知识驱动的新经济时代的挑战。这些变化正影响着人民生活的每个方面,而且会导致欧盟经济的根本性转变"(里斯本欧洲理事会,2000)。

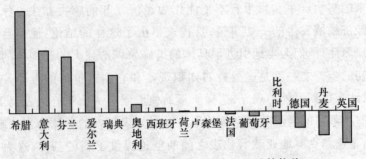

图 4　与欧盟平均智力资本效率(2001)的偏差

我相信本章会在几个方面对上面提到的情况作出贡献。首先,它能帮助对当今经济变化和雇员地位的深入认识,雇员是价值的主要创造者和知识的载体。其次,它能提供一个如何以国家层面解决这一重要问题的可行模型并分享经验。再次,它能帮助提供一些价值增值的知识系数指标的特征和优点,这一工具的目的是在监控经济成功的传统方法和现代方法之间架起一座桥梁,以便沟通。现代方法与传统方法最显著的区别就在于前者抓住了知识经济时代创造价值的关键因素——知识资本。最后,本章向人们展示了标有欧盟各个国家的知识资本效率系数的图表(见图4),这些图表应该作为思考的素材以及讨论和进一步调查研究的基础材料。

参考文献

Andriessen, D. (2004). *Making Sense of Intellectual Capital*. Elsevier.
Annual report. (2000). Nova Kreditna banka Maribor.
Drucker, P. (1999). *California Management Review*.
Edvinsson, L. (2002). *Corporate Longitude: What You Need to Know to Navigate the Knowledge Economy*.
IC Efficiency of Croatian Economy. (2002).
IC Efficiency on National and Company Level—EU and Croatia, 2003.
Presidency Conclusion: Lisabon European Council, 23–24 March 2000.
Pulic, A. (2004). Intellectual capital—does it create or destroy value? *Journal of Business Performance Management*, 8, 1.
Pulic, A. (1993). Elemente der Informationsekonomie, *Bohlau Wien*.
Thurow, L. (1983). *Dangerous Currents, The State of Economy*. Oxford University Press.
UK Department of Trade and Industry. 2004. Value Added Scoreboard.
www.vaic-on.net.
Van der Zahn, Mitchell, J.-L. W. (2004). *Intellectual Capital and the Efficiency of Value Added—Trends in Singapore Capital Market*, 2000–2002.

第十三章 面对知识经济：
欧洲的挑战与机遇

——季米特里·库帕葛斯，比利时布鲁塞尔，欧洲委员会 DG 研究中心负责人之一①

摘要

知识经济在欧洲的逐步确立，要求人们投入更大的精力，以提高欧洲地区（次国家实体）的研究、技术开发以及创新的能力。这不仅对于欧盟内部的欠发达地区（即目前（2004 年 4 月）更为人所知的共同体结构基金术语所说的目标 1 区域）来说十分必要，对于那些正在进行着重大的经济结构调整的地区（目前称为目标 2 区域）同样是必要的。

为完成这个目标，在过去，人们力图提供和改善基础研究设施（大学和实验室的场地和设备），并改善通信条件（交通设施、电信以及能源网络）。如今人们深信：虽然这项政策在塑造能力的早期是必需的，但如果不能辅之以一项着眼于发展技术和创新能力的地区性动态战略，它的作用将是有限的，并终将难以为继。欧盟过去运用两种工具（结构基金和研究技术发展（RTD）框架计划，通过区域革新战略（RIS）/区域

---

① 声明：本文仅代表作者的观点，与欧洲委员会无关。

革新与技术传播设施与战略（RITTS）/RIS+立法提案）的经验，使其在推动区域知识经济方面居于世界领先地位。

但是，一些主要的问题依旧不可避免，即这些战略的实施与战略的成功表达。虽然个别的政策可以带来积极的效果，但各自国家在立法提案之间尚未进行充分的合作。为了发展欧洲研究领域（ERA），第六个欧洲研究发展框架计划（2002—2006）目前在国家和区域层面部署了一系列的行动，以增进这种合作，并最大限度地利用各种手段。2003年，委员会发起了一次"引导行动"（"知识区域/了解REG"），旨在表明知识在区域快速发展中的关键地位，并得出了有意思的结论（http://www.cordis.lu/era/knowreg.htm）。

资助和扶持第六个框架计划中相关地区共同研究行动的区域规模的活动，以及围绕ERA的逐步建立的政策发展，都集中在ERA-NET（http://www.cordis.lu/coordination/home.html）计划的实施（在国家和区域层面研究计划与立法的协调和相互开放）上，也包括框架计划中的其他地区，在这些地区，区域规模对于激励和组织研究活动具有重要的作用。

在研究技术开发工具和结构基金（著名的如欧洲区域发展基金或FEDER创新行动）之间，也能看到积极寻求改善互动的情况。关于经济和社会凝聚力的第三份报告的出版（2004年2月），也揭示了在扩大后的欧洲（2007—2013），结构基金在未来以研发和创新为导向重大转折（http://europa.eu.int/comm/regional-policy/sources/docoffic/official/report/cohesion3/cohesion3_en.htm）（欧洲委员会的建议仍未得到部长会议的采纳）。

引言

知识经济在欧洲的逐步确立，要求人们投入更大的精力，以提高欧洲地区（次国家实体）研究、技术开发以及创新的能力。这不仅对于欧盟内部的欠发达地区（即目前（2004年4月）更为人所知的共同体结构基金术语所说的目标1区域）来说十分必要，对于那些正在进行着重大的经济结构调整的地区（目前称为目标2区域）同样是必要的。

为完成这个目标，在过去，人们力图提供和改善研究的基础设施（大学和实验室的场地和设备），并改善通信条件（交通设施、电信以及能源网络）。如令人们深信:虽然这项政策在塑造能力的早期是必需的,但如果不能辅之以一项着眼于发展技术和创新能力的地区性动态战略,它的作用将是有限的,并终将难以为继。欧盟过去运用两种工具(结构基金和研究技术发展框架计划,通过 RIS/区域革新与技术传播设施与战略(RITTS)/RIS + 立法提案)的经验,使其在推动区域知识经济方面居于世界领先地位。

但是,一些主要的问题依旧不可避免,即这些战略的实施与它们的成功表达。虽然个别的政策可以带来积极的效果,但各自国家在立法提案之间尚未进行充分的合作。为了发展欧洲研究领域(ERA),第六个欧洲研究发展框架计划(2002—2006)目前试图主要在国家和区域层面进行人员的流动,以增进这种合作,并最大限度地利用各种手段。

重要的行动主要有:资助和扶持第六个框架计划中相关地区共同研究行动区域规模的活动,以及围绕逐步建立的 ERA 的政策发展,还有独立于框架计划的"知识区域/了解 REG"引导行动①。特别是它们都集中在 ERA-NET 计划(在国家和区域层面研究计划与立法的协调和相互开放)的实施上,也包括框架计划的其他地区,在这些地区,区域规模对于激励和组织研究活动具有重要的作用。本章将审视这项战略,并针对所识别出的缺陷提供一些选择。

一、研发、创新以及知识经济

在 20 世纪最后 20 年间,世界上的发达经济体进行了一次意义深远的结构变革。这些变革主要涉及经济创造价值的方式。人们越来越多地将它们看作"以知识为基础"。"以知识为基础"本身可以视作是个肤浅的说法,因为每个人都知道经济永远是以知识为基础的。然而,这种说法之所以正确,是因为第一次,知识不再单单是市场所见的商品和服务的根源,实际上它已融入其中。这种融入也在很大程度上决定了制成品的竞争力,从而给予各个生产者相应的优势。

这种知识的融入是不断加速增长的知识积累的直接应用,它以影响经济各个方面的科学与技术知识为基础,并将更为先进的科学与技术内容注入到

---

① "了解 REG"具有在欧盟名目下自己的预算项目,最初在 2002 年的欧盟议会是将其作为独立的活动引入的(2003 年得到执行)。

商品和服务当中,其结果是对更多更优秀的人力资源的需求。通过对质量标准要求的提高、性能的改良、产量的增加和对可利用资源的优化,这些趋势给世界范围内的教育和培训体系带来了越来越大的压力。简而言之,全世界对智力资本的需求与日俱增。

与此同时,知识已经突破传统的障碍,广泛自由地传播。在很大程度上,正是由于依靠全球信息通讯网络生产、传送、储存、加工信息的强有力的技术手段的出现,以及知识的传播和应用,才使世界经济活动的效率得到了提高。全球研究部门日夜的工作对世界经济的重大影响难以用统计数据来体现。电子商务,尤其是以 B2B 为基础的电子商务加速了交易并将最终创造新的世界贸易规则,将落后者从竞争中淘汰出局。另外,加速的贸易自由化以及商品和服务的流动,促使世界上的经济体更加关注知识密集性活动。

这些趋势所描绘的世界里,竞争又回到了基本点:高质量/高增长的教育和培训体系成为满足不断增长的跟上知识发展的需求的必要条件。然而仅此是不够的,因为原则上知识必须得以传播,要么在新的知识结构中指导新的教育、培训或者研究体系,要么是新的(或改良的)商品和服务中的知识成果。因为这些趋势关乎整个经济体,即国家和越来越多的次国家实体(区域①),因此无法限制于个体。当地经济体可能相当成功地跟上这种步伐,也可能会遭遇严重的失败,令整个区域被全球化世界经济淘汰。在欧盟内,这些趋势大体上转化为技术发达与落后区域(欧盟结构基金所称的当前目标 1 区域)之间不断扩大的差距。

二、里斯本战略与巴塞罗那目标

为面对这些趋势,欧洲各国元首在里斯本的欧洲议会上会晤(2000 年 3 月),时值葡萄牙为欧盟委员会轮值主席国。会议确定了一项重要却复杂而困难的目标:在 10 年之内(截止到 2010 年),将欧洲转变为世界上最具有竞争力、最具活力的以知识为基础的社会与经济,创造更多、更好的就业机会,可持续发展,具有更强的社会凝聚力;改进劳动力市场和政府管理,改善终身

---

① 在本文中"区域"是指"亚国家实体",代表一个国家/联邦地理上的一部分。

学习和人员的流动性。所有这些必须通过所谓的"一种协调与标杆的开放方法"来实现——这一术语一直是许多学术与政治讨论的话题(因为它常常在重要政策商议的层面作为共同体术语加以引用)。

"协调的开放方法"描述了推动"里斯本战略"的过程:以欧盟各成员国间宽松的合作为基础,并非统一的强制的规定,也不通过立法对所有成员适用。相反它是基于一种"学习库"的原理,必须将所有成员包括在一个共同互动的学习过程中。它也包括用有意义的指标来衡量比较表现。但它也涉及政策分析,用以解释政策策略并检验成功实践的可移植性。

里斯本峰会重新将研究和创新置于政策日程的顶端,而这之前研发与创新长期无法作为优先的政策议题受到重视。它也赞同建立 ERA(2000)的委员会策略,以制定一项更为连贯和完整的欧洲研究政策。

随后,欧洲议会通过了欧洲委员会的提议,即当今所有欧盟成员国对 R&D 的平均投资达到 GDP 的 3%(巴塞罗那,2002 年 3 月),从而达到了欧洲议会的目标。对于这个特别的目标,委员会下发了一则通讯,概括了如果这个目标为成员国所接受,它所急需采取行动的一些关键的政策领域。进而,应欧洲议会的要求,委员会在 2003 年采纳了一项行动计划,号召在欧洲和各国家层面以及区域和地方采取紧急行动,并集中于 46 项具体的措施。因此,随着对(衰退中)欧洲私人部门的重点强调,以及对在国家和区域层面的知识生产、研发和创造性的整体框架状况的改善,对研发的投资(最终意味着对知识、才能和创造力的投资)可能成为目标年限 2010 年期间,欧洲经济增长的驱动力之一。

现在欧盟正在开展持续的行动。可以说,ERA 计划是里斯本策略的基石之一,其目标是在欧洲建立知识社会。在这方面,它影响了所有的政策层面,包括各区域的政策。

三、结构基金与共同体研发框架计划:殊途同归

欧盟区域为了迎接里斯本挑战,必须保证所有的共同体政策的持续执行。它特指结构基金(特别是欧洲区域发展基金,ERDF)和共同体的研究技术发展框架计划。这并非新事物,因为按定义来讲,欧盟在加强区域的研发、

技术进步和创新能力方面的政策是相互补充的。

这些年来,在塑造区域研发、技术进步和创新能力方面,结构基金的活动已经获得了可观的经验。但如同所有证据所显示的,仅仅依靠对基础设施和设备的投资是不足以推动知识经济的进步的。虽然20世纪90年代欧洲地区有约120亿欧元(146亿美元)的结构基金投向了研究与技术领域,技术落后与领先地区间的鸿沟依旧在持续地扩大。15年以前,通过一系列更为强调整合政策①的计划,欧盟所作出的类似努力已经颇见成效。因而值得一提的是,共同体的行动,已经从"只注重基础设施"模式转向一种"实现创新"模式。在欧盟即将扩大到25国,更多的成员处于当前目标1区域范围(发展滞后的区域)的背景下,虽然有反对的压力,这种趋势也必须得到维持。

欧洲区域发展基金在创新行动方面的经验产生于先前规章的旧的第十条款,该条款的基本理念在于"通过立法提议在共同的社会学习过程中交流本地知识,帮助各区域自我扶助"。第十条款的精神概括如下(Messina, 1997):

- 行动而非试验
- 扩大区域政策的创新维度
- 促进私人与公共部门间的合作
- 实现区域与当地政府的国际化
- 支持欧盟各区域在技术、经济和科学领域知识的交流
- 第十条款的有益作用应该包含在普通的区域政策中

值得注意的是,这些精神在今天仍然非常重要(以及尤其是在欧盟扩大的背景下还会具有怎样的重要性)。因此,结构基金和研究技术发展框架计划这些年来致力于塑造区域的创新能力(主要通过创新与中小企业特别行动)。当前的欧洲研究发展基金(ERDF)创新行动(2000—2006)将继续塑造这种能力,并且一种新的区域哲学已经注入欧洲研究领域(ERA)计划的发展当中。

同样值得关注的还有结构性政策对于目标1国家(凝聚力国家)的经济的效果存在差异。最近来自委员会机构的一份研究报告显示,结构基金

---

① 区域技术计划、区域创新战略、区域信息社会的计划和创新行动。

(STRF)(2000—2006)将为目标 1 区域提供 1 350 亿欧元(1 645 亿美元)。葡萄牙 GDP 有望增长 3.5%,希腊 2.4%,民主德国 1.6%,西班牙 1.1%。

研究技术发展框架计划与结构基金之间的相互作用是更为复杂的,因为两者手段迥异。首先也是最重要的,框架计划一直以来是以竞争方法为基础的工具,到目前为止其选择依据是出色的科学研究。与结构基金相反,研发框架计划没有国家和区域的配额限制。因此,结构基金采用一种基于国家配额的"分配性"政策,而框架计划开放的组织形式提倡与研究者直接联系的跨国界的合作研究项目,没有来自国家和区域政府的任何干预。这种在整个欧洲以成就为单一标准的原则巩固了学术界和产业界之间的合作关系。尽管如此,"凝聚力"国家最初的伙伴在框架计划中的良好表现令人惊讶。它们通过连接到科学技术成果网络摆脱了地域的限制。

两种政策区域的互补性在于,结构基金试图通过资助生产性投资提高区域的研究能力,并协助立法通过基于当地资产的研发和创新政策。而框架计划通过鼓励竞争,并用联系各成员的解决问题的具体提案来检验这种能力。在第五个框架计划(创新和中小企业特别行动)的影响下,区域创新政策提案的新近进展证实了两种工具确实存在共同的基础,即主要依靠战略的发展。在当前第六个框架计划的影响下,尤其是 2003 年 8 月实验性的"知识区域"指导行动的出台,将进一步推动这一趋势。[①]

在创新方面,欧洲区域研究的前景是光明的,有众多的商业和学术团体参与。另外,过去已经有许多成功进行跨国研发合作的先例,主要是通过 ERDF INTERREG(区域间合作)项目。当然还有那些更为独立的创新,比如其中所谓的四大引擎区域:巴登-符腾堡(Baden-Württermberg)、罗讷-阿尔卑斯(Rhône-Alpes)、伦巴第(Lombardia)和加泰罗尼亚(Catalonia)。所有这些有赖于众多的参与者:大学、企业、当地政府、技术传播组织或科技园(大学、研发机构、跨国公司和中小企业的聚居地)。

尽管有这些趋势,但如同第二和第三份报告(2001 年 1 月和 2004 年 2

---

① "知识区域"导航行动是独立于研究技术发展第六个框架计划和结构基金的行动,其目标在于探索知识成为地区发展核心的手段。在知识区域导航行动的背景下,到 2004 年 2 月,有 14 个跨国家或跨区域的项目已付诸实施。更多的信息请参见 http://www.cordis.lu/era/knowreg.htm。

月)所指出的,巨大的地区差异依旧存在。凝聚力国家①与更发达国家间的技术鸿沟已经扩大,并且在大多数指标(研发费用、人力资源和专利使用)上的集中已经一般化了。

四、"欧洲研究区域"的涵义及其区域范围

ERA本身代表了一种欧洲研究的新观点,它要求有更加统一的行动,废除15+1的欧洲研究政策框架,全欧洲更合理的组织研究,以及对稀缺资源更为充分的利用。它要求整个欧洲区域所有相关人才的普遍流动。因此,必须在所有的参与者之间,包括欧盟机构、成员国、各区域、公共科技部门、企业研发机构等,建立一种新的长期的伙伴关系。

在此背景下,各区域必须起到一种崭新的作用:一种活跃的、支持性的角色,主要具有前瞻性,以公私部门的合作为基础,加强参与者的地位,提供基础设施以及工具,为知识的创造者和应用者牵线搭桥。

目前它正在新的环境当中推行,由新的旨在整合全欧洲研发能力的框架计划手段所主导。这些新的重点手段(成果网络(NoE)和整合项目(IP))就像强大的编程工具一样具有专门的区域范围。它们由一系列更"微观"的工具所完善。这些工具大部分是现有的、或者被第五个框架计划检验过的以及被认为是适合于"更小"参与者的政策。

共同体研发框架计划传统上是欧盟针对研究技术发展的政策计划工具。过去它已经被当作一种工具,通过支持合作研发来促进跨国的协作。现在它主要用以建设欧洲研究领域,并努力克服了较短的生命周期。为了建立欧洲科学研究的"内部市场",框架计划采取了三套行动,其中两套是全新的:因此,除了"整合"区域(包含主题的重点),"强化ERA的基础"和"构建ERA"的行动更具有结构上的重大意义。在这方面值得重视的是,第一次对中小企业、人力因素以及创新作出了支持,以便促进国家和区域协作政策的立法提案,促进研究基础设施、科学以及社会的发展。

来自ERA的所有与ERA相关的委员会政策文件(消息),都认可跨越所

---

① 希腊、爱尔兰、葡萄牙和西班牙。爱尔兰由于其出色的进展很快将从该组退出。

有这些地区的区域范围的概念重要性。这个概念经过议员 Busquin 和 Barnier[①] 在 2001 年 10 月的联合陈述,也已经成为一个专门的交流目标。它所转达的信息最初下发到成员国,基本上阐明了当成员国制定国家的科技政策时,它们应当更加关注当地和区域的因素以及其执行者,这令欧洲政策逐步涉及了区域。

五、通过共同体研究技术发展框架计划创造区域的知识资本

(一)抓住第六个共同体研究框架计划的机遇(2002—2006)

新的共同体研究技术发展框架计划为各区域实体带来了许多新的机遇,为它们参与和加速融入正在显现的以知识为基础的欧洲经济与社会,提供了多样化的可能性。

这些机遇既包括共同体研究技术发展框架计划所引进的新的工具,也有发展网络、跨区域协作、拓宽涉及区域在科技和创新方面潜力的知识库。

1. 发挥新工具的优势

共同体研究行动的新的资助手段成为建立 ERA 的关键因素。为了增加共同体研究的透明度和合法性,这些手段被赋予促进区域政策发展的角色,面向区域内经济组织,同时向欧洲与国际范围开放。

成果网络(通过征集方案来建立)可以充实和整合欧盟区内现有的和正在发展的科学成果。作为一种明显的规划性角色,它们特别适合于区域研究和创新人员,可以更好地联系中心和周围的科学职能枢纽,进而增加协作、人员流动、信息和知识交流、对区域和周围经济正溢出效应等的机会。此外,有效的成果网络能够防止区域间的"智力流失"(科学家向待遇优厚地方流动的现象)。它们可以对创新与成果的多中心区域的建立起到积极作用,间接地推动当地的发展与经济增长,从而增加地区人口稳定性以及防止区域间的"智力流失"。

---

① 在欧洲委员会(1999—2004)中分别负责研发和区域政策。

整合项目(同样通过征集方案来建立)使得区域实体能够围绕特定的科技目标在一个跨国的平台上合作,意在获得具体结果。区域实体可以通过大规模的针对特定项目的跨国合作相互联系,目的是整合科技成果。

成果网络把长久的整合参与机构的研究活动作为它们的首要目的。整合项目由许多研究部分组成,以一种协作的方式执行,成员能够应对社会和竞争力问题。它们以一种灵活的方式管理,并向新的参与者开放。两种手段都追求通过联系所有优秀的团队和推广研究成果来推动整个欧洲的进步。

委员会所侧重的新的手段同时伴以许多长久的合作措施,确保不断整合欧洲研究的全球政策服务于受资助的项目。

各区域也可能在"加强 ERA 基础"的准则下开展新型的协作活动,尤其是利用 ERA-NET 计划。

欧盟能否获得更强大的凝聚力,直接取决于落后的研究机构中,整合研究能力的必要条件是否满足。第六个框架计划通过推动科技职能网络的建立,促进了区域研发网络的发展,并由此方便了知识的传播。在框架计划的这条准则下得到支持的项目,对经济和社会凝聚力作出了贡献,并因此具有了实实在在的共同的额外价值。

为国家和区域构想出的 ERA-NET 计划,意在鼓励和支持一些地区现有的研究活动之间的协作(通过合作、互相开放和利用研究结果)。它也涵盖了联合行动的定义与执行。框架计划可以增进欧盟欠发达区域与其他区域之间的研究合作,尤其关注那些凝聚力国家和边缘地区。

最终,为了与强化 ERA 基础的原则一致,共同体可能通过这些区域来支持意在进行网络活动的立法提案。这将专门包括有针对性的协作活动,目的在于通过相关国家和区域不同的研究和创新机构来鼓励与支持协作提案。举个例子来说,它们包括会议组织、会议、研究、人才交流、成功经验的交流与传播以及信息系统的建立等。

2. 在区域层面实现研究与创新的更紧密联系

在框架计划的影响下,鼓励和合法化当地与区域立法提案的行动得到发展,以推动新的创新企业的发展,传播和交流最成功的经验,并建立一个更加利于研究与创新的环境。它们主要集中在:

第十三章　面对知识经济

- 跨区域的协作以便于推进研究与创新；
- 涉及当地机构的政策与项目启动，这些行动的发展与欧洲区域政策和结构基金有密切的协作关系；
- 在这种类型的行动中，特别关注候选国区域的参与。值得注意的是已经在欧洲成功的计划向这些区域的移植；然后，在国家和区域层面引进创新手段和经验，以进一步研究复杂的创新过程。

到目前为止，研究和政策的发展与跨区域的技术传播，已经得到共同体的许多帮助。第六个共同体研究技术发展框架计划确实是维持这项努力的重要工具。

欧洲投资银行（EIB）和欧洲投资基金（EIF）在这方面也具有工具性，尤其在最近的提案（I2I，创新 2000，创新 2010）和斯德哥尔摩、奈斯、里斯本欧洲议会授权通过提供风险资本支持当地和区域的创新提案之后。最近，委员会和欧洲投资银行通过相互支持行动以加强研究技术发展和创新的联合提案，也在这方面起到重要的作用。

3. 培养更多训练有素的科技人才

借助研究培训网络和知识传播，在"玛丽·居里人力资源流动计划"的影响下，各种合作伙伴关系得以发展。因此，来自欠发达地区的研究人员得到了更多的机会。这些措施同样适合于来自候选国地区的成员。

流动和训练计划强调研究能力的发展与传播，巩固拓宽了研究人员的职业前景，使其更加出色。因为这项行动原则上向一切对共同体研究技术发展目标作出贡献的科技研究领域开放，按规定其大门是向所有欧盟研究人员敞开的。但是为了应对不断提高的欧洲的相关要求，保留了修改优先权、原则、参与区域、研究组织类型以及特定研究团体的经验水平的可能性。

许多影响研究人员社会经济条件的因素也得到了特别的关注，主要是男女平等、语言平衡和职业结构。尤其是将欠发达区域以及合作国家的研究活动的发展纳入考虑之中，成为结构基金资助的活动的补充。

为了进一步发挥各区域人员的研究潜力，"人力资源流动计划"打算从第三国吸引最成功、最有前途的研究人员，鼓励欧洲研究人员的海外培训，鼓励在欧洲以外有建树的欧洲科学家回归家乡工作。

4. 在区域环境下支持科研基础设施的发展

为了与结构基金和欧洲投资银行的行动保持合作与协同,各区域新的科学基础设施的维护与发展得到了特别的重视。必须注意到,当今的科学基础设施对区域经济发展具有至关重要的作用(例如,学术界和产业界聚集和协作的科技园区,以及作为信息经济关键入口的高速电子网络和相关设施)。

这种情况下,电子研究网络是一个很好的例子。欧盟资助的 GEANT 宽带电子互联网枢纽当前正在运营,并以平均 10G/秒的带宽连接着欧洲所有的电子研究和教育网络。这主要归功于共同体研究技术发展框架计划第一次将欧洲推向电子研究网络领域的世界领先地位。欧洲投资银行有望对区域和当地合适的网络升级提案提供额外的帮助。因而,来自欠发达区域和候选国家的研究人员有能力与来自发达区域或世界其他地方的同行进行最前沿领域的合作。

(二) 增强区域内的科技知识基础

作为区域参与者一方的行动的补充,欧洲委员会机构积极发展一项专门的政策,以在区域层面增进对研究和创新的不同范围的理解和认识。

1. 为区域提供研究和创新服务

委员会正处于逐渐将各区域整合入它所进行的标杆实践的过程中,这些实践针对研究和创新政策的效果。将对研究和创新的评估扩大到区域水平已经是可行的了。这将由对区域研究创新政策的背景分析和最成功经验的推广来完成(在这个领域正在进行着的类似实践将建立协同关系,例如 RIN-NO(www.rino.com))。

制定合理的政策需要有对统计数字的充分分析,在区域范围内开展 ERA 的工作需要对科技统计数字以及指标有足够的研究。在过去,委员会的相关机构着眼于区域总体的统计数字并取得了卓越的成效,但是对区域统计数字仍然可以加以研究:更合理的方法论,更恰当的概念,以及在当前的区域范围内调查与数据收集的系统协作。过去十年所得到的统计结果是可靠的,但是很明显,能够刻画以知识为基础的经济的特征、结构、表现的统计指标在国家和区域两个层面都依旧缺乏。应该以这些统计数据为基础,在区域内研究合适的科技指标。

委员会已经开始在区域研究创新政策领域进行适当的研究和分析(一项名为"ERA 相关区域"的研究已经完成),触及与区域发展相关的政策与策略。

2. 增加专家与政策制定者之间的沟通与交流

委员会积极支持在区域层面建立专家与政策制定者之间的协作与交流平台。例如,在科技展望方面,区域层面的专家组已经建立。现有的如FOREN① 项目的经验将用来指导沿此思路的更进一步的实践。

六、铺就区域繁荣之路

设计区域繁荣与发展道路所面对的挑战有许多的答案与途径。看起来,不同的观点都集中在"学习型地方经济"这个主要概念上,因为所有定义这个问题的变量在这个充满竞争的全球化世界中都在持续地变化。通过鼓励所有地区和区域成员(尤其是企业)不断的学习,有可能为主动创新打下坚实的基础。

当精确分析了当地经济系统所有组成部分时,塑造该地区的未来将成为可能。那时区域预测将成为制定有效的发展政策的先决条件。对优势、劣势、机遇、威胁的分析和提出对未来的不同设想一样重要。这样,区域政策制定者可以作出明智的决定,或是利用现有的优势,或是创造新的优势,更有可能获得丰硕的成果。

适宜的研发创新结构的建立是大多数地区获得经济高速增长的又一必要条件。在政府许可的范围内,当地政策制定者可以为了发展而调整技术创新的环境(这也可能影响国家在此方面的决策)。以公私部门合作为主导的

---

① FOREN(http://foren.jrc.es)是在欧洲委员会 RTD TP(STRTA,具体政策议题的战略分析)下面的一个主题网络。致力于提高区域发展战略和战略计划的整合进程的有效性。为来自两个团体(技术远景团体和地区发展战略团体,这两个团体一般很少合作)的代表,即专家和政策制定者提供了这个平台。目标在于通过激励前瞻型的行为,促进这两个领域之间的合作与协调。这些专家和政策制定者均是这两个团体中来自大学、研究中心以及区域发展部门和当地权威机构。

三螺旋模型将极大地推动这个过程。当地的大学将会起到非常重要的作用。①

七、针对知识经济的更加综合的政策

各区域目前已经被看作是建立欧洲知识经济的重要参与者。依靠各区域的发展质量、经验和决心，它们将逐渐成为欧洲增长与竞争力的代表。提高这种能力并为它们配以相适应的政策与工具，依旧是欧盟的一大挑战。

各区域在行动中将得到越来越多的政策上的支持，其中研究、创新、凝聚政策是决定性的。虽然凝聚政策毫无疑问对各地区起着最为重要的作用，研发政策依旧是为发展各区域知识经济创造必要条件的手段。考虑到与当地和国际发展同步的新形式的发展，研究和创新、教育、培训一起为区域的经济带来了新的启示。除了区域的发展，研究与创新政策以及立法提案还可以为经济融合和成功的产业集群提供必不可少的要素。

本章的主要启示是，欧洲各区域应通过推动研究与创新，在新欧洲和世界经济中充分发挥其作用。最终，由相关的共同体政策所支持的整合策略（如研究和凝聚力政策）将带来更迅速的结果，将各区域融合到一个真正的欧洲研究领域（ERA）架构当中。

参考文献

A new partnership for cohesion: Convergence, competitiveness, and cooperation. Third report on economic and social cohesion. (2004). Available at: http://europa.eu.int/comm/regional_policy/sources/docoffic/official/reports/cohesion3/ cohesion3_en.htm.

Committee of the Regions. (2003). The role of universities in local and regional development within the context of a Europe of knowledge. EDUC-017 Brussels. Available at: http://www.cor.eu.int/en/docu/toad.html

Communication from the Commission. (2002). *More Research for Europe: Towards 3% of GDP.*

Communication from the Commission. (2003). *Investing in Research: An Action Plan for Europe.*

Communication from the Commission to the European Parliament, the Council, the Economic

---

① 大学与其"腹地"的积极相互作用的一个例子是欧洲大学创新联盟（European Consortium of Innovative Universities，ECIU）。这一组织由荷兰的 Twente 大学于 1996 年发起，由欧洲 10 所最具创新精神和企业家精神的大学组成。其目标包括：在教育、研究、信息技术实施、成人教育、区域发展及各种服务等领域与周围的环境发展动态的相互作用。它自身已形成了下一代大学网络的模型。资料来源：F. Schutte and P. C. van der Sijde (Eds) (2000). *The University and its Region: Examples of Regional Development From the European Consortium of Innovative Universities.* Twente University Press.

and Social Committee, and the Committee of the Regions. (2001). *The Regional Dimension of the European Research Area*. Available at: http://www.cordis.lu/era/regions.htm.

Communication from the Commission to the Council, the European Parliament, the Economic and Social Committee, and the Committee of the Regions. (2000). *Towards a European Research Area*.

Communication from the Commission to the Council, the European Parliament, the Economic and Social Committee, and the Committee of the Regions. (2001). *The Regional Dimension of the European Research Area*. 2001(549).

Coordination of research activities. (2004). Available at: http://www.cordis.lu/coordination/home.html.

Regions of knowledge. (2003). Available at: http://www.cordis.lu/era/knowreg.htm.

RINO: A resource for regional innovation and technology transfer. (2003). Available at: http://www.rino.com.

Smith, H. L. (2002). Competitiveness and European Regional policy: *A Review and Analysis*. Available at: http://www.regional-studies-assoc.ac.uk/events/aix02/lawtonsmith.pdf.

第十四章 区域的知识资本创造：

知识系统方法

——安斯·斯梅得伦德和爱诺·波依霍南,芬兰拉彭兰塔理工大学(Lappeenranta University of Technology)经济管理系知识管理博士候选人

引言

在新经济中,公司不但要更快地生产和分销产品,而且要持续地开发新产品以获得竞争优势。从无形资源和能力中获取价值日益成为公司竞争优势的重要因素(参见,Drucker, 1998; Prahalad and Hamel, 1990; Quinn et al., 1997; Teece et al., 1997)。而且,知识资本作为国家层次竞争力的重要来源已成为共识(Edvinsson and Stenfelt, 1999; Edvinsson, 2002; Bontis, 2003)。这就迫使公司形成新型结构。组织经营的新方式之一便是区域集群的小企业之间的网络式合作。

一旦取得成功,网络就会给参与其中的组织带来巨大的优势。网络能降低交易成本和资金成本,让组织以较低成本生产更多产品;组织能够从合作者那里学到先进经验又能获取相关的市场信息;而且区域中

第十四章 区域的知识资本创造

的组织也能够通过与他方的合作开发新产品。这些过程的核心是在网络中利用现存知识并创造和传播新知识的能力。

此前,我们已经导出运用于区域性集群中的知识资本创造的建模和管理框架(Pöyhönen and Smedlund,2004)。在这个框架中,我们认为:为了最大化其价值创造可能性,小企业区域集群必须同时创造新知识、传播现存知识和利用知识。在本章,我们将详细展开这一主题,并定义一种新的方法,用以理解区域性知识创造和在具有多重参与者的复杂合作中创造知识资本的动态过程。

组织的知识资源的不同理论中有三个主题,分别是:(1)无形资产;(2)能力;(3)知识社会关系——知识过程在这里发生(见表1)。在本章中,我们通过将具有多重参与者的复杂网络分解成更小单位的方法来研究公司之间的网络。这有助于我们看清区域层次价值创造背后的本质结构。我们认为知识资本是组织创造、传播和利用知识的能力。当创新成为获取竞争优势的根本途径的时候,能力研究方法对于新经济而言至关重要。

表1 知识经济中研究竞争优势决定因素的三种方法

	无形资产研究方法	能力研究方法	关系研究方法
把知识理解为	组织的所有物/资产	持续和新兴的过程	社会性构建和社会性共享的资源
主要兴趣所在	对现有无形资产的确认和估值	创造、开发和调整无形资产的能力	社会关系与相互作用
研究的焦点	投资、知识产权、人力资本、结构资本、顾客/关系资本	分析对象的适应和再生能力	联结不同参与者的社会关系的特点与沉积在关系中的社会资本
研究趋势	知识资本、知识产权管理、人力资本报表	动态能力、动态知识资本、组织更新能力	社会资本、跨组织网络、实践团体
代表人物	Brooking,1996;Stewart,1997;Sveiby,1997	Teece et al.,1997;Leonard-Barton,1995;Eisenhardt & Martin,2000;Ståhle et al.,2003;Pöyhönen,2004	Brown & Duguid,1991;Lave & Wenger,1991;Nahapiet & Ghoshal,1998;Cohen & Prusak,2001

在涉及组织的知识资源的各种研究方法中,知识的概念是根本不同的。在无形资产研究中,知识被定义为组织的所有物或资产,包括:人力、结构、客户资本(Brooking,1996;Stewart,1997;Sveiby,1997;Bontis,1999);在针对能力的研究中,把知识视为持续和新兴的过程,在这个过程中,利用、开发和改变无形资产的能力至关重要(Teece et al.,1997;Eisenhardt and Martin,2000;Ståhle et al.,2003);最后,在针对关系的研究中,知识被视为一种社会构建和共享的资源。关系研究关注的焦点是联结不同参与者的社会关系和嵌入这种关系中的社会资本(Brown and Dugid,1991;Lave and Wenger),1991;Nahapiet and Ghoshal,1998;Cohen and Prusak,2001)。

在本章中,我们采用一种基于关系和能力方法的新视角来考察区域集群中知识资本的创造。小公司的区域集群研究依据网络理论以及社会关系和相互作用对组织成功的影响而进行。

最近的研究表明,创新出现在结合不同参与者和资源的网络中(Lundvall and Borrás,1998;Powell,1998;Miettinen et al.,1999)。也有观点认为区域竞争优势和区域中参与者之间正式及非正式的网络相关(McDonald and Vertova,2001)。根据其不同的知识资本功能,我们将小公司集群分成相互区别的部分,通过这种方法,我们着手确定知识资本在何种程度上被创造于区域集群的参与者之间。这个案例研究的主要目的是界定参与者具有的知识和能力的种类,参与者之间关系的性质,信息如何传送,以及这些过程是如何协调和管理的。

我们对于区域性知识创造的新方法的解决方案是一个我们称之为区域知识系统的概念。这个系统包括小公司集群中的知识运用层、知识传播层和知识创造层。一个区域要获得成功需要所有这些层次。一方面,新知识要通过知识传播层从知识创造层传播到知识运用层。另一方面,许多新思想产生于知识运用层并被传播到知识创造层。在区域知识系统中,我们把这些层次分别叫做区域集群的生产网络、开发网络和创新网络。

本章提出组织间三种类型网络的分类,并通过案例研究的结果对其予以说明。同时介绍一种考察区域中知识资本创造的新方法。本研究是2002—2003年冬季对芬兰东部的小公司集群进行的案例研究。本章的案例基于2002—2003年由芬兰工程研究生协会组织的一个研究项目。

一、跨企业网络化之裨益

社会学家 Manuel Castells 把网络简单地定义为一组相互关联的节点（Castells,1996,p.470）。参与者在任何网络结构中形成节点,并向这个网络中其他参与者传送不同类型的流。Castells 有关网络的观点与他的将世界视为空间流（space of flow）的理论有关。根据这个理论,世界经历着运转的全球性非中心化和再配置。区域之间在全球市场上相互竞争,并努力把重要的流引向自身。最重要的一种流为资本流,其他类型的流诸如：信息、人才（Castells,1996）。根据 Castells(1996) 的论述,市场的参与者可被分成两类：局内人和局外人。局内人指已经设法进入具有增长机会的网络中的那些参与者。局外者指的是被甩出网络只能得到最低出价的那些参与者。

有关局内人和局外人的思想与"市场即网络"这一概念有关。根据这种观点,市场由联盟主宰。这些结构不仅包括买家和卖家,也包括其他参与者,例如咨询顾问、提供服务者和机构组织。从市场即网络的观点看,工业产品市场是具有多重参与者的复杂网络。在这些网络中,参与者之间关系包括三个主要部分：活动、资源和参与者（Håkansson and Johanson,1992；Ford et al.,1998）。不同参与者在网络中的角色可以在这种区别的基础上界定。

经济学家 Shapiro 和 Varian 也将网络看作在竞争中获胜的先决条件。在新经济中,市场由会被随着更多的参与者加入而增强的网络主宰。在被联盟和网络主宰的经济中,产品的价值取决于这种产品其他使用者的数量。较之连接于更小的网络,连接于更大的网络显得更好,这种效应的典型例证为：电话、电子邮件和传真（Shapiro and Varian,1999）。

几个不同的参与者在市场中形成的联盟,切断了波特在 1985 年引入的老的价值链模型。当市场被视为网络时,网络的参与者就包含了许多有别于传统类型的参与者。这些参与者不仅包括核心的公司,也包括顾客、供应商、硬件提供者和机构等一切对网络重要的东西。信息在网络所有的参与者中流动。

波特价值链理论（Porter,1985）基于老的工业传统。在波特看来,原材料在生产的不同阶段被加工处理,在每个阶段都增加了最终产品的价值。根据实物原材料在某一时刻只能在某一特定的方向上移动,并且在某一时刻也只能被置于某一特定的位置上,波特价值链适用于实物原材料。

波特价值链理论和价值网络概念的主要区别在于价值链理论忽略这一事实:参与者之间的流可以是无形的,信息能在参与者间流动。价值网络通过介入网络的参与者之间的复杂交换产生经济财富。价值链和价值网络在社会关系角度也有所不同,例如 Allee(1999)认为在传统的竞争性商业环境中,一个参与者可以为了短期利益而牺牲某个关系;而在价值网络的透明世界中,甚至一个偶然的信任损失都可能在不可预期的方方面面造成损害。

价值链模型的网络化替代模型被诸多学者提出(Prahalad and Hamel, 1990; Allee, 2000, 2002; Normann, 2001; Pirnes, 2002)。所有基于网络的价值模型的共同的核心是强调不同的资源和能力的组合。小公司只有通过实现其核心竞争力才能和大公司竞争(Prahalad and Hamel, 1990; Hamel, 2000)。Hamel(2000)认为所有新的、革命性的商业模式都只是用一种创新的方式组合不同参与者和商业领域的旧想法、资源和能力。

成为区域小公司集群价值链中的活跃的参与者给这些参与者带来巨大的利益。首先,从交易成本和战略联盟的角度看,网络允许参与者致力于其核心竞争力,从而降低参与者的交易成本。其次,根据社会资本理论和研究,区域集群中的网络引发参与者在值得信赖和毫不隐晦的关系中相互学习。再次,根据对创新过程的研究,区域小公司集群为整合不同的资源和知识创造了条件,从而提供了一个持续性提高产品质量,改进生产方法和工艺的机会。

(一) 区域集群中网络的首要作用:降低交易成本

在区域小公司集群中,组织间的网络允许参与者致力于它们的核心竞争力,从而降低了交易成本。参与者相互组合形成战略联盟。在战略性联网中,有关参与者根据共同的目标组织和开发合作。在分包网络中,战略性合作被拓展到各个层面。而且这种关系被视为一种重要的投资,这使这种关系被仔细甄选并长期有效(Paija, 1999; Luomala et al., 2001)。

为获得战略性竞争优势而进行的联网有别于其他种类的合作。根据 Hyötyläinen 与 Simons 在 1998 年的研究,其他形式的合作指:(1) 分包商竞标;(2) 分包合作;(3) 搭档型合作。这三种类型的合作本质上是二元的,而在战略性联网中,这种二元关系被拓展到多边合作的层次。

交易成本理论为理解公司之间的合作提供了一种答案(理论参见 Coase, 1937;Williamson, 1975;Williamson, 1981;Williamson, 1985)。交易成本理论背后的基本思想是组织力图最小化由生产成本和交易成本构成的总成本,交易成本可以被看作"经济体的摩擦",必须被最小化。根据交易成本理论,交易成本随资本成本的增加而增加(Williamson, 1985; Scienstock and Hämäläinen,2001)。资本成本和交易成本越低,基于市场的行动效果越好。在以市场为基础的模型中,公司购买所需要的原材料和部件,然后在卖者和买者匿名的市场上出售产品。在高资本成本和高交易成本类型的交易中,层级制效果最好。在层级制模型中,公司控制从原材料获取到产品出售的整个生产链。相反,对于涉及中等水平的交易成本和资金成本的交易,网络则是控制行动的一个很好的选择(Coase,1937;Williamson, 1975;Williamson 1985;Scienstock and Hämäläinen,2001)。

在 Jarillo(1988)看来,如果公司能够创造一个系统来降低其交易成本,将一些业务外包给最好的分包商,只保持其特有的核心竞争力,网络则是组织业务的最好形式。当网络被有意识地用于获取竞争优势的时候,Jarillo 就称其为"战略性的"。Jarillo 的战略网络的本质是存在一个开创合作的焦点公司。该公司和网络中其他公司保持长期的合作关系以获得分包商的信任并降低交易成本。网络中公司均专业化其自身的核心竞争力。

(二) 区域集群中网络的作用之二:向其他参与者学习

区域集群中联网带来的第二个好处是通过社会资本向其他公司学习。

社会资本背后的基本思想类似于这一古老谚语:"重要的是你知道谁,而不是你知道什么。"构筑良好的社会关系为你得到正常情况下不能获得的信息资源开了方便之门。有了这些信息,参与者便能获得竞争优势,因为他比其他人知道的更多。从社会网络中获取信息后,参与者获得的社会资本就转化为参与者个人的人力资本(Johanson,2000)。

Putnam(1995,pp.664—665)把社会资本定义为"能够使参与者更加有效的协作以追求共同目标的社会生活的特征——网络、规范、信任。"

Nahapiet 与 Ghoshal(1998,p.251)在组织领域提出相同的观点。组织培育社会资本,具有高社会资本的公司获得竞争优势。他们把社会资本分成不同的三部分——稍类似于 Putnam 给出的定义,尽管他们把这些部分叫做社会资本的结构维度、认知维度和关系维度。

在其文献综述中,Ruuskanen(2001)认为社会资本成分通过信任和交流这两个相互联系的机制创造优势。在他看来,对他人的信任和正式或非正式的组织都是至关重要的。网络中的信息流和参与者之间相互理解的能力也是至关重要的。而且他强调网络中的交流以及参与者之间的信任在区域层次是尤其重要的。

社会资本的构成部分被认为能增强和提高网络参与者之间的学习和生产率。在解释新技术型企业的基于能力的竞争优势的开发中,Yli-Renko et al.(2001)研究了社会资本的力量。从英国 180 家新技术公司的数据中,他们的结论是,社会性相互作用、客户网络连接、关系质量都和核心客户关系中的学习存在统计上显著的关联。他们也认为这种关系中的学习显著地解释了竞争优势(Autio,2000;Yli-Renko et al.,2001),Autio(2000,p.47)甚至认为,社会资本和得益于社会资本的学习收益之间的关系解释了这一事实:技术型公司倾向于集中到特定区域。

然而,由于增强和维持社会资本需要大量资本,社会资本可能并不总是促进财务性成功。在对 143 家芬兰公司的研究中,Pöyhönen 和 Waajakoski(2004)发现,只有在公司和其最重要的商业伙伴有着广泛的合作或处于一个稳定的跨组织网络的内部的情况下,社会资本才和组织增长有关;其他情况下,社会资本的成本抵消了它的正效应。

(三)区域集群中网络的作用之三:持续性创新

区域小公司集群为整合不同的资源和知识创造了条件,从而提供了一个持续性提高产品质量,改进生产方法和工艺的机会。

创新具有社会性特征,当今的创新需要不同领域的高度专业化的知识。例如在 1901 年 81% 的专利属于个人,但是在 1980 年,个人能获得的新专利仅有 20%(Whalley,1991,p.208)。Powel(1998,p.229)认为创新不仅产生于单独的公司中,也存在于多重的公司和参与者构成的网络中。Miettinen 等

(1999)研究了几个芬兰的项目中的创新,研究的结果是,新知识的创造大部分发生于网络中,同时也认为区域性网络在竞争优势中起重要作用(Lundvall and Borrás,1998;McDonald and Vertova,2001)。根据 Lundvall 和 Boras(1998,P.109),社会资本的区域维度因为三个原因而对创新极为重要:第一,人力资本的创造需要地理上的临近;第二,地理临近增加了偶然的或有计划的相遇的可能性和自发的或结构化的信息交换的可能性,因此,增加了正式的非正式网络的出现概率;第三,协同合作能够出现在那些在一定的经济区域内涉足相同产业的有着共同的文化、心理和政治视角的那些人中。

二、生产、开发和创新网络

在这部分,我们为关于区域集群中网络的三种理论提出背景。根据 Allee 引入的价值网络方法和早先讨论的一些网络理论,我们还提出了区域集群中联网的三个主要目的。

(一) Allee 关于价值网络的理论

对于理解产生价值的复杂网络的最近的贡献之一是 Allee 对价值网络的研究(Allee,1999;2000;2002)。在她看来,任何组织都可以被理解为价值网络(2000)。她的观点基于这样的思想:商品、服务、知识或无形收益的动态交换在网络中创造价值。表达这种动态交换也是可能的,这使得理解和度量价值网络成为可能。

Allee 把新经济中的组织视为活的系统,这与传统的机械论观点完全不同。她用源于系统理论的活系统的耗散型结构和自动网络的概念把这个组织描述为一个活的系统,这种理论基于 Capia(1996)的有关"活的有机体"的理论之上。根据 Allee 的模型,组织是自身进行无形和有形交换的参与者的组合。当被比作一个活的有机体的时候,有形流就是组织中的能量流和物质流。无形流,例如知识,使得组织像活系统一样智能。无形流也证明了组织有能力采取有意识行动(Allee,2002)。

通过用对价值链的网络化的替代方案,Allee 把她有关价值网络的观点和市场作为网络的概念以及创新的社会特征相联系,价值网络的三个主要目的便能被描述了。区域集群可以被视为参与者之间存在有形流和无形流的价值网络。

价值网络的第一个目的是产生价值,也就是说向系统提供现金流,使交易变得有利可图。如前面所描述的那样,价值网络中的价值创造过程不同于波特引入的传统价值链。在价值网络中,无形收益和知识支持了商品和服务向资金的转换。这使得用创新的办法整合不同的资源和能力成为可能,从而为网络创造价值。

价值网络的第二个目的是确保信息在参与者之间传输。无形流,例如战略型信息和有关工艺的信息是有形流的副产品,有助于形成交换信息流的关系,也使得组织运转更加平滑。根据 Allee 的研究,无形流是重要的,因为它们保持了系统活力。

价值网络的第三个目的是把不同的参与者和资源整合到一起。根据我们早先介绍的"市场即网络"的观点(Fordet al,1998;Shapiro & Virian,1999),当其包含更多的参与者的时候,网络更有价值。根据有关创新网络的理论(Lundvall and Borrás,1998),创新出现在不同参与者的高度专业化的知识的整合中,有形流和无形流的动态交换吸引更多的参与者介入网络。

(二)系统的知识环境

Ståhle 在她 1998 年的论文中提出了有关组织和群的自我更新能力的理论。通过分析系统理论,她定义了组织的四个基本决定因素:(1)知识和能力;(2)关系;(3)信息流;(4)管理和领导方法(Ståhle,1998;Ståhle and Gronroos,2000;Ståhle 等,2003)。她的主要的理论贡献是,当组织的决定因素不同时,组织中有不同的环境。这些环境是(1)机械的;(2)有机的;(3)动态的。她把这些标记为"组织的知识环境",每个环境都用自己的方式使用知识产生价值,我们把这个叫做"知识资本相关功能"(Pöyhönen,2004;Pöyhönen and Smedlund,2004)。在机械的分类中,知识资本相关功能尽可能有效地将知识贯彻为行动。在有机分类中,它在组织内传送知识。动态分类的知识资本相关功能产生新的知识。为了获得成功,组织必须具备各种类型的知识环境,这意味着组织必须:(1)利用知识;(2)传播知识;(3)创造知识以便持续性地更新自己。通过持续的自我更新,组织能够根据市场需求进行创新和获得竞争优势。

知识环境和组织性决定因素的区别总结于表2中,为了更有效地利用知识,机械型知识环境中的参与者必须具备关于他们正在做什么的清晰限定的知识。工厂是具有机械的系统逻辑的一个例子。在工厂中,尽可能有效率地生产那些已经被设计好的东西是重要的。为此,工厂需要类似于机械的系统逻辑的知识、关系、信息和领导。

为了在参与者之间传播知识,有机系统逻辑需要用对话和分权进行领导。这意味着,在有机环境中,关系是寻求共识型的。而且,参与者必须具有他们自己的隐性知识。例如,在一个服务组织中,向他人学习经验和逐步改善客户服务非常重要,服务组织的操作更接近于有机系统逻辑。

在动态的知识创造的层次上,具有大量的直觉的和潜在的知识极为重要。关系是自发的和丰富的。信息流是无序的,受制于网络和放松的权力。具有动态系统逻辑的组织的例子是那些必须持续地设计新思想的广告代理商。

表2 知识环境、知识资本功能以及组织决定因素
(基于Ståhle & Grönroos,2000;Pöyhönen & Smedlund,2004)

知识环境	知识资本功能	知识和能力	关系	信息流	管理和领导方法	例证
机械的	利用知识	定义好的显性知识	由层级决定	一维的、自上而下的	命令、权力的直接利用	工厂
有机的	传播知识	隐藏的、隐性的、经验的	相互的、寻求共识的	多维、水平的	对话、分权	服务组织
动态的	创造知识	直觉的、潜在的	自发的、丰富的	无序的、零星的	个人联网技巧、放弃权力	广告代理商

为谋求成功,每个组织必须具有所有的这些知识环境。这意味着即使一个强调机械系统逻辑的工厂也需要来自有机和动态知识环境的一些特征。根据Ståhle和Grönroos(2000)的研究,动态知识环境相对持续创新而言最重要。另外一方面,组织也需要有机的和动态的环境把创新转变为有利可图的业务。

(三)生产、开发和创新网络

在一个区域性的背景中,可以区别三种基本的网络类型。这三种类型在区域小公司集群中分别在知识创造、知识传播和知识利用的层次上起作用。

如同我们第一篇有关区域中知识资本创造的文章中描述的那样（Pöyhönen & Smedlund,2004），三种网络类型在结构、知识资本相关功能以及 Stähle（1998, 2000,2003）的知识环境方面互不相同。表3给出了不同的网络类型总结,我们把这三种不同类型的网络命名为生产网络、开发网络和创新网络。

表3 生产、开发和创新网络

	生产网络	开发网络	创新网络
说明			
结构	垂直的	水平的	交叉的
知识资本功能	利用知识	传播知识	创造知识
知识环境	机械的	有机的	动态的
参与者之间的流	有形的（例如产品、资金），无形的（例如和生产相关的信息）	无形的（可传播的公司特有信息、诀窍）	有形的（例如和创新有关的产品、资金），无形的（例如研究知识、经验性知识、诀窍）

在我们的研究方法中,生产网络包括销售过程。在生产网络中,参与者之间的流和产品的生产相关,所以它们主要包括物质产品或者货币。参与者之间的所有的信息流动都和生产相关,例如有关存货水平的信息。生产网络可以由单个的核心参与者控制,也可以通过外在于实际网络设置的经纪人来协调,生产网络中的参与者不必知道所有其他相关参与者。网络中的关系是基于网络参与者与决策性参与者或经纪人之间的二元关系的。网络结构是层级型的,生产网络的本质特征是:它是生产预先设计好的产品或服务的有效方式。

生产网络理想的状态下像机械论中的机械一样起作用（Stähle & Grönroos,2000）。这有效地产生了永久性的质量,也达到了预先设定的目标。为此,网络必须有清晰连贯的条例和规则。因此,生产性网络的基本知识必须是显性的,也必须被传递到所有相关的参与者那里。这种单向的自上而下的流已经足够了,因为对于生产改进的仔细讨论和精心制作在这种类型的网络中是不必要的,也会对效率造成损失。集中化的控制和层级制的结构促进了这种运作模式。

开发网络是一个水平的网络结构,它能够用来连接区域集群中的公司,即使它们没有生产性合作。开发网络中的参与者可以是竞争者,在开发网络中,参与者信息共享,这些信息能够使得所有的参与者受益。开发网络中的参与之间的流本质上是无形的,这种流可能是有关生产方法、客户或者参与者个人诀窍的信息。开发网络是唯一一个参与者之间没有实物流的网络,通过向其他人学习成功经验,公司能够获得更高的效率。在区域背景中,聚焦于开发的网络能够使参与者在营销和风险资本获取方面做得更好。开发型网络的本质特征是它的知识共享性。

开发网络类同于 Ståhle & Grönroos（2000）对组织内有机知识环境的描述。有机性环境中进行的持续性开发基于隐性知识、横向的双向信息流、双重的连接关系和分权领导制。类似的,在开发网络中,参与者的能力随着他们向其他人学习经验而被开发,这种关系是相互的,并基于相互信任而不是正式的详细的合约。合作产生于参与者之间日常的交流,而且,积极参与也是被提倡的。在开发型网络中,没有单个的决定型参与者,然而可能有支持知识共享的协作者。

在创新网络中,新知识被创造,难题的新的解决方案是在和相关参与者的合作中被提出的。参与者之间的流和即将到来的创新过程有关,这个流可以是产品样本、研究知识或经验性知识。创新型网络中的关系是交叉的,这意味着涉及创新网络的参与者来自于不同的生产链和不同的产业。创新网络也能够将企业家型的和组织型的参与者连接在一起。

创新网络应该控制知识创造,这些知识对于网络中的所有人而言都是新奇的。这不仅要求有创造的空间,也要求网络的组织模式不能太结构化和形式化。在 Ståhle & Grönroos（2000）对动态知识环境的描述中,潜在的和直觉的知识,甚至自我超越型知识都应该被高度评价。这个关系是非正式的,而且很丰富,而且参与者的能力也必须是多面的。创新型网络应该由最适合协调知识和资源的参与者来领导,例如,权威应该根据专业知识而不是层级制中的位置变化。

三、案例

生产、开发和创新型网络的思想适用于集群案例。主要的研究问题是判定将出现在某一特定区域的公司间的合作分为三种网络类型是否可能。在这个案例中,我们的目的是描绘所有有关参与者,模型化参与者之间的关系,并找到这种合作的优势和劣势。

(一) 背景

案例区域是坐落于芬兰东部的相对年轻的小公司集群。集群中的公司从事机械、木材加工,这一产业是由少数大公司主导的传统商业领域,在这特定的产业中,基于网络的合作非常少,至少在芬兰是这样。而且,以前在小公司之间建立网络的尝试几乎全以失败而告终(Passila,1998)。

在 2003 年的 3 月,有八个企业加入了这个集群。所有这些参与者都坐落在由当地政府提供的工业园区内,它们之间的距离大约不超过 100 码。四个参与者是小的加工公司,它们生产最终产品(锯好的原木)到市场上。所有这些生产企业在原材料获取和产品方面稍有不同,所以,它们之间并非直接竞争关系。一个参与者是提供服务的,它只完成生产的一个方面(烘干原木)。原材料供应商是这个区域内所有市政当局共同拥有的。另一个参与者向其他人出租劳动力和机器。此外,在这个产业区域有一个隶属于大学的实验室。

这个案例集群是一个把几种地区参与者:当地企业家、风险投资商和组织型参与者联系起来的协作。主要的组织型参与者是几个当地市政当局和一所当地大学,相对于其总的预算来说,当地市政当局在这个集群的形成过程中投入了大量资金。

图 1 给出了这个区域的总体概况,展现了 2003 年 3 月时的关系状况。这个说明是根据 Allee 的价值网络研究建议所给出的,除了流是用双箭头表示之外。Allee 不喜欢双箭头,因为双箭头不能说明有关流的方向的任何东西(Allee,2002,p.9)。但是,在这个图中,我们用双箭头,使其具有可读性。在这个图中,箭头代表参与者之间现有的关系,圆圈表示内部参与者(同一产业区内的参与者),椭圆表示外部参与者(产业区外的参与者)。

第十四章 区域的知识资本创造

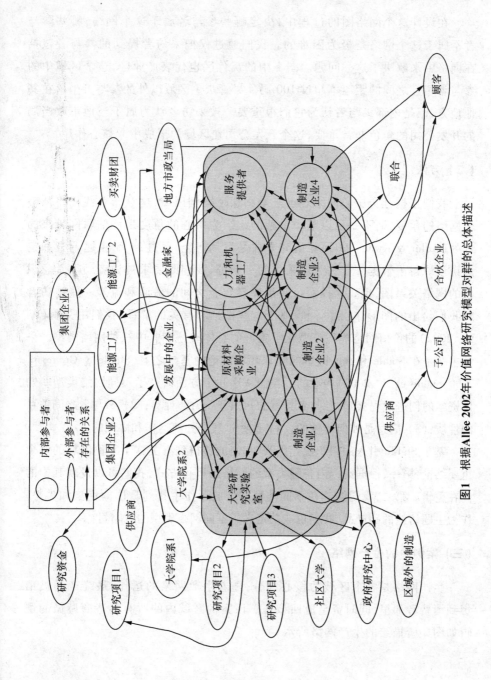

图1 根据Allee 2002年价值网络研究模型对群的总体描述

在设计这个网络图的过程中,决定哪些参与者属于这个网络,哪些参与者不属于这个网络是极为困难的。我们通过仅把采访者提到的参与者包括在网络中来解决了这一问题。图1中的灰色区也代表产业区,这个区域中的参与者相互之间的距离不超过100码。尽管灰色区域以外的参与者坐落在其他地方,但是内部参与者认为它们很重要。被采访者认为属于当地市政当局的开发公司的角色非常重要,这个开发公司在区域的形成中起核心作用。

(二) 方法

我们根据社会中心网络观点来考察这个案例区域,这意味着我们将从整个网络的角度,而不是从以某个单独的组织为中心的角度来评估联网带来的好处(Adler & Kwon,2002)。研究方法是案例研究,通过11个主题调查和定点访谈取得了数据。作为主题采访的一部分,我们既要求被访者画出其意识到的网络关系图,也要求他们口头解释参与者之间的关联和流。一些被访者对我们给出的图形作出了评价,基于这些图形和有关的解释,我们用艾莉(A-lee,2002)的价值网络模型模型化了集群的总体表述和其中三种网络类型。采访主题是在Ståhle和她的同事的知识环境理论的基础之上(Ståhle & Grönroos, 2000;Ståhle et al.,2003)构造的。我们从这几个方面研究了不同网络类型中知识资本的创造过程:(1) 参与者具有的知识和能力的种类;(2) 参与者之间关系的性质;(3) 信息是如何传输的;(4) 这些过程是如何运作和协调的。

基于Ståhle引入的组织决定因素,我们能够得到有关这个案例区域的两个重要结论:第一,根据集群内各种类型的网络的运行方式,我们可以发现其中的内在逻辑。第二,我们能够在不同类型网络的运作中找到具体的优势和劣势。作为主题访谈的副产品,我们也成功定义了不同网络类型的战略目标。

(三) 案例中的生产网络

生产网络是整个区域的核心部分,随着生产网络的运作,最终产品被销售到消费者那里,同时资金流回该区。该案例区域内的所有制造商遵循的逻辑如图2所描绘的生产网络所示。

第十四章 区域的知识资本创造

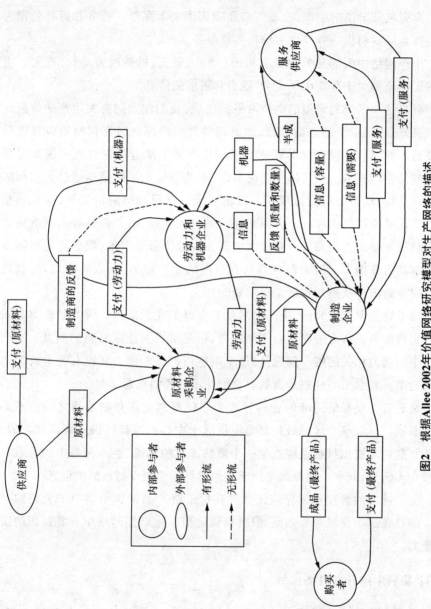

图2 根据Allee 2002年价值网络研究模型对生产网络的描述

在案例区域生产网络中,制造商从原材料供应商购进原材料,利用服务提供商完成某阶段的生产,把最终产品卖到消费者那里。劳务和机器公司为制造商和原材料供应商提供劳动和机器服务。

生产网络中大部分的流是有形的(产品、资金、机器或劳动)。有关于生产的无形流是关于存货水平、生产能力和需求的信息。

画出这个区域的典型的生产网络图以后,我们注意到有关生产的信息流没有良好运转,对于制造商而言,知道何种类型的原材料在何时可以获得是重要的。而原材料供应商的存货水平信息有助于制造商进行生产决策并显著地减低生产成本。在案例生产网络中,有关存货水平的信息通过劳动和机器公司传播,这对制造商造成了一定的麻烦。在最理想的情况下,这种信息必须直接从原材料供应商流向制造商。另外一方面,服务提供者和制造商之间的信息流是令人满意的。制造商向服务商提出服务需求,服务商使得制造商了解其服务能力。因为服务商只有有限的生产能力,所以对它而言,制造商对服务的需求及迫切程度是很重要的。

当考察竞争力的时候,生产网络就具有好的先天条件。因为制造商之间没有直接竞争。所有的制造商产品不同,但是需要关注原材料的类型。生产网络中和能力相关的唯一问题是,每个制造商的核心能力并没有完全清晰地显现出来。看起来一些制造商拥有它们并不必要的机器。

缺乏有关交易的清晰的合约导致了原材料供应商和制造商之间的不必要的摩擦。尽管整个区域最初都是围绕居于中心的原材料供应商而建立的,一些制造商却视原材料供应商是一个威胁。总的来说,生产网络中的关系并非很令人满意,其中一些原因是缺乏从原材料供应商到制造商的信息。

生产网络的管理和领导应该掌握在把最终产品销售给客户的公司的手中。但是在这个区域并非如此,原材料供应商在生产型网络中有着过强的决定能力。

(四)案例中的开发网络

开发网络层次代表了一个区域参与者之间合作的社会和非正式方面。原则上说,同一地理区域内的所有参与者都应该以某种形式被包括在开发网络中。在最理想的状况下,开发网络中的参与者和这一区域中的所有其他参

第十四章 区域的知识资本创造

与者交换信息。

在图3中使用双箭头是基于这样的实际需要——说明案例区域开发型网络。在这个图中,双箭头虚线表示参与者之间的知识交流。一些参与者和外部的参与者也有比较密切的关系,所以我们把它们也包括在这个图中。

像在生产网络中一样,通过考察开发网络图,我们便能够对区域中的信息流进行有益的观察。在开发网络背景中,制造商之间每天都相互交流,制造商们持续地交换经验,这种地理上的临近使得知识交换很容易。原材料供应商开发公司和服务商也经常交流信息。

当地市政当局的开发公司是这个区域的创建中的一个重要的参与者。这个开发公司依然努力通过召集各参与者开会的方式引导参与者之间非正式的交流和知识共享。制造商的企业家们并不喜欢这种会议,有的甚至认为这种会议毫无用处。

大学的研究室在该区域两个小圈子之间起到了纽带的作用。这种安排对于整个区域的功能有许多不利,圈子之间的信任状况不是非常好,这抑制了圈际交流,大学研究室的作用有时候看起来就像这个区域的参与者之间纠纷的仲裁人。由于这样和那样的原因,生产网络层面的问题给这种关系造成了摩擦。一些人在制造商之间声名狼藉,相反,在制造商的眼里,大学研究室则非常值得信赖。来自于大学的研究人员自从这个区域建立以后就已经在分享他们有关生产的知识。

这个区域的所有企业家有着不同的背景和有关自己领域的诀窍。有关这个区域所拥有的原材料的知识非常稀缺,而且,生产的某些阶段依然不明确。这个区域用白桦作原材料,但是大部分制造商只拥有有关松木的经验。这个区域需要知识共享的良好氛围,因为参与者需要不断提高它们关于原材料和工艺的知识。制造商相互交流有关生产的问题,技术性难题在某种情况下被联合解决了。一些制造商正在考虑一个整合的营销力量。在2003年3月,制造商们有好多共同的客户,但是正常情况下每个制造商只把自己的产品销售到自己的客户那里。如果公司之间能够共享它们之间的营销知识,形成一个共享的营销部门,将使所有的制造商受益。制造商能够共同向市场提供大量的产品,而且这种共享的营销部门也能够使制造商更加集中于它们的核心能力。当客户需要的时候,它们可以共享其产品。

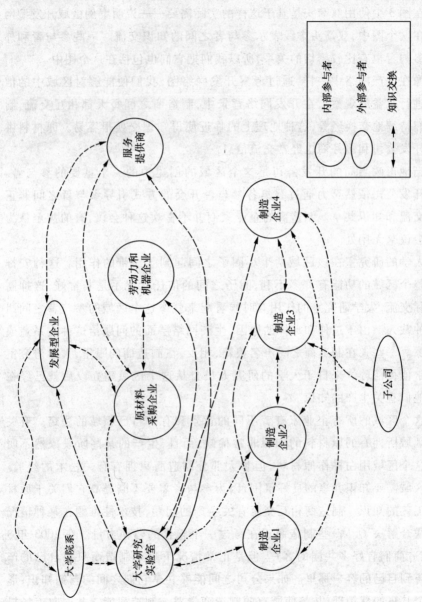

图3 根据Allee 2002年价值网络研究模型对开发网络的描述

(五) 案例中的创新网络

创新网络结合不同的资源和知识解决有关生产的问题。尽管创新网络的核心在区域内部,它包括来自于区域外的参与者。

图4是被访者告诉我们的本区域内的一个创新过程例子。在我们的案例中(图4),制造商注意到了服务商提供的半成品中的质量问题。制造商把这种情况告诉了大学研究实验室,大学研究实验室用制造商的诀窍和源于其他项目的理论研究知识,并利用从其他投资者那里获取的资金来解决这一问题。

一些有关该区域关系和信息流的注释可以在图4的基础上被标注出来。在这个特定的创新例子中,大学的研究实验室起到了决定性作用。参与者之间的许多流本质上是无形的(信息、研究知识和诀窍),而且看起来研究实验室主导着它们。研究实验室领导整个创新过程,从信息流的角度考虑,参与者之间的短距离使得区域从中受益很多。地理的临近使交流变得容易,并且面对面的知识分享也很普遍。甚至研究知识通常以口头的形式传播,这看起来很不错,因为企业家倾向于不读书面研究报告。

创新网络的能力是研究实验室的理论研究知识和企业家的经验性的隐性知识。研究实验室和其他的参与者在该区域内有着共生的关系,而且受访者认为任何人都从研究实验室的出现受益。从研究实验室的角度看,该区域对于新的研究思想回报颇丰。和制造商的日常交流给大学中的研究者提供了许多新思想,而这些思想对于大学中的研究者通常是很难获得的。

创新型网络中的关系很好,这种非正式的关系加强了研究者和企业家之间的交流,制造商也经常利用研究者的其他类型的服务,所以研究者获得该区域的所有参与者的高度评价。

(六) 案例集群中生产、开发和创新网络的优势和劣势

通过使用Allee(2002)的价值网络研究法和Ståhle(1998,2000,2003)的组织决定因素,根据前面的模型,我们能够把这个区域集群分为三种相互区别的网络类型。用以下几个标准我们能够找到三种网络类型运行的优势和劣势:(1)知识和能力;(2)关系;(3)信息流;(4)管理和领导方法。结果总结如表4。

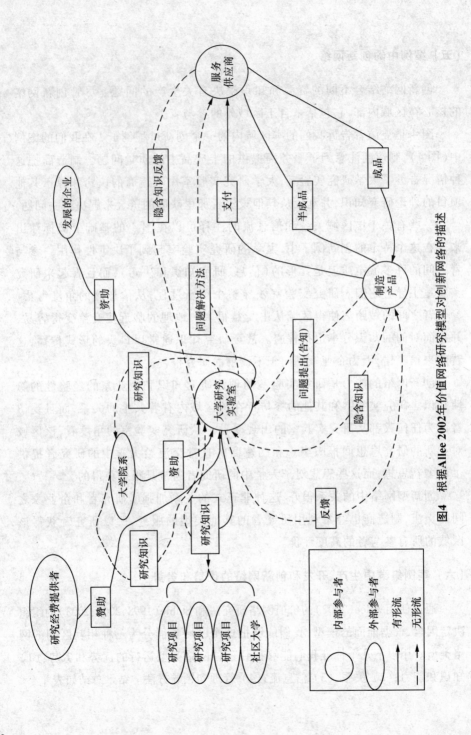

图4 根据Allee 2002年价值网络研究模型对创新网络的描述

总的来说,生产网络最大的劣势是参与者之间的有关存货水平的信息流不足。开发网络中的关系因为牵涉有关生产的难题也不是很好。而且,创新网络中的领导依然处于一个参与者的控制中,为了确保案例区域进一步的成功,生产、开发和创新网络的组织性决定因素理当遵循 Ståhle(2003)确立的基本标准。

表4 在案例集群中三种网络类型运行的优势和劣势

		生产网络	开发网络	创新网络
知识和能力	标准	显性的	经验型的,隐藏的,隐性	直觉的,潜在的
	案例	参与者的核心能力没有清晰化,而且内部的生产过程并非尽可能地有效	相互之间还没有形成以经验为基础的隐性知识	不同参与者的隐性知识和理论研究知识结合起来进行创新
关系	标准	由层级制控制	互惠的,寻求共识的	自发的,丰富的
	案例	中心公司和分包商之间的合约不清晰	一些参与者之间缺乏信任,阻碍了合作	几乎遍及所有人之间的大量的、私人的、偶然的关系,研究者被所有其他参与者高度评价
信息流	标准	单向的,自上而下的	多维,水平的	无序的,交叉的
	案例	有关存货水平的信息没有传播到所有相关方面	该区域存在两个不直接交流的、分离的小圈子	大量的实时交流和解决难题,对来自企业家的难题的快速反应的时间
管理和领导方法	标准	命令,权力的直接使用	对话和分权	个人联网技术,放弃权力
	案例	原材料供应商对生产商的生产过程控制力太强,尽管它不是这个网络的中心公司。	开发公司拥有领导地位,其他参与者没有被分权并不够活跃	大学研究室以满足其他参与者需求的方式协调创新进程

(七)生产、开发和创新网络的战略目标

根据调查和观察,我们能够定义该区域不同网络类型的战略目标。这就是尽可能使得物流尽可能地有效率,形成统一的市场力量,以及为生产的特定阶段开发新技术。

该区生产型网络的战略目标是使原材料流尽可能地有效率。按照 Jarillo (1988) 的观点，该区域生产网络的合作是战略性的。因为生产联合被视为追求利润的长期投资，在 Hyötyläinen 和 Simons (1998) 看来，生产网络也是战略性的。在他们的研究方法中，战略性联网意味着拥有更多权力、数目更少的供应商。在我们的案例区域所从事的产业中，原材料获取是非常资本密集的。

开发网络的战略目标是形成该区域统一的营销企业联合体。如果不能确定有大的稳定的货源，大的买主就不想购进产品。我们案例区域内的小公司在它们自身向市场提供足够的产品方面存在难题。根据我们以前提到的"市场即网络"的观点 (Håkansson & Jahanson, 1992; Ford, et al. 1998; Shapiro & Varian, 1999)，该区域能够形成一个市场联盟，这意味着对客户而言，该区域将看起来像一个整体。营销企业联合体既能够给参与者带来规模经济，又能够带来小企业的灵活性，因此结合了大企业和小企业的好处。

案例创新网络的战略目标是发明一种烘干原木的新方法。这个阶段在该区域的产业领域是非常困难的。通过达成这一目标，该区域将获得较之于对手的显著的竞争优势。

四、区域知识系统

我们前面所描述的这几种不同类型的网络一起形成了一个系统，我们把它叫做区域的知识系统。从区域的知识资本创造这个观点来看，区域的知识系统为区域知识资本创造的动态过程提供了既基于能力的又是关系的研究方法。该区域内的生产、开发和创新网络一起构成一个系统，给这个区域带来了更高的能力以创造无形资产、进行自我更新并适应于环境变化。

该区域需要所有这三种网络类型来获取竞争优势。对生产网络来说，创新网络中产生的创造发明被转化为有利可图的商业活动。创新可以是新产品、生产方法或生产工艺。开发网络的作用是充当生产和创新网络的媒介。由于开发网络的社会性的和以学习为基础的特征，创新可以被传播到参与者那里，从而被用于生产。由于开发网络的知识传播性，除创新外，反馈和创新思想也从生产网络层传播到创新网络层。

用区域知识系统提供的思想,区域集群中联网的特定的战略目标、益处、目的及与知识资本相关的功能可以被付诸实践。

五、不同网络类型的战略目标、目的、知识资本功能和益处

合作的网络类型为区域小企业集群带来好处。现存的网络文献已经论述过这些好处了。一旦和本章提出的网络分类相结合(参见 Pöyhönen & Smedlund,2004),我们能够将其与区域集群中生产、开发和创新网络联系起来:第一,该区域功能性生产网络的好处是通过让参与者集中于其自身的核心能力来降低交易成本。第二,开发网络的好处是,这种网络类型能够让参与者在值得信赖的、畅所欲言的关系中相互学习。第三,创新网络的好处是,它通过结合不同参与者的知识和资源,促进了产品、生产方法和生产工艺的持续改进。

利用 Allee(1999,2000,2002)的价值网络研究法,结合"市场即网络"的思想,以及创新的社会特征,我们能够论证基于合作的网络有三个目的。把我们的网络分类方法和这些思想联系起来,我们能够将这些目的推向区域的层次。生产网络的目的是通过将产品销售给客户来创造价值;开发网络的目的是在参与者之间传播信息,以支持价值创造过程;最后,创新网络的目的是集合不同的参与者以提升整个网络的价值。

我们曾经提出每个基于系统理论的知识环境都有独特的、与知识资本相关的功能(Ståhle et al.,2003)。用我们网络分类的思想,它们可以被提升到区域的层次。机械的生产网络的知识资本创造功能是将知识尽可能有效率地运用到实践中去。开发网络的知识资本创造功能按照有机系统的逻辑起作用,该功能是分享公司特有的、可传播的隐性知识。最后,动态创新网络的知识资本创造功能是在具有不同参与者和资源的合作中创造新知识。

通过分析访谈的数据,我们能够确定案例区域的战略目的。在我们的案例区域,在 2003 年 3 月,该区域生产网络的目的是获得尽可能有效率的原材料流。该区域开发网络的目的是形成一个统一的市场力量,以便向市场提供比单独参与者能够提供的更多的产品。创新网络的目的是为生产的某个阶段开发更好的技术。

该区域知识系统三种网络类型在(1)知识资本利用层次(生产网络);(2)知识资本传播层次(开发网络);(3)知识资本创造层次(创新网络)起作用。每种网络类型产生了一种特定的基于知识的竞争优势,并且具有自己的运转逻辑和效率标准,表 5 说明了这些益处、目的、知识资本功能以及不同网络类型的战略目标。

表 5 区域知识系统中的不同网络类型的总体观点

网络类型	益 处	目 的	知识资本有关功能（Pöyhönen & Smedlund,2004）	案例区域的目标
生产网络	通过允许参与者集中于它们自己的核心能力而降低交易成本	给区域带来现金流,成为有利可图的商业	把知识尽可能有效率地应用到实践中去	尽可能有效率的原材料流
开发网络	通过参与者之间的信任和交流来增强学习	确保参与者之间的信息传播	分享公司特有的、可传播的隐性知识	统一的市场力量
创新网络	通过结合不同参与者,知识和资源来确保产品、生产方法和工艺的持续的提高	聚集不同参与者和资源以提升网络价值	创新知识	某一特定生产阶段的新技术的研发

区域内三种网络类型的网络并非是封闭的。区域集群构成了许多重叠的生产、开发和创新网络,而且某些网络具有来自于区域外的参与者。该区域集群的参与者可以同时成为任何一种网络类型的成员。在图 5 中,生产、开发和创新网络的理想的区域动态过程被表现出来了。当创新网络为某个参与者解决了某个具体问题的时候,由于开发网络的知识传播性,这个解决方

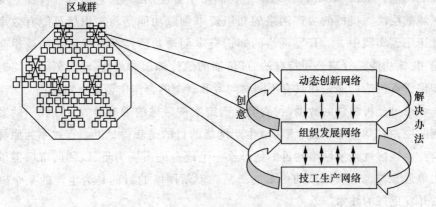

图 5 区域知识系统

案不久便被传播到其他的参与者那里了。另外一方面,当参与者相互分享日常问题和思想的时候,生产网络就总是产生新的思想。当创新思想传到右边那个参与者那里时,该参与者便会与最初产生新思想的参与者形成创新网络,当然,它也可以独立形成创新网络并找到问题的解决方案。

我们在该案例集群中的发现表明,成功的区域知识系统的核心是运转良好的开发网络。如果开发网络不能良好运作,新思想便会在传往能够解决难题的参与者的途中"死掉"。开发网络的主要任务是,保持不同参与者之间的良好的交流和信任。如果参与者不能够相互信任,就无法分享思想和解决方案。

根据 Ståhle 及其合作者(Ståhle,1998;Ståhle and Grönroos,2000;Ståhle et al.,2003),一个组织如果要取得成功,必须具有所有的知识环境。根据这种思想,创新产生于一个组织的动态水平上,该组织必须把信息、能力和创造性正确地结合起来。在有机系统层次上,创新是被逐步提高的。在机械系统层次,创新是被应用于生产的。换句话说,仅仅创新本身是不够的,组织也需要机械和有机层次来把创新转变为金钱。类似的,区域知识系统需要合适的参与者,同时也需要生产、开发和创新网络以造就区域竞争力。

在我们的案例区域集群中,生产网络起主导作用,但却不是该集群的最重要的网络类型。开发网络通过分享知识使参与者之间产生信任和交流,创新网络解决和生产相关的难题。在我们的案例区域,创新思想主要来自于生产部门。大学研究实验室以及研究资助方和公司之间的联合项目也产生一些思想,但在短期内生产部门并不需要这些知识。自然而然的,追求利润的公司之间的合作的所有网络类型有一个非常清晰的目的,即盈利。但是,若不学习和分享知识或者持续创新,这个生产网络的前景将非常暗淡。

六、讨论

在本章,我们提出了一个基于系统理论的观点,用以理解区域小公司集群中知识资本的创造。在我们看来,单个参与者可以同时成为各种类型网络的成员。若想取得成功,区域集群必须能够(1)在垂直的生产网络中尽可能有效地利用现有的知识;(2)在水平的开发网络中传播公司特有的知识和思想;(3)在交叉的创新网络中发明新知识、新产品、新的生产方法或工艺。

生产网络构成区域的核心过程。在生产网络这个层次,知识被用来为客户生产产品或服务。利用开发网络,区域中的参与者共享信息并提高区域的社会资本。换句话说,在开发网络层次,参与者形成关系,找到共同语言,相互取得信任。产生于创新网络层次的创新基于开发网络的知识传播的性质被传播开来,最终改进了生产方法。

当这些网络类型都出现在这个区域中的时候,创新被传播到所有的参与者那里,使每个参与者都获益。而且,创新思想不断涌现。在本章,在生产、开发和创新网络之间的创新和创新思想的循环被称为区域知识系统。区域中的每个网络类型都应该在能力、关系、信息流和领导方面趋于最优。这些方面是 Ståhle 及其合作者(Ståhle, 1998; Ståhle and Grönroos, 2000; Ståhle et al. ,2003)在他们有关不同知识环境的理论中定义的。当在区域小公司集群考虑到这点的时候,这就导致知识的创造、传播和利用变得更有效率了。在理想状态下,区域创新网络对生产中难题的反应是即时的。

作为一个小集群,我们的案例区域提供了一个良好的机会来模型化不同网络类型并评估它们的关键要素。在我们的案例区域中,一个显著的特点是参与者之间信任和交流的缺乏。部分原因是由于集群太年轻了,一些和生产相关的问题造成了麻烦,也使得合作变得困难了。我们案例研究的主要结论是:案例集群的最重要的层次是开发网络层次。开发网络可以被看作是信任和交流的前提条件。如果区域中的开发网络没有处于良好状态,参与者之间的其他类型的网络就很难运转良好。

我们在本章中描述的区域知识系统的思想为理解知识资本创造的区域性动态过程提供了一组新的工具。利用这种思维我们可以改进区域集群的战略进程。当区域集群内的复杂的价值网络依据它们的知识资本功能被分成更小单位的时候,更加有效地管理和理解整个区域便成为一种可能。

区域知识系统允许我们更加容易地确定一个复杂的区域集群的结构。通过把生产功能从学习或创新层次分离出来,单独提升每个层次就更容易了。在我们看来,发现区域中需要改进的核心过程和竞争力也是可能的。一旦成功,这个区域知识系统研究法将允许区域战略进程兼顾效率和创新。产品生产可以与创新过程同步进行,这就提升了区域的竞争优势。

为了证实我们对区域集群的研究,区域知识系统的思想应该被应用于更多的集群。通过更多的案例,我们坚信建立一个评估工具来管理整个区域集群的战略是可能的。形成一个标准化、数量化的度量方式将是未来研究的一个方向。

参考文献

Adler, P., Kwon, S.-W. (2002). Social capital: prospects for a new concept. *Academy of Management Review*, 27, 1, pp. 17–40.

Allee, V. (1999). The art and practice of being a revolutionary. *Journal of Knowledge Management*, 3, 2, pp. 121–131.

Allee, V. (2000). Reconfiguring the value network. *Journal of Business Strategy*, 21, 4.

Allee, V. (2002). A value network approach for modeling and measuring intangibles. A paper presented at the conference "The Transparent Enterprise. The Value of Intangibles," Madrid, Spain.

Autio, E. (2000). Alue, yrittäjyys ja talouskasvu: Vertailu sophia antipoliksen ja espoon otaniemen välillä. In Kostiainen J., Sotarauta, M. (Ed.). *Kaupungit innovatiivisina toimintaympäristöinä* (in Finnish). Helsinki: TEK ry.

Bontis, N. (1999). Managing organizational knowledge by diagnosing intellectual capital: Framing and advancing the state of the field. *International Journal of Technology Management*, 18, 5–8, pp. 433–462.

Bontis, N. (2003). National intellectual capital index: the benchmarking of Arab countries. *Journal of Intellectual Capital*, 5, 1.

Brooking, A. (1996). *Intellectual Capital: Core Assets for the 3rd Millennium Enterprise*. London, Thomson Business Press.

Brown, J., Duguid, P. (1991). Organizational learning and communities of practice. *Organization Science*, 2, 1, pp. 40–57.

Capra, F. (1996). *The Web of Life*, Anchor Books.

Castells, M. (1996). *The Rise of the Network Society: The Information Age: Economy, Society, and Culture*. Blackwell Publishers.

Coase, R. (1937). The nature of the firm. *Economica* 4, pp. 386–405.

Cohen, D., Prusak, L. (2001). *In Good Company: How Social Capital Makes Organizations. Work*. Boston: Harvard Business School Press.

Drucker, P. (1988). The coming of the new organization. *Harvard Business Review* (Jan–Feb).

Edvinsson, L. (2002). *Corporate Longitude*. Stockholm: Bookhouse Publishing.

Edvinsson, L., Stenfelt, C. (1999). Intellectual capital of nations: for future wealth creation. *Journal of Human Resource Costing & Accounting*, 4, 1, pp. 21–33.

Eisenhardt, K., Martin, J. (2000). Dynamic capabilities: what are they? *Strategic Management Journal* 21, pp. 1105–1121.

Ford, D., Gadde, L.-E., Håkansson, H., Lundgren, A., Turnball, P., Wilson, D., Snehota, I. (1998). *Managing Business Relationships*. John Wiley and Sons.

Håkansson, H., Johanson, J. (1992). A model of industrial networks. In Axellson B., G. Easton, editors. *Industrial Networks: A New View of Reality*. London: Routledge.

Hamel, G. (2000). *Leading the Revolution*. Boston: Harvard Business School Press.

Hyötyläinen, R., Simons, M. (1998). Strategisen yritysverkoston johtaminen. In Ollus, M. Ranta, J., Ylä-Anttila, P., editors. *Verkostojen vallankumous -miten johtaa verkostoyritystä?* (in Finnish), Vantaa, Taloustieto.

Jarillo, J. (1988). On strategic networks. *Strategic Management Journal* 9, pp. 31–41.

Johanson, J.-E. (2000). Social networks as capital. In Kajanoja, J., Simpura, J., editors. *Social*

Capital. Global and Local Perspectives. Helsinki: Government Institute for Economic Research.
Lave, J., Wenger, E. (1991). *Situated Learning: Legitimate Peripheral Participation*. Cambridge: Cambridge University Press.
Leonard-Barton, D. (1995). *Wellsprings of Knowledge. Building and Sustaining the Sources of Innovation*. Boston: Harvard University Press.
Lundvall, B.-Å., Borrás, S. (1998). *The Globalizing Learning Economy: Implications for Innovation Policy*. Commission of the European Union.
Luomala, J., Heikkinen, J., Virkajärvi, K., Heikkilä, J., Karjalainen, A., Kivi-mäki, A., Käkölä, T., Uusitalo, O., Lähdevaara, H. (2001). *Digitaalinen verkostotalous. Tietotekniikan mahdollisuudet liiketoiminnan kehittämisessä* (in Finnish). Helsinki: Tekes.
McDonald, F., Vertova, G. (2001). Geographical concentration and competitiveness in the European Union. *European Business Review*, 13, 3, pp. 157–165.
Miettinen, R., Lehenkari, J., Hasu, M., Hyvönen, J. (1999). *Osaaminen ja uuden luominen innovaatioverkoissa. Tutkimus kuudesta suomalaisesta innovaatiosta* (in Finnish). Vantaa, Taloustieto.
Nahapiet, J., Ghoshal, S. (1998). Social capital, intellectual capital, and the organizational advantage. *Academy of Management Review*, 23, 2, pp. 242–266.
Normann, R. (2001). *Reframing Business: When the Map Changes the Landscape*. John Wiley & Sons.
Paija, L. (1999). Verkostoitumisen hyödyt, muodot ja riskit -taloustieteen näkökulma. In Ollus, M., Ranta, J., Ylä-Anttila, P. (Eds.). *Verkostojen vallankumous. Miten johtaa verkostoyritystä?* (in Finnish). Vantaa: Taloustieto.
Pasila, E. (1998). Puk–suomi 1 evaluaatio. (in Finnish). Lappeeranta, Lappeeranta University of Technology.
Pirnes, H. (2002). *Verkostoylivoimaa.* (in Finnish). Vantaa: WSOY.
Porter, M. (1985). *Competitive Advantage. Creating and Sustaining Superior Performance*. New York: Free Press.
Powell, W. (1998). Learning from collaboration: knowledge and networks in the biotechnology and pharmaceutical industries. *California Management Review*, 40, 3.
Pöyhönen, A. (2004). Renewal ability of organizations. Synthesis of theoretical literature and suggestions for measurement. In M. Hannula (Ed.). *New Directions of IC Management* (forthcoming). Lappeenranta: Lappeenranta University of Technology.
Pöyhönen, A., Smedlund, A. (2004). Assessing intellectual capital creation in regional clusters. *Journal of Intellectual Capital* (Forthcoming).
Pöyhönen, A., Waajakoski, J. (2004). The influence of internal and external social capital on organizational growth: Empirical evidence from 143 Finnish firms. A paper presented at IAMOT Conference, Washington, April 3–7, 2004.
Prahalad, C. K., Hamel, G. (1990). The core competence of the corporation. *Harvard Business Review*, May–June.
Putnam, R. (1995). Tuning in, tuning out: the strange disappearance of social capital in America. *Political Science & Politics*.
Quinn, J., Baruch, J., Zien, K. (1997). *Innovation Explosion. Using intellect and Software to Revolutionize Growth Strategies*. New York: Free Press.
Ruuskanen, P. (2001). *Sosiaalinen pääoma-käsitteet, suuntaukset ja mekanismit* (in Finnish). Helsinki: VATT.
Scharmer, C. (2001). Self-transcending knowledge: sensing and organizing around emerging opportunities. *Journal of Knowledge Management*, 5, 2, pp. 137–151.
Schienstock, G., Hämäläinen, T. (2001). *Transformation of the Finnish Innovation System:*

A Network Approach. Helsinki: Sitra Report Series 7.
Shapiro, C., Varian, H. (1999). *Information Rules. A Strategic Guide to the Network Economy*. Boston: Harvard Business School Press.
Ståhle, P. (1998). *Supporting a System's Capacity for Self-Renewal*. Helsinki: Yliopistopaino.
Ståhle, P., Grönroos, M. (2000). *Dynamic Intellectual Capital. Knowledge Management in Theory and Practice*. Helsinki: WSOY.
Ståhle, P., Ståhle, S., Pöyhönen, A. (2003). *Analyzing Dynamic Intellectual Capital: System-Based Theory and Application*. Lappeenranta: Lappeenranta University of Technology.
Stewart, T. (1997). *Intellectual Capital: The New Wealth of Organizations*. New York: Doubleday.
Sveiby, K. (1997). *The New Organizational Wealth: Managing and Measuring Knowledge-Based Assets*. San Francisco: Berret-Koehler.
Teece, D., Pisano, G., Shuen, A. (1997). Dynamic capabilities and strategic management. *Strategic Management Journal*. 18, pp. 509–533.
Whalley, P. (1991). The social practice of independent invention. *Science, Technology & Human Values*, 16, 2, pp. 208–232.
Williamson, O. (1975). *Markets and Hierarchies: Analysis and Antitrust Implications*. New York: Free Press.
Williamson, O. (1981). The economics of organization: the transaction cost approach. *American Journal of Sociology*, 87, 3, pp. 548–577.
Williamson, O. (1985). *The Economic Institutions of Capitalism*. New York: Free Press.
Yli-Renko, H., Autio, E., Sapienza, H. (2001). Social capital, knowledge acquisition, and knowledge exploitation in young technology-based firms. *Strategic Management Journal*. 22, pp. 587–613.

第十五章　如何度量无知：
无知的尺度

——克劳斯·诺斯和斯蒂芬妮·卡尔斯，德国威斯巴登（Wiesbaden），应用科学大学（University of Applied Sciences）

一、拉古萨（Ragusa）：智慧支撑了持续的繁荣

当异教徒克罗地亚人占领并定居在达尔马提亚（Dalmatia）后，来自于埃皮道鲁（Epidaurum）和萨罗纳（Salona）的罗马难民在614年建立了拉古萨城，现在有一个为人们熟知的名字：杜布罗夫尼克（Dubrovnik）。该城多次被围攻，因此学会了在拜占庭统治、克罗地亚公爵以及后来的威尼斯人之间脆弱的均衡中生存。尽管拉古萨时常被迫暂时地屈服于威尼斯王国或那不勒斯王国，这个城市事实上是一个以海上贸易为基础的独立的共和国。拉古萨贸易者享有亚得里亚海周围及地中海东部的贸易特权。这个城镇是一个区域的天主教中心，该区域被波斯尼亚、塞尔维亚东正教徒包围。在拉古萨生活着罗马人和斯拉夫人。

与Dedijer（2002）的观点不同，我们认为拉古萨是一个智慧的城市。13世纪的布鲁格斯（Bruges）和文艺复兴时期的托斯卡纳（Tuscany）也是利用开发它们

的知识资本而繁荣起来的城市或区域。这些城市的共同点是什么?是什么使它们独立,并在脆弱的政治经济环境中找到了生存空间?过去的这些智慧的城市已经有能力发展一种开放和学习的能力。彼此之间的联系和凝聚力造就了这种跨越种族起源和宗教的整合。

以拉古萨为标杆,今天的城市和区域表现如何呢?像奥地利的施蒂里亚(Styria)(Wissensregion Steiermark,2003)和巴塞罗那(Metropolitan area of Barcelona,2004)这样的知识型区域,以及在欧盟的范围内(OECD,2002)学习型区域的概念已经被提出。但是,我们真的了解什么造就了一个知识型区域或智慧型城市了吗?

智慧被定义为"学习、理解及推理的能力"。在一个智慧型的区域,知识资本管理被应用到区域管理的内容之中。

知识资本的发展应该出现在一个区域中所有相关的活动领域:教育、商业、研发(科学和技术)、交通和通讯、医疗服务、社会系统、能源和环境、文化、艺术和娱乐。

知识和能力的运作方法、终身学习及创新之间强相关。通过终身学习,知识可以被创造、转化和共享,而且,知识的传播可以激发创新。图1显示了这种关联。当在互联网上检索"知识区域"这一关键词时,人们将自动地找到有关终身学习、创新、集群和联网的信息。

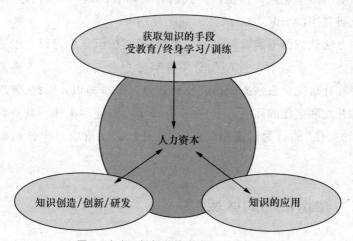

图1 知识、创新和终身学习之间的关系

知识区域这个词有不同的用法。但通常定义为：知识资源被整合到有益于一个区域经济社会前景的价值创造中去了。知识区域主要关注那些意在提高整个区域表现的知识集群和大型组织之间的网络。然而，有许多的知识区域，它们在活动程度和发展阶段方面是迥然不同的（OECD，2002）。

回顾有关度量组织知识资本的模型（North，2002）和仅有的度量城市区域和国家知识资本的方法（Bontis，2002；Malhotra，2000；Viedma，2003），我们发现了大量的或多或少有意义的测量指标或过程模型。但是，没有任何一个模型关注这种看不见的手——就是区域中的组织和构成这些组织的个体必须发展和利用增强基于知识资本的价值创造能力。

什么使网络变得可操作了呢？什么是人们探寻关于有效的医疗保健系统的最佳思想的潜在动因呢？为什么某个区域研发和商业之间的合作成果显著，而另一个区域却并非如此呢？

我们认为智慧区域应该具有某种特定的特征或个性，这决定了该区域参与者的行为。什么特征使一个区域变得"无知"了呢？或者什么导致了一个动态环境中的外向型观念呢？

如果参与者不承担义务、发展共识并产生一种对无约束行动的偏爱，而仅仅是解释一些诸如通用电气如何成功的描述，那么如何创造知识区域或区域知识系统的概念是毫无价值的。我们真正需要的是一个知识生态系统或知识文化研究法（North，2002）。

这些方法认为你不能管理知识或者创造智慧，但是你可以为创造和分享知识创造条件。类似于一个工厂，你不能够命令它去成长。个人需要合适的生态环境和社区文化去创造知识以及和其他人分享知识。因此，管理意味着创造一种开放和信任的环境，并产生一种将个人利益和集体利益协调起来和鼓励"低约束性"的行为的激励。然而，这是社会系统中一个长期而复杂的任务。

二、作为知识市场的区域

在区域中，新知识被不断地创造：人们学习并获得经验，因此导致了大范围的知识供给。另外一方面，为了解决具体的问题，人们持续不断地搜寻信息和知识。知识在人们之间传播,也通过并跨越组织。知识被交换和购买、建立、忘却、丢失、产生,并被应用于工作中(European Commission,2002a)。因此我们能够通过知识市场的隐喻来描述区域,这有助于我们了解知识管理的驱动力和障碍,并有助于发展有效的必要条件和市场机制以产生和交换知识。我们可以认为智慧型区域是一个能够创造运转良好的知识市场的地方。

遵循这个隐喻,在区域内外我们能够找到知识的买者、卖者、知识经纪人这样的中间商以及允许买者和卖者互动的媒介。为了创造知识市场并使之运转,我们必须确定支持条件、原则和规范,并开发支撑性的知识媒介和基础技术设施。在下文中,我们将一一探讨这些方面。

知识生态系统研究法认为,你不能够管理知识,但是你可以创造条件来增强知识流。除了这种物质性的信息和交流的基础设施,必要的支持条件还与战略眼光、价值、态度、关系、目标、激励等软因素相关。区域性战略眼光应该清晰地表达出人和知识对于持续的区域竞争力和生活质量的贡献。产生知识创造和交换的精神的价值包括信任、开放性、专业主义、不断追求卓越的激情和自信。

远见和价值说起来容易,做起来难。当价值在行为中体现得很明显的时候,在教育、商业、研究、医疗保障等中描述人们的种种愿望是适当的。为了加强这种全社会性的正确行为,应该设计激励和约束机制来把个人、小组、社区、区域和整个国家的利益结合起来。

三、度量无知——智慧的反面

与探寻什么是智慧型区域的潜在的能力相反,我们可以追问什么使得一个城市或区域变得无知。

无知被定义为,缺乏知识、教育或有关于某些事情的信息以及对特定环境不了解。

在这样一个实体或社区中究竟缺乏哪一种能力呢?有的时候,描述致使一个区域无知的因素比描述使其智慧的因素要容易得多。

基于这种所谓的知识区域或智慧城市的分析(European Commission,2002a;2003b),我们整理了一系列抑制或促进这样的城市发展的因素,并将其整合进我们所称的度量"无知的尺度"。

这一思想出现在和 Leif Edvinsson 的对话中,并被作者进一步地精炼了。

我们整理的那些因素依然是探索性的,缺乏实证证据。在我们研究的最初阶段,我们的度量无知的尺度应当能够激发起讨论,这种讨论涉及适用于城市和区域的知识资本度量的有效性。

构造"度量无知的手段"的目的是度量并规划一个城市、区域或国家在智慧与无知之间究竟处于什么位置。它度量了诸如教育、商业、研发(科学和技术)、交通和通讯、医疗保健、社会系统、能源和环境,以及文化艺术和休闲这些活动的领域。

通过这种方法可以清晰地显示出哪些领域(促成的标准和区域的活动领域)缺乏这种智慧,并追踪了其最根本的弱点。因此它也可以被理解为知识或知识资本的管理工具,这些工具提供了有关于从哪些方面和如何提高一个组织、城市、区域或国家知识资本的建议。

四、抑制因素和促进因素

为了评价无知与智慧,我们提供了十对标准,第一个因素代表无知,是抑制因素;第二个因素代表智慧,是促进因素。具体如下:
- 自闭与开放
- 缺乏长期目标与拥有明确愿景
- 追随与领导
- 分离与凝聚
- 自满与反省
- 滥用能力与正确使用能力
- 退化与学习
- 中断与联系
- 懒散与主动
- 害怕风险与不断试验

紧接着,我们将解释每一个抑制因素和促进因素及其影响。尽管,我们选择区域这个层次来解释抑制因素或促进因素,我们相信这些标准依然可以被转化,并适用于个体的、小组的、社团或组织的层次。

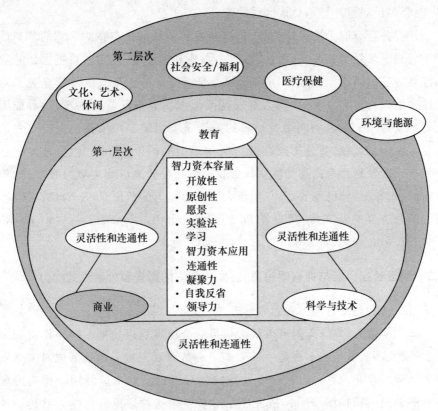

图 2　评价智慧型区域和无知型区域的基本因素

(一) 自闭与开放:捕捉新思想、趋势和发展的能力

根据牛津高阶词典,自闭是指不能够和他人进行交流并建立关系的一种病态。自闭的区域指的是"陷入了自己的自我世界中",没有能力把握来自于外部的信号并且理解它们。新的思想、趋势和发展无法被发现,这样的区域不能够保持或发展同外界的大量的交流,这样的区域在某种程度上落后于趋势。当它们认识到自己环境中的某些事物已经改变了的时候,这种趋势和新思想已变为标准了,它们几乎不可能成为先驱。自闭者在交流以及同外部区域和其他经济参与者建立关系方面非常无能。在这种环境中,知识不能自由流动。这意味着不存在跨区域联网的基础。

相反,开放则意味着该区域已经具备了稳定的机制来主动地扫描外部世界,整合多重联系并显示对该区域的意义。

开明并且有能力把握新趋势、思想和发展的社群是存在的。它们甚至能感受到周围最轻微的改变,而且,它们小心地观察环境,以期获得把握新趋势的优势。它们属于先驱或早期接受者是非常可能的。交流以及建立关系对于这种组织是极为重要的,因为对发现或把握新思想非常有兴趣,这种能力代表了成为一个合适的网络参与者的一个重要潜质。如果我们检验过去的智慧型城市和区域,并分析现在的一些知识型的城市,会非常吃惊地发现这些城市或区域是具有高流动性贸易者和相互交往的港口或边境的城市(比较拉古萨、布鲁格斯、巴塞罗那、在斯洛文尼亚边境上的西里亚(Syria)或者连接德国荷兰边界的特文特-奥斯纳布吕克(Twente-Osnabruck)(www.wissensregion.net;Woltering,2003))。

(二) 缺乏长期目标与拥有明确愿景:发展共同的愿景和价值观的能力

盲目指的是没有能力看到和形成一个关于未来的长期愿景。

像许多盲人那样,人们可以认为如果一个区域可以发展一种补偿机制来克服这种缺陷,盲目就不再是一种无能了。然而真正重要的是形成对未来发展的远景。存在一种可以被一个区域的领导者以及整个区域用来作为发展目标的共同的精神图景吗?是否存在用来表达这种远见的比喻?就我们的理解而言,许多对智力型区域的研究方法是非常抽象和学术的。什么是表达知识资本管理和社区之间关系的正确的比喻呢?"盲目"的区域缺乏想象力和能力来创造关于理想未来的精神图景。

想象力包括在智慧和远见的基础上发现问题和解决难题的能力。充满想象力的区域能够设想并产生一种共同的关于未来目标的愿景。欧洲政治改革进程中的困难源于领导者没有能力去设计一种产生共识的方法。根据1992年里约热内卢峰会,许多城市建立起来的"议程21"是用一个用行动偏好来促进社群交流的例子。

(三) 追随与领导:促使明晰的决定转为共同目标的能力

为了解释追随和领导,我们应该简要地回顾一下过去几年发生在哥伦比亚首都波哥大的事情。过去几十年,波哥大被认为是拉丁美洲最危险和不适合于居住的城市。政治团体和毒枭在欠发达的环境中对垒,事情变得不可收拾,直到一个独立的大学教授被选为该市市长。他设计了波哥大发展的综合计划,并制定了清晰的、充满野心的以及大胆的决策,并宣称这个决策一旦被通过就再也无法撤回。波哥大现在已经完全变成了一个更加有纪律的城市,在这里,教育说了算,大学在地方发展过程中起很大作用,而且商业又重新恢复了。说波哥大是一个智慧型城市还有些武断,但是,它很有可能向这个方向发展。

领导(经常是少数具有超凡魅力的精英)缺位,可能导致地区衰败到对采用新的政治和行动非常迟钝的地步。特别是在敌对党相互斗争的情况下,一个区域宁可随波逐流也不会有一个确定的方向。

领导也要求有效的管理和共识形成机制。

(四) 分离与凝聚:弥合青年人和老年人、穷人和富人、本土居民和移民之间差异的能力

分离和凝聚把知识资本的概念和社会资本的概念联系起来了。我们认为,一个不能够创造一种途径来弥合青年人和老年人、穷人和富人、本土居民和移民之间差异的区域非常无知。在欧洲,我们目睹了老龄化社会使得劳动力在60岁以前退休,而且不能创造机会来利用他们丰富的经验和才能,也因此导致了分歧和隔阂。

另一方面,尽管在具有活跃的年轻人口的动态区域与变得僵化的区域之间存在不同,西方世界的出生率正在下降。

在大多数区域,缺乏有关如何整合本土居民与迁入者、失业者与就业者、受过高等教育的人与几乎不认识字的人的政策和监控。发展智慧型区域并不意味着只是如何在"inteligencia"之间建立网络的所谓精英主义概念。如果不强调社会分裂问题,这些方法将会失败。

分离意味着在不同的小组之间存在着明显的差别,而且没有动力来弥补这种差异。缺乏社群意识,也缺乏提高工作和关系氛围的意识。缺失联系和严格划分边界的区域不适合于联网。因为其情感智慧还没有足够开发。

最严格意义上的凝聚描述黏合到一起的趋势。

凝聚型的区域有能力弥补这些缺口并进行整合,而不强迫不同的社会阶

层放弃它们的特性和亚文化。这是置疑现实的一个重要资源,也是创新的一个基础。此类区域存在一种强烈的平等意识和社群意识。这种区域提供了一种进行社会化、网络化、交流并且关注弱势群体的途径。个人利益是结合区域的整体利益来评价的。归属感在这种区域得到体现。信任和分享成为一种宝贵的价值。

(五) 自满与反省:评价个人优点、缺点和局限的能力

自满在牛津辞典被定义为,对自己的能力评价太高。自满通常和某种程度的自闭或对环境选择性的认知有关。我们认为有一些自认的知识型城市和区域的地方就是这样的。它们并没有仔细地评价这个概念包含哪些东西,也未能建立相对其他区域的标准。好的小册子和营销概念被创造出来了,而且当地参与者似乎相信这种声明比把这个概念付诸实践还重要。这些区域在思考它们活动的效率的方面存在着巨大的劣势。它们并不考察客观情况,也看不到将自己和那些已经做得更好的区域进行比较的必要。在我们对知识区域或智慧城市这些不同的概念的研究中发现,标准和方法存在着巨大的差别,这需要被活跃地讨论。

反省就是对自我进行客观的判断的能力。一个反省型的区域能够描绘出它自身的优势和劣势的真实状况,也能够承认错误,并将其视为一个提升和改善的机会。它乐于接受批评,而且经常通过区域内或区域间的大范围的对话来反映自身的情况。这些区域的一个重要的问题是不断地度量绩效。

(六) 滥用能力与正确使用能力:以负责任的和持续的方式充分利用知识资本的能力

智慧型区域的发展也具有道德的维度。存在这种思考吗?有这种负责任地使用知识资本的规则吗?在教育系统和研究机构中,对于认识和利用知识资本的结果存在着广泛的讨论吗?转基因食品、克隆、环保以及知识产权保护、因特网的使用、评估网络内容质量的能力、传送垃圾邮件和信息的道德问题、使用或滥用手机以破坏交谈、由于 E-语言广泛传播而导致的书写能力的缺失(如:how r u)等仅仅是有关知识资本的使用和误用的几个例子。这些区域鼓励对这些例子进行讨论吗?存在解决问题的政策、策略和手段吗?

(七)退化与学习:吸取教训并创新的能力

"退化"被定义为回到发展的更早阶段。

不思进取的区域没有能力发展一种新的世界观用以适应经济、政治和社会环境的变迁。就像许多区域所经历过的东部地区(东欧)的衰落那样,可能存在一个突然的倒塌。一些区域能够积极地学习新的世界观并更新自己。而其他的区域仍然固守在老的生活模式中,努力去维持旧的时代。有些区域也可能经历几十年的缓慢的衰退,就像我们看到的布宜诺斯艾利斯那样,它本是20世纪早期最富裕的区域之一。这种富裕建立在封建农业系统上,文化繁荣随之而来并依然存在。然而这个国家没有学会去理解新的竞争力,即需要对教育和社会平等进行更高投资的竞争力。有关知识是主要生产要素的意识并没有广泛地被传播。在一个巨变和衰退的经济中,金融的短期成功和暂时的生存起决定作用。

学习型区域不仅创造机制将正式的教育和实践联系起来,而且也产生"边干边学"等意识。智慧区域能够创造具有实践社区特点的实体,即通过双向参与把成员结合进一个社会实体,并能够将体现在由成员长期以来开发的共同资源(流程、物件、词汇、风格等)中的集体智慧共享(Wenger,1998)。在德国北部,一个城市雇用失业的年轻人根据传统图纸建造汉萨船只,这不仅可以使他们学习造船的基础知识,而且发展了一种与该城历史相关的身份认同。学习、社会凝聚力和与过去分享身份并不矛盾。

智慧型区域也能够从错误中吸取教训,在组织内和组织之间讨论学习到的教训非常普遍。

(八)中断与联系:建立社群网络和使用信息通讯技术连接力的能力

尽管分离与凝聚评价了弥合人们之间差异的社会尺度。中断与联系的标准评价了建立网络和社群的能力,也就是学习、商业社区或实践社区、论坛、网络、组织、公司和专业人士集群等。智慧区域的概念是如何通过开发这些组织结构而被应用到实际中去的?在有关商业和实践社区的研究中我们发现,许多这种社区在没有被接受和肯定的情况下被人为地造了出来。这就是为什么我们必须评估这种组织安排对于区域价值创造的效果问题。尽管一些知识资本的度量方法倾向于计算网络、社区或集群的数量,我们提议评估它们的效果(European Commission,2002b)。

就中断和联系的评估而言,还有一个维度:ICT 的有效使用。而且,手机的数量或者互联网连接并没有给出任何有关充分利用这些设备的能力的信息。知识的可得性、服务系统的存在、知识搜寻以及所有人口群组中接受 ICT 培训都可能是反映有意义联系的指标。

(九)懒散与主动:对人们进行激励并创造革新精神的能力

懒散是指能量或活力的极度缺乏。主动是采取解决难题的一个行动。一个无知的区域是建立在懒散的基础上的:"我们改变不了任何东西","其他人替我们做决定","现在事情比以前还糟糕","做这个事情我能得到什么?"——这些全都是一个无知社会的全部特征。这个社会没有设定一个关于未来的有吸引力的目标。人们可能已经认识到没有必要采取主动,或者他们看不到变得积极的好处。经济自由主义以及过度的社会保障对于重要的社会群体有着类似的影响。在推动人们行动的过程中,价值激励起重要作用。在一个智慧型社区中,哪种激励或认可是促进创业行为所必需的?谁在这个区域获得名声:是承担风险去主动尝试的人还是在观望中退缩的人呢?

采取主动的区域传播乐观和勇敢的精神,它们勇于改变并且能够鼓动和激发人们采取行动去改进环境。

(十)害怕风险与不断试验:试验新的解决方案、给予行动自由和允许错误的能力

不想承担风险的区域总是努力停留在安全状态,依赖事实和数字。它们害怕改变,害怕可能产生它们不想要的结果。所以它们不承担任何风险,也不允许任何创造。在这些区域,关于改革的讨论总是处于无休止的争论之中。这种争论是关于劣势、不想要的负面影响以及如果行动失败了谁将承担责任的问题。

不断试验的区域总是尝试处理事情的新方法,它们不断创新,而且允许发生错误和自由思考。它们能够从错误中吸取教训,这种试验的努力增加了它们创新的潜在能力。试验的哪些场所、机制和领域在区域中被创造出来?

五、一个示范性的调查问卷

在研究无知的度量尺度的过程中,我们还没有决定是否将提出一组更加详细的指标。因为在某种程度上,不少知识资本测量方法在设计有意义的度量指标上的失败让我们灰心丧气。因此我们设计了一个简单的问卷,以增强我们对于智慧型区域的潜在促进因素和无知型区域的潜在抑制因素的了解。

为评估一个区域的智慧,这个调查问卷可以由区域领导者、社区代表以及公司或者像前面所定义的区域的重要的活动领域的机构来完成。

这个调查问卷由10个问题组成。这10个问题要在对7点"拉古萨"尺度打分来回答,最低的数字表示倾向于抑制因素或无知,而最高的数字倾向于表示促进因素或智慧。所以1 = "根本不",7 = "非常高"。对于每一组抑制或促进因素,我们只构造了一个问题。

根据从1到7的尺度(1 = 不存在;2 = 非常低;3 = 低;4 = 一般;5 = 好;6 = 高;7 = 非常高)你将如何评价你的组织或区域的能力呢……

1. 把握新的趋势、思想和发展?
2. 开发共识和共同价值?
3. 推动并引导对共同目标的清晰的、诚实的决策?
4. 弥合青年人和老年人、穷人和富人、本土居民和移民之间的差异?
5. 评估自己的优势、劣势和局限?
6. 以一种可持续的方式充分利用知识资本?
7. 吸取教训并创新和改变?
8. 建立人际(社群)网络并利用信息通讯技术的连接力量?
9. 动员人们并创造一种更新的精神?
10. 尝试新的解决方案,给予行动自由,并允许错误?

评价完成的调查问卷,分数能被加入无知对智慧的剖面图中(见图3)。

当考察这个例子的时候,人们可以清晰地看到问题在什么地方;在这个案例中,分离、知识资本的滥用以及怕风险是该区域的关键问题,因此应该首先提高这三个方面。

在对无知与对智慧的评估的基础上,可以采取一些集中的措施来改进这

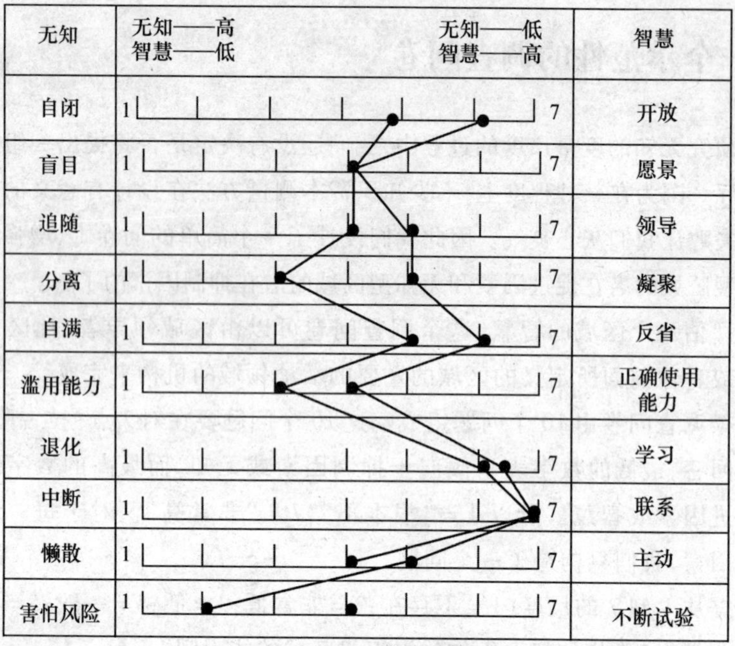

无知	无知——高 智慧——低	无知——低 智慧——高	智慧
自闭	1 |　|　|　|　|	|　| 7	开放
盲目	1 |　|　|　|　|	|　| 7	愿景
追随	1 |　|　|　|　|	|　| 7	领导
分离	1 |　|　|　|　|	|　| 7	凝聚
自满	1 |　|　|　|　|	|　| 7	反省
滥用能力	1 |　|　|　|　|	|　| 7	正确使用能力
退化	1 |　|　|　|　|	|　| 7	学习
中断	1 |　|　|　|　|	|　| 7	联系
懒散	1 |　|　|　|　|	|　| 7	主动
害怕风险	1 |　|　|　|　|	|　| 7	不断试验

图3 无知对智慧的剖面图

些标准。一段时间以后,应该进行重新评价,通过把结果再次加到这个模型中。就可以从中看出变化来。

六、结论

迄今为止,将管理知识资本的方法应用到社群、城市、区域或国家还很不成熟。这些测量知识资本的尝试看起来似乎并没有理解什么使一个国家或区域变得有智慧。开发出来的测量指标反映出将智慧的概念用于更大的社会系统实属不易。特别是,潜在的抑制因素或促进因素依然不为人所知。

我们希望我们的"度量无知的尺度"能够产生这样一种认识:知识资本管理需要理解促进或抑制一个区域价值创造的潜在的因素。价值不应该仅仅被定义到经济层面,而且还应该体现在人才的福利和利用上。

知识、资本和管理之间的相互结合,使我们更加牢记我们关注的是人以及他们的利益和相互交往。

需要更多的研究,以确立具有合理的理论基础并广为接受的关于知识区

第十五章 如何度量无知

域的模型。

只有当我们知道我们在关注什么的时候,我们才能够设计出有意义的度量和管理方法!

参考文献

Blair, M., Wallman, S. (2001). *Unseen Wealth – Report of the Brookings Task Force on Intangibles*. Washington, DC: Brookings Institution Press.

Bontis, N. (2002). *National Intellectual Capital Index: Intellectual Capital Development in the Arab Region*. http://www.business.mcmaster.ca/mktg/nbontis/ic/publications/JICBontisUN.pdf.

Dedijer, S. (2002). Ragusa intelligence and security 1301-1806, A model for twenty-first century? *International Journal of Intelligence and Conter Intellegience*. XV(1) Spring.

Edvinsson, L. (2002). *Corporate Longitude: What You Need to Know to Navigate the Knowledge Economy*. Sweden: BookHouse Pulishing, First Edition.

European Commission, Directorate-General for Education and Culture. (2002a). *European Report on Quality Indicators of Lifelong Learning*. http://europa.eu.int/comm/education/policies/lll/life/report/quality/report_en.pdf.

European Commission, Enterprise Directorate-General, (2002b), *Final Report of the Expert Group on Enterprise Clusters and Networks*, http://europa.eu.int/comm/enterprise/enrtepreneurship/support_measures/cluster/final_report_clusters_en.pdf.

European Commission. (2003a). 112 final, *Innovation Policy: Updating the Union's Approach in the Context of the Lisbon Strategy*. http://www.europa.en.int/comm/regional_policy/innovation/pdf/library/lisbon_strategy.pdf.

European Commission. (2003b). *European Innovation Scoreboard*, European Trend Chart on Innovation, Technical Paper 1, Indicators and Definitions. http://trendchart.cordis.lu/scoreboard2003/htmpdfeis_2003_tp1_indicators_definitions.pdf. http://europa.eu.int/.

European Union. (2003). *Study on the Measurement of Intangible Assets and Associated Reporting Practices*. http://europa.eu.int/comm/enterprise/services/business_related_services/policy_papers_brs/intangiblestudy.pdf.

Malhotra, Y. (2000). Knowledge assets in the global economy: assessment of national intellectual capital. *Journal of Global Information Management*. 8, 3, pp. 5–15.

Metropolitan Area of Barcelona (2004) presented at the international workshop of the knowledge region styria, 10.10.2004. http://wurv.ben.es/accentcultura/angl/webanng.doc.

North, K. (2002). *Wissensorientierte Unternehmensführung*. Gabler Verlag, Wiesbaden, Third Edition.

OECD. (2002). *Cities and Regions in the New Learning Economy*, presented at the Learning Regions conference in Victoria, Australia in October 2002. http://oecd.org/dataoecd/38/25/1937981.pdf.

Viedma, J. M. (2003). *CICBS: Cities' Intellectual Capital Benchmarking System—A methodology and a framework for measuring and managing intellectual capital of cities, A practical application in the city of Mataró*. http://intellectualcapitalmanagementsystems.com/publicationes/CICBS.pdf

Webang.doc, (presented at the international workshop of the knowledge region Styria, 10.10.2004), downloaded at: http://wissensregion-steiermark.at/downloads/Webang.doc.

Wenger, E. (1998). *Communities of Practice: Learning, Meaning, and Identity*. Cambridge: Cambridge University Press.

Wissensregion, S. (2003). *Projektbericht*. http://wissensregion-steiermark.at/downloads/Wissens-

region_Projektbericht.pdf and http://www.wissensregion.net.
Wissensregion Twente-Münster-Osnabrück. http:/www.wissensregion.net/deu/beschreibung.htm.
Woltering, *Presentation on the TMO knowledge region*, presented at the international workshop of the knowledge region Styria, 10.10.2003). http://wissensregion-steiermark.at/downloads/Wissensregion_Vortrag_Woltering.pdf.

第十六章 政府能够刺激区域网络的创造吗？
——来自于巴伐利亚虚拟市场的经验

——汉斯·约奇姆·荷斯勒,德国慕尼黑,巴伐利亚州科学、研究与艺术部

汉斯·谢德勒,德国慕尼黑,IFO 经济研究所

引言

通过将所有的利益相关者,包括不同层次的政府,整合进一个网络,电子政府(e-government)能够为政府,并在某种程度上为其公民和企业创造重要的知识资本。如果大量不同的对象以及广泛的活动可以被整合进这个网络的话,这个网络能够提供易于搜寻的、完整的和及时更新的信息,也能够使得各种各样的节约时间的交易成为可能。

发展的早期阶段以及各种活动(包括从执法、教育、公共卫生、税收到行政管理部门和从信息通过交流到现实的或虚拟的交易任务)的不同要求已经产生了大量孤立的解决方案。在理想状况下,这些方案应该被整合进最终发展阶段的知识网络中。

根据不同任务的需要,为了分析的需要,我们定义了三种网络类型:

（1）信息网络,提供单向信息。

（2）交流网络,由于交互使用(例如文件的交换)使得交流网络得以运行。

（3）商务交易网络,允许虚拟交易(例如金融)或者实物交易(例如物质产品)的搜寻、签约和物流部分。

这些网络包括不同程度的复杂性而且需要扩展的基础设施,也需要标准化。尽管它们可能已经在一个单一的平台上被实现了。信息网络需要的标准化程度和开发努力是最低的。

从一系列现存"电子政府"项目中,我们选择巴伐利亚虚拟市场(VMB)作为我们的例子,这基于以下三个原因:它的目的——为"电子政府"的发展提供通路;它包括所有利益相关者,并且整合进大量各种各样的任务;它是四十多个巴伐利亚"电子政府"项目的入口。VMB将作为研究政府刺激这类网络发展的能力的一个模型。

第一步,我们给出基本的概念和区域知识网络对于利益相关者的潜在的优势,这一优势取决于网络类型。在接下来的部分,我们将描述被选择的组织形式,需要被满足的要求和VMB的实际发展。接着我们将讨论它们局部性失败的潜在原因。初步的结论和政府对于网络创造影响的局限性将在最后一部分加以讨论。

一、概念

(一) 基本的目标和选择

巴伐利亚"电子政府"活动的目的是为改进为所有市民和经济体提供的公共服务的质量和数量。有关于公共服务的信息,不管是不是在开放时间或者是不是在当地,都应该能够得到。这个管理过程应当灵活、有侧重、符合成本效益,而且VMB也是以为"电子政府"的开发探明道路为目的的。

出于这个目的,必须清晰地描述从公共和区域层次到中心层次的公共服务和管理过程,并且形式也必须标准化。由此产生的有关于公共服务的信息网络将包括有关于公共服务的地点、开放时间、责任及管理要求的信息(见图1)。

第十六章 政府能够刺激区域网络的创造吗?

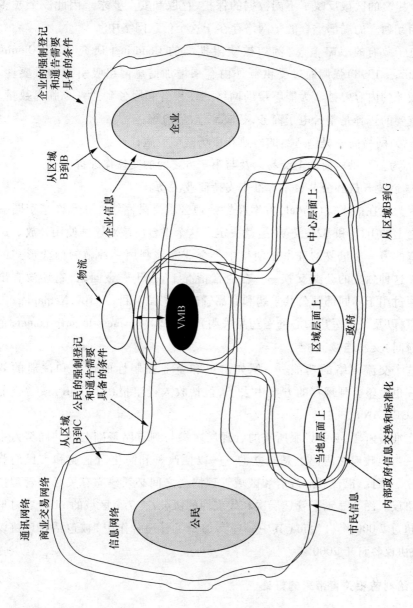

图1 巴伐利亚虚拟市场的最初设计

每个网络的三种不同部分,例如这个信息网络(政府内部、企业和公民)的三个相交的区域反映了不同数据的保护、存取和安全要求。因此三个或多或少相互独立的局部重合的子网络存在于这个信息网络中。

电子政府的战略概念,例如被欧盟批准的 Condrinet 研究(CAP Gemini Consulting,1998)强调通过提供额外内容来增加信息网络吸引力的重要性。这些额外的内容曾被认为能够帮助网络的使用者和服务到达一个临界数量。一个重要的选择是整合电子商务,相应地,政府应该:

- 为网络商务提供适当的商业和市场基础设施;
- 为公共供应商网上交易以及与第三方之间的交易作准备;
- 创建开放和公共技术标准来支持商业活动。

因为潜在的入口(portal)方案能够处理区域交易网络——允许基于同一结构之上的 B2B 和 B2C 交易,这就决定了这个平台应该对这种使用开放。这一步骤的另一个重要的理由是使得中小企业能够利用一种新的商业形式的优势。这种独立的公共交换——在通常情况下,由于资金问题,它还没有出现。通过用于不同部门公共采购和商品管理的测试项目(ELBE,Netpapier,市场警察,以及大学医疗中心的医药品采购),把 B2G(business-to-government,企业政府间)交易连接上了。

这个交流网络的功能——例如市民和企业强制性的通告和注册的要求——也被整合到现存的方案中去了,包括收入税申报(ELSTER)或者企业注册(GEWAN)。

在准备阶段,必须说服所有的管理层次参与到自愿基础上的共同努力中去——当地政府在法律上是独立的——以便改善和简化对企业和市民的管理程序。因此,巴伐利亚政府和区域管理协会之间必须建立有关必要管理措施的协议。图2显示了管理层次和代表性的协会:有7个区域的71个农村地区和超过2 000个自治市(其中一些参加到了管理合作中)被包括在该协议中,该协议签订于2000年。

(二)给利益相关者带来的好处

1. 政府

给政府带来的主要优势来自于交流网络:通过公共服务网络的拓展而提

第十六章 政府能够刺激区域网络的创造吗?

高了管理程序的透明度和效率。这是由于具备了如下几个基本部分:

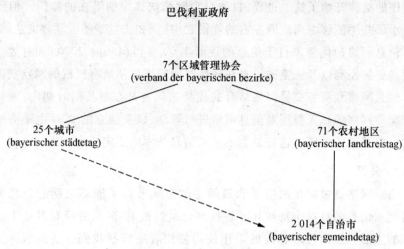

图 2 管理层次(代表性的协会)

- 系统的标准化和协同工作的能力
- 定义了标准流程
- 声音和数据通信的协调
- 法律规定的调整

系统的标准化和协同工作的能力从创造适用于各个层次管理的标准形式和流程、标准界面以及在整个公共服务网络上使用的标准软件三个方面获得了潜在的节约。这些功能必须被集中提供。

定义了标准流程,反映出通过相同的方案合理化类似程序的可能性。一方面这适用于大部分重复的类似的管理常规(例如提供申请表格,发布通知或者收缴管理费)。在这种常规中,处理非常不同的管理任务的程序都很类似,例如办建筑许可证或者发放护照。另一方面,这适用于大部分类似的程序(例如人事管理、注册管理、档案、物料和房地产),在这些程序中,不同的解决方案已经涉及了管理的不同部分。

当前使用的不同的语音、数据和移动通讯网络可以被整合成一个协调的网络,这可以使固定成本大为降低。

只有管理程序的规章制度能够适应于电子交流环境,提到的优势才可以被实现。证件、供词以及支持文件依然需要通过纸面形式提供,尽管电子文件在技术上是可行的。巴伐利亚州政府在2002年通过起草一部用于管理电子程序的法律开始了这一进程,目的是消除州法律中的潜在的障碍。但困难来自于那些不能够由州政府左右的规则之中(例如来自于德国联邦的法律)。

信息网络的优势来自于信息的逐渐丰富、易得(Evans,2000)和有效。信息搜寻更加便利以及完整的信息在任何时间都可以从所有授权的网点获得。

信息网络和商务交易网络结合的优势被认为是在更长的时期内,通过来自于交易网络的私人费用对信息网络进行资助,以及独立的B2G电子商务方案的完整基础的发展。这将显著地减低信息技术的固定成本。

2. 公民

信息网络通过简化的搜寻和最简洁的方式节约了能够上网的公民的大量时间。信息的日益丰富使其容易找到合适的政府部门,并满足其要求。对典型的生活状态的搜寻标准的采用使得使用者更容易找到合适的服务。这一任务在以前是非常复杂的,因为对于使用者来说,并不清楚究竟该由哪个管理层次负责。

交流网络的功能使得例如税收申报这些任务变得更容易了:不需要买表格,因为表格可以从互联网下载,而且有一部分可以通过电子发送(但签名需要通过传真提交)以方便下一步的处理。

将区域供给信息纳入交易网络中被认为会给区域的需求带来了比黄页所能提供的更多、更完整的信息;通过目录功能使市场更加透明;通过和官方信息的融合加强了信任感。这有助于降低传统市场的无效率,而在传统市场中,客户面临一种不透明的状态。

3. 企业

企业的主要优势被认为是在交易网络中由于集中化的服务带来的成本节约的可能性。互联网上站点数量的剧增使得企业需要将自己提供的产品与对手提供的产品区分开来,以便能够被搜索到,这花费了巨大的成本。这个问题可以通过专业化管理的交换来解决。通过将官方信息站点和虚拟市场绑定,企业进入互联网的成本可以被大幅度地降低。这也带来了信息网络可以创造额外的商业机会的期待。提供应用服务被认为是进一步的优势:公司不必要有自己特定的电子商务或IT知识,中小型企业不必要面对所有的技术难题,就可以进行电子商务活动。

个体供应商提供服务的适度的成本被认为来自于集中提供服务器,标准的商务软件以及大量的巴伐利亚企业的参与。在几年的测试期内,政府负担这个成本,然后就轮到参与的供应商来买单了。

VMB 的另外的优势是被连接到交换中的物流解决方案。这样,电子商务中最难解决的问题之一可以通过一种高效的方式被解决掉。

交流网络使得企业的强制性注册和通告更加便利了。

二、选定的研究法

(一) 组织模型

VMB 被规划为公共和私有的合作关系,巴伐利亚州政府会提供域名(www.baynet.de)并链接到巴伐利亚服务器。VMB 有限公司将提供市政服务指南的设立和管理。在从州政府取得最初的经费之后,计划通过 VMB 的经济活动、广告、交易费用等,取得收益,以便在长期内资助该项服务。

VMB 被嵌入包括信息、交流和交易网络的接入方案中。信息网络包含的内容从有关政府为市民提供服务的信息,到包括新闻、地图、兴趣以及娱乐、休闲的信息服务。这个创新的搜索方案是一个将管理行为、商务信息与生活状态(例如出生、迁移、财务、健康)相连的用户界面。VMB 的搜索引擎可以凭直觉来使用(见图3)。

设计提供多项服务以便吸引更多的流量,并将该网站建成一个不用去搜索其他网站,就可以满足日常需求的基地。

商业交易网络也是为了同样的目的。从其他项目(市政网络项目)中得到的经验表明需求主要以周边区域为目标,因此带有自己子领域的区域虚拟市场(RVM)从一开始就被规划了。它们被整合进 VMB,而且相互之间被连接起来了,这样使用者就会把它们视为一项服务。作为一个合适的起点,巴伐利亚行政区被选为 RVMs(区域性虚拟市场)的一个模型。

尽管交流网络是"电子政府"发展的脊梁,通过增加在线公共服务项目和进行网络"交叉销售",它具有潜力来提升整个网络的流量。

区域参与的自愿特征使得有必要提供带有足够空间的服务平台以满足个体的多样性而不牺牲协调运作能力:考虑到网站的总体特征,采用标准界面以及风格和内容的统一管理是必要的。

国家、地区和城市的知识资本

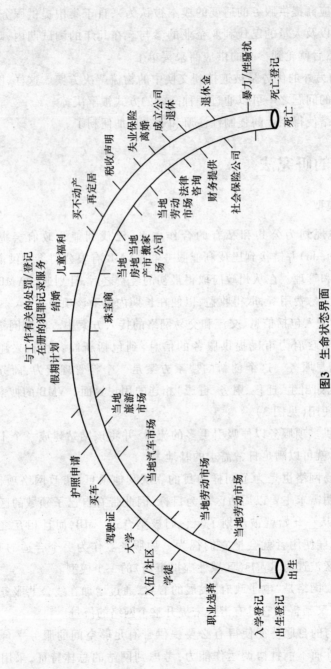

图3 生命状态界面

314

第十六章 政府能够刺激区域网络的创造吗？

（二）要满足的要求

这使得 RVMs 的基本的标准化成为必要。至少有四个成分必须被提供：

（1）提供一组包括商业、政府管理和社群服务在内的捆绑服务；

（2）给使用者提供的支持工具，例如搜索设施、电子购买申请或者求助功能；

（3）安全的结算系统；

（4）一个最优化货物运输的区域物流概念。

必须能够进行分散更新。为了防止非法交易，必须安装认证系统。VMB 不仅充当管理者的角色，它也提供技术性基础设备并且承担诸如营销、管理和控制这种核心功能的责任。

为了方便中小企业使用，VMB 提供了一项应用服务：服务器可被用作公司的 IT 基础，交易可以使用 SAP/R3 软件，可以通过 Windows NT 服务器进行内容管理。

（三）发展

VMB 的概念的开发是在 1998 年。1999 年在斯塔宾（Straubing）开始"区域先导项目"。在 1999 年的 11 月，巴伐利亚州政府发布了一个面向全欧洲的征求方案，引来了 20 多个提案。SBS 与 SAP 财团在 2002 年早些时候中标，同时，96 个地方政府加入了巴伐利亚虚拟市场（VMB）。

到 2002 年结束的时候，网站 www.baynet.de 开通了。一年后，所有的 80 个区域性网络入口开通。到 2003 年的时候，VMB 网络提供了：

- 信息和交流（例如新闻、重大事件以及虚拟巴伐利亚校园）；
- 电子商业：70 万家巴伐利亚公司；
- 通向巴伐利亚所有公共机构的"电子政府"通道，连接着 927 个产品说明书、不断增加的表格及在线申请（例如用于税收申报、交易注册）。

在 2004 年，巴伐利亚内阁决定停止资助商业交易网络，因为很明显最初设定的目标未能实现。

很多不同的原因可以用来解释这次失败：公共交换主要给中小企业带来优势，因为更大的企业倾向于入口方案。就像项目"B2B 衡量"（2004）所指出的,用这种交换进行买卖的总使用量很低,并且,普遍的关注是在入口方案上。这与 IBM 在 B2B 网络市场上得到的结果一致(Maver and Latimore, 2002)。就 B2B 电子商务而言,中小企业或者缺乏潜在的意识,或者没有满足使用标准提供分类目录的必要的前提条件。

Eggert 与 Kolmar(2004)分析了在竞争性的经济环境中代理商之间的自发的相互作用:缺乏有关参与者数量、它们的竞争战略以及潜在的收益的信息可能导致了商务参与者"等等看"的态度。

三、初步的结论

VMB 显示了州政府可以成功地刺激区域知识网络的发展。就来自于行政改革所产生的潜在的长期节约和公共服务的改进而言,这项花费是值得的。很明显,发展更大的概念将需要更多的时间,对网络的接受也是如此。

最初的假设(即经过一段时间的转型,网络能够通过来源于商业交易网络的收费资助)并没有将公共商业交换创造中的困难充分地考虑进去。此刻,不能排除接下来的再整合,尽管商业模型还不存在。交易网络的添加是否能显著地增加网络流量还不清楚。网络的外部性(externalities)被高估了。

对网络发展的进一步的刺激很可能来自于安全的数字认证的引入,这种认证将带来有着居民和企业参与的交流网络的极大拓展。

参考文献

CAP Gemini Consulting. (1998). *Content and Commerce Driven Strategies in Global Networks*. Luxemburg.

Evans, W. (2000). *Blown to Bits—How the New Economics of Information Transform Strategy*. Boston.

Ifo, NRI, Prest, RCS, VATT, B2B Metrics. (2004). *Statistical Indicators for the Information Society—Measuring Forms, Content Strategy and Impacts of B2B E-Commerce*. To be published.

Maver, C., Latimore, D. (2002). B2B net markets: The froth is gone, but the opportunities remain for financial services firms. Available at: www.5.ibm.com/services/de/e_strategy/netmarkets.html.

Eggert, W., Kolmar, M. (2004). Contests With Size Effects. To be published.

第十七章 区域的能力与人力资本：

从欧洲三个区域在能力测绘和知识资本管理方面的协作中得出的教训

——拉斯·卡尔森，瑞典伦德大学教育系
保罗·马丁尼斯，意大利佛罗伦萨商会

引言

这一章主要是建立三个欧洲地区（意大利的佛罗伦萨、斯洛文尼亚的科门（Komen）以及瑞典的布莱金厄（Blekinge））[1]在"区域性能力项目"中协作的经验之上的。[2]其内容包括对地区间发生"交互学习"

---

[1] 西班牙的卡斯蒂利亚（Castilla y Leon）也参与了这个项目，西班牙区域的活动非常类似于布莱金厄，所以我们没有单独将其列出。请访问此网址来获取更多的信息：http://castillayleon.kompetens.net/。

[2] 区域能力项目是欧洲委员会出资的为期三年的创新项目，请访问我们的网址来获得更多的信息：http://reg.kompetens.net/；http://promo.kompetens.net；http://blekinge.kompetens.net；http://individuell.kompetens.net；http://italia.kompetens.net；http://www.komen.si/ang/reg_comp.htm；http://slovenia.kompetens.net；http://castillayleon.kompetens.net。

(cross-learning)①的一些核心因素进行对比性的反思和分析。

与该项目一样,我们将特别关注作为伙伴区域如何学习(包括共同学习与相互学习),如何管理好各自的区域能力以增强其地区竞争力,以及如何将其作为一种手段来促进地区性知识资本的增长。

这一章我们将以一个简短的介绍开头,来对"区域性能力项目"的概念基础、背景条件、目标以及"区域性能力项目"的过程等进行描述。接下来是一个对上述三个地区的案例分析。

结尾部分是对这一项目的经验的小结,并给出了一些观点的概要。

"区域性能力项目"的核心活动与能力测绘(mapping competence,即"修改并进一步发展工具、方法和程序以核实、登记和认可个人层次或组织层次的能力")相关。而能力测绘产生的数据主要打算在规划有关的个人、公司和地区的能力和知识资本的发展时使用。

"区域性能力项目"的起点是两个数据库系统与软件工具——个体能力数据库(ICDB)和地区能力数据库(RCDB),这些是在瑞典南部的布莱金厄开发和测试的。需要比预期更多的努力的是,最初表现为欧洲某个国家的某个地区创造出的成功经验向其他欧洲国家的其他地区的相对直接的传播和进一步的发展。

当我们撰写项目建议书时,很自然的想到解决文化或者由于其他多样性带来的可能的障碍。其中一些浮出表面的障碍已经基本上被成功地解决了。

但是"能力"的概念自身已经成为我们每次都会遇到的挑战,例如如何定义和界定个人的能力、组织的能力和区域的能力。

从项目过程中得出的一般性经验有力地证明了这一事实,当我们试图在这日渐知识化的社会的今天理解能力的概念时,我们必须考虑到日趋复杂相互关联的背景因素和其他因素。

另一个挑战是,在目前的情况下,在连续和加速变化的工作生活中②,我们实际是在处理一个"变化着的目标"。

---

① 我们在与 benchlearning(也就是说通过将自己的活动与他人的经验相互比较来获得持续的提高)的概念相近的意义上使用交互学习的概念。请访问我们的网址来获得更多关于 benchlearning 的信息:www.karlofconsulting.se。

② 这种持续和加速的改变以及增长的复杂性可以在现代生活的大多数领域内观察到。

第十七章 区域的能力与人力资本

目前来看,这一点比原来更明显:能力和知识就像带有保质期的容易腐烂的物品,因此我们对它们有持续供给的需要。换句话说,缺乏适应改变和不断发展的能力很可能会逐渐变得过时。

这一点对于学习传统的技术和能力同样是正确的。如果你是最好的鞋匠,但是却被技术的发展所超越;或者由于你的服务太耗费时间,成本太高了,以至于没有人能够支付得起,你的技术和能力将会无济于事。[①]

当我们试图找到一种方式来定义个人能力的时候,这些日益增长的复杂性已经变得非常惊人了。而当我们将视线扩展到分析组织直至整个区域的时候,情况将变得更加复杂。

当我们特别地开始审核区域的能力的时候,[②]以下这些因素,诸如心态、交互关联的能力、利益相关者的贡献以及能力结构就越显得重要。

"区域性能力项目"接下来的讨论,即如何能够最好地描述并且审计区域的能力来促进内部的交互学习。

这些讨论和提出的问题将会在这一章中有所反映。

一、区域能力项目的背景、概念性框架和目标

在目前这种知识和能力密集型的电子化社会里,新的和不同的技能的组合分开,有时甚至消除了目前或者传统意义上的专业划分的界线。而且,用任何类型的正式资格、头衔,甚至职位来对能力作出理性的衡量也变得越来越困难。

因此,这种需求变得越来越迫切,就是能够有一种新的方法来定义、描述和了解能力,同时能够包括评估、验证那些传统的、正式的以及非传统的、非正式的能力(包括态度、技术和知识)的标准。

"区域性能力项目"的目标是修改和进一步发展工具、方法和程序来为能

[①] 西班牙、希腊和意大利一些区域鞋业的生存确实存在着这样的威胁,高成本的瓶颈是最终产品和模型样机的制作。通过能力和新技术的补充使用(来自意大利的塑料材料工艺技术,来自西班牙玩具产业的工艺技术以及来自于西班牙和其他国家的 CAD/CAM 解决方案),样机成本和推向市场的时间可以被降低高达 50%。欲了解更多关于 T-SHOES 的创新计划,请访问 http://www.tshoe.inescop.es/tshoe.t1.htm。

[②] 区域能力审核意味着权衡不同的相互作用的能力要素的影响,以便做到区域的实际能力和潜在能力的综合平衡。

力的确认或登记服务,这一能力可能是个人层次或组织层次的。一般而言,能力测绘的结论性数据将被用在相关个人、公司、地区及社会的能力及知识资本的发展之中。

"区域性能力项目"的起点是两个源码开放的数据库系统与软件工具①:个体能力数据库(ICDB)和地区能力数据库(RCDB)。

这些数据库的原型是由位于卡尔斯克鲁纳(Karlskrona)的一家名为萨缪拉捷数据(Samurajdata)的信息通讯技术咨询公司设计开发的。在瑞典的布莱金厄完成测试。

由于合作伙伴以及当地参与者复杂的文化背景和行业交叉的多样性问题,这一项目的方法要点就是将一系列参与者的技术应用与数据库应用的开发结合起来。因此,目标就不仅仅是支持内部的交互学习,同时也是利用一种协作的方式来设计和测试合适的方法性的工具,以便参与各方就能力测绘和发展进行考虑。

与布莱金厄一起,参与开发和传播区域能力经验到其他欧洲区域的主要伙伴还有意大利的首都佛罗伦萨,斯洛文尼亚的科门-喀斯特地区和西班牙的卡斯蒂利亚。

一个进一步参与扩散区域能力工具和系统的伙伴是欧洲城市与区域委员会(CEMR)。它通过30个国家的43个协会,联合着100 000个地方的以及区域性政府机构。CEMR扮演着欧洲这些机构的代表,并且推动相互之间的诀窍的交流和地区间的合作。

地区能力这一工具和方法的这种免费、源码开放的特性对传播、逐渐修改、进化、背景化调整和持续的改进提供了支持。

这对于一个成长的用户社区的知识和贡献来说也大有可能。例如,一个DG欧洲企业革新的项目社区采用RCDB来支持其以能力为基础的集群过程。这一社区②包括来自25个欧盟国家以及包括冰岛和以色列的700个组织。它代表了一个五花八门、跨地域的尽可能多的各类机构组织的集合。③

---

① 英文版的ICDB免费软件可以从项目网址http://reg.kompetens.net下载,意大利语版本可以从http://italia.kompetens.net下载。

② 了解创新项目集群可以访问www.eucluster.net。

③ 集群社区包括例如中小企业、大公司、研究中心、大学、行会、商务会所、地方当局、环境组织、顾问、公司协会以及技术中心等。

当"区域性能力项目"的草图被精心详细修订的时候,主要出发点和参照背景是从以下经验,即瑞典小城布莱金厄利用能力测绘来理解公司和组织中的个人能力以及为区域性的中小企业创建知识资本管理的基础这两项活动。

(一) 布莱金厄方法

最初计划在布莱金厄开展能力测绘是由地区性工会在20世纪90年代进行的。当开展欧洲社会基金的项目时,他们看到了一个机会,这个机会能来满足雇员对持续的能力的提高与发展的最迫切的需求。但问题是"谁"是那些能力开发需求最迫切的人。

很显然,合适的答案只能够在背景预期分析的框架下才能给出。在这一框架中,雇员个人以及组织的实际需求和计划需求都将被考虑。当被置于这一对未来预测的框架之中时,这一考虑将是更为可取的,例如对未来技术的发展的预测。

当我们试图创造一种工具来收集必要的数据以便回答"谁"的问题的时候,ICDB被开发了出来。

这是一个系统和软件,目标是测绘个体雇员的能力,与一个用于使用和分析数据的专用的程序整合在一起使用。

在布莱金厄,能力测绘和数据完善是在一个称作"发展讨论"的过程中完成的,这个讨论是在职员与发展委员会负责人之间展开的。在谈话中,同时确立了理想的个人能力发展计划,并在双方之间最终达成共识。职员的正直、诚实将被予以考虑,私人的数据将会保存在公司内部而不会在网络上公布。然而,一个必要的前提是雇员和雇主之间的相互信任。

个人能力测绘中传达出的信息主要被用在确认对一些特殊的培训和能力发展方法的需求,但是也可用于建立公司能力培训框架以及协助评估作为公司知识资本的一部分的人力资本。

大约就在布莱金厄工会决定执行个人能力计划的同时,县政府当局也在开始讨论并测绘在布莱金厄的经济活动。

经过对"目录"的有效性的讨论,最终还是决定进一步推进计划,并对现存的区域内公司和组织的能力进行测绘,进一步试图描述整个区域的能力。

这一行动所产生的RCDB是一个区域公司能力的数据库。在这个数据库中,中小企业与其他组织的能力的概述被公布在了网络上,其主要的目的是增强区域竞争力。例如,可以通过利用一种互补的竞争力概述改进中小企业之间的合作。

RCDB不仅仅对区域能力描述的详尽细节给予支持,同时也为区域能力测绘和知识资本战略计划①提供了材料。

(二) 区域间的共同学习

这一项目给我们提供了多种机会来进行比较反思和共同学习,以及利用额外的机会来拓展所涉区域的跨文化能力。但是区域性能力项目中大多数更为特殊的交叉学习则与快速变化的知识密集型社会中的能力与知识资本的开发息息相关。

尽管在超过三年的时间里,"区域性能力项目"的中心目标是进一步发展、完善布莱金厄工具,使其成为真正的欧洲的方法和系统来为测绘区域能力及相关的知识资本服务。然而项目的参与者很快便将它们的反馈扩展到了不仅包括可描述的因素,而且开始涉及以下问题的不同方面,包括定义和界定个人能力、区域能力以及知识资本管理。

有一个明确的需要,就是要更好地掌握区域的能力和知识资本究竟是由哪几部分组成的,以及不同地区的参与者的特殊潜在作用究竟是什么。另外一个中心问题是这些区域能否在一种逐渐变化并且日益复杂的情况下为其他的参与者提供足够的框架安全和安全的网络。

一项特殊的挑战是:我们需要找到一种方法,不仅仅可以用来设计并真正地描述个人能力、公司能力、组织能力,而且能够涵盖"多层次"的区域性能力和知识资本,包括态度、知识、个性、想象力、变化以及革新能力。

就在这时,开发一种更深入的方法来审核区域能力的需求被提出了。

这样一种审核方式应该包括对相互作用的各种能力因素加权,目的是为了在区域的实际及潜在能力之间取得综合平衡。也有人提出这种观点,这种能力审核方式或者可以被设计为全面的区域知识资本的审核方式。

在开发讨论和学习过程中,项目参与者引入了额外的、补充的理论和实

---

① 在以公司为基础的个人能力和开放的区域能力数据库之间没有自动的连接,但是当公司能力的概况被详尽地输入到数据库中时,来自于ICDB的均值可以被使用。

践经验。例如,多亏了 Guy Le Boterf,一个能力测绘和发展领域的法国专家的支持,佛罗伦萨小组就被"尽力而行"的概念深深影响。

(三) 参与性学习的工具

学习循环方法(Karlsson,2000)和其他相关的工具,例如情境工作室(马丁内斯,2000)已经被证明是增强意识、激发集体智慧并提高内部和外部利益相关者①的参与和动力的有效工具。

自学习循环方法 20 世纪初在瑞典诞生以来,在工作与生活以及整个社会中,它既是增强公众对现实改变的意识的工具,也是解决与新的科学和技术相关的难题的工具(Karlsson,1985;2000)。所以,在工会倡导下发起的大规模的计算机普及运动之后,布莱金厄已经自然而然地依赖于学习循环模式了。

在托斯卡纳和斯洛文尼亚,人们对不同的参与和合作方法有着很大的兴趣。与合作性学习的学习循环原则相一致的方法论在这两个区域②正在被发展和应用。

当促进利益相关者参与到能力的自下而上的共同设计和知识资本测绘过程时,这些原则的实际应用在区域能力项目中极其有用。

有理由期待学习循环模式的基本原则的应用会和它的社会性学习大纲一起在社会中具有更新甚至更强的意义。在这种社会中"联网"(也就是个体和小组之间的创造性接触)被日益被看作至关重要并被有意识地推进,就像在欧洲那样。③

学习循环模式通过它的混合结构、通用的灵活性以及社会性的支持而成为一个某种意义上地域上统一的创造的功能性模型,也是面对持续改变的全球化背景的一个反思框架。

在区域性能力项目中,关于学习循环的一般讨论已经远远超出了瑞典模型的讨论范围。学习循环模式背后的参与性思考很快进入了它自己的动态

---

① 在区域能力协会中,有着广泛的利益相关者。代表性的有中小企业、商务会所、行会、当地和中央政府、大学以及 Pan 欧洲组织,在实际项目中,我们也直接涉及了单个雇员和雇主。
② 提到的学习循环原则本质上和许多成功的交互学习背后的内容一样的。
③ 学习循环原则也推动欧洲创新计划的集群,参见 www.eucluster.net。

系统中,在这里由此产生的处理共同学习的多重方法已经获得了丰富的欧洲维度。

二、来自内部讨论和交叉学习的过程的摘要

(一) 定义和挑战

为进行内部的发展讨论,作为第一步,有必要达成一个多领域的通用的定义。特别是确定和描述能力组成部分,这些组成部分要尽可能地包括具体区域知识资本并允许在其与单个组织知识资本之间存在一定差异。

许多这些特殊的区域的概念当然也适用于私人的企业和组织。但是依据不同的背景、不同的区域利益相关者的不同的作用,特别是在私人与个人项目相对于公共部门和大众更广泛存在的劳动分工,这些概念的意思变化很多。

自一开始对于项目参与者来说,仅仅把区域能力和知识资本看作是区域不同的参与者的能力之和明显不够。当把区域不同参与者已知的知识资本相加的时候,"1+1"实际的和可能是3甚至0.5。为了理解如何给整个区域带来增加值,有必要考虑参与者知识资本的相关的质量。

区域参与者们的某种形式的知识资本的存在、不平衡或者缺乏自然会对整个区域知识资本的表达产生一些影响。但是这些问题通常比较隐蔽,也有些东西乍一看很不容易被认为是共同的区域知识资本的一部分。

(二) 测绘能力和知识资本

区域能力和知识资本管理的一个重要的作用是追踪区域中参与者的人力资本。你必须知道你擅长什么,弱点可能在哪里。而且也可以用来了解某一特定的参与者在哪些方面可能是"过度资本化"的,在哪些方面存在暂时性的或者更长期的缺口。

这种知识不仅是一个有效的区域能力和知识资本发展计划的前提条件,也是不同参与者的互补基础上的有竞争力的区域能力联盟得以建立的前提条件。

在布莱金厄,这种能力测绘已经得到了一定的发展,允诺为满足有关能

力整合①的不同需求而暂时性地交换雇员。

能力测绘和人员交换中的这种结果和创新方法被区域能力项目中托斯卡纳的合作者认为很有趣,导致了类似的模型被当地公司②所采用,尽管刚开始存在一些怀疑。

当我们更仔细地考察一个区域的能力和知识资本管理怎样形成,区分被追求的功能性以及部分提供这种功能的组织机构是重要的。

区域的职业教育和培训中心或者大学可能成为促进区域能力和知识资本发展的基础,但是区域能力和知识资本的核心增长点通常出现在许多私人和公共部门的相互作用中。

自从苏格拉底开始,一直有批评说人们并不是以今天的学校那种组织方式学习。新技术使我们有机会发展能和我们真正的学习方式相配合的教育系统和机构。信息通信技术支持的新的教学法不可能像以前那样主要集中于特定的实体的教育机构和生命的特定阶段。③

如果说在以前,信息被视为稀缺资源,而且可以被吸收的知识也很有限。今天更成为问题的是,如何在大量的且不断改变的冗余信息中作出选择。当我们决定哪些部分应当成为我们积极应用和更新的能力的一部分时,我们必须精挑细选。在通常意义上,采用教学的态度是极其关键的,这种态度有助于我们应对持续的变化与调整。

(三) 人力资本中的隐性的和显性的能力

当我们测绘个体或组织的能力的时候,一个严重而且经常出现的阻碍如此严重,以至于这种能力的一部分必须被认为不是"显性"的,而是"隐性"(心照不宣)的。

在个体和组织中有相当比率的能力属于隐性的、非成文的能力,正因如此,也有相当比例的人力资本是隐性的。

事实上,当我们认识到构成区域知识资本的人力资本和结构资本的复杂

---

① 在布莱金厄地区建立了"雇主圈"(employer's ring)以促进一组独立公司内部的人事交流。
② 参见托斯卡纳案例研究。
③ 然而这并不必然意味着,至少在青年阶段而言,这类机构是多余的。但是仍然需要一种指导性的学习,特别是在像读写、计算等文化技艺方面。当学生们学会了怎样寻求、确定以及结构化有关于他们自己的相关信息时,学校的社会功能将被提高。

网络时，隐性能力的重要性甚至更会被强调。

很明显，现有的显性的能力——达到特定目标和完成特定生产和价值创造行为的有意识的技能和知识，是区域知识资本的核心部分。人口中的显性的能力是区域被感知的特性和规划的地区形象的重要基础。

定义、描述和测绘作为人力资本的一部分的显性能力是很可能的，但是我们也必须考虑并权衡区域知识资本中的那些隐性的、很关键的部分。

与我们周围背景相关且相互作用的大部分能力必须被置于隐性的知识和人力资本的更复杂的范围之中。很可能当我们开始认识到态度能力因素是区域知识时，我们也应将其视为区域的隐性的知识资本。

必须找到方法来描述区域能力和知识资本的隐性的结构部分，这非常关键。

（四）态度和思维方式、特征和形象

在试图描述特定区域的能力和知识资本的过程中，我们遇到了挑战。这种挑战来自于研究例如"区域传统"、"企业家精神"这些相当具有隐喻性的现象模式。这些现象模式可以反过来表现在诸如支持和阻碍变革此类的行为中。

这些态度也包括了一个社群建立并保持的信任水平，Putnam（1993，2000）将其定义为社会资本。这些态度以及其他态度与自我定义合起来被描述为先决型的区域思维方式。这些先决型的区域思维方式反过来又是区域隐性结构资本的核心元素。

对于实际的区域知识资本及这种知识资本被恰当地投资、复制、再生及发展的条件而言，现存的先决型区域思维方式及其包含的可能改变是一个决定性因素。

区域知识资本的另一个核心部分根植于区域特征和规划的形象。你认识自己及别人如何看待你的方式可能成为关键的资产，但在其他条件下也可能变为债务。

如果你认为自己很"先进"或"落后"，很可能你已经照此行事了。如果你将自己的特征和形象奠基于特定的技能或自然资源，这将影响区域迎接未来的战略。如果你视自己为文化性和群众性的旅游者区域，这同样成立。

一个具有先决个性和形象的区域基于往日的光荣和强大传统，但却很难将其和敢于改变、敢冒失去形象的风险结合起来。

特征和形象可以随着时间自然地改变,就像我们在案例区域布莱金厄所看到的那样(见下文)。

(五) 能力投资和知识资本

一个区域为保持它的知识资本的相对价值,必须对先锋能力和普通公众的主要能力进行投资。这里的一个关键问题是怎样将"顶端"和"基部"的想法最好地结合起来。

在目前创新周期越发变短的情况下,对于顶端能力与广泛的能力基础之间的加速化的有效交流和相互作用有一个不断增长的需求。我们必须找到途径以激发顶部和基部的合作,并找到共同利益的天然的结合部。

当顶端需要和基部交流时(例如对于科学的责任的问题以及技术应用的非技术性方面),这种顶端能力很可能对基部产生"拉动力"的作用。基部也表达了这样一种需求,即能够激发顶端能力中多种多样的组织和新的发现或方法。

(六) 战略性区域知识资本管理

特别是在当前这种以持续的加速的变化和逐渐增长的复杂性为特征的情况下,我们的确需要对于知识资本的真正的全局的态度,而且我们需要战略性区域能力和知识资本管理的清晰的概念、工具和程序。

区域战略性能力和知识资本管理的核心功能应该是保证适宜的背景条件和支持单个的参与者的能力和知识资本的投资、复制、再生和发展。在对可持续的能力和知识资本发展战略计划的精炼过程中,发展预演研讨会(scenario workshop)[①]起到重要作用。

对这样的一种关于可持续战略性区域知识资本管理的促进性行动纲领的精炼过程中,指导性的关键维度是:
- 态度和思想方式
- 特征(身份)和形象
- 改变和创新能力

---

① 参见佛罗伦萨、托斯卡纳案例研究中对一个 EASW 情境研讨会的描述。

- 优势和劣势
- 资源和不足

三、区域案例研究

这三个欧洲区域在历史、地域方面的差距非常大,但当我们逐渐接近人力作用时,也有了足够的比较和相互学习的空间。在区域知识资本方面,你几乎能够在三个区域中找到一样的组成部分和要素,但是其表现形式在某种程度上是不同的。

例如,我们可以观察到个别的"区域型企业家",即不是为了一个单独的公司,而是企业家般的积极主动地为他们生活的区域的发展而努力的那种人的决定性的作用。区别是:在一个案例区域中,这种企业家可能是行业工会会员,在另外一个区域可能是中小企业利益组织的领导者,而在第三个区域是一个市政项目管理者。

我们选择将在三个案例研究中学到的教训和碰到的障碍初步地结合起来。在结论部分,我们将利用不同的视角对其展开讨论。

所有区域的共同点是:影响区域知识资本的因素(包括正向和负向的)是一些我们可以描述但却很难测绘和量化的现象,例如思维方式、特征、形象和传统等。

作为能力和知识资本一部分的上述因素与具有核心重要性的"软技能"一起并没有排除对用于测绘能力的适当工具的需求。但是,它却将这些工具限定性地置于一种新的视角中。

(一) 案例研究:布莱金厄(瑞典)

布莱金厄大约有152 000个居民,通常被描述为瑞典的花园,也被描述为微缩版的瑞典。在布莱金厄有城镇、农村地区、渔业、农业、手工业、旅游业、各种形式的工业和商业、军事设施、学校和一所大学、很长并且曲折的海岸线。这个区域是瑞典人口最密集的地区之一,不过它也包括一些只有零星人口分布的地区,这些地区居民相互隔绝,距离很远。

布莱金厄作为瑞典微缩版的形象对于其作为一个信息通讯技术区域有

第十七章 区域的能力与人力资本

着特别重要的意义。特别是当该区域被认为是正在出现的知识和信息社会的全方位的实验室或试验基地时。

在最近十几年,在瑞典的南部省份布莱金厄,工业和其他经济活动已经发生了全面的甚至是剧烈的结构转变。

作为这种转变的一个结果,一般的工作生活条件和劳动力市场也发生了改变。与有关信息通讯技术的生产和服务相比,传统的核心产业已经失去了它们的重要性。而且这里已经发生了从简单直接加工制造向依赖于持续的创新和研发的经济活动的重大转变。

布莱金厄遵循了一般趋势,大工厂变成了数量更多的小工厂。现在布莱金厄有大约 10 000 家注册企业,其中有大约 6 500 家相当活跃。其中大约 5 000 家雇员都少于 15 个人,许多这种小企业都是以家庭为基础的,这一事实将对它们引进诸如新技术的方式产生影响。

对于居住在布莱金厄这一区域的人们来讲,ICT 的大量的实际应用日益成为他们在工厂、家庭以及与休闲活动有关的日常生活的一部分。对于他们中的一些人来说,甚至可以说 ICT 的概念和应用已经成为他们每日生活的不可分割的一部分。

在过去的十几年,布莱金厄或者至少其中一大部分活跃人群在自我理解和知识方面看起来已经发生了相应的转变。从 20 世纪 90 年代开始经常出现的相当阴暗的气氛和对未来的悲观已经根本性地转变为广泛传播的积极发展的乐观主义。

这种转变背后的原因是多重的,但大多数的观察者在关键促进因素上有着共识。

一个关键因素是在卡尔斯克鲁纳/罗恩尼比(Karlskrona/Ronneby)建立了大学,现在被叫做布莱金厄理工学院,它专长于 ICT。

其他关键因素包括围绕省会城市卡尔斯克鲁纳(Karlskrona)的发展中心建立的大量的高新技术企业和罗恩尼比(Ronneby)附近的"软中心"以及卡尔斯港(Karlshamn)的多媒体活动。

移动电话提供商沃达丰(Vodafone)在瑞典的主要设施的布局进一步地提升了该区域的 ICT 的形象。

这些公共的和私人的努力已经决定性地促进了这个区域型信息社会的

发展,而且促进了一般公众对于技术发展的普遍的支持态度。他们也因此具有了数量可观的 ICT 的知识和诀窍,这些东西集中于一个可管理的公众领域。在布莱金厄大量的运转的模型、工具和最好的操作已经被发展、应用和检验,这通向了区域能力和知识资本增长的主题。

当然也有许多其他有关的核心因素支撑了布莱金厄的结构转型的进程,一个重要的因素是来自于地方和区域官方和组织的普遍支持。这通常被看作理所当然,但从全局的角度看作用很大。

一个重要的决定性因素是被劳动力市场中的个人认可。在这种市场中,对发展技术和能力(特别是有关于 ICT 的),有着普遍存在的强烈兴趣。这清晰地暗示了对这种基于社会合作者和在业及失业者之间的主动合作的更新的社会模型的需求。

在布莱金厄,一个重要的因素是这个区域的工会和 TUC 秘书(LO ombudsman)Sterne Johannesson 很早就理解了其成员能力发展的价值。他们经常采取引导性的措施,例如推动计算机普及和 ICT 的使用,并且支持雇员的个人或集体的能力发展过程。

应该注意到在该区域内,对"ICT 为大家"的观点有着广泛的意识和普遍的接受。前面提到的倡导 ICT 培训或多或少影响了工会成员,而且目前在他们中间这种基础性的计算机普及率已经达到 80%。

通用程序有力地支持了为中小企业营造有利的区域创新氛围。当然也存在着大量的其他形式的促进因素:意识、区域能力发展和竞争力。

布莱金厄这个区域似乎已经走出了悲观主义和"无计可施"(det-gaur-inte)的精神困境,并且进入了一种使用新技术推进创新和机会认知的新的思维模式。可以说,该区域不仅接受了最近的改变,而且在某种程度上它对进入电子社会可能出现的更剧烈的改变正在作精神上的准备。这可以被认为是该区域知识资本的一个重要发展。

和 ICT 有关的活动的广泛建立显然不能一劳永逸地解决布莱金厄所面临困境(Manchester and Spinning Jenny)。追踪布莱金厄过去十几年的变革是很有意义的。它接受 ICT 作为区域特征,带来这十几年的转变,现在又作好充分准备来迎接诸如纳米和生物技术等新的创新。

(二)案例研究:斯洛文尼亚喀斯特区域的科门①

科门市坐落在斯洛文尼亚西南部靠近意大利的边界上(的里雅斯特,Trieste)。它是所谓的喀斯特石灰岩高原的一部分,面积大约100平方公里,只有3700居民,分布在35个村庄中。在该区域有120个中小企业,其中有3家大概各有100个雇员。

这个区域以它丰富的文化遗产(保存着石头房子、教堂和城堡的古老的小村庄),具有喀斯特岩洞的独一无二的并且保存完好的自然环境,以及农业产品,特别是干火腿和特朗酒而闻名于世。

科门的主要城区是行政和经济中心科门以及中世纪古城斯丹吉尔(Stanjel)。

市政部门对建造基础设施(供水、旅游业等)非常积极,科门正和它的近邻意大利密切合作,最近的一些项目包括翻新和激活中世纪古城斯丹吉尔(Stanjel)以及建立旅游服务提供者区域集群。科门正在争取大学在当地开办一间招收建筑与艺术修复方面的研究生的分校。

市政机构将发展它的ICT的资源和在人群中传播相应的能力视为一个战略性的关键问题,以便支持地方合格的劳动力队伍,推广特殊的农产品(奶酪、蜂蜜、意大利熏火腿)以及其他的一些产品(手工艺品),并且发展旅游服务网络(床位、早餐、公寓和酒吧)。这些都将和该区域文化和自然遗产相协调(扩展的旅游业)。

除了与具体数据库的开发相关的更主流的项目活动,科门的另外一个核心目标是不断培训ICT的终端使用者。

由于已经尝试过来自不同斯洛文尼亚私人组织的能力测绘,这对于区域能力项目找到适当的方法促进中小企业参与进来十分关键。

为使喀斯特亚区域的中小企业更容易作出参与决定,它们被邀请参加电子培训课程。在那里它们了解到了这一信息,即ICT工具能够用于能力表达。紧随其后的是数据库使用培训。

从这个项目一开始就已经很明确:由于喀斯特亚区域(科门市及其临近

---

① 科门或喀斯特案例研究已经被详尽阐述在一起,并且基于科门市政当局的项目管理者Erik Modic的文章。

的市镇)的中小型企业的经济结构特点,有必要用旅游和农业来扩大现存的瑞典的中小企业数据库原型,以便让尽可能多的中小企业参与到区域项目中来。市政当局的旅游信息中心需要更复杂的旅游和农业数据库以达到它自己有关旅游问题的高目标,这一点也已经变得很明显了。

由科门当地的IT分包商、旅游信息中心的负责人以及农业咨询服务的代表组成的工作组一起精心开发了旅游业和农业数据库这一整合概念,以及利用更新的数据库,以供进一步的应用。

新的更新过的数据库的特点是:

- 具有测绘不同行业部门能力的可能性(通用性原则)。
- 让国家或者区域的行政人员(不仅是一般公务员)可以自由地添加新的数据(灵活性原则)。
- 具有用多种语言运作的可能性(多语言原则)。
- 能够创造附加的数据监控和收集层(多层次数据控制和填充原则)(这意味着除了通用数据库层的管理者和终端用户之外,还有服务本地或区域部门的数据库层(例如A地区的公共旅游组织为其区域内的旅游服务提供商的能力测绘的数据库,B区域的农业协会为该区域农业能力测绘提供数据库等)以及国家或区域管理者,他们将使数据库网络更加高效和时新)。
- 在网络上,通过动态生成的个人主页(即时更新的原则)而使得数据容易获得,这就是说,所有的数据库的变化和更改马上就在不同的应用中被反映出来了。

科门发展活动的结果已经成为一个新的源码开放软件工具——VODNIK(GUIDE的斯洛文尼亚语)数据库和旅游者的网页①。

VODNIK数据库也叫做"宏数据库",它使得数据域的升级、更新和添加都更加容易和快捷。它记录了旅游部门和与旅游间接相关的所有部门的完整的区域能力(农产品/葡萄酒生产及艺术、文化、自然和民族遗产等)。

旅游者的网页直接与"宏数据库"相连,并可以通过它获得所有的公共能力数据(有些能力数据不是公共的,因此只有某些公共机构才能获得,而且也不在网页上)。

---

① 数据库:http://vodnik.kras-carso.com/index_vnos.php.,旅游者网页:http://vodnik.kras-carso.com/。

数据库将以四种语言运作——斯洛文尼亚语、英语、德语和意大利语。科门的市政机构的终端用户和它的意大利合作伙伴 Duino-Aurisina 已经开始在这个数据库中完善它们的数据。

因为科门的市政机构需要开发额外的、经过充分的测试和实施的软件（基于开放的源码），所以作出如下决定:市政当局应该安装自己的 Linux 互联网服务器。来自于布莱金厄的合作伙伴 Samuraj data AB 在安装服务器中提供了全部的技术支持。

在源码开放方面,科门走在了整个斯洛文尼亚的最前沿。

科门和喀斯特亚区域参与到了区域能力合作中,在许多层次上不仅仅是通过布莱金厄的经验的简单的传播,因而增强了该区域的知识资本。科门在处理区域知识资本管理方面不仅是适应,还产生了一些重大的质的飞跃。现在当区域能力项目接近尾声的时候,科门正在就有关能力和信息,特别是有关于农产品质量和旅游业方面的信息的新的活动方面扩大与其邻近区域的合作。

(三) 案例研究:托斯卡纳的佛罗伦萨(意大利)

佛罗伦萨坐落在意大利中部的托斯卡纳区,其省份面积大约是 3 500 平方公里,人口大约 934 000,分布在大约 34 个行政区。

佛罗伦萨大约有 85 000 个活跃的注册公司[1],90.02% 的该区域公司极其小,最多 5 个雇员[2]。它们主要是家庭商业、艺术或手工作坊,其他的公司的规模如下:有 6—19 个雇员的占 4.62%,有 20—49 个雇员的占 1.1%,50—99 个雇员的占 0.22%,超过 100 个雇员的占 0.18%。

这些简单的数据,特别是非常小的公司规模清晰地显示了推动创新能力和知识资本发展的人所面临的挑战。

事实上,我们正在和这样的一个区域打交道,人们了解自己强大的传统、价值观、意义和历史。Listri(2001)试图总结该区域在态度、艺术史、信仰、音乐、政治、厨艺等方面的主要经验和诀窍。但是任何人在托斯卡尼亚区度过

---

[1] 这些公司的行业分布如下:30 000 个艺术和手工作坊,11 150 个建筑公司,17 100 个制造业公司,7 400 个农业公司,剩下的是商业、后勤和其他部分。(2001 年商务会所的统计数据)

[2] 这些数据由 2001 年的托斯卡纳的商务会所的网站 Unioncamere Toscana 提供。

一段时间后都能够觉察到这些。

同时,也许正因如此,有时难以达成一种一般性的、系统的以及未来导向的区域意识,可以引导对这些因素的评估并补充新的因素。风险是当地的经济文化和社会系统可能会在不久的将来面临困境。全球化可能对包括皮革加工、皮革制品(包、鞋和衣服)、纺织品和时装、手工艺品、家具、玻璃、机械制造等地方传统产业模式产生强烈冲击。许多这类活动在低劳动力成本和控制的国家进行成本更低,这导致了许多公司的关闭或搬迁。

典型的小企业是一个自力更生的业主,在过去他能够找到一些小的细分市场来运作业务。这种人可能已经有一个很好的点子或者仅仅是一个直觉:他的邻居做得很成功,他应该跟着学。这可能也已经导致了购买新的、先进的机器设备或者产生更多的创新。日复一日实实在在的好运气使得托斯卡尼亚地区成为最富裕、最快乐的地区,[1]但是现在仅有这却不够了。

在公司工作和与公司打交道的人们,例如中小企业成员、贸易协会以及商业会所,认识到对付这种很快并且还在加速的改变相当困难,需要一些方法以支持当地中小企业和组织的意识、主动性和创新。

这种系统性的意识和社群学习过程要求人们具有眼光、耐性和清晰的渐进策略,也要求一个长的时期。

(四)Roberto Berti 因素

穆葛罗(Mugello)(佛罗伦萨北部的一个农村地区)当地工匠行业协会的协调者 Roberto Berti[2] 曾解释"大部分的当地企业都有耕作传统,对于他们而言,创新仅仅是使用新的设备或机器(例如拖拉机)。技术创新比起战略创新容易得多,现在最大的挑战是通过提升能力和鼓励该区域人力资源和知识资本来作出战略和文化上的创新"。我[3]第一次遇到 Roberto 是在 2000 年办公室楼下的一个酒吧里,他正在做一个项目[4]以帮助一群小的机械分包公司团结起来,以应对和操作日益复杂的投标。他们曾从属于总部曾经在佛罗伦萨

---

[1] 托斯卡纳有 350 万居民,国民生产总值占国家的 6.5%(ISTAT,2001),有 125 000 名大学生,占全国的 7.3%,分布在佛罗伦萨、西耶拿和比萨的大学集聚区。
[2] Roberto Berti 也是 Vicchio(乔托(Giotto)的出生地)的镇长。
[3] 这里的"我"代表作者之一的马丁内斯。
[4] Cesvit 的 Lucilla Cinelli 负责协调这一计划,他现在在佛罗伦萨的 Tecnologia。

的大公司,这些公司现在已经被更大的跨国公司收购。所以被迫做一些全球性的生产和服务,这给当地公司带来很大压力。其中一些公司是由以前大的当地公司的熟练工人创建的,这些公司现已变成跨国公司的分支机构。

我们邀请了 Roberto Berti 参加由欧洲委员会组织的研讨会,以便提出一系列的参与方法论,这些方法论已经被成功地用来帮助在任何背景下的当地利益相关者去克服变化和学习的障碍,以及通过参与和相互作用的手段来详细解释创新方案。这里我们已经得到了第一个有意义、有趣且重要的交叉文化和交叉区域的结果。Roberto 为欧洲行动纲领研讨会(EASW)方法论所吸引。这种方法最初由丹麦技术委员会发展出来,并被欧洲委员会①以 15 种欧洲语言推广开来(Andersen,1996;1999)。

EASW 允许一组利益相关者(政策制定者、技术专家、企业家和市民)用非常建设性的方式相互交流、确立共同的基础和共同的语言、达成共识,并针对具体行动确定优先顺序,以应对小组所面临的挑战和难题。

这个方法在有着约 40 个当地利益相关者的穆杰洛(Mugello)的应用非常成功。而且这种方法为发起和参与到一系列行动和项目,例如区域能力项目,提供了基础(Martinez,1996;2000;2004)。

(五)但是这里的区域知识资本在哪儿呢

创新和变革是人进步发展的结果。参与到区域能力项目中要求佛罗伦萨区②一些主要的关键角色参与进来。穆杰洛举行的 EASW 小组为将来的行动奠定了基础。它涉及几个关键人物,并令他们确信通过能力和知识资本发展支持组织发展的重要性。当提出区域能力计划时,第一轮的咨询由佛罗伦萨的市政当局、省、穆杰洛山区社群、工业协会、手工业协会、工会、商业会所以及一个研究所参加,这个项目被提交并被欧洲委员会批准。

(六)托斯卡纳联系

托斯卡纳小组采用的方法是把当地所有的文化、标准化和程序性的特征

---

① Francisco Fernandez 是欧洲委员会项目的主要官员,他促进并推动参与方法的发展、传播和采纳以支撑创新。
② 可能马基雅弗利也是该区域结构资本的一部分。

整合在瑞典开发的工具和方法中,以满足当地使用者的特殊需求。这种调整和采用是通过基于与终端用户开会的行动研究法来分析需求、共同设计工具或推广方法,从而得以实施的。①

由于当地社群的大规模,本地的战略就如同一堆篝火:点燃一些小棍棒后再逐步加上更大的棍棒。雄心勃勃的评价和发展区域知识资本的挑战需要时间,也需要收集反馈资料,并开始新的一轮。但结果极其有趣并鼓舞人心。

整个当地的方法论就是通过一些方式来吸引当地参与者,这些方式是通过一系列的互动研讨会,来确定和能力及区域知识资本相关的未来的憧憬和目标。组织内和组织间都采取了这种行为。这种研讨会的一个有趣的结果是自发建立了一个当地社群,这个社群由经济、文化、社会参与者构成他们对通过一系列行动来分析和推动区域知识资本发展感兴趣。这个开放和成长的社群将自己称为"能力镶嵌图"。而且每月举行会议,类似于一个研究团体。这个互动的过程建立了一个链式反应。在那里,越来越多的这种跨学科的团体可能形成,以便满足组织内外和当地区域知识资本的要求(Nowotny, Scott and Gibbons, 2001)。

(七) 通过与其他区域的互动学习

佛罗伦萨通过采用、调整和推广它的工具和方法参与到区域能力项目中已经成为一个激发区域间互动学习的过程。当地出现的一些建议和思想也影响了其他合作区域。例如需要处理非常复杂、庞大而且至少有的时候是怀疑性的区域参与者的社区,这种需求导致了采用参与手段以定义面向未来的区域知识资本。

我们曾经说过,如果这种区域知识资本研究法能够适用于佛罗伦萨,它也能够适用于宇宙中的任何其他地方。我们现在依然坚信这一点,但是我们并没有得到全部的答案,不过发现了许多有趣的问题。

---

① 价值、标准、定义、ICDC 和 RCDB 的程序和模板以及这个组织的和区域的发展行动计划的本地实施的方法已经被确定了,同时通过一个包括大约 500 个区域社会经济参与者在内的方式而共同设计了它。

四、结论与视角

在区域能力项目中,我们既看到了它的潜在价值,也进行了有关能力的跨越地理和文化的实际交流。

这种交流允许布莱金厄能力测绘的务实的态度自由地和斯洛文尼亚人务实的开发及应用原创工具到具体现实中的能力相混合,并由此使之更加丰富。托斯卡纳以它对于作为区域人力资本网络一部分的态度、技巧、知识之间关系的深刻的理解作出了贡献。

项目合作者的目标是(而且依然是)不仅要促进那种满足增长需求以测绘不同层次和背景的能力图景的普通工具的发展,而且要促进允许我们讨论并获得对欧洲区域的五花八门的多样性之中及之间的区域人力和结构知识资本的复杂性的更好理解。

不幸的是,这些努力依然被这一事实所减缓(非常严重的阻碍),即任何共同的欧洲能力分类系统,特别是在有关于非正式的工作生活知识、基于技能的知识、基于经验的知识和显性知识/隐性知识及态度方面的分类。但是像这种项目至少已经能够在正确的方向上迈出几步了。

在欧洲结构层面,有许多有趣的项目发生。例如在所有的欧盟成员国语言中用更加灵活的 CPV 代码[①]替代老的 NACE 和 BIC 代码。但是这仅仅有助于企业更加详细地描述其提供的产品和服务,也因此能够全方位地描述它们的能力。

我们需要一个直接应用于能力的补充系统。

当我们将可能涉及的有关的对象的范围和数量从组织层面拓展到区域层面时,这会使得可能的相互作用的复杂性呈指数级增长,同时也会使广泛传播的跨区域的学习的发生所需要的时间呈指数级增长。

当我们为这种分层良好的馅饼皮准备菜谱的时候,我们的经验告诉我们有一些重要的成分必须要记住。

一个肯定带来差别的成分是那些最重要的人。这些人是神经链或者突

---

① CPV,通用采购词汇表,详见:http://simap.eu.int/EN/pub/src/welcome.htm。

触,根据 Buchanan(2003)的看法,这些人的分散程度比较低,而且有相当的能力倾听并与周围环境交流。在所涉及的三个区域中,我们有 Sterne、Roberto 和 Erik。

这一过程的催化剂是参与式的方法,这一方法在当地利益相关者中提高了创造性、相互作用和责任感,也因此支持了从下而上的共同设计,共识的达成,行动的计划及系统性的交互学习(Owen,1997)。

这个调酒师可以是具体的软件或其他工具,像笔、标记笔和纸。一个好的厨师应该能够用木的大汤匙来进行烹饪,但是也可以用适当的厨具做出更好的菜。

一个重要的教训是信息通讯工具或数据库不能被认为是灵丹妙药,在对它们必须作出反应的要求和功能进行长时间的分析以后,得出结论:它们必须加以进一步发展。否则会导致一方面鼓吹共同设计的创新,另一方面又在实施技术推动方案。

事实上,这"工具"本身并没有什么用。

今天,很容易找到方法记录数据,但是却没有合适的系统来对这些数据进行检索和背景性的解释,我们只能创造新的"数据坟墓"(data-tomb)。仅是我们的能力和知识资本的定义使得这一点非常明显。

除了工具设计,对于社会中人的角色要有一个成熟的认识,以指导我们反映些什么,如何去反映以及用什么信息检索和使用的形式反映。

描述被我们当作隐性的知识和技能的东西可能并不太困难,最大的困难产生于当我们想要将它和个人和集体的态度结合起来作为功能性、应用性能力的一部分的时候。

对于区域能力项目的合作者来说,最重要的经验之一可能是企业对于面对面交流的重要性的确认。当我们对个人和组织的能力和知识资本的发展作规划时,如果我们希望像以前提到的那样恰当地解决这些难题,并构造一个更加完整的基础,我们必须学会如何讨论能力和态度的那些不同的组成部分。

在瑞典,雇员和雇主之间的"发展会谈"是使用记录在 ICBD 中的信息的可行的替代方案。在意大利和斯洛文尼亚,也有同样的机构,但是看起来稍微有些不同。

当我们传播合作经验的时候,一个一般性的严重阻碍与不同的传统和文

第十七章 区域的能力与人力资本

化及开放的姿态或者"贸易机密"有关。当你希望在持续的并加速变化的市场背景中建立有效的区域知识资本管理时,打破由于不信任而产生的障碍是极为必要的。企业家承认:在正常情况下采取开放信息的姿态能够获得更大的收益,大部分的一般性能力必须和他人分享,竞争力主要存在于某种先锋们能力的最初的应用当中。

一般说来,在瑞典存在用于难题解决和行动规划的共识性的、开放的、水平的、值得信任的方法,也存在很强的参与文化。在意大利和欧洲南部的其他国家,由于文化背景和居民的不同,这种方法可能是更加垂直、封闭、排外、个人主义和冲突性的(比起直接的冲突,更多的是缺乏主动性或怠工)。

这些做法上的区别清楚地出现在由 25 个当地企业家、工会成员和来自于布莱金厄的教育和研究机构的代表和来自于托斯卡纳穆杰洛山区的代表参加的一次视频会议中。各方与会者对于能够像在同一地点、使用同一语言①自由地交谈感到非常奇特。

会议的主题是展现布莱金厄的"雇主圈"。② 意大利人看起来对于雇主允许其雇员在其工厂中为其他工厂工作而感到吃惊。意大利人声称当地企业家很难和其他企业家达成这样一种协议,因为他们害怕失去最好的雇员。我们还有许多工作要做,以便建立信任和帮助区域参与者看到通过互动、对话、分析和综合带来的区域知识资本增长的好处。这些是长期的过程,但是这种文化冲击可能给当地的学习以及类似行为的发起打开了方便之门。

最后当我们讨论人力资本和结构资本之间的平衡和相互依赖的时候,我们可能又会遇到有关于控制生产的方式和工具的典型冲突。

但是在目前这种知识密集和快速多变的经济体中,很可能是这样的:正是在组织对人力资本和结构资本之间的明显冲突的处理过程中,我们发现了隐藏在他们长期的成功或失败背后的潜在的核心因素。

一些将知识管理仅仅当作一种尝试的人为"新泰勒主义"知识型社会铺平了道路;而另一些认识到,ICT 的大规模使用不仅为将许多任务从人力转移到结构资本打开了方便之门,同时也提供了人力资本发展过程中的新的、更

---

① 视频会议有着专业的设备能够用意大利语和英语进行工作。
② 雇主圈在布莱金厄案例中也被描述为一个"coopetitive"模型,以便在一组公司之间分享劳动力来平衡市场波动。雇主圈是有关公司使用 ICDB 的直接结果。

广泛的可能性。

单个的雇员可能会经历一种不完全莫名其妙的害怕:他的能力有可能被计算机程序、数据或其他形式的结构资本所吞并和替代。

我们遇到了认为投入太多的资源到雇员能力发展中去没有很大意义的雇主,因为这些员工可能会离开。"我们出资培训他们,然后有人会用稍高的工资把他们挖走。那又有什么用呢?"

对于这个没有什么简单的解决方案。就像我们既不能又不应该停止技术开发,也不能够引入封建依赖性那样。有一些工作岗位将被新技术取代或消除。雇员将从他们的人力资本市场价值中获益,而且如果出现有吸引力的新机会,他就会把其知识资本带给新的雇主。

特别是在经济体的知识密集型部分,存在着人力资本所有者和结构资本管理者联盟的空间,这一联盟将给他们带来利益。但只有在这种情况下才有可能,即雇主和雇员都理解并接受了合法的辩证程序,在那里通过被整合到组织的结构资本中,老的人力资本被置于雇主的控制之下;作为替代,雇员获得通过持续的能力发展,建立他个人的以人力资源为基础的知识资本的机会。

既然我们已经从既存在区域能力又存在一般性的区域知识资本的假设出发了,我们也必须假定区域在对我们所说的能力和知识资本开发的战略投资中起到一定作用。

区域及其利益相关者在某些领域能够起到辅助作用,而且在其他领域它们可能起到更具有决定性和领导性的作用。在本文,我们只是提到少数几种作用。①

区域能力和知识资本的战略管理的一个核心功能是:保证通常良好的背景条件,支持对区域个体参与者能力和知识资本的投资、复制、再生及发展。这里我们将需要一个对于知识资本管理的全局态度,但是也需要对先锋能力及一般公众的广泛的能力进行持续的投资。

对于来自教育机构和官方以及典型的工作生活相关者的组织的现行教育规划,有着充足的空间。

核心任务是了解技术及思想模式的关注。就像我们可以从布莱金厄看到

---

① 当我们讨论区域的时候,我们不仅指公共管理部门,也指其他的区域参与者和网络,例如工会、企业家协会、商务会所等,强调这一点是很重要的。

第十七章 区域的能力与人力资本

的那样,在区域的 ICT 特征的发展过程中,开明的头脑极为重要。

贯穿整个历史,存在着由于缺乏足够的社会和组织背景,而导致技术不能够被恰当地利用的几个例子。

对新事物的反抗经常通过孤立、忽视或反抗可能在人们控制范围之外的东西而达到一种产生绝对性破坏的程度。

布莱金厄普通公众对于 ICT 的支持是他们很早就接受新技术的结果。这种接受来自于区域工会及其进行的决定性的计划,这种计划是培训它的成员使其具有较高的计算机水平。

总结这一区域能力项目,我们可以满意地观察到很强的区域知识资本交叉学习、发展自己的轨道及正向反馈的过程。

我们的经验显示,当区域能够比较和学习的时候,可以得到很多收获。

我们抛砖引玉,这已经花去了我们很多时间,而且还将花费我们更多的时间。但是我们知道我们在正确的道路上前进,我们很乐意和更多的同仁交流经验,也愿意帮助他们在我们的基础上前进。

参考文献

Andersen, I.-E., (Ed) (1996). *The Local Information Society: Report from an expert workshop, June 12–13, 1996, in Palma de Mallorca, Development and production of a manual describing the possible scenarios for the assimilation of the new information technologies by European society in the next decades: the Innovation Programme of the CEU, DG XIII.* Copenhagen: Teknologi-Rådet.

Andersen, I.-E., Jæger, B. (1999). Danish participatory models. Scenario workshops and consensus conferences: towards more democratic decision-making. *Science and Public Policy.* 26, 5, pp. 331–340. Surrey: Beech Tree Publishing.

Buchanan, M. (2003). *NEXUS. Perchè la natura, la società, l'economia, la comunicazione funzionano allo stesso modo.* Milano. Mondadori [Title in English. Nexus: Small Worlds and the Groundbreaking Science of Networks].

Karlsson, I., Karlsson, L. (1988). *Scherben bringen Glück-Wie die Arbeitslosen im nördlichen Waldviertel versuchen, aus ihrer Not eine Tugend zu machen-* profil 44. 88, Wien.

Karlsson, L. (1985). *The Study Circle in Sweden: Methods and Ideology.* TUSJ 11.1985, and *The Study Circle in Sweden: Learning for Democracy.* – TUSJ 12.1985, Manchester: WEA.

Karlsson, L. (2000). *Study on Study Circle in Targeted Intelligence Networks (TIN),* EUR 19568 EN-Technical report series, Institute for Prospective Technological Studies-Sevilla, Joint Research Centre/European Commission.

Le Boterf, G. (2000). *Construire les compétences individuelles et collectives.* Paris: Éditions d'Organisation.

Listri, P. F. (2001). *Il dizionario della Toscana: La Toscana moderna dalla A alla Z.* Firenze. Regione Toscana. Casa editrice le Lettere. [Title in English: the dictionary of Tuscany; modern

Tuscany from A to Z.]

Martinez, P. M. R. (1996). The European Awareness Scenario Workshop initiative. Eurotools for raising public awareness and promoting participation and involvement of social actors in the innovation process: experience gained and perspectives. *Proceedings of the 4th International Conference on Learning and Research in Working Life.* Museum Arbeitswelt, Steyr. Austria. 3.7.1996.

Martinez, P. M. R. (2000). Rapporto Finale EASW su Mugello, Globalizzazione e Sviluppo Locale. Scenari e progetti per le imprese della meccanica. CNA Firenze, Cesvit, Downloadable in Italian from the EC research web site *http://www.cordis.lu/easw/src/italy.htm* [Title in English: EASW final report on Mugello, Globalisation and local development. Scenarios and projects for mechanical companies].

Martinez, P. M. R. (2004). Innovazione e partecipazione: una metodologia europea,. Venezia. Fondazione Venezia 2000, *www.circoloinnovazione.it* newsletter [Title in English: Innovation and participation: a European methodology].

Nowotny, H., Scott, P., Gibbons, M. (2001). *Re-Thinking Science: Knowledge and the Public in an Age of Uncertainty.* Cambridge, UK: Polity.

Owen, H. (1997). *Open Space Technology,* San Francisco. Berret-Koehler Publishers, Inc.

Putnam, R. D. (1993). *Making Democracy Work: Civic traditions in Modern Italy.* Princeton. Princeton University Press.

Putnam, R. D. (2000). *Bowling Alone: The Collapse and Revival of American Community.* New York. Simon and Shuster.

第四部分　城市和地方社区的知识资本

第十八章　寓学于玩：填补"知行间隙"

——为城市社区知行间隙搭桥

——艾伯特·A.安格恩,法国枫丹白露(Fontainebleau),欧洲工商管理学院

摘要

当人们与别人共享自己所学知识时,他们的思维方式和行为特点很难受到外在因素的改变;当人们结合、运用他人所学知识,并通过彼此之间的合作来创造新的知识时,这种思维和行为也很难改变。因为人们的思维和行为受到心理因素、个人态度、胜任能力的影响,同时也受到人们所处的社会背景、情感世界和组织文化的历史、演变进程等因素的影响。然而,尽管如此,在过去的十年里,世界上仍然有很多组织在广泛从事"知识管理"项目(knowledge management, KM),即在不同领域(如地理、功能、结构、文化等领域)挖掘潜在、显性和隐性的知识源泉,通过开展协同合作、增加透明度、培育创新精神等途径,最终提高知识在价值创造过程中的效率和效果。

本文要介绍的这个国际研究项目得到了欧洲共同市场(欧共体,European Community)研发部的赞助,目的是应用组织中的知识管理经验,探索如何能够把

各种不同的途径、观念、体系应用到城市社区环境中去。因为在城市社区,预先制定目标,然后再实现这些目标的过程本身是个创造价值的过程,具有很大的创造价值潜力,尤其是当人们共同居住在相同的小镇、小区、街道甚至是共同居住在一栋楼房,却存在"无形"知识的交换壁垒的时候,更是如此。

我们设计的这个实验过程通过"寓学于玩"哲学来消除知识的交换壁垒,也就是说,通过类似游戏的过程和体系,首先让各种各样的目标人群逐渐了解交换壁垒,然后让他们有足够的兴趣消除这一壁垒,最终使他们不但心甘情愿而且能轻车熟路地通过相互合作来交换知识、促进沟通,从而在网络的虚拟空间(互联网基础上的三维空间)和传统的自然空间之间搭建一个桥梁。

在这一章,我们相信,通过我们的方案,读者一定能够获得一些洞察力,包括对某些过程和某些体系特征的洞察力。除此之外,如果读者对知识管理(在城市社区或者各类组织等社会环境中提倡改革和创新)的动态理论或者实践饶有兴致,那么也肯定能从中受益。

概述

为什么各类企业都争取主动,力求从事知识管理?而究竟是什么原因导致这些知识管理方案成功率很低?在以下的部分,我们首先用批判的眼光分析一下知识管理和知识资本的有关问题,主要把目标集中于"知行间隙"(knowing-doing gap)——阻碍这些项目为组织创造价值的关键壁垒。然后,我们会把知识管理/知识资本从组织的范围推广到城市、地区、国家甚至国际社会等领域,着重强调组织机构和城市/社会环境(第三部分)之间的异同。下一步,我们将介绍一个实现知识管理的实验途径——"寓学于玩"。引入"寓学于玩"的目的在于,通过目标人群游戏式的学习,逐渐让更多组织推动和促进知识管理过程,采用我们的知识管理方案(第四部分)。在第五部分,我们将列举详尽的例子,细致描述如何把这个过程成功地应用到城市社区环境中去。最后,在第六部分,我们给出在城市/社会环境中知识管理相关的变革和创新管理的一些深刻见解和结论。

# 第十八章 寓学于玩：填补"知行间隙"

一、起点：我们知道有这回事，但是这样的事并没有发生过

在过去的十年里，我们看到了创新带来的硕果——知识管理。知识管理的目标在于改变人们在组织内部以及各组织之间旧有的创造、共享、存储、转移、运用知识的方式。

采取这种主动行动的动机各种各样，可能是从高屋建瓴的战略目标角度考虑（知识是竞争优势（Boisot，1998；Murmann，2004）和创新（Von Kroghet al.，2000）的源泉）；也可能是为提高员工的绩效提供机会（例如，通过"谁知道什么"这种形式共享潜在的组织知识资产和知识资本，达到更高程度的透明度（Edvinsson and Malone，1997））；还可能是为了尝试创造一种新的环境、过程，以便与合作者、供应商、客户及其他外部赞助者达成卓有成效的知识共享、知识交换（Malhotra，2000）。

目前，知识管理这门学科有发展壮大的趋势，主要原因在于：到目前为止，已经有好几本书和文章介绍这个学科（比如，可以从 www.brint.org 找到广泛的资料）；而且已经开发出了支持不同维度的知识管理软件，提供了工具，以通过不同形式存储、共享、组织、撷取、处理显性知识（如存档、过程描述、案例、故事、多媒体资料等）；以及人们以地理分布上的"虚拟社区"的形式，促进知识的出现与交流（Wenger et al.，2002）。

当然，大部分组织的知识管理方案刚一开始便宣告失败（以没有达到预期为标准）。其原因主要在于，人们对知识的态度和行为有很大惯性，很难改变。甚至比组织/管理"数据"或"信息"还要难。知识反映了人与人之间的密切关系（情感上的、心理上的或者社会关系上的）。因此对创新管理来说，一个极为重大的挑战是主动采取行动改变知识现状（尤其是当它们植根于多年的经验/实践时），而不仅仅是提供一些训练，来选择、引入一系列新的实验过程、新的软件工具。

变革模型——比如 Rogers（1983）提出的一个模型——指出变革过程有两个最重要的步骤。这两个步骤分别是增强个人参与者的意识和提高个人参与者的兴趣。在知识管理项目中，这两个步骤并不是特别具有挑战意义。因为只要把他们分散（至少暂时让他们离开自己的日常工作），就能成功地

抓住人们的注意力,让他们意识到这种广泛传播的对知识的错误管理是多么没有效率。比如在一个庞大的组织,人们在像隔离仓一样的组织结构中各自为政,或者在某些企业中,只有一小部分知识是流动的,员工、顾客、合作方、供应方能够获得的知识只有这一小部分,那么人们很快就能发现这种缺乏知识管理的效率是多么低下。为了更好地对知识进行估价、收集、分享、组织,为了让相关人员更有效地得到这些知识,设法激发人们的兴趣,这并非难事——通常可以采取"是,不过"方式。比如,承认这个问题是相关的,至少表示愿意讨论或者谈论这个话题("是"部分);但是,与此同时也表态说,在"兴趣"阶段问题还比较简单,但是一旦从"兴趣"阶段过渡到"尝试"并最终到达"思考"和"行动"阶段,事情就会变得很复杂("不过"部分),起码比增强个人参与者的意识和提高个人参与者的兴趣这两个步骤要复杂。

问题正是在这个过渡阶段——比如在 Rogers 的模型中,"兴趣"和"尝试"之间的阶段;或者在 Pfeffer 和 Sutton 2000 年提出的模型中的"知"(什么事情应该做,什么事情能够做)和"行"之间的间隙——出现的。对于知识管理方案来说,引起人们对于潜在的变革的认识、提高人们对于潜在的变革的兴趣、告知他们变革方案的可行性,并不是人们采取行动的充分条件。因为除了前面说的因素,还有两个更深入的因素在起作用。其中一个因素是信心(我肯定"能"……),另一个是动机(我非常"想"……)。要知道,任何行动都有风险(与现状相比),而风险无疑会带给人们对失败(和失败的一系列结果)的恐惧,偏离人们的心理、情感、认知领域的"舒适区"。在这个过程中,一方面人们不愿意变革,而另一方面又很难找到合适的办法填补"知行间隙",这就是采取知识管理方案成功率比较低的主要原因之一。于是,要么知识管理方案在计划阶段就过早地夭折;要么虽然相对较早地提出这个方案但是没有多少优先权,在启动过程中,尽管动员了必要的能量和资源,却仍然导致很快失败;要么方案严重走形(比如完全没有风险,但是因此也毫无影响意义),在试验阶段就不可能成功;要么只起到美容作用——知识管理过程和体系都万事俱备,但是没有投入使用;要么人们公开表示(不管以个人名义还是集体名义)要各干各的事情(比如,可能是想获得奖金、红利或者证书,或者仅仅是因为遵照指示才这样做),并不按照知识管理的方案去做。

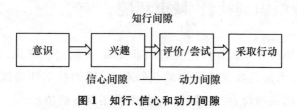

图 1　知行、信心和动力间隙

强调知行间隙对于变革方案的成功具有举足轻重的意义,而变革方案要成功,必须明白无误地满足(而不是忽视)人们的如下几个基本要求:

- **信心和能力**:在变革方案的知行间隙,人们往往不够自信,怀疑自己在变革中所能发挥的实际能力,而且对于变革后自己的职能和作用没有一个准确的定位。

- **分配平等/公平**:此时人们已经意识到变革的后果,可能不喜欢或者害怕这个结果,因为这个结果偏离了人们心中尽管是"次优"的,但比较稳定、可预计的结果,需要发掘自身能力,人们的社会关系网和职业生涯受到冲击,职权/职位可能会丧失等。

- **过程平等/公平**:通过对各种不同的组织的环境进行观察(Kim and Mauborgne,1997),Kim 和 Mauborgne 发现,人们在这个阶段会阻碍变革,并不是因为从个人角度他们不喜欢变革所带来的结果("那对我意味着什么"),而是因为他们对整个变革过程和变革管理方式不太满意。他们不信任变革发起者的意图,不同意变革的动态过程,或者感觉自己在决策最终目标、管理变革过程时的参与程度不够(参与得太晚)。

这一章将要介绍的"寓学于玩"(learning-by-playing)法既可以应用到城市环境,也可以应用到组织环境。"寓学于玩"法的目的在于提供一种创新方法,填充"知行间隙",使得目标社区能够以越来越大的信心(我/我们肯定"能"……)和动力(我/我们非常"想"……)采取知识管理的过程和体系,执行知识管理方案。

二、从企业组织到社会/城市环境

对于更好地理解知识管理创新的动态发展、传播过程来说,社会环境,特别是城市社区,无疑是非常有意思的认知载体,因为社会环境既具备了企业组织本身具有的某些特点,又具备企业组织所不具备的特点。

- **环境**:在城市社区,典型情况下,我们面临迥异的群体(个人能力、激励、目标等都有很大差异),也面临着非常丰富多彩的关系网(家庭、邻里、协会等关系网),同时也面临不同的治理机制(代表选举或者任命;根据民主形式或者其他占统治权的政府模式的不同,决策过程由地区、区域、国家甚至国际组织来确定,等等)。

- **知识创造和知识交换过程**:在城市社区,古代及近代历史的积淀通常会塑造出丰富的知识,因此知识会受到历史的影响,这反映在现存的社会和建筑空间里。在这种社会环境下,试图改变知识创造和交换过程的运作机理,或者试图让人们从"知"到"行"进行转变,都带有浓重的文化色彩。正如泽尔丁(Zeldin,1994)所说的那样,"……在1920年,布列塔尼(半岛)的Bigouden地区①的农民不知道距离他们10公里远的地方有大海;他们认为除了他们自己的村庄以外,世界的其他地方都是黑暗笼罩,魔鬼遍布四周,危险无处不在……"难道他们真的不"知道"周围的世界吗?是什么不可预知的壁垒阻碍了他们的心灵,限制了他们的生活,使得他们的生活社区囿于有限的区域、狭隘的视野?

- **变革的动态过程**:在城市社区,除了"革命"以外,其他的变革都是非常缓慢的渐进过程。而这些变革过程由社区成员、社区代表、关键人物的权力关系决定。在此,我们不妨再次引用 Zeldin(1994)的一段话,"……19世纪40年代,当俄国政府尝试说服广大人民种植土豆时,发生了聚众闹事。由于长期以来俄国人主要以黑麦为主食,他们怀疑政府的这一举动可能是想把他们变为奴隶,建立一个新的统治区。但是不到50年,俄国人变得非常喜欢土豆,而且心甘情愿!原因是土豆有一种特有的酸味——kislotu,能够使他们的食

---

① 法国西北部一地区。——译者注

第十八章 寓学于玩:填补"知行间隙"

物获得这种特别的味道,因此他们最终对此上瘾。"对于 Zeldin 提出的"上瘾"这个解释,我们不置可否,但是故事本身反映了这样一个事实:当我们试图解释基础领域比如饮食习惯方面的变革时,时间跨度是个非常重要的思考角度。

总之,当谈到城市社区知识管理的目标时,必须承认城市社区与企业组织的知识管理目标有不少异同点,而且这些异同点要全面考虑。一方面,如果城市社区职能紊乱,知识创造和交换过程没有达到最优,那么城市社区发展就会受到严重影响。相反的,如果职能明确、合理,知识创造和交换过程达到最优,那么将为社区带来潜在价值,对于个人如此(比如,可以更好地估计、结合边际成员的知识价值),对于组织和子关系网如此(比如,当地协会和利益组织可以扩大影响,成果可以给更多的人分享),对于社区整体也是如此(例如,通过识别和动用潜在资源来增加分配到市民手上的价值,或者通过提高集中化的市镇委员会服务的效率,或者通过塑造社区的共同合作发展)。

另一方面,尽管财务上的激励和市场上的成功对于商业组织来说非常重要,但是这些财务和市场因素对于城市社区工作人员的激励就小了很多。对他们而言,下面的因素才是最重要的,比如说:

- 生活质量;
- 参与程度/牵涉程度(比如在社区内部进行决策、决定变革过程中的参与程度);
- 亲和程度(比如,和边缘群体、社区新成员之间的亲和程度);
- 社会身份和发展前景(社区的根源、社区的特点以及社区人民能够预见到的未来发展机会和轨迹赋予社区人民的身份)。

我们开展的这个研究项目充分考虑了这些相同点和不同点。这个项目得到了欧洲委员会(2000)的资助,我们研究的城市社区在巴黎南面60公里左右,距离枫丹白露很近,是一个有着2 500名居民的小城镇。我们预先设计了一系列模型和工具,这些模型和工具的目的是为了促进社区成员交换知识、相互联系,从而促进下一步合作和价值创造。除了在城市社区探索知识管理、填补"知行间隙",我们这个研究项目还提供了进一步探索以下课题的机会:

- 如何研究多样的目标群体以及不同性质的目标群体(企业组织中知识

管理的项目也有非常大的地理跨度和涉及多个不同功能部门(Doz et al.,2001))

• 探究社会关系网对于创新的传播扩散作用(这是一个与知识管理密切相关而且发展迅速的领域(Wasseman and Faust, 1994))

• 探索如何让"第三地区"接受、采纳合作学习、知识交换和社会交往的新形式;以及探索如何利用该地区居民的相互影响来促进这一过程的实现(Oldenburg, 1991; Rheingold, 1993)。

三、寓学于玩法:旨在促进交换与合作的游戏

在 Piaget 和 Vygotsky 的研究工作中,他们广泛分析了游戏在儿童的学习、知识重组、认知变化的触发过程中的关键作用(Moll, 1990; Wadsworth, 1979)。在成人教育特别是管理发展方面,在过去的几十年里,人们成功地利用计算机模拟游戏,并就其对一系列变量的影响进行了广泛地研究,比如各种能力和技能的培养、动机、试验意愿、正确的心理模型的发展,批判式思考等(DeJong, 1991; Malone, 1981; Wild, 1996)。

尽管目前已经广泛利用游戏,根据人们在游戏中的行为(act of game)来研究个体和团队(一个典型的例子是教育环境)的认知变化和行为变化,但是,还从来没有人尝试探索利用游戏来研究在诸如城市社区或区域性社区这样的环境下,人们认识和变化的影响因素。最近,如下三个方面的技术进步使得本文介绍的几个实验设计得到了有力支持:(1) 有效地进行"社会模拟"(social simulation),该"社会模拟"要能够反映组织环境的动态变化(Angehrn, 2004; Manzoni and Angehrn, 1997);(2) 实时的三维空间,人们可以在这个空间中容易地行走、相遇、交往,逐步搭建自己的"虚拟世界"(virtual world)(Angehrn and Nabeth, 1997; Qvortrup, 2001);(3) 可信的个人代理技术(Balzer, 1997; Carbonell, 1980; Roda et al.,2003)。这三个方面的技术进步,再加上有必要对目标城市社区填补"知行间隙",促使我们开发了这个"寓学于玩"实验方法。在这个项目中,我们计划要完成的任务是,通过采取游戏式的经历,来部署社区成员,帮助他们采取各种各样的步骤,逐渐增强他们对变革的信心,从而让他们获得参与热情,参加新型知识管理过程和知识管理体系的设

第十八章 寓学于玩:填补"知行间隙"

计,最终使用这些过程和体系。

我们这个项目中开发和开展的游戏式的经历包括:

(1)"社会模拟"(social simulation)——这是一个需要参加者扮演某些角色的互动游戏。在这个游戏中,首先通过计算机应用程序模拟出虚拟角色的态度和行为,然后游戏参与者的一举一动必须遵照模型中模拟出来的虚拟性格,而且游戏参与者的行动必须随着时间和参与者与其他人交往的情况而改变。这样,在城市社区引入重大创新机制时,市民能够得到直接的挑战(及挫折)。

(2)虚拟城镇(virtual town)——在小镇上,人们都被赋予了实时的、三维的、具体化的合作学习和知识交换经历,这些经历的主要目的是让市民对共享在线空间(online space)、对等网络知识的创造和在线分享的观念做到熟悉和自信。

(3)一系列"虚拟社区代理人"(virtual community agents)——软件中能够代表"虚拟社区成员"的角色与市民互动,通过私人建议来帮助、激励市民。通过这些活动,市民本身获得私人价值,同时增加他们在"知识共享"资产创造方面的参与程度,不论在线还是离线。

下面一个部分首先要更加细致地说明这三个游戏式经历中的第一个——"社会模拟",也称作"Ed 挑战"。之所以先介绍"Ed 挑战"是因为这个游戏的开发程度最高,使用最频繁(实际上,到目前为止,这个游戏已经被其他城市社区使用),而且对于前面几个部分介绍的填补"知行间隙"有最重要的影响。这个游戏的最主要作用是,帮助试点城镇(pilot town)上的市民超越"兴趣"这个阶段,能够积极参与其他几个后续阶段。后续几个阶段引入了以网络为基础的知识交换平台(以知识管理为导向的城镇自身建立的内部互联网,为城镇社区居民共有)。除了"Ed 挑战"游戏之外,我们根据"寓学于玩"法开发的另外两个游戏当前也将在实验中大显身手——帮助人们实现从"尝试"阶段到"采取行动"阶段的逐渐转变,同时帮助越来越多的市民把他们在社区中进行的新知识的交换过程和交换体系整合起来,成为一个整体(见图2)。

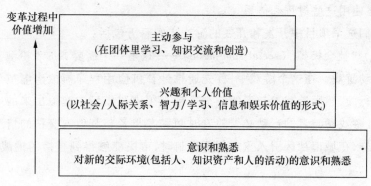

图 2　寓学于玩实验的目标（Ed 挑战、虚拟城镇、虚拟社区代理人）

四、"Ed 挑战"：对城市环境的社会状况模拟

因为决定知识管理（不管是在组织还是城市、地区或者类似的环境）变革过程成败的最重要因素是拒绝变化，所以我们设计的第一个实验——"寓学于玩实验"是个计算机支持的社会模拟实验。在这个互动的角色扮演游戏中，游戏参与者被分成一个个的团队，每个团队由 3—5 个参与者组成，参与者被邀请在一个充满摩擦的城镇——和他们实际所在的城镇很类似，扮演"变革代理人"角色，他们的任务是说服社区的主要成员（虚拟角色，比如市长、社区主要合作者以及其他重要决策人物）采取显著的变革方案（比如在他们的城镇引入知识管理过程和知识管理体系）。很多小组同时工作两个小时后，他们要完成的任务基本告一段落。然后那些由各类市民群体组成的团队（包括年轻人和老年人、选举的代表、准代表和普通市民）先要模拟在"模拟城镇"受到的阻力，接着他们要聚在一起比较各自的经历和成果。

（一）城镇变革管理方案受到的挑战

为了能够从一个使用者的角度评价我们这个模拟实验，我们首先说明用户在玩这个游戏时面临的任务类型：

假设你被一个重要团体，比如欧洲委员会，邀请参加一个变革代理人团队，并且有着明确的任务：你将被派往一个法国小镇——Edcomville，目的是说服那里的思想非常独立的社区成员"现在到了创新的时候，你

第十八章 寓学于玩:填补"知行间隙"

们的社区需要采用一个新的在线系统——欧洲网(EuroNet)。"这个欧洲网是一个基础网站,通过它可以使得城镇内的市民(内部互联网)非常方便地交换知识;同时也可以与整个欧洲范围内其他大大小小的城镇交换知识(广义的网络社区)。

在过去的两年中,欧洲网成功地被除了法国以外的其他所有国家采用。而这个名叫Edcomville的试点城镇阻碍了欧洲网项目的启动。事实上,在引入欧洲网的过程中,每个国家都要通过选择一个试点城镇引入、评价欧洲网。Edcomville镇由于在新技术领域很有活力,被法国选为欧洲网引进的试点城镇。两年前,Edcomville镇的网络显示出当地居民对网络提供的这个交流工具的极大热情,这也凸现了该社区的合作精神和上进精神。

尽管最初他们对于自己的城镇能够被选为"欧洲网引进工程"的试点城镇而感到自豪,但是Edcomville镇的代表到目前为止一直没有为社区居民引入这个欧洲网的打算。城镇委员会的种种"借口"(缺乏时间和资源、其他优先事务等)阻碍了在法国引进欧洲网项目的进程,与此同时也阻碍了整个欧洲范围引入这个项目的进程。这件事变得特别让人头疼,因为欧洲委员会确实相信,对于城市社区来说,一旦采取新的知识管理体系,将会创造出巨大的价值——使市民有权力也有能力获得日常生活中有用的知识;同时也能和其他市民分享自己的知识;久而久之,还能与其他城镇的市民一起分享知识,最终支持最佳知识的交流,导致整个欧洲新的创新与合作。因此,任何耽搁都让人难以接受。在这种紧要关头,欧洲委员会任命了一个变革代理团队,赴Edcomville镇解决这个问题。

我们这个变革方案的目的是帮助试点城镇市民逐渐认识到引进知识管理面临的挑战,理解为他们自己的社区引入知识管理的意义,(以游戏的方式)为他们提供填补"知行间隙"所需的信息和动力。而设计一个现实的情景,正如前面几个段落所描述的情景那样,对于实现这个变革方案的目的来说,是非常重要的第一步棋。

我们设计的这个情景的两个核心特点是:游戏者置身于真实情景,该情景与他们实际生活的社区有很多相同点;然而在这种情况下,他们却被要求扮演新的角色——"变革代理人",这跟他们在实际经历中的"变革接受者"的角色大相径庭。因此这个模拟提供了一个迥然不同的角度来研究知识管理过程。

我们要实现的任务之一是:帮助个人以更加积极入世的态度参与其社区中的创新过程,越来越热情地从"兴趣"阶段转换到"尝试"阶段。由于我们可以随时观察和验证参加模拟的各个市民的活动,所以在这一任务逐渐实现的过程中,"变革代理人"和"变革接受者"两个因素都起着重要作用。

(二)模拟的社会环境:模拟公民、关系网以及文化因素

除了设定的情景的现实性和相关性之外,社会模拟是否有效受到这一模拟能否有效地反映参与者(团队)所面临的假设运作环境的变化动态的重要影响。在 Ed 挑战中,这个任务包括模拟以下几个因素:

- 一组可信的虚拟角色(原型)。这些角色居住在 Edcomville 这个模拟城镇,游戏者能够与这些虚拟角色接触、收集信息、会面、讨论,最终采取办法逐渐说服他们采纳改革方案。
- 正式的和非正式的人际关系。通过这些人际关系可以把不同的角色联系起来(家庭关系、影响模式等),并且影响他们的行为。
- 特定的文化因素。这些文化因素能够从整体上刻画整个社区。
- 一组相关行动(策略/主动行动)。在模拟过程中,游戏者可以采取这些行动,使得虚拟角色关注所提议的创新方案,对提议感兴趣,最终试验、采纳这个方案。

1. 这些角色的行为和我们的行为如出一辙

为了让游戏者彼此之间能够熟悉了解,也为了游戏者能够不费力气地辨别社区居民。在模拟中,我们把每个社区代表对应的一组个人信息介绍给游戏者,包括简介、个性以及行为特点(见图3)。每个角色都在社区中扮演一定的作用,每个人的简介都如实反映了他们的个人背景以及在模拟中反映出来的独特性格。这些性格特点能够代表每个人在遇到重大变化(特别是来自"社区以外"的变化)时的反应和表现。

第十八章 寓学于玩:填补"知行间隙"

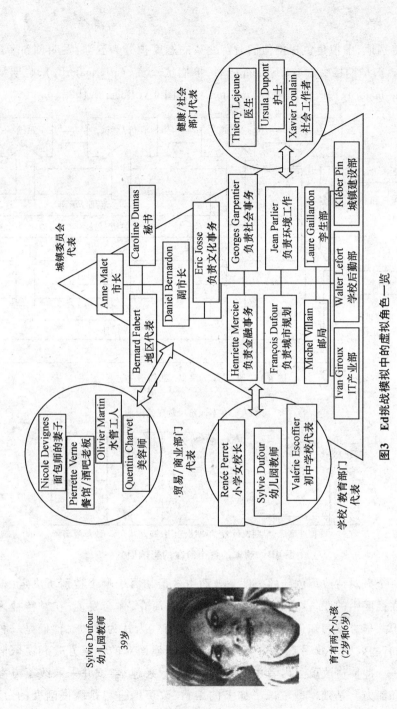

图3 Ed挑战模拟中的虚拟角色一览

特别地,虚拟角色根据他们对待变革的态度被分为五类:发明创新者(innovators),早期接受者(early adopters),早期从众者(early majority),晚期从众者(late majority),改革阻碍者(resisters)(见图 4A(Rogers,1983))。

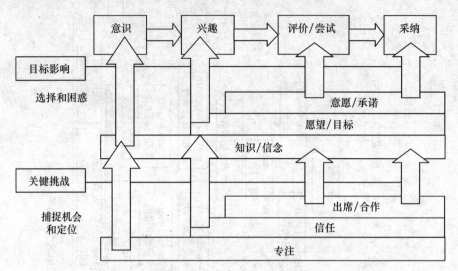

图 4A 改革方案采纳/革新分布

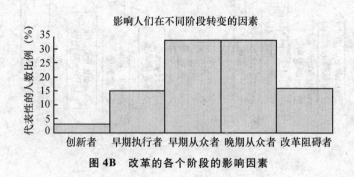

图 4B 改革的各个阶段的影响因素

一个人对待改革创新的态度一方面由他最初属于哪个类别所决定(根据人们在社区中的职位/角色,以及他们的个人简介,你会发现,在对待社区引入知识共享方案和知识共享体系的态度上,有些人认为革新对他们是一种威胁;而有些人则举双手赞成);另一方面,也与他面对的说服方式和说服能力有关——即使得改革阻碍者由阻碍转为意识、兴趣、尝试并采取改革方案的方式和能力。基础模型考虑了如下的因素:改革的进程是缓慢渐变的过程,与人们对创新的认识和理解密不可分,也与人们对观察将要发生什么的愿望息息相关(这一点与我们的目标一致)。在这些基础上,人们最终才真心打算并一心一意支持改革、积极参与改革进程。正如图 4B 所描述的,虚拟角色的特点决定了游戏者工作的困难程度,比如如何吸引他或她的注意力(增加他或她对改革的关注程度),如何得到他或她的信任(保证改革满足了他或她的利益),以及如何才能与他或她合作(让他或她甘愿以新的方式参与改革这个充满风险的过程,进而逐渐采纳改革方案,并把改革与自身的生活习惯融为一体)。

2. 社会关系网和文化因素的影响

除了性格、在社区中的角色、对变革的态度以及模型中所体现出来的其他个人层面的要素(比如通过交际方式、互动风格和个人主义/自我为中心的程度所体现出来的偏好,这决定了一个人对外部刺激/争论的开放程度)以外,还要通过模拟使得虚拟角色的行为以反映他们所处的社会环境以及他们本身之间的关系,特别是要反映他们属于哪个特定小组,比如协会、邻居关系、专业组织或者体育俱乐部。模拟这些"亚文化群"(subculture,一种文化内具有独特性的一群人)很有意义,因为这可以增强人们的性格特点和行为,决定 Edcomville 这个目标社区的影响方式。

在 Ed 挑战模拟中,每个社会关系网都根据一组参数来模拟,这组参数包括正式性程度(从家庭关系到非正式的朋友关系,再到等级式的职业关系)、能见度(需要游戏者深入分析社会环境,以便理解影响类型的有效性)、强度和价值(反应积极或消极影响)。在人际关系网中,特定的角色(领导者、演说者等)和权力关系代表特定的额外参数,这些额外参数影响到社区内部的人们对某些事情的态度的扩散。

模拟社会关系网和影响网络对于设计模拟过程起到了非常重要的作用,因为它使得我们能够在模拟中考虑某些动态因素,比如:有着很好的正式头衔的社区成员(比如小镇委员会成员)并不一定是最具影响力的,积极态度和消极态度的扩散也不是遵循某些直接的形式。

最后,为了完成正式和非正式人际关系网,我们在 Ed 挑战中增加了动态模拟模型,该模型可以描述社区环境的文化偏见/特异性。这些文化特异性在模拟中是通过一组"做—不做"的论断来体现的,可以影响游戏者行动的

成败。在整个模拟过程中,游戏者通过以下几种方式接触、了解文化特异性:

(1) 通过人们对他们执行的方案的互动反应(受到环境的影响可能是合意的,也可能不尽如人意——比如,当你尝试在一个把"行动一致"当作重要文化价值的环境中强迫执行某一活动时,可能会收到消极的反馈)。

(2) 在模拟过程中,通过对虚拟角色引起的一些事件的仔细观察。例如,游戏者能够观察到,社区居民与社区其他居民交流时,可能会偏好某一个交流渠道(比如在社区杂志上刊登文章)胜过其他渠道(比如宣传栏)。这样,游戏者就可以去模仿它们。

(3) 通过不同环境下的单独角色给他们讲的故事(比如,当游戏者遇到各种虚拟角色时)。这些故事反映了模型中的文化环境的特异性("你知道,在这里积极参加协会极其重要,因为……";或者"这里的人都不愿意轻易相信'外来者',因为……")。另外,在社区中变革时遇到的成功和失败的具体例子也是接触、了解文化特异性的源泉("我记得五年前有人曾经试图鼓动委员会采纳一个类似的体系,但是市长……")。

根据以上几点,可以发现:游戏者在模拟社区中成功与否不仅取决于他们与不同角色正确交谈的能力,以及对正式和非正式人际关系网全面考虑的能力;还取决于他们能够尽早识别文化特异性以及在过程中将这一因素纳入考虑。

为了增强模拟的真实性,我们在试点城镇进行了广泛的调研,目的是为了调整好虚拟角色、正式和非正式人际关系网,以及收集各种故事和奇闻轶事,争取在模拟实验的适当地方插入这样一些故事。此外,我们还间接地在游戏中传达了知识互换的第一手经历。当这个模拟试验应用到其他环境/城镇时,这些元素可以自由地调整,以反映新的环境下的特异性(例如,对于整个区域,或者更大的城镇,或者小城镇内部的一个邻里),以扩大"镜像"效应,使市民察觉到这个模拟与他们的实际情况特别贴近。

3. 可行的举动和模拟过程各个阶段的动态

在模拟过程的各个阶段,每个小组首先有两个小时左右的时间来进行模拟游戏。之后,各个小组会花一些时间聚在一起,比较、讨论他们各自的经历。在这个计算机游戏中,游戏者首先要提出一套策略,然后将其付诸实践,

第十八章 寓学于玩:填补"知行间隙"

选择、实施一系列变革管理和交流策略,并意识到,受他们的影响,虚拟角色作出的反应大相径庭(有的合作、有的反抗、还有的冷淡,等等),而且人们的反应与游戏者确定策略在何处、如何、对谁实施有关。

游戏者在某一个阶段所应用、试验的策略/方案是根据组织环境中变革代理人通常采取的行动相机抉择的。这些决策在商务模拟中得到过证实(Angehrn,2004;Jick,1992),并且专门用来反映城市社区的环境特异性。这些决策包括:与社区代表确定时间召开会议的可能性(社区代表可能会找这样或那样的借口拒绝,也可能将会议推迟,等等),组织工作小组(出席和成功与否取决于任命的工作小组领导),试点方案或城镇会议,在社区杂志或者公告栏公布项目相关信息,参与城镇委员会会议,观察到底是谁经常去打网球,到底是谁愿意与别人在咖啡馆会面,邀请演说者或者说服市长下达命令,以及其他很多决策。一旦采用了这些策略,每个虚拟角色都会对这个决策作动态评价,以便了解这些策略在这四个阶段对他们来说到底是威胁还是激励,还是与他们无关,属于对他们来说无所谓的领域。

每一步之后,使用者会得到社区居民对他们采取的行动的反馈,以及虚拟角色当前所处的更新的状态。如图5所示。

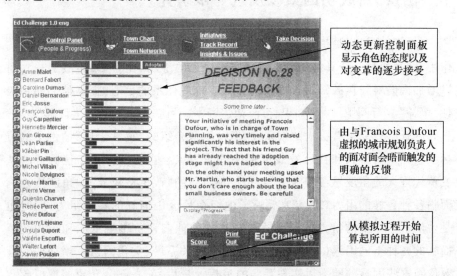

图5 Ed挑战模拟中动态反馈和过程处理实例

我们从几个步骤中可以发现,由于可以采取大量可行的行动,因此团队内部会存在各种各样的争论（"我们现在的目标是谁"，"当前让社区居民离开'兴趣'阶段的最有效策略是什么"，"怎样做才能摆脱 X 的阻碍,他声称知识管理不应该在他所在的城镇进行"，等等）。这些争论激励着游戏者明确表达、解释他们的信念，比较/面对自己的信念与团队内其他人的信念的不同，从而提出他们的观点，使他们的观点给人以强烈印象——如何实现目标；如何说服虚拟角色，至少说服那些最有影响力的角色，使他们在自己的城镇采取知识管理创新；或者帮助团队解释从模拟中获得的反馈，在下一步策略抉择中取得一致。

实际上，我们故意把这个模拟过程设计得很"难"（在整个研究阶段，我们在里面加入了我们收集到的各种各样的阻碍变革的因素；另外，我们在游戏中的最具影响力的人物中添加了非常不合作的角色），因此团队讨论异常活跃，游戏者心理上、情感上都非常投入——特别是一旦他们"憎恨"某些角色，或者他们感觉没有能力说服关键角色（如模拟城镇的市长）的时候，争论尤其活跃。

五、洞察力：成功因素以及进一步研究

这一章的目标是讨论游戏式的实验在城市社区引入重大变革时所起的作用，同时通过一个具体的例子说明合理设计的游戏（比如 Ed 挑战游戏），可以增加人们对新颖的知识管理进程和知识管理体系的信心，提高他们的积极性，填补"知行间隙"——知识管理/知识资本项目获得成功的最大阻碍。

尽管游戏总是有很大的娱乐性，但是本章介绍的"寓学于玩"的例子的目标在于一个对个人和社区发展都很关键的领域。它的目标在于让游戏者从变革代理人的角度思考问题（而不是更加自然的"改革接受者"的角度），他们面临各种各样的阻力（如实地反映了他们在社区中面临的各种阻力，同时也是他们自己面临的阻力的一个缩影），这迫使他们评价影响变革和扩大变革面临的各种不同因素（个人态度、社会和影响关系网、文化因素），增加他们有效诊断这些因素的能力以实现真实的目标。最后，前一部分介绍的模拟游戏的目的在于为游戏者提供共同的"语言"，使得他们在模拟城市社区推进改革方案面临不同类型的阻力时（包括他们在自己所处的社区遇到的阻力），能够

第十八章 寓学于玩:填补"知行间隙"

以一种平和的方式表达这种变革带来的挑战。为了成功地描述"知行间隙",这个模拟还要不断增强游戏者推动改革的信心,为游戏者提供在城市社区引入知识管理方案的第一手评价。

通过直接影响,对游戏者所在团队和其他小组的观察与反馈证实:我们的模拟能够以一种轻松、难忘的方式实现预期的目标——深入理解城市社区引入创新机制需要考虑的不同因素,特别是如下几个因素:

- 个人的关键作用,他们对待创新的自然态度,让他们逐渐对自己充满自信以及激励他们采纳创新方案需要采取的步骤,在改革过程中可能会出现的阻碍改革的不同形式和反对理由,以及其他潜在理由。对这些潜在理由的理解对于正确诊断和面对各种因素具有重要作用。

- 为了有效地管理创新扩散过程,要判断、指出正式和非正式人际关系网的重要性(包括城镇委员会、地区协会,也包括文化子群体和家庭关系)。

- 理解、包括植根于城市社区的文化因素的必要性,以便发展出一套成功策略,当引进主要创新机制(比如知识管理)时,指导游戏者选择合适的策略。

- 考虑社会环境中改革的非线性动态过程的相关性,以便更现实地管理人们的预期。

值得注意的是,"寓学于玩"法成功地(至少在我们的案例中)促进了不同性质的目标群体以一种生动的方法有效地理解、吸收相对复杂的概念,促使他们运用其获得的洞察来解释自身的行为,解释城镇内的市民的行为,也可以通过在模拟中传递的这些概念和行为方式,重新回顾、讨论前面的社区变革实验(不管成功还是失败)。

(一) 接下来的步骤:在线高级能力开发游戏

作为向市民告知引进知识管理系统带来的挑战,填补在采取知识管理过程中出现的"知行间隙"的重要手段,为了广泛应用Ed挑战模拟,我们既设计了传统的工具(在这个阶段,使用者聚在一起,首先进行这个游戏试验,然后彼此讨论他们的经历),也设计了在线工具。在线版的模拟使得游戏者更进一步地理解了把知识交换上升到网络领域,在建立决策机制、执行决策、简化决策方面,一组分散在各个地方的游戏者如何彼此合作,合作方式包括实时通讯工具,如聊天室、白色书写板以及音频/视频电脑会议(这个选择还没有被广泛使用,因为很多使用者没有微型电话机或者照相机)。从本章报告的实验经历看,为促进市民有效地开发相关的在线团队合作、彼此协作以及知识交换能力,设计这样的社区游戏是一个首要的很有前景的研究方向。

(二) 重新建立学与玩的联系的主要障碍

目前我们正通过前面提到的其他两个"寓学于玩"法(即虚拟城镇和虚拟社区代理人)进行实验研究,这也是第二个重要的研究方向。在我们的研究过程中,我们遇到了两个直接相关的壁垒:

(1) 第一个壁垒——这个游戏不是为我设计的

在前面一部分的开头我们曾经讨论过,心理学和教育学研究通过简单的观察实验,证实了对每个人都很明显的这一点,即,游戏在儿童的能力开发、认知力和行为变化中扮演了关键角色。然而,成年人,尤其是被非实验性的教育经历所影响(学习是为了从专家那里学到知识),以及由于社会观念的原因将游戏只局限于娱乐(学习是严肃的事情,玩则不是),很难把"玩"和学习、变革结合起来。我们的经历,比如 Ed 挑战或者虚拟城镇(市民在实时、三维环境中操纵模拟实验)证明,一旦个人选择(理想情况下可能是因为窥视压力)参与"寓学于玩"经历,这种形式的初始阻力通常会消失。然而,对个人和社区重新塑造玩和学之间的关系是一项不可低估的重要任务。

(2) 第二个壁垒——"团队合作环境很失败"

实验式的学习要求个人作好失败的准备。对于社区的"寓学于玩"经历来说,正如前面描述的,如果环境没有任何风险,那么犯错误就变得毫无意义(除了从实验中非常有信心地意识到个人认知和行为局限之外,别无其他意义)。然而,在团队合作情况下,失败(意味着,比如采取的行动没有收到任何效果)尽管对于增进学习有潜在的作用,但是对于个人来说也是一种威胁。因为对这个人来说,犯错误,即使在无风险的学与玩的背景下,不论从个人角度(丢面子)还是社会角度(丢地位)都是不能接受的。所以我们从实验一开始就强调犯错误是实验的重要一部分,甚至对于学习来说是个必要条件(因为对现状不满意,所以不断进步(Argyis, 1990; 1991)),另外,"寓学于玩"法并不是评价个人的能力,而是为个人提供一个扮演角色的情景("你只是扮演一个角色")。这是到目前为止我们找到的,减轻第二个学习壁垒负面影响的唯一解决方案。只要个人意识到并不是只有他自己犯错误,那么这个壁垒会立刻消失。

总结起来,本章的目的是设计并应用游戏式的经历来共享经历,强调了在社会环境比如城市社区中采取创新的威胁,特别是采取知识管理/知识资本相关的过程和体系受到的威胁。我们在首个试点城镇收集的证据,以及在其他社区人们通过参与寓学于玩实验(比如前面我们描述的模拟实验)表现出来的高度的兴趣,都表现出了激动人心的信号,表明在社区中,寓学于玩可能会在社会背景下为培育创新、合作变革提供很有效的方法。

致谢

本章介绍的工作得到了我在欧洲工商管理学院高等技术研究中心的同事以及合作者的帮助,如果没有他们的帮助,这份工作无论如何都不可能完成。此外,还要感谢 EdComNet 联盟的合作者,感谢欧洲委员会的资助,感谢我们的试点城镇的所有市民的参与。

参考文献

Angehrn, A. A. (2004). Advanced social simulation: innovating the way we learn how to manage change in organizations. Forthcoming in: *Int. Journal of Information Technology Education*.

Angehrn, A. A., Nabeth, T. (1997). Leveraging emerging technologies in management education: research and experiences. *European Management Journal*. 15, 3, pp. 275–285.

Argyris, C. (1990). *Overcoming Organizational Defenses*. Allyn & Bacon.

Argyris, C. (1991). Teaching smart people how to learn. *Harvard Business Review*. 69, 3, pp. 99–109.

Balzer, W. (1997). Multi-agent systems for social simulation and BDI-architecture: a critical discussion. *Dagstuhl Seminar on Social Science Microsimulation*.

Boisot, M. H. (1998). *Knowledge Assets*. Oxford University Press.

Carbonell, J. (1980). Towards a process model of human personality traits. *Artificial Intelligence*. 15, pp. 49–74.

De Jong, T. (1991). Learning and instruction with computer simulations. *Education and Computing*. 6, pp. 217–229.

Doz Y., Santos J., Williamsson, P. (2001). *From Global to Metanational -How Companies Win in the Knowledge Economy*. Harvard Business School Press.

EdComNet Project: A humanistic Urban Communal Educational Net, European Commission IST-

2000-26037.
Edvinsson, L., Malone, M. S. (1997). *Intellectual Capital. Realizing Your Company's True Value by Finding its Hidden Roots.* Harper Business.
Jick, T. D. (1992). *Managing Change: Cases and Concepts.* McGraw-Hill/Irwin.
Kim, W. C., Mauborgne, R. (1997). Fair process: managing in the knowledge economy. *Harvard Business Review.* 75, pp. 65–75.
Malhotra, Y. (2000). *Knowledge Management and Virtual Organizations.* Idea Group Publishing.
Malone, T. W. (1981). Towards a theory of intrinsically motivating instruction. *Cognitive Science.* 4, pp. 333–369.
Manzoni, J. F., Angehrn, A. A. (1997). Understanding organizational dynamics of it-enabled change: a multimedia simulation approach. *Journal of Management Information Systems.* 14, 3, pp. 109–140.
Moll, L. C. (1990). *Vygotsky and Education – Instructional Implications and Applications of Sociohistorical Psychology.* Cambridge University Press.
Murmann, J. P. (2004). *Knowledge and Competitive Advantage, The Co-evolution of Firms, Technology, and National Institutions.* Cambridge University Press.
Oldenburg, R. (1991). *The Great Good Place.* Paragon House.
Pfeffer, J., Sutton, R. I. (2000). *The Knowing-Doing Gap: How Smart Companies Turn Knowledge into Action.* Harvard Business School Press.
Rheingold, H. (1993). *The Virtual Community: Homesteading on the Electronic Frontier.* Addison-Wesley.
Qvortrup, L. (2001). *Virtual Interaction: Interaction in Virtual Inhabited 3D Worlds.* Springer Verlag.
Roda, C., Angehrn, A. A., Nabeth, T., Razmerita, L. (2003). Using conversational agents to support the adoption of knowledge sharing practices. *Interacting with Computers.* 15, 1, pp. 57–58.
Rogers, E. M. (1983). *Diffusion of Innovations.* Free Press.
Von Krogh G., Ichijo, K., Nonaka, I. (2000). *Enabling Knowledge Creation: How to Unlock the Mystery of Tacit Knowledge and Release the Power of Innovation.* Oxford University Press.
Wadsworth, B. J. (1979). *Piaget's Theory of Cognitive Development.* Longman.
Wasseman, S., Faust, K. (1994). *Social Network Analysis: Methods and Applications.* Cambridge University Press.
Wenger E., McDermott, R., Snyder, W. M. (2002). *Cultivating Communities of Practice: A Guide to Managing Knowledge.* Harvard Business School Press.
Wild, M. (1996). Mental models and computer modeling. *Journal of Computer Assisted Learning,* 12, pp. 10–21.
Zeldin, T. (1994). An Intimate History of Humanity, Harper Collins.

第十九章 城市知识资本基准系统：

一个度量和管理城市知识资本的方法和框架——在马塔罗城的一次实际应用

——约斯·马瑞尔·维德玛·马蒂，加泰罗尼亚工业大学，西班牙巴塞罗那知识资本管理系统主席

摘要

城市政府当局必须对其社区的未来发展作出重要的决定。过去，主要是把有形资产考虑为城市繁荣的主要因素，从而决定城市的发展前景和目标。然而，在知识经济中，无形资产在财富创造中具有了根本性的作用。结果，对于所有的城市来说，能够引导城市从目前的现实走向未来的前景的一个资产无形框架成为了急切的需要。本章包含两个明确的部分。第一部分开发出一种测量和管理城市知识资本的专门的方法和框架。第二部分通过马塔罗(Mataró)城的案例，介绍了这个城市知识资本模型的实际应用，并

---

① 本章经 Palgrave MacMillan Ltd. 允许重印，曾发表于：Viedma, J. M. (2004). CICBS: A methodology and a framework for measuring and managing intellectual capital of cities. A practical application in the city of Mataró. *Journal of Knowledge Management Research and Practice*. pp. 13—23, Palgrave Macmillan Ltd.

提供了第一个城市知识资本报告的一些详情。

一、信息社会的城市当局

新技术,尤其是信息通讯技术的进步,深刻地改变了人们在信息社会中生活和工作的方式。在这个方面,Edvinsson 和 Malone 曾断言:

> 值得注意的是,强大的通信技术和同样强大的信息技术的结合,将使得人们几乎可以在任何地方居住和工作,而同时享受大城市、郊区或乡村的从文化艺术到角色扮演的大多数生活成果,而且可以模拟参与异地的世界大事……同样这些技术也将使工作越来越轻便,将工作从集中的工作地点(办公楼和工厂)转移到实际上位于家里、公路上或者邻里中心的虚拟办公室(1997,p.190)。

由前面提到的那些技术推动的人们生活和工作方式的这些改变,不可避免地引出了这个问题:"如果我们能在任何地方生活和工作,那么我们将究竟在哪生活和工作?"此外,同样这些改变对城市当局提出了重要的问题,包括以下几个:

- 如果城市要成为最具有吸引力的居住地点,那么城市当局必须提供哪些设施?
- 如何才能将创新型企业吸引到城市来?
- 怎样培养企业家?
- 要求什么样的组织结构?
- 城市如何改造才能成功地面对新的技术变革?

这些问题以及许多其他性质相似的问题转换了市政当局的机制,创造了新的挑战,而且增加了竞争。城市当局必须作出关于其社区未来的重要决定。

过去也发生过类似的变革。在 1861—1865 年美国国内战争之前,美国东北的工业城镇(比如伊丽莎白(Elisabeth)、洛厄尔(Lowell)、帕特森(Paterson)和曼彻斯特)已经在技术(织布机)、能源(水轮机)、雇员(北欧移民)、基础设施(可互换的零件)和交通(运河)方面建立了物质资本和知识资本的成功结合。但是这个成功的方案带来的财富和影响力并没有能够持久。到 19 世纪 90 年代初期,知识资本和财务资本以人才和金钱的形式转移到了其他发现新成功秘方的城镇(比如芝加哥、圣路易斯、匹兹堡和底特律)。新秘方包括了新技术(蒸汽机和电力)、新的交通形式(铁路以及后来的卡车运输)、新的劳动力资源(东欧移民)和不同的基础设施(大规模生产和官僚体制)(Edvinsson and Malone,1997)。

这个历史事例说明了,当出现了实质性的技术突破的时候,成功的秘方也将发生变化。很明显,现在我们又处在那种情况之下。等式再次被重写,而各种力量的平衡正在被重新设定。新方案将结合新技术(基于微处理器的产品)、交通(互联网和宽带通信)、劳动力(由办公室人员、远程上下班的人、"马路武士"(road warriors)和"企业流浪汉"(corporate gypsies)组成的混合群体)和基础设施(虚拟组织)(Edvinsson and Malone,1997)。

城市当局肩负着引导从已存在的方案向新等式的要求转换的艰巨任务。本章的目的就是通过提供给这些政府一个新的模式,以帮助它们规划这样一个转变。这个新的框架必须特别关注无形资产的管理,因为知识资本是未来财富、繁荣和增长的主要源泉。

二、城市知识资本的测量和管理

在需要城市知识资本测量和管理模型的情况下,剩下的问题就是,是否存在已被证实有效的模型能应用于这个目的。目前作者不知道有任何模型适用于此。在《知识资本》(*Intellectual Capital*)一书中(1997,192—193页),尤其是在题为"市政当局的知识资本"的一节中,Edvinsson 和 Malone 暗示了市政当局应用经过调整的知识资本导航者模型的可能性。作者注意到了知识资本导航者的特性:

……人力因素(公民)、顾客(支持或雇用这些公民的企业以及被招募到城镇里来的人)以及过程(process)(城市政府、学校、警察局和消防部门等的混合体)的混合……当然,还有财务因素,它们把城市的预算(包括负债和盈余)、税基和当地企业对该地区的综合投资结合起来。很明显,大多数市政当局遗漏的都是更新和开发因素。与其说这是因为这些城镇不适合知识资本导航者,不如说在经历了一个世纪的平庸改变之后,它们已经自满地批准了使这些间接资产萎缩的项目。

国家、地区和城市的知识资本

作者接着展示了一系列的"过程焦点"指标,这些指标指明如何调整通用的知识资本导航者模型以适应城市的特殊情况。

除了 Edvinsson 和 Malone 提到的这个方法以外,目前作者并不知道还有其他的解决城市知识资产管理这个问题的好办法。相反,国家知识资本的管理这个类似的主题发展到了稍微高一些的阶段。Bontis 在其题为《国家知识资本指数:阿拉伯地区的知识资本开发》的文章中断言:

> 虽然知识资本文献的历史跨越了十年,但是国家视野下的知识资本研究还处在非常年幼的时期。只有两个国家调查过它们的知识资本开发:瑞典(Membe,1999)和以色列(Pasher,1999)。

Bontis(2002)对阿拉伯地区的研究可以添加到这个贫乏的名单上来,也就是代表了对于国家知识资本开发的意义重大的调查的第三次尝试。

这三次对国家知识资本的研究(Rembe,1999;Pasher,1999;Bontis,2002)证明了确实需要以类似的方式对城市的知识资本进行测量和管理。Rembe (1999,第 4 页)指出,瑞典以如下方式提供了具有优良价值的非常具有吸引力和竞争力的知识资本资产:

> 正如企业的投资正越来越被企业知识资本的潜力所决定,国际投资正越来越被国家的知识资本所决定。传统的统计数据本身用于比较不同国家是有效的。但是如今这些统计数据是不够的。投资者必须也要分析国家所特有的"软"投资数据——这些数据清楚显示了一个国家综合的知识资本的图景以及知识资本将如何能够被用来谋求未来的增长和利润。

同样,Pasher(1999,第 4 页)在《以色列的知识资本》一文中作了以下表述:

> 使以色列具有胜过其他国家的优势的资产是潜在的知识资产。虽然以色列是一个非常年轻的国家,但是她很有幸拥有很多知识资产。而且尽管不断经受政治风暴,以色列还是成为了一些最有利可图的技术思想的温室。她很快地融入了国际技术产业的大家庭,而且被认为是这个领域里最重要、最突出的国家之一。这个国家是很多国际高技术企业很重要的一个研究与发展中心,除了加州的硅谷,这里有比任何其他地方都要多的初创公司。自从 1982 年以来,以色列高科技初创公司的数量从

第十九章 城市知识资本基准系统

大约 50 家增长到超过 2 000 家!

迄今为止,还没有人整理出一本文献来反映以色列的核心竞争力、关键的成功因素以及使其拥有比较优势和高增长潜力的那些潜在资产。

我们在 Bontis(2002)关于阿拉伯地区的报告中也可以找到类似的论断。

此外,前面提到的三个报告都是采用的 Skandia 导航者模型(知识资本导航者模型),这个模型最初是由 Edvinsson 和 Malone 设计并运用于瑞典 Skandia 保险公司。三份报告全都将企业知识资本模型转换成了国家知识资本模型——原框架的主要特性仍保持不变。

由于对城市知识资本的测量和管理与国家知识资本的测量和管理非常相似,并由于前面提到的三个研究所用到的都是调整过的知识资本导航者,我们将在下面的篇幅中讨论这个模型。

知识资本导航者模型(或者 Skandia 模型)提供了包括财务资产和知识资产的整体的均衡描述。根据这个模型,有四个跟知识资本有关的方面是焦点:(1) 客户和市场资本(在最初的设计出用来测量组织知识资本的模型中使用的是客户资本,但在测量国家知识资本的模型中,客户资本被换成了市场资本);(2) 流程(process)资本;(3) 人力资本;(4) 更新和发展资本。这些焦点领域被用作在一个竞争环境中测量知识资本的基础,知识资本导航者模型使用房子来比喻组织或国家,如图 1 所示。

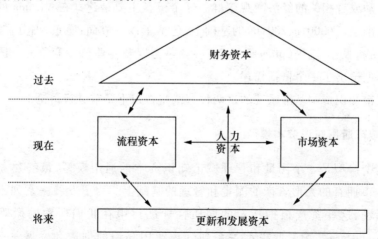

图 1 知识资本导航系统——形象的比喻(把国家或组织比喻成房子)

三、城市知识资本基准系统(CICBS):框架和方法

尽管在这个重要问题上没有特殊的先例,在国家知识资本管理方面取得的进展能够外推到城市的情形中去。我们现在所描述的新的城市知识资本基准系统的设计大量依靠我们前面所提到的国家知识资本导航者模型。

城市知识资本基准系统是一个测量和管理城市知识资本的新方法和新框架。本质上,这个模型采取了两种方法。

第一种方法,我们称之为"城市通用知识资本模型"(CGICM),这是一种横向方法,它包括了城市里所有的经济活动,或者说包括了从事经济活动的所有经济微观簇群。这个模型本质上是建立在由 Edvinsson 和 Malone(1997)以及 Bontis(2002)利用前面提及的知识资本导航者模型开发的国家模型的基础之上。它包括以下方面:愿景、核心活动、核心竞争力、指标、知识资本。知识资本又包括:财务资本、人力资本、流程资本、市场资本以及更新和发展资本。

第二种方法,我们称之为"城市特有知识资本模型"(CSICM),这是一个纵向方法,这种方法以一种特殊或者独特的方式,专门处理每个城市的相关经济活动或者相关的经济微观簇群。这个模型主要是建立在 Viedma 的知识资本基准系统(2001a,2001b)的基础上,包括了以下方面:愿景、细分需求、产出、产品和服务、流程(processes)、核心竞争力以及专业核心竞争力。图 2 对这个模型给出了一个概括描述。

城市知识资本基准系统的这两种方法将在以下章节进行讨论。

(一)城市通用知识资本模型

这个模型是一个测量和管理城市知识资本的通用模型,最终建立在对一个城市拥有的无形资产的测量和管理的基础上。为了发展一系列不同的经济活动,这些资产根据特定的同质性标准集中在我们所称的微观簇群(micro-cluster)之中。此模型关系到管理通用知识的创造和发展——这些知识能够增强城市中已经存在的微观簇群,并培育形成新的微观簇群。

第十九章 城市知识资本基准系统

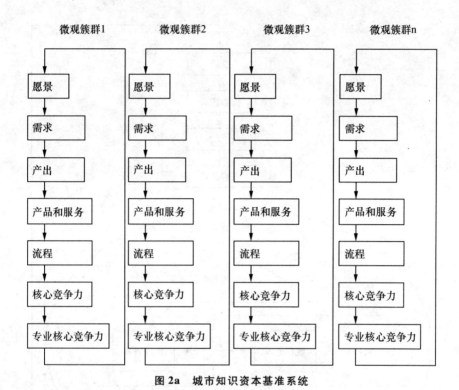

图 2a 城市知识资本基准系统

管理一个城市通用知识资本的过程包括以下五个阶段(Rembe,1999;Roos et al.,1997):

- 步骤1:创造出一个愿景;
- 步骤2:找出实现愿景所需要的核心活动;
- 步骤3:找出实现核心活动所需要的核心竞争力;
- 步骤4:找出用于每一项核心活动和每一项核心竞争力的指标;
- 步骤5:将指标归入不同的知识资本类别。

每一个步骤都可以看作是城市通用知识资本模型的组成要素。下面的章节中给出了不同步骤的简要描述。

步骤1:创造愿景

一个城市的愿景,我们将其作为这整个过程的开端,通常通过头脑风暴和访谈这个城市各个领域——比如说生命科学、社会科学、城市规划、会计、商业管理等——的主要人物来明确。让年轻人参与到讨论中来,并询问他们

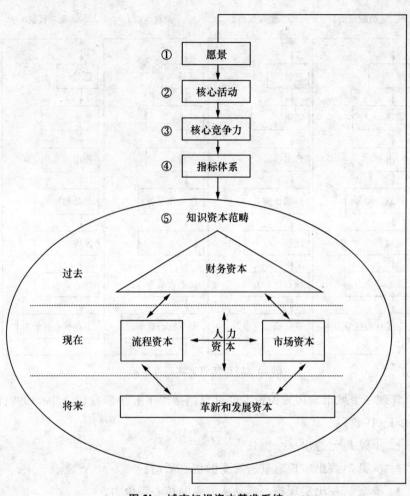

图 2b　城市知识资本基准系统

希望将来他们的城市变成什么样子的,怎么样才能使这个城市对他们来说有吸引力,这些也是很重要的。所以,这个过程的第一步,就是了解这个城市现在是什么样子以及未来想变成什么样子。清楚的目标通常会使愿景更加具体。

步骤 2:找出实现愿景所需要的核心活动

一旦愿景确定下来,下一步就是找出需要付诸实践的行动、项目和活动,以实现前面定下来的愿景和目标。

步骤3：找出实现核心活动所需要的核心竞争力

在步骤2确定核心活动以后，接着要找出实现核心活动所需要的核心竞争力。我们假定核心竞争力等同于核心知识和知识资本。这样的核心竞争力可以被理解成一批无形资产（Andriessen,2001）。

步骤4：找出每一个核心活动和核心竞争力的指标

在战略理论中，核心活动和核心竞争力被确认为关键成功因素。正如这个短语本身所暗示的，关键成功因素表明某一个战略要获得成功所必须满足的不可或缺的标准。下一个合理的步骤就是在前面的步骤中找出关键的成功因素，并找出能最好地反映这些关键成功因素的指标。

步骤5：将指标归入不同的知识资本种类

在这个步骤，我们将步骤4中确认的指标分配到前面讨论过的知识资本导航者模型的不同知识资本种类中去。

测量知识资本的模型用到了把一个城市的组织比作一个房屋的思想。财务资本构成了房子的屋顶，反映了城市的历史和过去的成就。然而，必须注意到，这些并不一定能告诉我们未来的成就。

支撑的柱子是流程资本和市场资本——当前城市的运转以它们的支撑为基础。更新和发展资本位于房子的地基，度量了城市为其未来所作的准备。人力资本，正处于房子的中心，与所有不同的焦点发生互动。人力资本是整个城市的心脏——也就是人们的能力、专业技术和智慧。辅助、引导和支持人们实现他们的战略目标正是城市所扮演的角色。

城市也可以被描述成一棵树。无形资产借以表达的各种方式——年度报告、分类目录、科学发展计划以及其他形式——都可以由树的叶子和树枝来表现。想要得到树的果实，聪明的投资者将检查树根以了解树的未来。树的根（或者说是房子的地基）反映的是城市的更新和发展资本——未来增长和富裕的源泉。

以下各种知识资本的焦点范畴正是基于这个基本的结构。

1. 人力资本

人力资本包括知识、智慧、专门技术、直觉以及个人实现城市任务和目标的能力。这个范畴同样包括了城市的文化和哲学价值，人力资源是个人的财产,而不是城市的财产。

2. 流程资本

合作和知识流动要求结构化的知识资产——也就是,信息系统、硬件、软件、数据库、实验室、组织结构以及管理——维持并放大人力资本的产出。这样的结构化资本就是在雇员回家后仍然保留在城市中的资本。

3. 市场资本

最开始设计的用来测量企业的知识资产的模型,将市场资本和客户资本——也就是说,包含在与企业的客户关系之中的那些资产——联系起来。在我们说到测量一个城市的知识资本的时候,客户由那些市场组成,城市正是依靠这些市场进行国内和国际接触。市场资本反映的是嵌入在城市与国际市场关系中的一般资产。这一关键点中的资产包括客户对城市的忠诚度、战略性客户所表达的满意度、品牌价值等。

4. 更新和发展资本

这个资本反映了城市通过在未来市场上开发竞争力量,从而获得的在未来发展和更新的能力和实际投资。更新和发展资产包括在研究与发展、专利、商标、初创企业以及类似方面的投资。

在建立了城市的通用知识资本模型的流程以后,必须有一个随后进行的流程,即经常从最新的步骤向前面的步骤进行反馈,反之亦然。另外,城市通用知识资本模型有助于我们将整个流程中不同项目与选作参照模型的世界上表现最好城市的相应的项目作系统性和重复性的基准比较。图3显示了这个基准比较过程。

(二)城市特有知识资本模型

这个模型的目的是要测量和管理存在于市政当局地理范围内的每个相关产业微观簇群的知识资本。这个模型主要是建立在知识资本基准模型企业方法的基础上(Viedma,2001a;2001b),以下是对这个方法的总结。

对流程图的每一步骤的简要描述如下(见图4):
- 客户需求:企业希望通过其经营单位活动覆盖的客户需求;

第十九章 城市知识资本基准系统

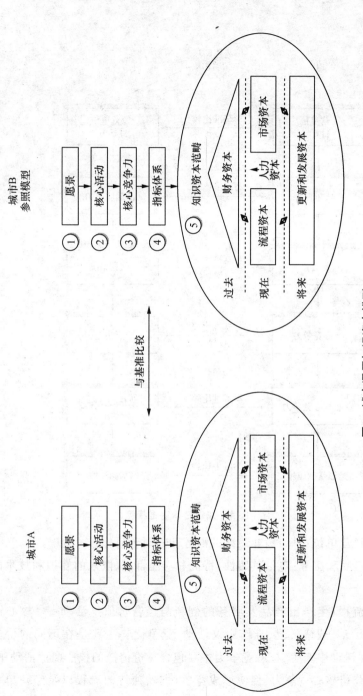

图3 城市通用知识资本模型

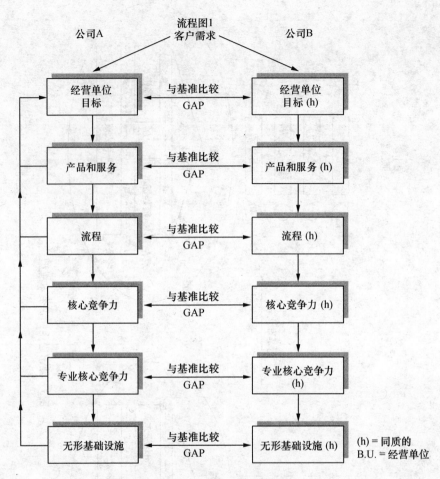

图 4 知识资本基准模型

- 经营单位目标：商业最终的财务和非财务目标；
- 产品和服务：包括其属性、特征和功能，以及嵌入的知识和技术的产品和服务；
- 流程：生产出产品及服务的创新与经营价值链活动——核心商业活动、外包活动、战略联盟、合作协议活动，竞争优势主要是在不同的价值链的核心商业活动中产生，核心竞争力主要包含在价值链的核心商业活动中；
- 公司核心竞争力：促使形成竞争优势、独特的流程以及经营单位内部有竞争力的产品和服务的基本知识或核心竞争力；

- 专业核心竞争力：产生和改进核心竞争力的专业人才、管理人员以及支持人员的竞争力和能力；
- 企业无形基础设施：企业拥有的为其不同的经营单位服务的基础设施。

所有前面提到的步骤的最终目的都是要找出核心知识和核心技术，它们是可持续竞争优势的根本原因。

这个方法也使得将每个专门的经营单位与相应的竞争中表现最好的经营单位进行比较成为可能——也就是，支持产品和服务、流程、核心竞争力和专业核心竞争力以及无形基础设施的基准比较。

正如图5所展示的，城市特有知识资本模型的设计方式与知识资本基准系统类似。

微观簇群1

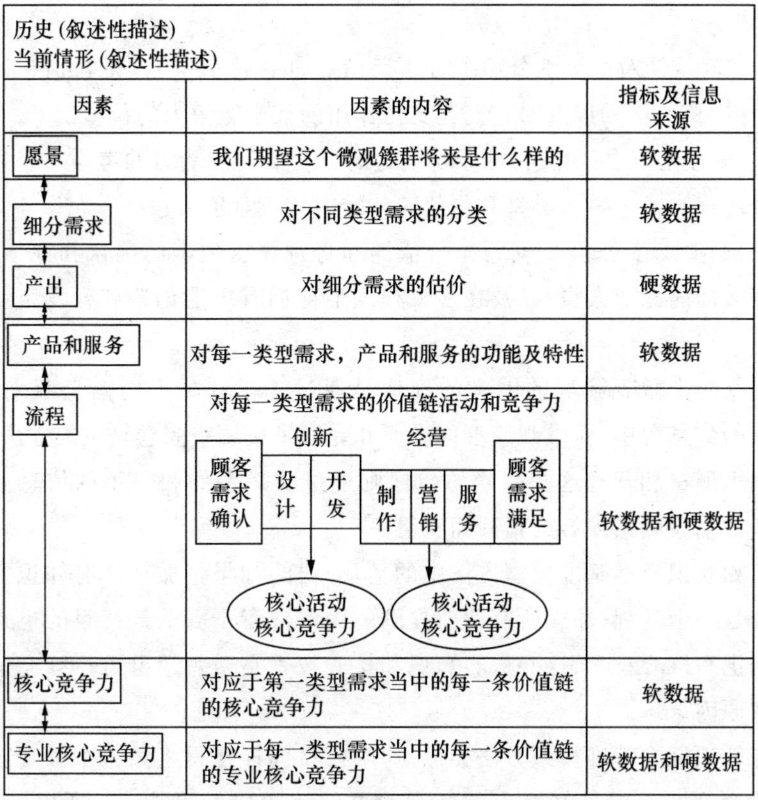

因素	因素的内容	指标及信息来源
愿景	我们期望这个微观簇群将来是什么样的	软数据
细分需求	对不同类型需求的分类	软数据
产出	对细分需求的估价	硬数据
产品和服务	对每一类型需求，产品和服务的功能及特性	软数据
流程	对每一类型需求的价值链活动和竞争力（创新：顾客需求确认→设计→开发→核心活动核心竞争力；经营：制作→营销→服务→顾客需求满足→核心活动核心竞争力）	软数据和硬数据
核心竞争力	对应于第一类型需求当中的每一条价值链的核心竞争力	软数据
专业核心竞争力	对应于每一类型需求当中的每一条价值链的专业核心竞争力	软数据和硬数据

历史（叙述性描述）
当前情形（叙述性描述）

图5　城市特有知识资本模型

现在我们的讨论转向对城市特有知识资本模型特有结构和操作的更详细的描述。

首先,我们必须在一个给定的城市中决定相关的微观簇群,而且,一旦它们被确认了,就对每一个微观簇群应用这一模型。为便于讨论,假定图5中的微观簇群1是马塔罗城的一个相关微观簇群。在对其应用城市特有知识资本模型的时候,我们把组成微观簇群及其内容的因素列举如下:

- 愿景:城市当局想要微观簇群1未来变成什么样子——这个微观簇群包括了城市中有类似经济活动的一系列企业;
- 细分需求:对于微观簇群1的产品和服务不同细分需求的分类;
- 产出:对以上因素针对不同细分需求的评估;
- 产品和服务:根据每个相应的细分需求评估的产品和服务的功能和特性;
- 流程:针对每个细分需求分析经营和创新价值链,以便甄别和评估每个价值链、核心活动以及对它们起支持作用的核心竞争力的价值。
- 核心竞争力:对支持两条价值链的核心活动的能力的考虑——通过一个整合流程为每个需求类型和价值链认定的核心竞争力;
- 专业核心竞争力:对每条价值链和每种需求类型的确认和评估,包括需要什么样的专业人员,以及在多大程度上他们有可能创造和开发企业核心竞争力。

对某一个微观簇群的因素的确认是通过一手和二手的信息源来实现。在一手的信息源中,对微观簇群的企业和专家发放调查问卷是主要方法。

用来测量和管理这些因素的指标则通过从一手的和二手的信息源中挑选出最能描述因素内容的指标而获得。

正如知识资本基准模型方法中的情形一样,如果把城市特有知识资本模型看作是一个过程,那么所有前面提到的因素或者步骤的最终目的也是找出核心知识和核心技术,这些核心知识和核心技术是微观簇群可持续竞争优势的根本原因。

与知识资本基准模型方法类似,这个模型同样使得将某一个微观簇群与相应的竞争城市中最好城市的微观簇群的比较成为可能——所以,支持愿景、细分需求、产出、产品和服务、流程、核心竞争力以及专业核心竞争力的基准比较。

图6描述了城市微观簇群的特定知识资本的基准比较过程。

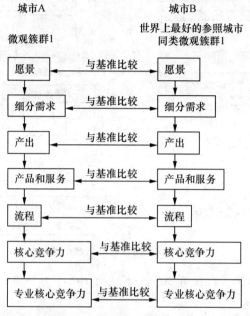

图6 城市微观簇群的特有知识资本基准比较过程

此外,在信息中很大一部分是基于软数据(尤其是作基准比较的世界上最好城市相应簇群的数据)情况下,所有城市特有知识资本模型调查问卷上的问题都有一个专设的回答框。通过把这些回答集成起来,这个模型也使得可以对基准比较及其组成部分的可靠度进行评估,建立系统地改善信息获取的计划,以及在城市建立一支竞争情报队伍。图7显示了调查问卷的可靠性指数。

四、在马塔罗城中的实际应用

马塔罗城位于西班牙的东北部,或者更精确地说,在加泰罗尼亚(Catalonia)自治区内。在其22.6平方公里的疆域内,有104 880个居民,而且它位于海岸线上,在所谓的"地中海拱门"的中央。位于巴塞罗那以北仅28公里,马塔罗城是巴塞罗那都市区域的一部分,而且是马里斯孟(Maresme)地区的

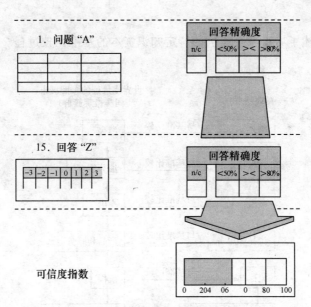

图 7 调查问卷的可靠度指数

首府；马里斯孟地区人口接近 30 万，疆域为 397 平方公里。是一个经济和旅游业高度发达的地区。

近年来，马塔罗政府率先开始采取措施培育该市的信息通讯技术，以便开发和分享技术和管理方面的最新知识。这些措施起源于以下两个宏观项目中：

- "1999 年马塔罗城信息社会主要计划"（Ajuntament de Mataró,1999）；
- "2002 年 1 月，马塔罗城，知识城市"（Tecnocampus Mataró,2002）。

为了将这些宏观项目付诸实践，设立了新的机构（Tecnocampus Marató），而且其他已经存在的机构得到了加强。后者包括 IMPEM、PUMSA、EUPM 和 CETEMMSA。

这些宏观项目是与本节中描述的马塔罗城知识资本管理项目（ICMM）最接近的先行项目。

因此，马塔罗城知识资本管理项目的基本目标就是完成并协调马塔罗城各种不同的将这个城市导向信息和知识社会的项目，主要意图是通过构思、设计和实施一种关于这个城市知识资本测量和管理的方法来实现这个目标。这个项目有两个明显的阶段：

第十九章 城市知识资本基准系统

- 构思和设计城市的知识资本管理模型（正如我们在本章前面所描述的）；
- 将这个模型根据马塔罗城的专门特征进行改进和应用。

我们将在下面描述第二个步骤。在此之前，本文描述的是城市通用知识资本模型，以及在此之后的城市特有知识资本模型。

（一）城市通用知识资本模型

作为知识资本平台的开端——对于马塔罗城所有相关的经济活动都是一样的——使用的是来自于前面提到的两个宏观项目的可获得信息以及以下来源的数据：

- 马塔罗城的信息社会观测所；
- 经济发展市政研究所。

把这些信息源综合起来，我们能够决定模型中步骤1—5的内容。也就是，城市的未来愿景、实现这个愿景必需的活动和项目、开展这些活动必需的核心竞争力以及评估活动和竞争力的指标已经被确定了。然后，由马塔罗城的指标建立的知识资本通用平台的表现和那些被认为在信息通讯技术以及知识管理方面更先进的城市的表现进行比较。在这个案例中，切维索城（Treviso）被选作作为基准的参照城市。

从"马塔罗城通用知识资本"获得的第一个简略的资产负债表见图8和图9。图8和图9中显示的资产负债表是基于"马塔罗城通用知识资本"的第一批表。从中可以看出，它们没有包括相应的参照城市的数据，因为在项目的那个阶段还没有办法获得那些数据。城市战略愿景、实现愿景的活动和项目以及评价活动和竞争力的指标方面的全部详细资料可以从 http://www.aj-mataro.es/ajuntament/publidoc/conjuntura/conjuntura13.pdf. 上获得。题为《马塔罗城的知识资本管理》的报告中也包括了研究中用到的所有变量、指标和公式的定义。

项 目	以前的时期	以前的价值	当前时期	价 值	度量单位
财务资本					
GDP（市场价格）	1991年	817.81	1996年	1 064.06	百万欧元
家庭可支配收入	1991年	6 022.70	1996年	8 550.60	欧元/人
人均GDP	1991年	8058	1996年	10 430	欧元
人力资本					
大学/大专+中学教育	1991年	17.14%	1996年	22.10%	百分比
使用互联网的居民数	1998年10月	11%	2001年9月	27.90%	百分比
合格工人百分比			1991年	26.50%	百分比
活跃率	1991年	56.98%	1996年	55.67%	百分比
基尼系数	1989年	0.387	1994年	0.368	指数
流程资本					
服务部门的发展水平					百分比
高知识部门有薪雇员（%）			2002年第一季度	37.70%	百分比
使用互联网的企业百分比	1998年10月	24.10%	2001年9月	66.70%	百分比
市场资本					
自制	1991年	79.53%	1996年	72.28%	百分比
自足	1991年	81.91%	1996年	75.93%	百分比
出口/进口比率			2000年	0.68	比率
革新资本					
年轻人比率	1996年	16.99%	2002年1月1日	14.21	百分比
应税注册的新企业	1997年		2002年第一季度	3.382	企业数

图8 马塔罗城的通用知识资本资产负债表

第十九章 城市知识资本基准系统

项　　目	以前的时期	以前的价值	时　期	价　值	度量单位
人力资本					
大学/大专+中学教育	1991年	17.14	1996年	22.10%	百分比
继续教育(成年人参加比率)					
文盲比率	1991年	6.34%	1996年	4.73%	百分比
使用电脑的居民数	1998年10月	nd	2001年9月	44%	百分比
使用互联网的居民数	1998年10月	11%	2001年9月	27.90%	百分比
人均寿命	1995—1999年	79.65	1997—2001年	80.12	年数
合格工人百分比			1991年	26.50%	百分比
活跃率	1991年	56.98%	1996年	55.67%	百分比
活跃率,男性	1991年	71.71%	1996年	68.87%	百分比
活跃率,女性	1991年	43.11%	1996年	43.14%	百分比
活跃率,15—24岁的年轻人	1991年	61.17%	1996年	53.82%	百分比
活跃率,25—54岁的成年人	1991年		1996年		百分比
活跃率,55—64岁的成年人	1991年		1996年		百分比
图书馆的使用人数			2000年	280 040	人数
文化组织数	1999年	189	2000年	203	组织数
电影院容纳能力/1 000个居民	1999年	36.82	2001年	32.91	座位数/1 000个居民
戏院容纳能力/1 000个居民	1999年	7.78	2001年	7.52	座位数/1 000个居民
文化组织数/1 000个居民	1999年	1.8	2000年	1.92	组织数/1 000个居民
全部选民中的弃权比率	1996年	21.16%	2000年3月	33.70%	百分比
基尼系数	1999年	0.387	1994年	0.368	指数
获得贫困救济的人数	1999年	296	2002年	236	人数
登记在册的失业率					百分比
女性失业率					百分比

图9　马塔罗城通用知识资本负债表(人力资本项目的细分)

(二) 城市特有知识资本模型

作为马塔罗城知识资本管理的特有模型的开端,相关的"产业宏观簇群"(macro-cluster)第一次被定义,如下所示:

- 纺织业(针织品)
- 建筑业

国家、地区和城市的知识资本

- 零售交易
- 教育和培训

相关微观簇群的确认包括了大量的指标。然而,在每种情况下,都对就业范围作了专门的考虑。由于纺织品微观簇群最重要(占了工作人口的23%),本章的资产负债表专门就针对纺织业行业。

对城市特有知识资本模型因素的评估是通过对马塔罗城纺织业微观簇群的专家和企业进行专门的问卷调查得出的。这些调查问卷可以对因素内容作出辨别和评估。问卷的最初结果能够对城市特有知识资本模型的因素现状进行诊断——也就是对"需求"、"产出"、"产品和服务"、"流程"、"核心竞争力"以及"专业核心竞争力"进行诊断。然后,从问卷调查中得出的这些最初结果和切维索城(意大利)的相应结果进行比较——后者被认为是世界上最重要的纺织品针织品微观簇群的主要中心之一。

从"马塔罗城特有的知识资本"中得出的第一份简略资产负债表见图10。

因 素	马塔罗城	切维索城	马塔罗城										切维索城								
每个企业雇佣员工数			10	9	8	7	6	5	4	3	2	1	1	2	3	4	5	6	7	8	9	10
1—5	2	1																				
5—10	2	1																				
10—25	3	3																				
25—50	2	4																				
50—100	1	1																				
100 以上	1	1																				
准确的水平	82%	50%																				
需求类型			10	9	8	7	6	5	4	3	2	1	1	2	3	4	5	6	7	8	9	10
终端消费者	1	2																				
分销商	2	4																				
商场	2	1																				
其他织物生产商	2	1																				
自有商店	1	2																				
多品牌商店	3	2																				
准确的水平	80%	50%																				
产品和服务			10	9	8	7	6	5	4	3	2	1	1	2	3	4	5	6	7	8	9	10
质量	7	8																				
价格	6	9																				

（续图）

因　素	马塔罗城	切维索城	马塔罗城 10 9 8 7 6 5 4 3 2 1	切维索城 1 2 3 4 5 6 7 8 9 10
款式	6	9		
准确的水平	70%	50%		
创新			10 9 8 7 6 5 4 3 2 1	1 2 3 4 5 6 7 8 9 10
在产品方面	7	9		
在工艺方面	6	8		
准确的水平	80%	50%		
流程			10 9 8 7 6 5 4 3 2 1	1 2 3 4 5 6 7 8 9 10
纺纱	2	0		
布匹完成	1	0		
服装设计	5	8		
服装穿用	5	2		
市场营销和分销	4	8		
准确的水平	80%	50%		
产品类型			10 9 8 7 6 5 4 3 2 1	1 2 3 4 5 6 7 8 9 10
男士内衣裤	1	0		
女士内衣裤	1	0		
男士外衣裤	2	8		
女士外衣裤	3	9		
童装	2	2		
运动装	1	1		
准确水平	76%	50%		
分销渠道			10 9 8 7 6 5 4 3 2 1	1 2 3 4 5 6 7 8 9 10
自有商店	1	2		
专卖店	1	2		
销售员	2	8		
代理商	6	9		
准确水平	76%	50%		
核心竞争力			10 9 8 7 6 5 4 3 2 1	1 2 3 4 5 6 7 8 9 10
自己品牌的发展	5	8		
外包程度	5	7		
当地外包程度	8	4		
劳动力素质	5	7		
出口潜力	4	7		
IT 的使用程度	5	7		
科技研发	4	6		
组织框架	7	8		
准确水平	81%	50%		
总体准确水平	78%	50%		

图 10　马塔罗城特有知识资本负债表

五、结论

城市当局必须在其社区的未来这个问题上作出重要的决定。在过去，城市的愿景和目标主要通过考虑有形资产来决定，有形资产被认为是决定城市繁荣昌盛的主要因素。然而，在知识经济的背景下，无形资产在财富增长中具有基础性的作用。结果，一些当地的社区已经开始启动战略计划，以开发新的信息技术和集体知识。

然而，这些计划都缺乏协调性和连续性。更重要的是，它们都缺乏能够将城市从目前的状况引向城市的未来愿景的无形资产框架。

为了填补这个空缺，本章提出了一个专门用于测量和管理城市知识资本的模型和框架。这个模型的理论背景和基础已经得到了仔细的解释。基本上来讲，城市的知识资本模型包括两种方法：第一种方法——城市通用知识资本模型是一个包括城市所有经济活动的横向方法，其基础主要是由 Edvinsson 和 Malone(1997) 和 Bontis(2002) 所开发的国家知识资本导航者模型。第二种方法——城市特有知识资本模型是一种纵向方法，特别涉及每个城市相关的经济活动或者相关的经济微观簇群，其主要基础是 Viedma(2001a, 2001b) 的知识资本基准比较系统模型。两种方法利用了基准比较技术，建立城市的未来愿景，利用世界上最好的城市作为参照模型来实施基准比较过程。

在介绍了这些模型之后，本章接着展示了将城市知识资本模型用于马塔罗城的实际应用案例，并清楚地描述了实施过程的主要步骤，以及第一个城市知识资本报告的详情。

在呈现这个开创性工作的同时，我们希望能够鼓励在市政当局在管理无形资产方面做更多新的建设性的研究。

参考文献

Ajuntament de Mataró (1999). "Plan director para la sociedad de la información en Mataró 1999," www.infomataro.net/sim.

Andriessen, D. (2001). *Weightless Wealth*. Paper for the 4th World Congress on the Management of Intellectual Capital, McMaster University. January 17–19, Hamilton, Ontario, Canada, pp. 1–10.

Bontis, N. (2002). *National Intellectual Capital Index: Intellectual Capital Development in the Arab Region*. Presented at the 5th World Congress on Intellectual Capital, McMaster University, Michael G. De Groote School of Business, Hamilton, Ontario, Canada. January 10–12, 2002.

Edvinsson, L., Malone, M. S. (1997). *Intellectual Capital*. Harper Business, New York, pp. 189–197.

Pasher, E. (1999). *The Intellectual Capital of the State of Israel*. Kal Press, Herzlia Pituach, Israel.

Rembe, A. (1999). *Invest in Sweden: Report 1999*. Halls Offset AB, Stockholm, Sweden.

Roos, J., Roos, G., Edvinson, L., Dragmetti, N. C. (1997). *Intellectual Capital. Navigating in the New Business Landscape*. MacMillan Press Ltd, pp. 59–78.

Tecnocampus, M. (2002). Mataró, ciudad del conocimiento. Enero 2002. www.tecnocampus.com.

Viedma, J. M. (2001a). ICBS Innovation Capability Benchmarking System. In *World Congress on Intellectual Capital Readings*. Butterworth Heinemann, pp. 243–65.

Viedma, J. M. (2001b). ICBS Intellectual Capital Benchmarking System. *Journal of Intellectual Capital*. MCB University Press, England. pp. 148–64.

第二十章　社区知识资本：

研究和政策议程

——阿莫德·波尔弗,法国马恩-拉瓦雷大学

作为本书的结尾,本章试图从一个更加全球化的视角,提出无形资产研究和实践方面的一些未决的问题。实际上,过去八年来在无形资产方面的学术研究注意力主要集中在"如何"的问题上——如何改进报告系统以及如何通过更好地估计企业的潜在价值来测量企业的表现?这种工作自然特别重要,但是存在这样的风险,即在采用了新的报告规则之后,并没有什么实质性的变化,或者更危险的是,"新"的会计规则会"建立在沙子之上"。比如,最近有人在确认(比如资本化)企业资产负债表上的无形项目上花了大量的气力。但是,从中期的观点来看,同时把社会经济体系的进化考虑在内,可能出现这样的情况——基本上是反映单个企业资源和产出的一种工具的资产负债表将会没有多少相关性。即使在"交易体制"之下,网络化成为组织活动的主导原则,因此,网络才是会计方面创新的方向。此外,由于单个企业联系的不稳定性以及竞争优势的变动性,注意力应该更多地放在通过披露无形资产方面的信息来减少信息的不对称性(比如,通过损益表账目上支出部分的重组,而不是促使企业将一些项目资本化,从而迅即提交"减值测

试")。

然而,问题没有这么简单。在第一章,我曾试图提供一些分析工具,尤其是通过提出"社区体制"作为主导的"交易体制"的补充/替代,以及这种观点如何影响我们把无形资产变成问题的方式。比如说,我们应该将社区体制对知识产权(IPRs)的影响看作是一个严肃的观点。占据支配地位的知识产权原则应该因所考虑的管理体制类型的不同而有所差别。这个问题自然需要进一步地提炼。①

社区视角也为我们引入新兴的而且在一定程度上重要的一类无形资源:认可资源(recognition resources)。认可资源是对知识产权持开源(或免费)观点的社区里面和周围共享的无形资源。这些资源对于建立社会联系具有杠杆作用,因此,这些资源可用来认可其他人,以及通过认可其他人来认可自己。

在本书中,已经为国家、地区和其他社区的知识资本开发了几个令人兴奋的视角。这些视角已经成为,而且仍然是,人类认可的主要社会"手段"。在这个所谓的知识经济的背景下,它们也面临着来自优化其"交易"的压力。本书的作者们试图通过强调无形资源如何能够被用作政策制定的激励因素,从而提出另外一种观点。然而,正如企业一样,这些社区也可能变化,尤其是在与决策进程的相关性方面。比如,从世界范围来看,很明显,和大企业的影响力相比,单个国家的影响力在过去30年里发生了实质性的减退。然而国家仍然存在,虽然我们不能预见到它们的消失,但是我们可以预见到它们政府地位的弱化。

然而,从中期的观点来看,我们能够预见不同的中间组织模式的存在,其目标在于满足个体交易或者认可目标(约束)。在这样的情况之下,可以想象不同的场所(社区),在这些地方无形资源能够通过交易的或者互赠的程序进行交换。在目前这个阶段我不能更进一步地发展这个观点,不过这应该是不远的将来需要研究的令人兴奋的重要问题之一。

研究和政策议程

在本章中,从社区的观点看,有几个问题值得注意:

---

① 这一主题及相关内容将在我即将出版的书《新资本主义设想》(*Scenarios for the New Capitalism*)中被进一步发展。

- 在不同的社会经济体制下评估新的组织形式——网络、社区和群组。这似乎是一个重要的问题,而在关于无形资产的管理文献里却没有得到足够的考虑。目前组织资本被看作是企业表现的一个重要问题,但是这个话题仍然是从一个狭窄的角度——即交易的角度——来论述的。比如说,组织资本如何帮助企业提高企业的价值,尤其是在金融市场上的价值。我建议钻研得更深一些,进一步地评估在多大程度上能够在不同的体制下(社区和交易)设计新的组织形式,以及在这样的一些体制下能够建立什么样的关系。在交易体制本身之下,仍然需要定义新的工具,比如用于报告网络中的无形资产的工具。在另外一个领域,了解一些特殊的社区(比如大迁徙社区)如何发挥其无形资源的作用也可以是有意义的研究课题。

- 确定认可资源的地位。在第二章,我已经强调了随着社区作为一个认可的社会空间的出现,认可资源的重要性问题。以此为起点,我们还需要走得更远一点,并开发专门的分类法,评估新方法,并在这些项目的相关性上得出进一步的结论。例如,可以通过回顾现存的实践,包括区域性的、城市的或特定社区(不管它们是地方的还是全球的)的实践来实现。

- 重估知识产权。组织形式的持续转型自然会对知识产权这个重要问题产生影响。在交易体制之下,知识产权是设计用于产生排他性租金的基本手段和工具。但是在社区体制下它们的地位应该是怎样的呢?这个问题需要进一步的提炼,以检验其在特定环境和特定活动之下的相关性。我们都普遍地持有 Linux 的开放观点。但是什么类型的原理应该被应用于其他活动:比如说在"限制性社区"体制下的活动。是不是专利程序应该在社区基础上执行而不是在组织/个体基础上执行?是否应该有专利制度?不同的专利制度选择对创新的影响如何?最终,什么应该才是对于认可无形资源最适合的知识产权体制?

- 无形资源和人口。至少对于发达国家来说这是一个很重要的问题,因为以下三个原因:第一,就年龄而言,人们更少地将自己定位成与时间(空间)成线性关系。在生命的不同阶段之间并没有清楚的界限。第二,由于不断学习的重要性以及人力资本的开发;第三,因为我们需要了解老年人口对创新能力的影响。

- 为管理已建立的社区(国家、区域、城市和大学)的知识资本定义方法和工具。在本书中,我们试图展示研究者和政策制定者对国家、区域和地方水平上的知识资本管理的越来越浓厚的兴趣。然而,这种管理的工具仍然需要提炼,而学术研究能对这方面的进步作出实质性的贡献。

- 研究与技术开发(RTD)的政策。一般将研究与技术开发的目的定义为提高国家、地区,自然还有企业的创新能力。它们一般是以投入为导向的(欧洲将投入 GDP 的 3% 确定为 2010 年的目标)。但是研究与技术开发的政策同样受到了为新的组织形式定义特殊的框架条件的必要性的挑战。比如,如何评估网络的表现以及如何对网络进行支持?为发展区域和城市的知识资本,可以使用什么样的方法和工具?可以采用哪种交叉学习?什么是对于知识经济最适合的社会经济体系(比如,北欧模式是否应该被认为是其他欧洲国家的"基准")?

- 竞争政策。竞争政策基于竞争!但是社区行为对这样一个政策的影响应该是怎么样的?比如,认可作为行动原则的出现在多大程度上挑战了这样一个政策?

- 全球角度的交叉学习。从全世界的角度来考虑知识,我们同样必须考虑可能在全球范围内设计和采用的交叉学习流程。比如,什么样的学习方式能够在属于不同社会经济背景下的社区之间组织起来:日本能不能向欧洲或者美国的社区学习?或者反过来。考虑世界其他地区(非洲、亚洲和南美洲)能够设计什么样的学习?